KB215021

GSAT

온라인 삼성직무적성검사

시대에듀

2025 최신판 시대에듀 All-New 삼성 온라인 GSAT
3개년 기출 + 모의고사 6회 + 무료삼성특강

Always **with you**

사람의 인연은 길에서 우연하게 만나거나 함께 살아가는 것만을 의미하지는 않습니다.

책을 펴내는 출판사와 그 책을 읽는 독자의 만남도 소중한 인연입니다.

시대에듀는 항상 독자의 마음을 헤아리기 위해 노력하고 있습니다. 늘 독자와 함께하겠습니다.

머리말 PREFACE

삼성 경영철학의 최우선순위는 '인간존중' 이념이다. 이를 구현하기 위해 삼성은 1995년에 개인의 능력과 무관한 학력, 성별 등의 모든 차별을 배제한 '열린채용'을 실시함으로써 채용문화에 변화의 바람을 일으켰다. 이때 삼성 직무적성검사(SSAT; SamSung Aptitude Test)를 도입, 단편적 지식과 학력 위주의 평가 방식에서 과감히 탈피했다.

20년 동안 채용을 진행하면서, 입사 후 우수 직원들의 업무성과 요인 등을 분석한 결과 직군별 성과요인에 차이가 있었다. 또한 미래 경영환경의 변화와 글로벌 주요 기업들의 사례를 통해 창의적이고 우수한 인재를 효과적으로 확보할 필요성이 생겼다. 이에 삼성은 2015년 하반기 공채부터 시험 위주의 획일적 채용방식을 직군별로 다양화하는 방향으로 채용제도를 개편했다. 이와 더불어 SSAT(국내)와 GSAT(해외)로 혼재되어 사용하던 삼성 직무적성검사의 명칭을 GSAT(Global Samsung Aptitude Test)로 통일시켰다.

실제 삼성 직무적성검사 기출문제를 살펴보면 평소 꾸준히 준비하지 않는 이상 쉽게 통과할 수 없도록 구성되어 있다. 더군다나 입사 경쟁이 날이 갈수록 치열해지는 요즘과 같은 상황에서는 더욱 철저한 준비가 요구된다. '철저한 준비'는 단지 입사를 위해서뿐만 아니라 성공적인 직장생활을 위해서도 필수적이다.

이에 시대에듀는 수험생들이 GSAT에 대한 '철저한 준비'를 할 수 있도록 다음과 같이 교재를 구성하였으며, 이를 통해 단기에 성적을 올릴 수 있는 학습법을 제시하였다.

도서의 특징

❶ 2024~2022년 3개년 기출복원문제를 수록하여 최신 출제경향을 파악하도록 하였다.

❷ 영역별 대표기출유형과 기출응용문제를 수록하여 단계별로 체계적인 학습이 가능하도록 하였다.

❸ 최종점검 모의고사 4회 및 온라인 모의고사 2회에 더하여 문제풀이 용지 및 도서 동형 온라인 실전연습 서비스를 제공하여 실전처럼 연습할 수 있도록 하였다.

❹ 인성검사 모의연습과 실제 면접 기출 질문을 통해 한 권으로 삼성그룹 채용 전반을 준비할 수 있도록 하였다.

끝으로 본서로 삼성 채용을 준비하는 여러분 모두의 건강과 합격을 진심으로 바란다.

SDC(Sidae Data Center) 씀

◇ **경영철학과 목표**

1. 인재와 기술을 바탕으로

- 인재 육성과 기술 우위 확보를 경영 원칙으로 삼는다.
- 인재와 기술의 조화를 통하여 경영 시스템 전반에 시너지 효과를 증대한다.

2. 최고의 제품과 서비스를 창출하여

- 고객에게 최고의 만족을 줄 수 있는 제품과 서비스를 창출한다.
- 동종업계에서 세계 1군의 위치를 유지한다.

3. 인류사회에 공헌한다.

- 인류의 공동이익과 풍요로운 삶을 위해 기여한다.
- 인류 공동체 일원으로서의 사명을 다한다.

◇ **핵심가치**

인재제일	'기업은 사람이다.'라는 신념을 바탕으로 인재를 소중히 여기고 마음껏 능력을 발휘할 수 있는 기회의 장을 만들어 간다.
최고지향	끊임없는 열정과 도전정신으로 모든 면에서 세계 최고가 되기 위해 최선을 다한다.
변화선도	변화하지 않으면 살아남을 수 없다는 위기의식을 가지고 신속하고 주도적으로 변화와 혁신을 실행한다.
정도경영	곧은 마음과 진실되고 바른 행동으로 명예와 품위를 지키며 모든 일에 있어서 항상 정도를 추구한다.
상생추구	우리는 사회의 일원으로서 더불어 살아간다는 마음을 가지고 지역사회, 국가, 인류의 공동 번영을 위해 노력한다.

◇ **경영원칙**

1

법과 윤리적 기준을 준수한다.

- 개인의 존엄성과 다양성을 존중한다.
- 법과 상도의에 따라 공정하게 경쟁한다.
- 정확한 회계기록을 통해 회계의 투명성을 유지한다.
- 정치에 개입하지 않으며 중립을 유지한다.

2

깨끗한 조직 문화를 유지한다.

- 모든 업무활동에서 공과 사를 엄격히 구분한다.
- 회사와 타인의 지적 재산을 보호하고 존중한다.
- 건전한 조직 분위기를 조성한다.

3

고객, 주주, 종업원을 존중한다.

- 고객만족을 경영활동의 우선적 가치로 삼는다.
- 주주가치 중심의 경영을 추구한다.
- 종업원의 '삶의 질' 향상을 위해 노력한다.

4

환경 · 안전 · 건강을 중시한다.

- 환경친화적 경영을 추구한다.
- 인류의 안전과 건강을 중시한다.

5

기업 시민으로서 사회적 책임을 다한다.

- 기업 시민으로서 지켜야 할 기본적 책무를 성실히 수행한다.
- 사업 파트너와 공존공영의 관계를 구축한다.
- 현지의 사회 · 문화적 특성을 존중하고 공동 경영(상생 / 협력)을 실천한다.

삼성그룹 계열사 COMPANIES

◇ **전자**

삼성전자	DX부문	삼성전자는 뛰어난 인재와 기술을 바탕으로 최고의 제품과 서비스를 창출하여 인류 사회에 공헌하는 것을 궁극적인 목표로 삼고 있다. ❖ 주요 업무 : Consumer Electronics, IT&Mobile Communications, R&D
	DS부문	삼성전자가 반도체 사업에 뛰어들었을 때 모두가 할 수 없다고 말했다. 하지만 반도체인들은 안 된다는 생각을 버리고, "할 수 있다."는 생각으로 끊임없이 연구와 도전으로 반도체 산업을 이끌어가며 새로운 역사를 만들어가고 있다. ❖ 주요 업무 : 반도체 설계 및 생산
삼성디스플레이		삼성디스플레이는 독보적인 기술을 바탕으로 스마트폰, 노트북, 모니터, TV 등에 프리미엄 디스플레이 제품을 공급하고 있다. 세계 최초로 플렉서블 OLED와 폴더블, QD 디스플레이를 양산하는 등 상상 속에만 존재하던 디스플레이를 현실로 만들어가고 있다. ❖ 주요 업무 : 디스플레이 패널 개발, 양산, 판매
삼성SDI		삼성SDI는 에너지 및 소재 전문 글로벌 기업으로 1970년 설립 이후 전기차, IT 기기, ESS에 활용되는 배터리와 반도체, 디스플레이에 필요한 소재를 생산 및 판매하고 있다. ❖ 주요 업무 : 자동차배터리, 소형배터리, ESS 및 전자재료 생산/판매
삼성전기		삼성전기는 Electro(전자)와 Mechanics(기계)를 아우르는 글로벌 리딩 부품 회사로 첨단 IT전자기기, 전장용 핵심 부품을 개발 및 생산하고 있다. ❖ 주요 업무 : IT/산업/전장용 핵심부품 개발/제조업
삼성SDS		삼성SDS는 38년간 클라우드 기반의 플랫폼 및 솔루션, AI, 데이터 분석, 보안 등의 기술 역량을 바탕으로 물류, 금융, 제조 등 다양한 비즈니스 영역에 최적화된 솔루션을 제시하고 고객의 디지털 혁신을 가능하게 한다. ❖ 주요 업무 : AI, 클라우드, 솔루션, 물류 등

◇ 바이오

삼성바이오로직스	삼성바이오로직스는 세계 최대 규모의 바이오의약품 생산 시설을 갖추고, 바이오제약품의 위탁생산, 개발에 이르는 One-Stop End-to-End 서비스를 제공한다. ❖ 주요 업무 : 바이오의약품 위탁생산(CMO) 및 위탁개발(CDO)
삼성바이오에피스	삼성바이오에피스는 혁신적인 과학기술 도입을 통해 보다 빠르고 합리적으로 고품질의 바이오의약품을 공급하고 있으며, 바이오시밀러 제품 9종을 출시하여 글로벌 바이오의약품 업계에서 누구보다 빠르게 성장하고 있다. ❖ 주요 업무 : 바이오의약품 연구 개발 및 상업화

◇ 건설/중공업

삼성중공업	삼성중공업은 글로벌 선사 및 오일 메이저의 니즈에 맞춘 선박과 해양설비를 제공하는 조선/해양산업 전문회사이다. ❖ 주요 업무 : 조선/해양사업(Gas Chain, Commercial Vessels, Offshore&Drilling), 하이테크사업
삼성E&A	삼성E&A는 오일&가스 프로세싱, 정유, 석유화학, 산업, 환경, 바이오, 그린솔루션에 이르기까지 플랜트 전 분야에서 종합 솔루션을 제공하는 EPC 전문기업이다. ❖ 주요 업무 : 플랜트 사업관리, 설계, 조달, 시공, 시운전, O&M
삼성물산 건설부문	삼성물산 건설부문은 건축, 토목, 플랜트, 주택사업 등 분야별 최고 수준의 인재와 기술역량을 보유하고 고객에게 최상의 부가가치를 실현하고 있다. ❖ 주요 업무 : 건축, 토목, 플랜트, 주택 건설사업

◇ **금융**

삼성생명	삼성생명은 국내 1위 생명보험사라는 타이틀에 안주하지 않고 생명보험과 손해보험, 금융과 제조, 기술과 서비스까지 서로 다른 영역을 연결하여 사업의 판을 확장하고 있다. ❖ 주요 업무 : 생명보험, 자산운용 등
삼성화재	삼성화재는 국내 및 해외시장에서 개인과 기업 고객 대상으로 화재, 해상, 자동차, 배상책임, 장기손해보험, 개인연금 등 다양한 보험상품과 종합 Risk Solution 서비스를 제공하고 있는 국내 1위 손해보험사이다. ❖ 주요 업무 : 손해보험
삼성카드	삼성카드는 1988년 창립 후 결제, 금융사업에서 고객신뢰를 강화하고, 이를 기반으로 카드업을 넘어 소비생활 전반까지 사업영역을 확장해 모든 생활을 신뢰 하나로 영위할 수 있는 세상을 만들고자 한다. ❖ 주요 업무 : 신용카드업
삼성증권	삼성증권은 투자매매, 투자중개, 투자자문, 투자일임, 신탁 등 5개 영위 사업을 통해 주식중개 및 자산관리, 기업금융과 자산운용 서비스를 제공하는 종합금융투자회사이다. ❖ 주요 업무 : 증권중개, 자산관리, 기업금융, 자금운용 등
삼성자산운용	삼성자산운용은 1998년 설립 이후 현재까지 안정적 자산운용을 통해 약 300조 원의 관리자산을 운용하고 있는 국내 최대 규모의 자산운용사이다. ❖ 주요 업무 : 집합투자업, 투자자문업

◆ 서비스

삼성물산	**상사부문**	상사부문은 삼성의 모기업으로 1938년에 설립되었으며 해외 무역을 통해 대한민국의 경제발전과 함께하며 우수한 인력과 글로벌 네트워크, 풍부한 사업 경험을 발판으로 전 세계에서 다양한 사업을 전개하고 있다. ❖ 주요 업무 : 필수 산업재 트레이딩 및 에너지 분야 오거나이징, 신규 사업 기회 발굴
	리조트부문	리조트부문은 고객에게 행복과 즐거움을 더하고, 새로운 고객 경험 혁신을 통해 세계 속의 서비스 선도 기업으로 끊임없이 도약해 나갈 것이다. ❖ 주요 업무 : 테마파크, 골프클럽, 조경사업
	패션부문	패션부문은 다양한 복종의 브랜드 기획 및 해외 브랜드 수입, 리테일 사업을 전개하며 업계 내 최고의 위상을 확보하고 있다. ❖ 주요 업무 : 패션사업
호텔신라		호텔신라는 1973년에 창립된 한국을 대표하는 서비스 유통 기업이자 호스피탈리티 업계의 리더로서 고객 만족과 기업가치 극대화를 통해 글로벌 명문 서비스 유통 기업으로 도약하고 있다. ❖ 주요 업무 : 면세유통, 호텔서비스, 레저사업
제일기획		제일기획은 다양한 '연결'을 통해 새롭고 최적화된 솔루션을 찾아 클라이언트 비즈니스의 실질적 성장을 이루어내는 일과 마케팅을 넘어 비즈니스 솔루션을 제시하는 일을 하는 회사이다. ❖ 주요 업무 : 광고 및 마케팅 전략, 데이터, 디지털, 리테일, 이벤트
에스원		에스원은 1977년 국내 최초의 보안회사로 출범한 이래 지난 40여 년간 고객들의 '안전과 안심'을 지키기 위해 노력했다. ❖ 주요 업무 : 보안시스템 서비스, 건물관리 서비스
삼성서울병원		삼성서울병원은 최고의 의료기술로 중증 고난도 환자를 맞춤 치료하여 최고의 치료 성과를 구현한다. ❖ 주요 업무 : 진료, 연구, 교육
삼성웰스토리		삼성웰스토리는 매일의 일상을 건강하고 행복하게 하는 푸드서비스를 시작으로 식자재유통뿐 아니라 국내를 너머 중국, 베트남으로 글로벌 식음서비스 전문기업을 향해 나아간다. ❖ 주요 업무 : 푸드서비스, 식자재유통, 해외사업
삼성전자판매		삼성전자판매는 삼성스토어, 삼성닷컴을 통해 삼성전자의 생활가전, IT, 모바일 제품을 판매하는 전자 전문 유통이다. ❖ 주요 업무 : 삼성전자 생활가전, IT&Mobile 판매

2024년 하반기 기출분석 ANALYSIS

2024년 하반기 GSAT는 상반기 GSAT와 유형 및 문항 수가 동일했으며 난도가 높았던 상반기보다
전반적으로 쉬웠다는 평이 많았다. 응용수리와 논리추론은 비교적 평이했으나 자료해석 유형에서 까
다로운 문제가 꽤 있어 시간이 많이 소요되었다는 의견이 일부 있었다. 조건추리 유형 또한 조건의
길이가 길어서 유형별 해결 방법 및 접근 공략을 충분히 연습하지 못한 수험생들은 풀이하는 데 난항
을 겪었으리라 예상된다.

◇ 핵심전략

문제당 제한시간이 아닌 영역별 제한시간이 주어지므로 시간 내에 풀 수 있는 문제를 전략적으로 선택
하여 정답률을 높이는 것이 효과적이다. 한 문제당 1분 내외로 해결해야 하기 때문에 본인이 자신 있
는 유형과 자신 없는 유형을 파악하여 시간을 분배하는 것이 중요하다.

삼성그룹은 온라인으로 GSAT를 진행하기 때문에 시험에 실제 시험과 유사한 환경을 구축하여 연습
하는 것이 합격률을 높이는 데 도움이 될 것이다. 시험에 필요한 키트는 따로 배송되지 않으며 온라인
GSAT는 시험환경 설정이 까다로우니 매뉴얼을 꼼꼼히 점검하는 것이 중요하다. 또한 문제풀이 용지
는 본인이 인쇄하여 준비해야 하므로 화면만 보고 문제 푸는 법을 연습한다면 실전에서 크게 당황하지
않을 것이다.

◇ 시험진행

구분	유형	문항 수	제한시간
수리	응용수리	2문항	30분
	자료해석	18문항	
쉬는 시간			5분
추리	명제	3문항	30분
	조건추리	11문항	
	도형추리	3문항	
	도식추리	4문항	
	문단나열	2문항	
	논리추론	7문항	

◇ 영역별 출제비중

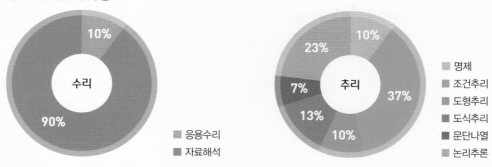

수리
- 10%
- 90%
  - 응용수리
  - 자료해석

추리
- 10%
- 23%
- 7%
- 13%
- 10%
- 37%
  - 명제
  - 조건추리
  - 도형추리
  - 도식추리
  - 문단나열
  - 논리추론

◇ 영역별 출제특징

구분	영역		출제특징
직무 적성 검사	수리	응용수리	• 전년 대비 판매량의 증감률을 구하는 연립방정식 문제 • 미지수를 활용하여 직원의 수를 구하는 경우의 수 또는 확률 문제 등
		자료해석	• 2개의 원형그래프를 비교하여 증감률 계산하는 문제 • 주어진 자료를 보고, 〈보기〉의 선지 중 옳은 설명을 고르는 문제 • 제시된 자료를 분석하여 추론하고 계산하는 세트 문제
	추리	명제	• 삼단논법을 이용하는 문제
		조건추리	• 각 진술의 진실 및 거짓 여부를 확인하여 범인을 찾는 문제 • 주어진 조건을 통하여 좌석을 배치하거나 물건을 넣는 순서를 추론하는 문제
		도형추리	• 도형의 회전이나 이동하는 규칙을 파악하여 물음표에 들어갈 도형을 추리하는 문제
		도식추리	• 문자의 변화 과정에 숨어있는 규칙을 찾는 문제
		문단나열	• 문단의 전체적인 흐름을 파악하고 이에 맞춰 순서대로 나열하는 문제
		논리추론	• 반도체 HBM, 바이오 하이드로겔에 대한 글을 읽고 참 또는 거짓인 내용을 고르는 문제 • 글의 내용을 바탕으로 〈보기〉를 해석하는 문제

신입사원 채용 안내 INFORMATION

◇ **모집시기**

❶ 계열사별 특성에 맞게 인력소요가 생길 경우에 한해 연중 상시로 진행하고 있다.

❷ 계열사별로 대규모 인력이 필요한 경우에는 별도의 공고를 통해 모집한다.

◇ **지원방법**

❶ 삼성채용 홈페이지(www.samsungcareers.com)에 접속한 후 로그인하여 상단 카테고리 「채용공고」를 클릭한다.

❷ 계열사별 채용공고에 따라 지원서를 작성하여 접수기간 내에 제출한다.

❸ 이후 해당 계열사의 안내에 따라 전형 절차에 응시한다.

◇ **채용절차**

| 지원서 작성 | 직무적합성평가 | GSAT | 면접전형 | 건강검진 | 최종합격 |

❖ 채용절차는 채용유형, 채용직무, 채용시기 등에 따라 변동될 수 있으므로 반드시 발표되는 채용공고를 확인하기 바랍니다.

온라인 시험 Tip TEST TIP

◇ **온라인 GSAT 패스 팁!**
  ❶ 오답은 감점 처리되므로 확실하게 푼 문제만 답을 체크하고 나머지는 그냥 둔다.
  ❷ 풀고자 하는 문제 번호를 검색하면 해당 문제로 바로 갈 수 있다. 페이지를 마우스 클릭으로 일일이 넘기지 않아도 된다.
  ❸ 온라인 시험에서는 풀이를 직접 양면으로 프린트한 문제풀이 용지에 작성하고 정답은 화면에서 체크해야 하므로 문제를 풀고 정답을 바로바로 체크하는 연습이 필요하다.
  ❹ 풀이가 작성된 문제풀이 용지는 시험 직후 제출해야 하며 부정행위가 없었는지 확인하는 데 사용된다.

◇ **필수 준비물**
  ❶ 타인과 접촉이 없으며 원활한 네트워크 환경이 조성된 응시 장소
  ❷ 권장 사양에 적합한 PC, 스마트폰 및 주변 기기(웹캠, 마이크, 스피커, 키보드, 마우스)
  ❸ 신분증(주민등록증, 운전면허증, 여권, 외국인등록증 중 택 1)

◇ **유의사항**
  ❶ 시험시간 최소 20분 전에 접속 완료해야 한다.
  ❷ 응시 환경 확인 시간 이후 자리 이탈은 금지된다.
  ❸ 촬영 화면 밖으로 손이나 머리가 나가면 안 된다.
  ❹ 시험 문제를 메모하거나 촬영하는 행위는 금지된다.
  ❺ 외부 소음이 나면 시험이 중지될 수 있다.
  ❻ 거울, 화이트보드, CCTV가 있는 장소에서는 응시가 불가능하다.

◇ **부정행위**
  ❶ 신분증 및 증빙서류를 위·변조하여 검사를 치르는 행위
  ❷ 대리 시험을 의뢰하거나 대리로 검사에 응시하는 행위
  ❸ 문제를 메모 또는 촬영하는 행위
  ❹ 문제의 일부 또는 전부를 유출하거나 외부에 배포하는 행위
  ❺ 타인과 답을 주고받는 행위

삼성

수리 ▶ 자료계산

03 다음은 S기업 영업 A ~ D팀의 분기별 매출액과 분기별 매출액에서 각 영업팀의 구성비를 나타낸 자료이다. A ~ D팀의 연간 매출액이 많은 순서와 1위 팀이 기록한 연간 매출액을 바르게 나열한 것은?

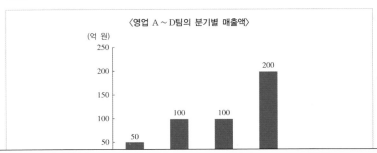

〈영업 A ~ D팀의 분기별 매출액〉
(억 원)

추리 ▶ 도식추리

※ 다음 도식에서 기호들은 일정한 규칙에 따라 문자를 변화시킨다. 물음표에 들어갈 적절한 문자를 고르시오(단, 규칙은 가로와 세로 중 한 방향으로만 적용되며, 모음은 단모음 10개를 기준으로 한다).
[1~4]

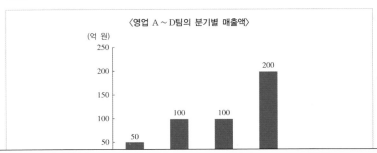

추리 ▶ 참 또는 거짓

※ 다음 글의 내용이 참일 때 항상 거짓인 것을 고르시오. [24~26]

24 권리와 의무의 주체가 될 수 있는 자격을 권리 능력이라 한다. 사람은 태어나면서 저절로 권리 능력을 갖게 되고 생존하는 내내 보유한다. 그리하여 사람은 재산에 대한 소유권의 주체가 되며, 다른 사람에 대하여 채권을 누리기도 하고 채무를 지기도 한다. 사람들의 결합체인 단체도 일정한 요건을 갖추면 법으로써 부여되는 권리 능력인 법인격을 취득할 수 있다. 단체 중에는 사람들이 일정한 목적을 갖고 결합한 조직체로서 구성원과 구별되어 독자적 실체로서 존재하며, 운영 기구를 두어 구성원의 가입과 탈퇴에 관계없이 존속하는 단체가 있다. 이를 사단(社團)이라 하며, 사단이 갖춘 이러한 성질을 사단성이라 한다. 사단의 구성원은 사원이라 한다. 사단은 법인(法人)으로 등기되어야 법인격이 생기는데, 법인격을 가진 사단을 사단 법인이라 부른다. 반면에 사단성을 갖추고도 법인으로 등기하지 않은 사단은 '법인이 아닌 사단'이라 한다. 사람과 법인만이 권리 능력을 가지며, 사람

SK

언어이해 ▶ 사실적 독해

03 다음 글의 내용으로 적절하지 않은 것은?

> 생물 농약이란 농작물에 피해를 주는 병이나 해충, 잡초를 제거하기 위해 자연에 있는 생물로 만든 천연 농약을 뜻한다. 생물 농약을 개발한 것은 흙 속에 사는 병원균으로부터 식물을 보호할 목적에 서였다. 뿌리를 공격하는 병원균은 땅속에 살고 있으므로 병원균을 제거하기에 어려움이 있었다. 게다가 화학 농약의 경우 그 성분이 토양에 달라붙어 제 기능을 발휘하지 못했기 때문에 식물 성장을 돕고 항균 작용을 할 수 있는 미생물에 주목하기 시작한 것이다.
>
> 식물 성장을 돕고 항균 작용을 하는 미생물 집단을 '근권미생물'이라 하는데, 여러 종류의 근권미생물 중 농약으로 쓰기에 가장 좋은 것은 뿌리에 잘 달라붙는 것들이다. 근권미생물의 입장에서 뿌리 주변은 사막의 오아시스와 비슷한 조건이다. 뿌리 주변은 뿌리에서 공급되는 양분과 안락한 서식 환경을 제공받지만, 뿌리 주변에서 멀리 떨어진 곳은 황량한 지역이어서 먹을 것을 찾기가 어렵기 때문이다. 따라서 뿌리 주변에서는 좋은 위치를 선점하기 위해 미생물 간에 치열한 싸움이 벌어진

자료해석 ▶ 자료추론

Hard
15 다음은 우리나라 지역별 가구 수와 1인 가구 수에 대한 자료이다. 이에 대한 설명으로 옳은 것은?

⟨지역별 가구 수 및 1인 가구 수⟩

(단위 : 천 가구)

구분	전체 가구	1인 가구
서울특별시	3,675	1,012
부산광역시	1,316	367
대구광역시	924	241
인천광역시	1,036	254
광주광역시	567	161
대전광역시	596	178
울산광역시	407	97
경기도	4,396	1,045
강원도	616	202
충청북도	632	201
충청남도	866	272

언어추리 ▶ 진실게임

01 S사 직원들끼리 이번 달 성과급에 대해 이야기를 나누고 있다. 성과급은 반드시 늘거나 줄어들었고, 직원 중 1명만 거짓말을 하고 있을 때, 항상 참인 것은?

> • 직원 A : 나는 이번에 성과급이 늘어났어. 그래도 B만큼은 오르지 않았네.
> • 직원 B : 맞아 난 성과급이 좀 늘어났지. D보다 조금 더 늘었어.
> • 직원 C : 좋겠다. 오~ E도 성과급이 늘어났네.
> • 직원 D : 무슨 소리야! E는 C와 같이 성과급이 줄어들었는데.
> • 직원 E : 그런 것보다 D가 A보다 성과급이 조금 올랐는데?

① 직원 A의 성과급이 오른 사람 중 가장 적다.
② 직원 B의 성과급이 가장 많이 올랐다.

주요 대기업 적중 문제 TEST CHECK

LG

언어이해 ▶ 나열하기

※ 다음 문단을 논리적 순서대로 바르게 나열한 것을 고르시오. [3~4]

03

(가) 교정 중에는 치아뿐 아니라 교정장치를 부착하고 있기 때문에 교정장치까지 닦아주어야 하는데요. 교정용 칫솔은 가운데 홈이 있어 장치와 치아를 닦을 수 있는 칫솔을 선택하게 되고, 가운데 파여진 곳을 교정장치에 위치시킨 후 옆으로 왔다 갔다 전체적으로 닦아줍니다. 그다음 칫솔을 비스듬히 하여 장치의 위아래를 꼼꼼하게 닦아줍니다.

(나) 치아를 가지런하게 하기 위해 교정하시는 분들 중에 간혹 교정 중에 칫솔질이 잘 되지 않아 충치가 생기고 잇몸이 내려가 버리는 경우를 종종 보곤 합니다. 그러므로 교정 중에는 더 신경써서 칫솔질을 해야 하죠.

(다) 마지막으로 칫솔질을 할 때 잊지 말아야 할 것은 우리 입안에 치아만 있는 것이 아니므로 혀와 잇몸에 있는 플라그들도 제거해 주셔야 입 냄새도 예방할 수 있다는 것입니다. 올바른 칫솔질 방법으로 건강한 치아를 잘 유지하시길 바랍니다.

(라) 또 장치 때문에 닿이지 않는 부위는 치간 칫솔을 이용해 위아래 오른쪽 왼쪽 넣어 잘 닦아줍니

자료해석 ▶ 자료해석

`Hard`
11 다음은 2021 ~ 2023년 국가별 이산화탄소 배출량에 대한 자료이다. 이에 대한 설명으로 옳지 않은 것을 〈보기〉에서 모두 고르면?(단, 소수점 둘째 자리에서 반올림한다)

〈국가별 이산화탄소 배출 현황〉

구분		2021년		2022년		2023년	
		총량 (백만 톤)	1인당 (톤)	총량 (백만 톤)	1인당 (톤)	총량 (백만 톤)	1인당 (톤)
아시아	한국	582	11.4	589.2	11.5	600	11.7
	중국	9,145.3	6.6	9,109.2	6.6	9,302	6.7
	일본	1,155.7	9.1	1,146.9	9	1,132.4	8.9
북아메리카	캐나다	557.7	15.6	548.1	15.2	547.8	15
	미국	4,928.6	15.3	4,838.5	14.9	4,761.3	14.6
남아메리카	브라질	453.6	2.2	418.5	2	427.6	2
	페루	49.7	1.6	52.2	1.6	49.7	1.5
	베네수엘라	140.5	4.5	127.4	4	113.7	3.6
	체코	99.4	9.4	101.2	9.6	101.7	9.6
	프랑스	299.6	4.5	301.7	4.5	306.1	4.6
	독일	799.7	9.0	734.5	9.0	718.8	8.7

창의수리 ▶ 금액

15 원가의 20%를 추가한 금액을 정가로 하는 제품을 15% 할인해서 50개를 판매한 금액이 127,500원일 때, 이 제품의 원가는?

① 1,500원
② 2,000원
③ 2,500원
④ 3,000원
⑤ 3,500원

포스코

언어이해 ▶ 주제 / 맥락 이해

02 다음 글의 주제로 적절한 것은?

'새'는 하나의 범주이다. [+동물], [+날 것]과 같이 성분분석을 한다면 우리 머릿속에 떠오른 '새'의 의미를 충분히 설명했다고 보기 어렵다. 성분분석 이론의 의미자질 분석은 단순할 뿐이다. 이것이 실망스러운 이유는 성분분석 이론의 '새'에 대한 의미 기술이 고작해야 다른 범주, 즉 조류가 아닌 다른 동물 범주와 구별해 주는 정도밖에 되지 못했기 때문이다. 아리스토텔레스 이래로 하나의 범주 는 경계가 뚜렷한 실재물이며 범주의 구성원은 서로 동등한 자격을 가지고 있다고 믿어왔다. 그리고 범주를 구성하는 단위는 자질들의 집합으로 설명될 수 있다고 생각해 왔다. 앞에서 보여준 성분분석 이론 역시 그런 고전적인 범주 인식에 바탕을 두고 있다. 어휘의 의미는 의미성분, 곧 의미자질들의 총화로 기술될 수 있다고 믿는 것, 그것은 하나의 범주가 필요충분조건으로 이루어져있다는 가정에 서만이 가능한 것이었다. 그러나 '새'의 범주를 떠올려 보면 범주의 구성원들끼리 결코 동등한 자격 을 가지고 있지 않다. 가장 원형적인 구성원이 있는가 하면, 덜 원형적인 것, 주변적인 것도 있는

문제해결 ▶ 대안탐색 및 선택

Easy

04 다음 그림과 같이 O지점부터 D지점 사이에 운송망이 주어졌을 때, 최단 경로에 대한 설명으로 옳지 않은 것은?(단, 구간별 숫자는 거리를 나타낸다)

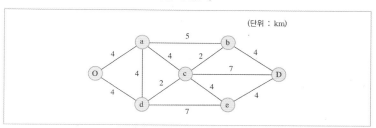

① O에서 c까지 최단거리는 6km이다.

② O에서 D까지 a를 경유하는 최단거리는 13km이다.

추리 ▶ 명제

Easy

15 P사의 A ~ F팀은 월요일부터 토요일까지 하루에 2팀씩 함께 회의를 진행한다. 다음 〈조건〉을 참 고할 때, 반드시 참인 것은?(단, 월요일부터 토요일까지 각 팀의 회의 진행 횟수는 서로 같다)

조건

• 오늘은 목요일이고 A팀과 F팀이 함께 회의를 진행했다.
• B팀은 A팀과 연이은 요일에 회의를 진행하지 않는다.
• B팀은 오늘을 포함하여 이번 주에는 더 이상 회의를 진행하지 않는다.
• C팀은 월요일에 회의를 진행했다.
• D팀과 C팀은 이번 주에 B팀과 한 번씩 회의를 진행한다.
• A팀과 F팀은 이번 주에 이틀을 연이어 함께 회의를 진행한다.

① E팀은 수요일과 토요일 하루 중에만 회의를 진행한다.

② 화요일에 회의를 진행한 팀은 B팀과 F팀이다.

도서 200% 활용하기 STRUCTURES

1 3개년 기출복원문제로 출제경향 파악

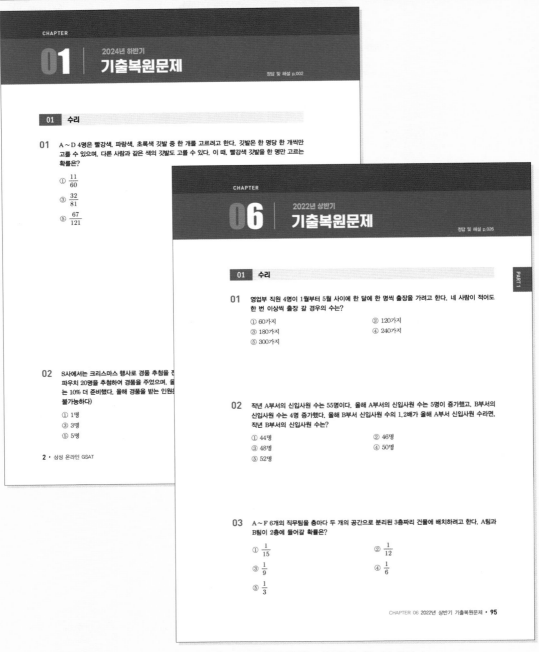

CHAPTER

01 2024년 하반기
기출복원문제
정답 및 해설 p.002

01 수리

01 A~D 4명은 빨강색, 파랑색, 초록색 깃발 중 한 개를 고르려고 한다. 깃발은 한 명당 한 개씩만 고를 수 있으며, 다른 사람과 같은 색의 깃발도 고를 수 있다. 이 때, 빨강색 깃발을 한 명만 고르는 확률은?

① $\frac{11}{60}$
③ $\frac{32}{81}$
⑤ $\frac{67}{121}$

02 S사에서는 크리스마스 행사로 경품 추첨을 진...
파우치 20명을 추첨하여 경품을 주었으며, 올...
는 10% 더 준비했다. 올해 경품을 받는 인원...
불가능하다)

① 1명
③ 3명
⑤ 5명

2 · 삼성 온라인 GSAT

CHAPTER

06 2022년 상반기
기출복원문제
정답 및 해설 p.026

01 수리

01 영업부 직원 4명이 1월부터 5월 사이에 한 달에 한 명씩 출장을 가려고 한다. 네 사람이 적어도 한 번 이상씩 출장 갈 경우의 수는?

① 60가지
③ 180가지
⑤ 300가지
② 120가지
④ 240가지

02 작년 A부서의 신입사원 수는 55명이다. 올해 A부서의 신입사원 수는 5명이 증가했고, B부서의 신입사원 수는 4명 증가했다. 올해 B부서 신입사원 수의 1.2배가 올해 A부서 신입사원 수라면, 작년 B부서의 신입사원 수는?

① 44명
③ 48명
⑤ 52명
② 46명
④ 50명

03 A~F 6개의 직무팀을 층마다 두 개의 공간으로 분리된 3층짜리 건물에 배치하려고 한다. A팀과 B팀이 2층에 들어갈 확률은?

① $\frac{1}{15}$
③ $\frac{1}{9}$
⑤ $\frac{1}{3}$
② $\frac{1}{12}$
④ $\frac{1}{6}$

▶ 2024~2022년 3개년 기출복원문제를 수록하여 최신 출제경향을 파악할 수 있도록 하였다.
▶ 기출복원문제를 바탕으로 학습을 시작하기 전에 자신의 실력을 판단할 수 있도록 하였다.

2 │ 이론점검, 대표기출유형, 기출응용문제로 영역별 단계적 학습

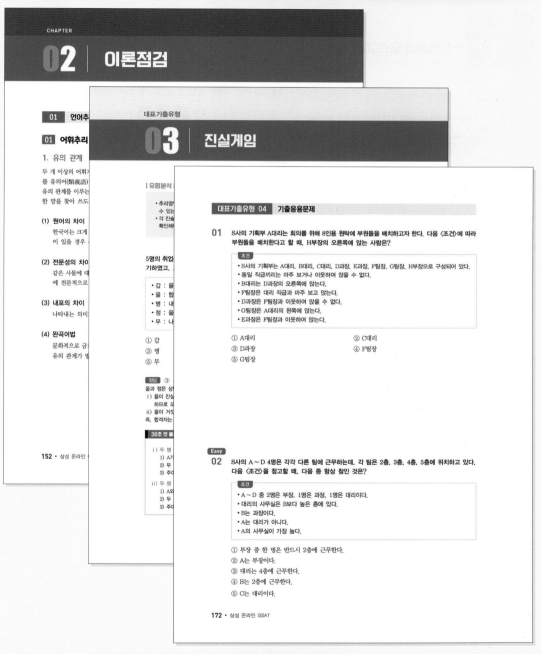

▶ 출제되는 영역에 대한 이론점검, 대표기출유형, 기출응용문제를 수록하였다.

▶ 최근 출제되는 유형을 체계적으로 학습하고 점검할 수 있도록 하였다.

도서 200% 활용하기 STRUCTURES

3 최종점검 모의고사 + 도서 동형 온라인 실전연습 서비스로 반복 학습

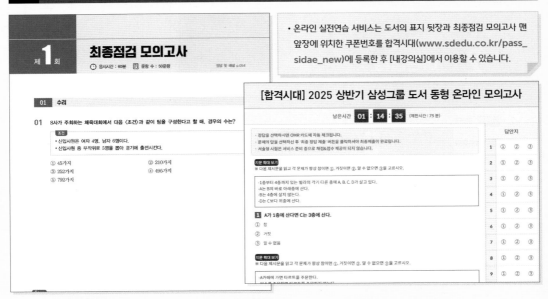

- 온라인 실전연습 서비스는 도서의 표지 뒷장과 최종점검 모의고사 맨 앞장에 위치한 쿠폰번호를 합격시대(www.sdedu.co.kr/pass_sidae_new)에 등록한 후 [내강의실]에서 이용할 수 있습니다.

▶ 실제 시험과 유사하게 구성된 최종점검 모의고사 4회분을 통해 마무리를 하도록 하였다.
▶ 이와 동일하게 구성된 온라인 실전연습 서비스로 온라인 환경에서 실전처럼 학습하도록 하였다.

4 온라인 모의고사 + 문제풀이 용지로 실전 연습

▶ 온라인 모의고사와 문제풀이 용지를 활용하여 실제 시험처럼 연습할 수 있도록 하였다.

5 Easy & Hard로 난이도별 시간 분배 연습

▶ Easy & Hard 표시로 문제별 난이도에 따라 시간을 적절하게 분배하여 풀이하는 연습이 가능하도록 하였다.

6 정답 및 오답분석으로 풀이까지 완벽 마무리

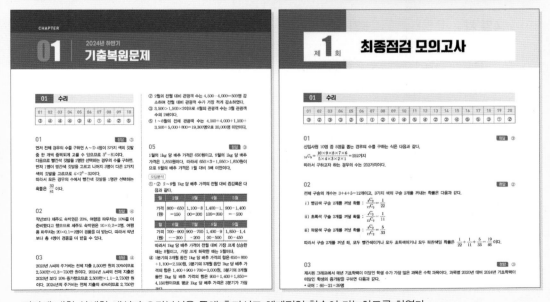

▶ 정답에 대한 상세한 해설과 오답분석을 통해 혼자서도 체계적인 학습이 가능하도록 하였다.

학습플랜 STUDY PLAN

1주 완성 학습플랜

본서에 수록된 전 영역을 단기간에 끝낼 수 있도록 구성한 학습플랜이다. 한 번에 전 영역을 공부하지 않고, 한 영역을 집중적으로 공부할 수 있도록 하였다. 인성검사 및 필기시험에 대한 기초 학습은 되어 있으나, 학습 계획 세우기에 자신이 없는 분들이나 미리 시험에 대비하지 못해 단시간에 많은 분량을 봐야 하는 수험생에게 추천한다.

ONE WEEK STUDY PLAN

	1일 차 ☐	2일 차 ☐	3일 차 ☐
Start!	_____월 _____일	_____월 _____일	_____월 _____일

4일 차 ☐	5일 차 ☐	6일 차 ☐	7일 차 ☐
_____월 _____일	_____월 _____일	_____월 _____일	_____월 _____일

STUDY CHECK BOX

구분	1일 차	2일 차	3일 차	4일 차	5일 차	6일 차	7일 차
기출복원문제							
PART 1							
제1회 최종점검 모의고사							
제2회 최종점검 모의고사							
제3회 최종점검 모의고사							
제4회 최종점검 모의고사							
다회독 1회							
다회독 2회							
오답분석							

스터디 체크박스 활용법

1주 완성 학습플랜에서 계획한 학습량을 어느 정도 실천하였는지 표시하여 자신의 학습량을 효율적으로 관리한다.

구분	1일 차	2일 차	3일 차	4일 차	5일 차	6일 차	7일 차
PART 1	수리	×	×	완료			

이 책의 차례 CONTENTS

PART 1

합격의 공식 시대에듀 www.sdedu.co.kr

3개년 기출복원문제

01 | 2024년 하반기 기출복원문제

01 수리

01 A ~ D 4명은 빨간색, 파란색, 초록색 깃발 중 1개를 고르려고 한다. 깃발은 1명당 1개씩만 고를 수 있으며, 다른 사람과 같은 색의 깃발도 고를 수 있다. 이 때, 빨간색 깃발을 1명만 고를 확률은?

① $\dfrac{11}{60}$

② $\dfrac{23}{81}$

③ $\dfrac{32}{81}$

④ $\dfrac{45}{121}$

⑤ $\dfrac{67}{121}$

02 S사에서는 크리스마스 행사로 경품 추첨을 진행하려 한다. 작년에는 제주도 숙박권 10명, 여행용 파우치 20명을 추첨하여 경품을 주었으며, 올해는 작년보다 제주도 숙박권은 20%, 여행용 파우치는 10% 더 준비했다. 올해 경품을 받는 인원은 작년보다 몇 명 더 많은가?(단, 경품은 중복 당첨이 불가능하다)

① 1명

② 2명

③ 3명

④ 4명

⑤ 5명

03 A씨는 1년 동안 주거비 등 5가지 영역에서 소비를 한다. A씨가 2023년에 2,500만 원을 지출했고, 2024년에는 2023년보다 10% 더 지출했을 때, 2024년과 2023년의 주거비의 차는 얼마인가?

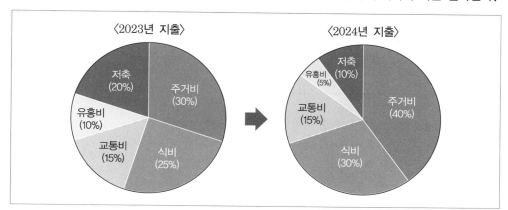

① 65만 원
② 150만 원
③ 220만 원
④ 350만 원
⑤ 410만 원

PART 1

04 다음은 2024년 1 ~ 6월 S시 관광객 수에 대한 자료이다. 이에 대한 설명으로 옳지 않은 것은?

〈2024년 1 ~ 6월 S시 관광객 수〉

(단위 : 명)

구분	1월	2월	3월	4월	5월	6월
관광객 수	4,500	4,000	1,500	3,500	5,000	800

① 관광객 수가 가장 많은 달은 5월이다.
② 관광객 수의 전월 대비 감소폭이 가장 적은 달은 2월이다.
③ 4월의 관광객 수는 전월 대비 2배 이상이다.
④ 6월의 관광객 수는 전월 대비 16% 감소하였다.
⑤ 1 ~ 6월의 전체 관광객 수는 20,000명 미만이다.

05 다음은 2024년 1 ~ 9월의 1kg당 배추 가격에 대한 자료이다. 이에 대한 설명으로 옳지 않은 것은?

〈2024년 1 ~ 9월 1kg 당 배추 가격〉

(단위 : 원)

구분	1분기			2분기			3분기		
	1월	2월	3월	4월	5월	6월	7월	8월	9월
가격	650	800	1,100	1,400	900	700	900	1,400	1,850

① 1kg당 배추 가격이 전월 대비 가장 크게 상승한 때는 8월이다.
② 1kg당 배추 가격이 전월 대비 가장 크게 하락한 때는 5월이다.
③ 9월의 1kg당 배추 가격은 1월 대비 3배 이상이다.
④ 분기별 1kg당 배추 가격의 평균이 가장 큰 때는 3분기이다.
⑤ 1 ~ 9월 1kg당 배추 가격의 중앙값은 900원이다.

06 다음은 전년 동월 대비 특허 심사 건수 및 등록률의 증감 추이를 나타낸 자료이다. 이에 대한 〈보기〉의 설명 중 옳지 않은 것을 모두 고르면?

〈전년 동월 대비 특허 심사 건수 증감 및 등록률 증감 추이〉

(단위 : 건, %)

구분	2024. 01	2024. 02	2024. 03	2024. 04	2024. 05	2024. 06
심사 건수 증감	125	100	130	145	190	325
등록률 증감	1.3	−1.2	−0.5	1.6	3.3	4.2

보기

ㄱ. 2024년 3월에 전년 동월 대비 등록률이 가장 많이 낮아졌다.
ㄴ. 2024년 6월의 심사 건수는 325건이다.
ㄷ. 2024년 5월의 등록률은 3.3%이다.
ㄹ. 2023년 1월 심사 건수가 100건이라면, 2024년 1월 심사 건수는 225건이다.

① ㄱ
② ㄱ, ㄴ
③ ㄷ, ㄹ
④ ㄱ, ㄴ, ㄷ
⑤ ㄴ, ㄷ, ㄹ

※ 다음은 S대학교 재학생 1,000명의 등록금 수납 유형 및 교내 장학금 수혜 인원에 대한 자료이다. 이어지는 질문에 답하시오. [7~8]

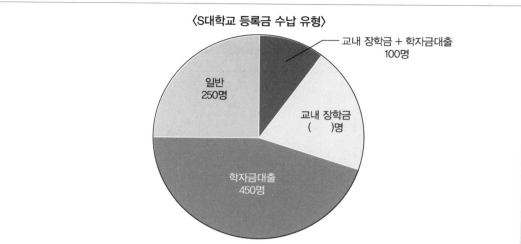

〈S대학교 등록금 수납 유형〉

교내 장학금 + 학자금대출
100명

일반
250명

교내 장학금
(   )명

학자금대출
450명

※ 이중방지지원제도에 따라 교내 장학금 수혜 금액과 학자금대출 신청 금액의 합은 등록금을 초과할 수 없음

〈교내 장학금 유형별 수혜 세부 인원〉

(단위 : 명)

구분	성적 우수	생계 곤란 지원	공모전 입상	기타	합계
민원 건수	30	70	20	180	300

※ 교내 장학금 수령자는 다음 학기의 등록금에서 해당 금액만큼 감면하여 납부함

07 교내 장학금 전체 수혜 인원에서 성적 우수 장학금 수혜 인원이 차지하는 비율은?

① 10% ② 15%
③ 20% ④ 25%
⑤ 30%

08 학자금대출을 신청한 학생 중 50명의 학생이 추가로 교내 장학금 수혜 대상자로 선정되었을 때, 교내 장학금을 수혜받고 동시에 학자금대출을 신청한 학생은 학자금대출을 신청하거나 교내 장학금을 수혜받은 학생의 몇 %인가?

① 50% ② 40%
③ 30% ④ 20%
⑤ 10%

09 어느 바다의 해수면 높이가 다음과 같이 일정한 규칙으로 증가할 때, 2028년의 예상 해수면 높이는?

〈연도별 해수면 높이〉

(단위 : mm)

연도	2019년	2020년	2021년	2022년	2023년
해수면 높이	73	76	79	82	85

① 94mm
② 100mm
③ 106mm
④ 112mm
⑤ 118mm

10 S사의 매년 입사하는 신입사원 수가 다음과 같은 규칙을 보일 때, 2030년에 입사하는 신입사원 수는?

〈S사의 신입사원 수 변화〉

(단위 : 명)

구분	2020년	2021년	2022년	2023년	2024년
사원 수	50	80	110	140	170

① 230명
② 260명
③ 290명
④ 320명
⑤ 350명

※ 제시된 명제가 모두 참일 때, 다음 중 빈칸에 들어갈 명제로 가장 적절한 것을 고르시오. [1~3]

01

> 전제1. 날씨가 좋으면 야외 활동을 한다.
> 전제2. 날씨가 좋지 않으면 행복하지 않다.
> 결론. _____

① 날씨가 좋으면 행복한 것이다.
② 야외 활동을 하면 날씨가 좋은 것이다.
③ 야외 활동을 하지 않으면 행복하지 않다.
④ 행복하지 않으면 날씨가 좋지 않은 것이다.
⑤ 날씨가 좋지 않으면 야외 활동을 하지 않는다.

02

> 전제1. 책상을 정리하면 업무 효율이 높아진다.
> 전제2. 지각을 하지 않으면 책상을 정리한다.
> 결론. _____

① 업무 효율이 높아지면 지각을 하지 않은 것이다.
② 지각을 하지 않으면 업무 효율이 높아지지 않는다.
③ 책상을 정리하지 않으면 지각을 한 것이다.
④ 지각을 하지 않으면 업무 효율이 높아진다.
⑤ 지각을 하면 책상을 정리한다.

03

> 전제1. 모든 생명체는 물이 있어야 살 수 있다.
> 전제2. 모든 동물은 생명체이다.
> 결론. _____

① 생명체는 모두 동물이다.
② 동물들은 물이 있어야 살 수 있다.
③ 동물이 아닌 것은 생명체가 아니다.
④ 생명체가 살아갈 수 없으면 물이 없다.
⑤ 물이 있으면 모든 생명체가 살 수 있다.

04 현수, 주현, 지연, 재현, 형호 5명은 명절에 고향에 내려가기 위해 각자 기차표를 예매했다. 모두 서로 다른 열의 좌석을 예매했을 때, 다음을 읽고 바르게 추론한 것은?(단, 앞 열일수록 입구와 가깝다)

- 현수의 좌석은 지연이와 주현이의 좌석보다 입구와 가깝다.
- 재현이의 좌석은 지연이의 좌석보다 앞이고, 형호의 좌석보다는 뒤이다.
- 입구와 형호의 좌석 간 거리는 입구와 현수의 좌석 간 거리보다 길다.
- 주현이의 좌석이 입구와 가장 멀리 떨어져 있다.

---

① 현수는 5명 중 가장 뒤쪽 열의 좌석을 예매했다.
② 형호는 현수 바로 뒤의 좌석을 예매했다.
③ 형호는 재현이와 지연 사이의 좌석을 예매했다.
④ 형호는 현수와 재현 사이의 좌석을 예매했다.
⑤ 재현이는 지연 바로 앞의 좌석을 예매했다.

05 S사에 입사한 A ~ E 5명의 신입사원은 각각 2개 항목의 물품을 신청하였다. 5명의 신입사원 중 2명의 진술이 거짓일 때, 다음 중 신청 사원과 신청 물품이 바르게 연결된 것은?

신입사원이 신청한 물품의 항목은 4개이며, 항목별 물품을 신청한 사원의 수는 다음과 같다.
- 필기구 : 2명
- 의자 : 3명
- 복사용지 : 2명
- 사무용 전자제품 : 3명

- A : 나는 필기구를 신청하였고, E는 거짓말을 하고 있다.
- B : 나는 의자를 신청하지 않았고, D는 진실을 말하고 있다.
- C : 나는 의자를 신청하지 않았고, E는 진실을 말하고 있다.
- D : 나는 필기구와 사무용 전자제품을 신청하였다.
- E : 나는 복사용지를 신청하였고, B와 D는 거짓말을 하고 있다.

---

① A – 복사용지
② B – 사무용 전자제품
③ C – 필기구
④ D – 의자
⑤ E – 필기구

06 S씨는 월요일부터 금요일까지 회사 근처의 식당에서 점심을 먹는다. 회사 근처에는 한식, 일식, 중식 식당 3곳이 있고, S씨가 다음 〈조건〉에 따라 점심을 먹을 때, 항상 거짓인 것은?

조건
• 월요일부터 금요일까지 점심을 3개의 식당 중 1곳에서 식사한다.
• 모든 식당을 한 주에 한 번은 반드시 방문한다.
• 일식은 2일 연속하여 먹는다.
• 일식을 먹은 전 날은 반드시 한식을 먹는다.
• 금요일은 한식을 먹는다.

① 중식은 한 주에 두 번 먹는다.
② 목요일은 한식을 먹을 수 없다.
③ 화요일은 중식을 먹을 수 없다.
④ 수요일은 반드시 일식을 먹는다.
⑤ 중식을 먹은 다음 날은 반드시 한식을 먹는다.

07 A ~ E 5명은 카페에서 각각 아메리카노, 카페라테, 콜드브루 중 1잔씩 선택하여 주문하였다. 다음 〈조건〉에 따라 주문할 때, 항상 거짓인 것은?

조건
• 아메리카노, 카페라테, 콜드브루 중 A ~ E가 고르지 않은 음료는 없다.
• A는 카페라테를 고르지 않았다.
• C는 A와 같은 음료를 골랐다.
• E는 B와 같은 음료를 고르고, B는 A와 다른 음료를 골랐다.
• 콜드브루는 총 1잔을 주문하였다.

① D는 콜드브루를 주문하였다.
② B는 아메리카노를 주문한다.
③ 카페라테는 2잔을 주문하였다.
④ 아메리카노는 2잔을 주문하였다.
⑤ D와 같은 음료를 주문한 사람은 없다.

※ 다음 제시된 도형의 규칙을 보고 물음표에 들어갈 도형으로 알맞은 것을 고르시오. [8~10]

08

①

②

③

④

⑤

09

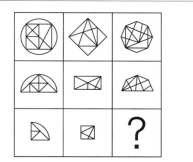

①

②

③

④

⑤

10

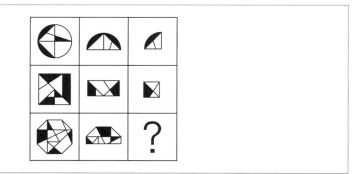

①

②

③

④

⑤

※ 다음 도식에서 기호들은 일정한 규칙에 따라 문자를 변화시킨다. 물음표에 들어갈 문자로 알맞은 것을 고르시오(단, 규칙은 가로와 세로 중 한 방향으로만 적용된다). **[11~14]**

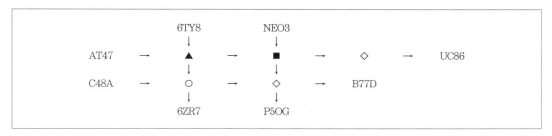

11

OAIS → ○ → ■ → ?

① POIT   ② MBGT

③ GRMS   ④ MIOS

⑤ GTMB

12

14KV → ▲ → ◇ → ?

① MQ24   ② MW35

③ 35VM   ④ WM53

⑤ 24VT

13

G4C7 → ■ → ▲ → ?

① 4G7C   ② 5I6K

③ 1E8D   ④ C7G4

⑤ 5G8E

14

T346 → ○ → ▲ → ■ → ?

① 8R24   ② 4R72

③ R216   ④ 5Q34

⑤ 724R

15

최근 행동주의펀드가 적극적으로 목소리를 내면서 기업들의 주가가 급격히 변동하는 경우가 빈번해지고 있다. 특히 주주제안을 받아들이는 기업의 주가는 급등했지만, 이를 거부하는 기업의 경우 주가가 하락하고 있다. 이에 일각에서는 주주 보호를 위해 상법 개정이 필요하다는 지적이 나오고 있다.

(가) 이에 대한 대표적인 사례가 S사이다. 그동안 S사는 대주주의 개인회사인 L기획에 일감을 몰아주면서 부당한 이득을 취해왔는데, 이에 대해 A자산운용이 이러한 행위는 주주가치를 훼손하는 것이라며 지적한 것이다. 이에 S사는 L기획과 계약종료를 검토하겠다고 밝혔으며, 이처럼 A자산운용의 요구가 실현되면서 주가는 18.6% 급등하였다. 이 밖에도 K사와 H사 등 자본시장에 영향을 미치고 있다.

(나) 이러한 행동주의펀드는 배당 확대나 이사·감사 선임과 같은 기본적 사안부터 분리 상장, 이사회 정원 변경, 경영진 교체 등 핵심 경영 문제까지 지적하며 개선을 요구하고 있는 추세이다.

(다) 이와 같은 A자산운용의 제안을 수락한 7개의 은행 지주는 올해 들어 주가가 8 ~ 27% 급상승하는 결과를 보였으며, 이와 반대로 해당 제안을 장기적 관점에서 기업가치와 주주가치의 실익이 적다며 거부한 K사의 주가는 동일한 기간 주가가 4.15% 하락하는 모습을 보여, 다가오는 주주총회에서의 행동주의펀드 및 소액주주들과 충돌이 예상되고 있다.

(라) 이처럼 시장의 주목도가 높아진 A자산운용의 영향력은 최근 은행주에도 그 영향이 미쳤는데, K금융·S지주·H금융지주·W금융지주·B금융지주·D금융지주·J금융지주 등 은행지주 7곳에 주주환원 정책 도입을 요구한 것이다. 특히 그중 J금융지주에는 평가 결과 주주환원 정책을 수용할 만한 수준에 미치지 못한다고 판단된다며 배당확대와 사외이사의 추가 선임의 내용을 골자로 한 주주제안을 요구하였다.

① (가) – (나) – (다) – (라)
② (나) – (가) – (라) – (다)
③ (나) – (라) – (다) – (가)
④ (다) – (가) – (나) – (라)
⑤ (다) – (라) – (나) – (가)

16

(가) 이러한 특성으로 인해 HBM은 다양한 분야에서 활용되고 있다. 특히 인공지능과 머신러닝에서는 대량의 데이터를 신속하게 처리해야 하므로, HBM의 높은 대역폭이 필수적이다. 그래픽 처리 장치(GPU)에서도 HBM이 사용되어 복잡한 그래픽 연산을 지원하며, 데이터 센터에서는 에너지 효율성을 높여 운영비용을 줄이는 데 기여하고 있다. 고성능 컴퓨팅 환경에서도 HBM은 빠른 데이터 접근과 처리를 가능하게 하여 성능을 극대화한다.

(나) 하지만 HBM에는 몇 가지 단점도 존재한다. 첫째, 복잡한 제조 과정으로 인해 생산 비용이 높고 수율이 낮다. 둘째, 적층 구조로 인해 내구성이 떨어질 수 있으며, 고장이 발생할 경우 수리가 어렵다. 셋째, 발열 문제로 인해 오버클럭 성능에 제한이 있을 수 있다. 이러한 단점들은 HBM의 상용화에 있어 도전 과제가 된다.

(다) HBM(High Bandwidth Memory)은 고대역폭 메모리로, 여러 개의 D램 칩을 수직으로 쌓아 올려 데이터 전송 속도를 획기적으로 높인 메모리 기술이다. HBM은 기존 메모리 기술에 비해 훨씬 높은 대역폭을 제공하여, 대용량 데이터를 빠르게 처리할 수 있는 능력을 갖추고 있다. 이러한 특성 덕분에 HBM은 인공지능, 머신러닝, 고성능 컴퓨팅(HPC) 등 다양한 분야에서 주목받고 있다.

(라) 이러한 단점을 극복하기 위해서는 제조 기술의 개선이 필요하다. 예를 들어, 생산 공정을 최적화하여 수율을 높이고 비용을 절감하는 방법이 있다. 또한, 새로운 패키징 기술을 개발하여 내구성을 향상시키고 발열 문제를 해결할 수 있는 방안도 모색해야 한다. 지속적인 연구 개발을 통해 HBM의 성능과 신뢰성을 더욱 높일 수 있을 것이다.

(마) HBM의 특징 중 가장 두드러진 점은 3D 스택 구조이다. 이 구조는 여러 개의 메모리 다이를 수직으로 쌓고, 실리콘 관통전극 기술을 통해 이들을 연결함으로써 데이터 전송 경로를 단축시킨다. 이를 통해 HBM은 높은 데이터 전송 속도와 낮은 전력 소비를 실현하며, 공간 효율성 또한 극대화된다. 이러한 특징은 HBM이 대규모 데이터 처리에 적합한 이유 중 하나이다.

① (가) – (나) – (마) – (다) – (라) ② (가) – (마) – (라) – (나) – (다)
③ (다) – (라) – (가) – (마) – (나) ④ (다) – (라) – (나) – (마) – (가)
⑤ (다) – (마) – (가) – (나) – (라)

PART 1

17 다음 글을 읽고 추론한 내용으로 적절하지 않은 것은?

바이오 하이드로겔은 생체 적합성이 뛰어난 고분자 네트워크로, 많은 양의 물을 담을 수 있는 3차원 구조를 가진 친수성 고분자 물질로 최근에는 의료, 생명공학, 약물 전달 시스템 등 다양한 분야에서 그 중요성이 점점 더 부각되고 있는 물질이다.

바이오 하이드로겔의 주요 특성으로는 높은 함수율, 생체적합성, 기계적 강도, 다공성 구조, 조직 접착력, 생분해성, 그리고 세포친화성이 있다. 높은 함수율을 통해 다량의 수분을 함유할 수 있는 3차원 망상구조를 가지며, 이는 액체와 고체의 중간 형태를 제공한다. 생체적합성이 뛰어나고 유연한 물성을 지닌 하이드로겔은 높은 강도와 내구성을 갖추고 있어 다양한 환경에서 안정적으로 사용될 수 있다. 또한 나노섬유 기반의 다공성 구조는 세포나 약물을 효과적으로 담을 수 있으며, 조직 접착력이 우수하여 생체 내 조직에 장기간 부착할 수 있다. 이러한 특성들은 바이오 하이드로겔이 약물 전달 시스템, 조직 공학, 상처 치유 및 바이오센서 등 다양한 분야에서 중요한 역할을 할 수 있도록 한다.

바이오 하이드로겔은 크게 두 가지로 나눌 수 있다. 첫째는 천연 고분자 기반 하이드로겔로, 여기에는 콜라겐, 알지네이트, 키토산 등이 포함된다. 둘째는 합성 고분자 기반 하이드로겔로, 폴리에틸렌글리콜(PEG)과 폴리비닐알코올(PVA) 같은 물질이 있다. 또한 천연과 합성을 혼합한 하이브리드 하이드로겔도 활발히 연구되고 있다.

바이오 하이드로겔의 응용 분야는 매우 넓다. 조직 공학에서는 세포의 3차원 배양 및 조직 재생을 위한 지지체로 활용되며, 약물 전달 시스템에서는 약물 방출을 제어하는 매트릭스로 사용된다. 또한 상처 치료에서는 습윤 환경을 제공하여 상처 치유를 돕고, 바이오센서에서는 생체 분자의 검출을 위한 플랫폼으로 기능한다.

하지만 바이오 하이드로겔 연구에서 해결해야 할 과제도 있다. 기계적 강도를 높이고 생분해 속도를 정밀하게 조절하며 다기능성을 부여하는 것이 그중 하나다. 또한 대량 생산과 상용화를 위한 제조 공정의 최적화도 중요한 이슈다. 앞으로 바이오 하이드로겔은 개인 맞춤형 의료, 인공 장기 개발, 스마트 약물 전달 시스템 등에서 더욱 활발히 활용될 것으로 기대된다.

바이오 하이드로겔은 생체 재료 분야에서 핵심적인 역할을 할 것으로 예상되며, 지속적인 연구 개발을 통해 의료 및 생명공학 분야의 혁신을 이끌어낼 것으로 보인다. 재생의료 등 차세대 의료기술로서 뛰어난 가능성을 가진 바이오 하이드로겔은 우리의 삶의 다양한 부분에서 활용될 것으로 전망된다.

① 바이오 하이드로겔의 발전은 생명공학에서 많은 혜택을 가져올 것이다.
② 바이오 하이드로겔을 통한 인공 장기는 인체의 거부반응이 적을 것이다.
③ 차후 바이오 하이드로겔의 생분해 속도는 목적에 따라 다르게 적용할 수 있을 것이다.
④ 합성 고분자 기반 하이드로겔은 천연 하이드로겔과 달리 분해가 어려운 특성을 지닌다.
⑤ 바이오 하이드로겔의 망형 구조는 수분이나 약물을 다량으로 함유하기 적합한 구조이다.

18 다음 글을 읽고 추론한 내용으로 가장 적절한 것은?

> 회전 운동을 하는 물체는 외부로부터 돌림힘이 작용하지 않는다면 일정한 빠르기로 회전 운동을 유지하는데, 이를 각운동량 보존 법칙이라 한다. 각운동량은 질량이 m인 작은 알갱이가 회전축으로부터 r만큼 떨어져 속도 v로 운동하고 있을 때 mvr로 표현된다. 그런데 회전하는 물체에 회전 방향으로 힘이 가해지거나 마찰 또는 공기 저항이 작용하게 되면, 회전하는 물체의 각운동량이 변화하여 회전 속도는 빨라지거나 느려지게 된다. 이렇게 회전하는 물체의 각운동량을 변화시키는 힘을 돌림힘이라고 한다.
>
> 그러면 팽이와 같은 물체의 각운동량은 어떻게 표현할까? 아주 작은 균일한 알갱이들로 팽이가 이루어졌다고 볼 때, 이 알갱이 하나하나를 질량 요소라고 한다. 이 질량 요소 각각의 각운동량의 총합이 팽이 전체의 각운동량에 해당한다. 회전 운동에서 물체의 각운동량은 (각속도)×(회전 관성)으로 나타낸다. 여기에서 각속도는 회전 운동에서 물체가 단위 시간당 회전하는 각이다. 질량이 직선 운동에서 물체의 속도를 변화시키기 어려운 정도를 나타내듯이, 회전 관성은 회전 운동에서 각속도를 변화시키기 어려운 정도를 나타낸다. 즉, 회전체의 회전 관성이 클수록 그것의 회전 속도를 변화시키기 어렵다.
>
> 회전체의 회전 관성은 회전체를 구성하는 질량 요소들의 회전 관성의 합과 같은데, 질량 요소들의 회전 관성은 질량 요소가 회전축에서 떨어져 있는 거리와 멀수록 커진다. 그러므로 질량이 같은 두 팽이가 있을 때 홀쭉하고 키가 큰 팽이보다 넓적하고 키가 작은 팽이가 회전 관성이 크다.
>
> 각운동량 보존의 원리는 스포츠에서도 쉽게 확인할 수 있다. 피겨 선수에게 공중 회전수는 중요한데 이를 확보하기 위해서는 공중 회전을 하는 동안 각속도를 크게 해야 한다. 이를 위해 피겨 선수가 공중에서 팔을 몸에 바짝 붙인 상태로 회전하는 것을 볼 수 있다. 피겨 선수의 회전 관성은 몸을 이루는 질량 요소들의 회전 관성의 합과 같다.
>
> 따라서 팔을 몸에 붙이면 팔을 구성하는 질량 요소들이 회전축에 가까워져서 팔을 폈을 때보다 몸 전체의 회전 관성이 줄어들게 된다. 점프 이후에 공중에서 각운동량은 보존되기 때문에 팔을 붙였을 때가 폈을 때보다 각속도가 커지는 것이다. 반대로 착지 직전에는 각속도를 줄여 착지 실수를 없애야 하기 때문에 양팔을 한껏 펼쳐 회전 관성을 크게 만드는 것이 유리하다.

① 정지되어 있는 물체는 회전 관성이 클수록 회전시키기 쉽다.

② 회전하는 팽이는 외부에서 가해지는 돌림힘의 작용 없이 회전을 멈출 수 있다.

③ 지면과의 마찰은 회전하는 팽이의 회전 관성을 작게 만들어 팽이의 각운동량을 줄어들게 한다.

④ 무게는 같으나 지름의 크기가 서로 다른 공이 회전할 때 지름의 크기가 더 큰 공의 회전 관성이 더 크다.

⑤ 회전하는 하나의 시곗바늘 위의 두 점 중 회전축에 가까이 있는 점이 멀리 있는 점보다 각속도가 작다.

19 다음 글에서 언급한 여러 진리론에 대한 비판으로 적절하지 않은 것은?

우리는 일상생활이나 학문 활동에서 '진리' 또는 '참'이라는 말을 자주 사용한다. 예를 들어 '그 이론은 진리이다.'라고 말하거나 '그 주장은 참이다.'라고 말한다. 그렇다면 우리는 무엇을 '진리'라고 하는가? 이 문제에 대한 대표적인 이론에는 대응설, 정합설, 실용설이 있다.

대응설은 어떤 판단이 사실과 일치할 때 그 판단을 진리라고 본다. 감각을 사용하여 확인했을 때 그 말이 사실과 일치하면 참이고, 그렇지 않으면 거짓이라는 것이다. 대응설은 일상생활에서 참과 거짓을 구분할 때 흔히 취하고 있는 관점으로 우리가 판단과 사실의 일치 여부를 알 수 있다고 여긴다. 우리는 특별한 장애가 없는 한 대상을 있는 그대로 정확하게 지각한다고 생각한다. 예를 들어 책상이 네모 모양이라고 할 때 감각을 통해 지각된 '네모 모양'이라는 표상은 책상이 지니고 있는 객관적 성질을 그대로 반영한 것이라고 생각한다. 그래서 '그 책상은 네모이다.'라는 판단이 지각 내용과 일치하면 그 판단은 참이 되고, 그렇지 않으면 거짓이 된다는 것이다.

정합설은 어떤 판단이 기존의 지식 체계에 부합할 때 그 판단을 진리라고 본다. 진리로 간주하는 지식 체계가 이미 존재하며, 그것에 판단이나 주장이 들어맞으면 참이고 그렇지 않으면 거짓이라는 것이다. 예를 들어 어떤 사람이 '물체의 운동에 대한 그 주장은 뉴턴의 역학의 법칙에 어긋나니까 거짓이다.'라고 말했다면, 그 사람은 뉴턴의 역학의 법칙을 진리로 받아들여 그것을 기준으로 삼아 진위를 판별한 것이다.

실용설은 어떤 판단이 유용한 결과를 낳을 때 그 판단을 진리라고 본다. 어떤 판단을 실제 행동으로 옮겨 보고 그 결과가 만족스럽거나 유용하다면 그 판단은 참이고 그렇지 않다면 거짓이라는 것이다. 예를 들어 어떤 사람이 '자기 주도적 학습 방법은 창의력을 기른다.'라고 판단하여 그러한 학습 방법을 실제로 적용해 보았다고 하자. 만약 그러한 학습 방법이 실제로 창의력을 기르는 등 만족스러운 결과를 낳았다면 그 판단은 참이 되고, 그렇지 않다면 거짓이 된다.

① 수학이나 논리학에는 경험적으로 확인하기 어렵지만 참인 명제도 있는데, 그 명제가 진리임을 입증하기 힘들다는 문제가 대응설에서는 발생한다.

② 판단의 근거가 될 수 있는 이론 체계가 아직 존재하지 않을 경우에 그 판단의 진위를 판별하기 어렵다는 문제가 정합설에서는 발생한다.

③ 새로운 주장의 진리 여부를 기존의 이론 체계를 기준으로 판단한다면, 기존 이론 체계의 진리 여부는 어떻게 판단할 수 있는지의 문제가 정합설에서는 발생한다.

④ 실용설에서는 감각으로 검증할 수 없는 존재에 대한 관념은 그것의 실체를 확인할 수 없기 때문에 거짓으로 보아야 하는 문제가 발생한다.

⑤ 실제 생활에서의 유용성은 사람이나 상황에 따라 다르기 때문에 어떤 지식의 진리 여부가 사람이나 상황에 따라 달라지는 문제가 실용설에서는 발생한다.

20 다음 글을 통해 추론할 수 있는 사실을 〈보기〉에서 모두 고르면?

> 도선에 갑자기 전류를 통하게 하거나 전류의 세기를 변화시키면 그 주변에 자기장이 생겨나는데, 이 자기장은 2차적인 전기장을 만들어내고, 이것이 다시 2차적인 자기장을 만든다. 이처럼 전기장이 자기장을 만들고 그 자기장이 다시 전기장을 만드는 과정이 반복되면서 파동으로 퍼져나가는 것이 바로 전자기파이다. 영국의 물리학자인 제임스 맥스웰은 이 파동의 속도가 빛의 속도와 동일하다는 계산을 해 낸 후 "빛 자체도 일종의 전자기파이다."라는 천재적인 결론을 내린다. 소리처럼 물질이 실제로 떨리는 역학적 파동과는 달리, 빛은 전기장과 자기장의 연속적인 변화를 반복하면서 전파해 가는 전자기 파동인 것이다. 이후 과학자들에 의해 전자기파가 매질 없이도 전파된다는 것까지 확인되면서, 햇빛이 텅 빈 우주 공간을 건너올 수 있는 이유를 알게 되었다.
> 태양에서 오는 것은 열의 입자가 아니라 전자기파이며, 이것이 어떤 물체에 닿았을 때 그 물체를 진동으로 간섭한다. 그리고 이 진동이 물질의 입자들과 상호 작용하여 그 입자들의 운동을 일으키고 결과적으로는 물질의 온도를 높인다. 이러한 과정을 통해서 태양의 빛은 아무런 매개물 없이 우주를 건너와 지구의 물체를 데울 수 있는 것이다.

보기

ㄱ. 여름철 아스팔트의 온도가 올라가는 것은 태양으로부터 열의 입자가 전달되었기 때문이다.
ㄴ. 태양이 아니더라도 전자기파를 방출하는 물질은 다른 물체를 데울 수 있다.
ㄷ. 소리는 역학적 파동이므로 매질이 없다면 먼 거리까지 전파될 수 없다.

① ㄱ
② ㄴ
③ ㄱ, ㄴ
④ ㄱ, ㄷ
⑤ ㄴ, ㄷ

02 | 2024년 상반기 기출복원문제

정답 및 해설 p.006

01 수리

01 영업부 5명의 직원이 지방으로 1박 2일 출장을 갔다. 이때 1, 2, 3인실 방에 배정되는 경우의 수는?(단, 각 방은 하나씩 있으며 2, 3인실이 꼭 다 채워질 필요는 없다)

① 50가지   ② 60가지
③ 70가지   ④ 80가지
⑤ 90가지

02 한 학교의 올해 남학생과 여학생 수는 작년에 비해 남학생은 8% 증가, 여학생은 10% 감소했다. 작년의 전체 학생 수는 820명이고, 올해는 작년에 비해 10명이 감소하였다고 할 때, 작년의 여학생 수는?

① 400명   ② 410명
③ 420명   ④ 430명
⑤ 440명

03 다음은 수도권에서의 배, 귤, 사과 판매량에 대한 자료이다. 수도권 중 서울에서 판매된 배의 비율을 a, 경기도에서 판매된 귤의 비율을 b, 인천에서 판매된 사과의 비율을 c라고 할 때, $a+b+c$의 값은?(단, 수도권은 서울, 경기, 인천이다)

〈수도권 배, 귤, 사과 판매량〉

(단위 : 개)

구분	서울	경기	인천
배	800,000	1,500,000	200,000
귤	7,500,000	3,000,000	4,500,000
사과	300,000	450,000	750,000

① 0.9   ② 0.94
③ 0.98   ④ 1.02
⑤ 1.06

04 다음은 2021 ~ 2023년 기업 집중도 현황에 대한 자료이다. 이에 대한 설명으로 옳지 않은 것은?

〈기업 집중도 현황〉

구분	2021년	2022년	2023년	
				전년 대비
상위 10대 기업	25.0%	26.9%	25.6%	▽ 1.3%p
상위 50대 기업	42.2%	44.9%	44.7%	-
상위 100대 기업	48.7%	51.2%	51.0%	▽ 0.2%p
상위 200대 기업	54.5%	56.9%	56.7%	▽ 0.2%p

① 2023년의 상위 10대 기업의 점유율은 전년도에 비해 낮아졌다.
② 2021년 상위 101 ~ 200대 기업이 차지하고 있는 비율은 5% 미만이다.
③ 전년 대비 2023년에는 상위 50대 기업을 제외하고 모두 점유율이 감소했다.
④ 전년 대비 2023년의 상위 100대 기업이 차지하고 있는 점유율은 약간 하락했다.
⑤ 2022 ~ 2023년 상위 10대 기업의 등락률과 상위 200대 기업의 등락률은 같은 방향을 보인다.

05 다음은 A ~ D사의 2020년부터 2023년까지 DRAM 판매 수익에 대한 자료이다. 이에 대한 설명으로 옳지 않은 것은?

〈2020 ~ 2023년 DRAM 판매 수익〉

(단위 : 조 원)

구분	2020년	2021년	2022년	2023년
A사	20	18	9	22
B사	10	6	-2	8
C사	10	7	-6	-2
D사	-2	-5	-8	-4

※ 그 해의 판매 수익이 음수라면 적자를 기록한 것임

① 2021 ~ 2023년 A ~ D사의 전년 대비 수익 증감 추이는 모두 같다.
② A ~ D사의 2022년 전체 판매 수익은 적자를 기록하였다.
③ 2022년 A ~ D사의 전년 대비 판매 수익 감소율은 모두 50% 이하다.
④ B사와 D사의 2020년 대비 2023년의 판매 수익이 감소한 금액은 같다.
⑤ 2020년 대비 2023년의 판매 수익이 가장 크게 증가한 곳은 A사이다.

06 다음은 남성과 여성의 희망 자녀수에 대한 자료이다. 이에 대한 설명으로 옳은 것은?

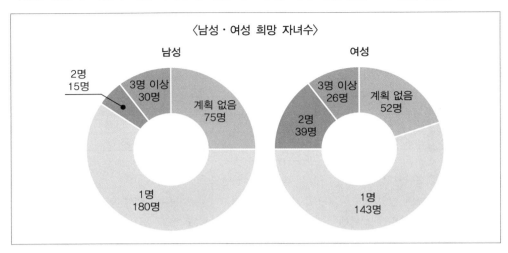

〈남성·여성 희망 자녀수〉

남성

- 2명 15명
- 3명 이상 30명
- 계획 없음 75명
- 1명 180명

여성

- 3명 이상 26명
- 2명 39명
- 계획 없음 52명
- 1명 143명

① 남성과 여성의 전체 조사 인원은 600명 이상이다.

② 희망 자녀수가 1명인 여성 인원은 전체 여성 인원의 60%이다.

③ 희망 자녀수가 2명인 여성 인원의 전체 여성 인원에 대한 비율은 응답이 같은 남성 인원의 전체 남성 인원에 대한 비율의 2배이다.

④ 자녀 계획이 없는 남성 인원의 전체 남성 인원에 대한 비율은 응답이 같은 여성 인원의 전체 여성 인원에 대한 비율보다 5%p 더 크다.

⑤ 각 성별의 각 항목을 인원수가 많은 순서대로 나열하면 모든 항목의 순위는 같다.

※ S사는 직원들의 명함을 다음과 같은 명함 제작 기준에 따라 제작한다. 이어지는 질문에 답하시오.
[7~8]

〈명함 제작 기준〉

(단위 : 원)

구분	100장	추가 50장
국문	10,000	3,000
영문	15,000	5,000

※ 고급 종이로 제작할 경우 정가의 10% 가격이 추가됨

07 올해 신입사원이 입사해서 국문 명함을 만들었다. 명함은 1인당 150장씩 지급하며, 일반 종이로 만들어 총 제작비용은 195,000원이다. 신입사원은 총 몇 명인가?

① 12명

② 13명

③ 14명

④ 15명

⑤ 16명

08 이번 신입사원 중 해외영업부서로 배치받은 사원이 있다. 해외영업부 사원들에게는 고급 종이로 영문 명함을 200장씩 만들어 주려고 한다. 총인원이 8명일 때 총액은 얼마인가?

① 158,400원

② 192,500원

③ 210,000원

④ 220,000원

⑤ 247,500원

09 S시에서 운영하는 시립도서관에서 보유하고 있는 책의 수가 매월 다음과 같은 규칙을 보일 때, 2023년 5월에 보유하는 책의 수는?

<S시 시립도서관 보유 책 현황>

(단위 : 권)

구분	2022년 6월	2022년 7월	2022년 8월	2022년 9월	2022년 10월
보유 중인 책의 수	500	525	550	575	600

① 700권 ② 725권
③ 750권 ④ 775권
⑤ 800권

10 S베이커리에서 제조되는 초콜릿의 개수가 다음과 같은 규칙을 보일 때, 2023년 11월에 제조되는 초콜릿의 개수는?

<S베이커리 제조되는 초콜릿 수 변화>

(단위 : 개)

구분	2023년 1월	2023년 2월	2023년 3월	2023년 4월	2023년 5월	2023년 6월
초콜릿의 개수	10	20	30	50	80	130

① 210개 ② 340개
③ 550개 ④ 890개
⑤ 1,440개

※ 제시된 명제가 모두 참일 때, 다음 중 빈칸에 들어갈 명제로 가장 적절한 것을 고르시오. [1~2]

01

> 전제1. 하루에 두 끼를 먹는 어떤 사람도 뚱뚱하지 않다.
> 전제2. 아침을 먹는 모든 사람은 하루에 두 끼를 먹는다.
> 결론. _____

① 하루에 세 끼를 먹는 사람이 있다.
② 아침을 먹는 모든 사람은 뚱뚱하지 않다.
③ 뚱뚱하지 않은 사람은 하루에 두 끼를 먹는다.
④ 하루에 한 끼를 먹는 사람은 뚱뚱하지 않다.
⑤ 아침을 먹는 어떤 사람은 뚱뚱하다.

02

> 전제1. 마라톤을 좋아하는 사람은 체력이 좋고, 인내심도 있다.
> 전제2. 몸무게가 무거운 사람은 체력이 좋다.
> 전제3. 명랑한 사람은 마라톤을 좋아한다.
> 결론. _____

① 체력이 좋은 사람은 인내심이 없다.
② 인내심이 없는 사람은 명랑하지 않다.
③ 마라톤을 좋아하는 사람은 몸무게가 가볍다.
④ 몸무게가 무겁지 않은 사람은 체력이 좋지 않다.
⑤ 체력이 좋지 않은 사람은 인내심도 없다.

03 S사의 A대리는 다음과 같이 보고서 작성을 위한 방향을 구상 중이다. 제시된 명제가 모두 참일 때, 공장을 짓는다는 결론을 얻기 위해 빈칸에 필요한 명제는?

> 전제1. 재고가 있다.
> 전제2. 설비투자를 늘리지 않는다면, 재고가 있지 않다.
> 전제3. 건설투자를 늘릴 때에만, 설비투자를 늘린다.
> 전제4. _____

① 설비투자를 늘린다.
② 건설투자를 늘리지 않는다.
③ 재고가 있거나 설비투자를 늘리지 않는다.
④ 건설투자를 늘린다면, 공장을 짓는다.
⑤ 설비투자를 늘리지 않을 때만, 공장을 짓는다.

04 8개의 좌석이 있는 원탁에 수민, 성찬, 진모, 성표, 영래, 현석 6명이 앉아 있다. 앉아 있는 〈조건〉 이 다음과 같다고 할 때, 항상 옳은 것은?

> **조건**
> • 수민이와 현석이는 서로 옆자리이다.
> • 성표의 맞은편에는 진모가, 현석이의 맞은편에는 영래가 앉아 있다.
> • 영래와 수민이는 둘 다 한쪽 옆자리만 비어 있다.
> • 진모의 양 옆자리에는 항상 누군가가 앉아 있다.

① 성표는 어떤 경우에도 빈자리 옆이 아니다.
② 성찬이는 어떤 경우에도 빈자리 옆이 아니다.
③ 영래의 오른쪽에는 성표가 앉는다.
④ 현석이의 왼쪽에는 항상 진모가 앉는다.
⑤ 진모와 수민이는 1명을 사이에 두고 앉는다.

05 S사는 직원 A ~ F 여섯 명 중에서 임의로 선발하여 출장을 보내려고 한다. 다음 〈조건〉에 따라 출장 갈 인원을 결정할 때, A가 출장을 간다면 같이 출장을 가는 최소 인원은 몇 명인가?

> **조건**
> • A가 출장을 가면 B와 C 둘 중 한 명은 출장을 가지 않는다.
> • C가 출장을 가면 D와 E 둘 중 적어도 한 명은 출장을 가지 않는다.
> • B가 출장을 가지 않으면 F는 출장을 간다.

① 1명 ② 2명
③ 3명 ④ 4명
⑤ 5명

06 A ~ F는 각각 뉴욕, 파리, 방콕, 시드니, 런던, 베를린 중 한 곳으로 여행을 가고자 한다. 다음 〈조건〉에 따라 여행지를 고를 때, 항상 참인 것은?

> **조건**
> • 여행지는 서로 다른 곳으로 선정한다.
> • A는 뉴욕과 런던 중 한 곳을 고른다.
> • B는 파리와 베를린 중 한 곳을 고른다.
> • D는 방콕과 런던 중 한 곳을 고른다.
> • A가 뉴욕을 고르면 B는 파리를 고른다.
> • B가 베를린을 고르면 E는 뉴욕을 고른다.
> • C는 시드니를 고른다.
> • F는 A ~ E가 선정하지 않은 곳을 고른다.

① A가 뉴욕을 고를 경우, E는 런던을 고른다.
② B가 베를린을 고를 경우, F는 뉴욕을 고른다.
③ D가 런던을 고를 경우, B는 파리를 고른다.
④ E가 뉴욕을 고를 경우, D는 런던을 고른다.
⑤ F는 뉴욕을 고를 수 없다.

A ~ E는 S카페에서 마실 것을 주문하고자 한다. 다음 〈조건〉에 따라 메뉴판에 있는 것을 주문했을 때, 항상 참인 것은?

〈S카페 메뉴판〉

〈커피류〉		〈음료류〉	
• 아메리카노	1,500원	• 핫초코	2,000원
• 에스프레소	1,500원	• 아이스티	2,000원
• 카페라테	2,000원	• 오렌지주스	2,000원
• 모카치노	2,500원	• 에이드	2,500원
• 카푸치노	2,500원	• 생과일주스	3,000원
• 캐러멜 마키아토	3,000원	• 허브티	3,500원
• 바닐라라테	3,500원		
• 아포카토	4,000원		

조건

• A ~ E는 서로 다른 것을 주문하였다.
• A와 B가 주문한 것의 가격은 같다.
• B는 커피를 마실 수 없어 음료류를 주문하였다.
• C는 B보다 가격이 비싼 음료류를 주문하였다.
• D는 S카페에서 가장 비싼 것을 주문하였다.
• E는 오렌지주스 또는 카페라테를 주문하였다.

① A는 최소 가격이 1,500원인 메뉴를 주문하였다.
② B는 허브티를 주문하였다.
③ C는 핫초코를 주문하였다.
④ D는 음료류를 주문하였다.
⑤ 5명이 주문한 금액의 합은 최대 15,500원이다.

※ 다음 제시된 도형의 규칙을 보고 물음표에 들어갈 도형으로 알맞은 것을 고르시오. [8~10]

08

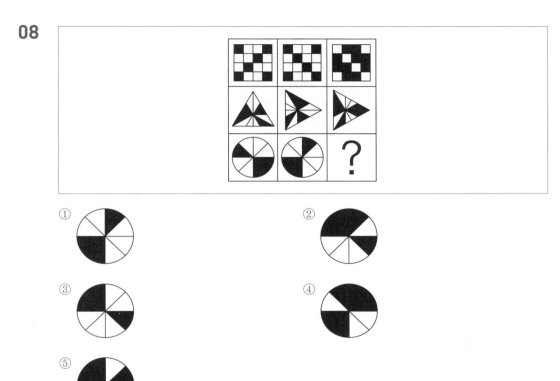

①
②
③
④
⑤

09

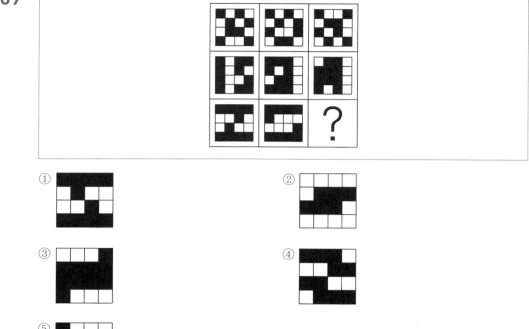

①

②

③

④

⑤

10

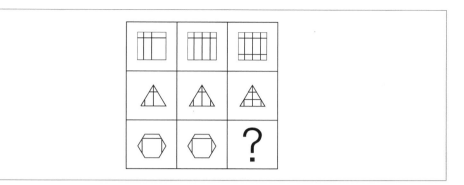

①

②

③

④

⑤

※ 다음 도식에서 기호들은 일정한 규칙에 따라 문자를 변화시킨다. 물음표에 들어갈 문자로 알맞은 것을 고르시오(단, 규칙은 가로와 세로 중 한 방향으로만 적용되며, 모음은 단모음 10개를 기준으로 한다). [11~14]

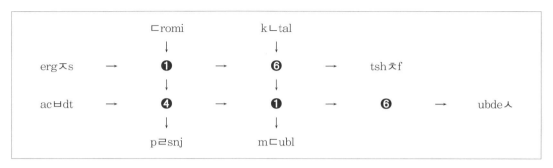

11

ㅏㅓㅋㅛㄷ → ❹ → ❶ → ?

① ㅌㅑㅕㅜㄹ ② ㅌㅣㅛㅝㄱ
③ ㅍ_ㅛㅓㄴ ④ ㅍㅣㅛㄴㅕ
⑤ ㅌㅣㅛㄱㅓ

12

4ㅑㄴdㅛ → ❻ → ❹ → ?

① ㄴㅛㅑd3 ② ㄱㅕㅠd3
③ ㄱㅑㅛd4 ④ ㄴㅜㅓd4
⑤ ㄴㅛㅑd4

13

ㅍㅇapㅓ → ❹ → ? → ❶ → cㄱㅊrㅗ

① ❶ ② ❹
③ ❻ ④ ❶ → ❹
⑤ ❹ → ❻

14

Uㅜㅎㅊㅍ → ❻ → ❹ → ? → Uㅍㅜㅊㅎ

① ❶ ② ❹
③ ❻ ④ ❶ → ❹
⑤ ❹ → ❻

※ 다음 문단을 논리적 순서대로 바르게 나열한 것을 고르시오. [15~16]

15

(가) 이 전위차에 의해 전기장이 형성되어 전자가 이동하게 된다. 일반적으로 전자가 이동하더라도 얇은 산화물에 이동이 막힐 것으로 생각하기 쉽지만, 이의 경우, 전자 터널링 현상이 발생하여 전자가 얇은 산화물을 통과하게 된다. 이 전자들은 플로팅 게이트로 전자가 모이게 되고, 이러한 과정을 거쳐 데이터가 저장되게 된다.

(나) 어떻게 NAND 플래시 메모리에 데이터가 저장될까? 플로팅 게이트에 전자가 없는 상태의 NAND 플래시 메모리의 컨트롤 게이트에 높은 전압을 가하면 수직 방향으로 컨트롤 게이트는 높은 전위, 기저 상태는 낮은 전위를 갖게 되어 전위차가 발생한다.

(다) 반대로 플로팅 게이트에 전자가 저장된 상태에서 컨트롤 게이트에 0V를 가하면 전위차가 반대로 발생하고, 전자 터널링 현상에 의해 플로팅 게이트에 저장된 전자가 얇은 산화물을 통과하여 기저상태로 되돌아간다. 이런 과정을 거쳐 데이터가 지워지게 된다.

(라) NAND 플래시 메모리는 MOSFET 구조 위에 얇은 산화물, 플로팅 게이트, 얇은 산화물, 컨트롤 게이트를 순서대로 쌓은 구조이며, 데이터의 입력 및 삭제를 반복하여 사용할 수 있는 비휘발성 메모리의 한 종류이다.

① (나) – (가) – (라) – (다) ② (나) – (다) – (가) – (라)
③ (나) – (라) – (가) – (다) ④ (라) – (가) – (다) – (나)
⑤ (라) – (나) – (가) – (다)

16

(가) 이러한 특징은 구엘 공원에 잘 나타나 있는데, 산의 원래 모양을 최대한 유지하기 위해 지면을 받치는 돌기둥을 만드는가 하면, 건축물에 식물을 심어 그 뿌리로 하여금 무너지지 않게 했다.

(나) 스페인을 대표하는 천재 건축가 가우디가 만든 건축물의 대표적인 특징을 꼽자면, 먼저 곡선을 들 수 있다. 그의 여러 건축물 중 곡선미가 가장 잘 나타나는 것은 바로 1984년 유네스코 세계 문화유산으로 지정된 카사 밀라이다.

(다) 또 다른 특징으로는 자연과의 조화로, 그는 건축 역시 사람들이 살아가는 공간이자 자연의 일부라고 생각하여 가능한 자연을 훼손하지 않고 건축하는 것을 원칙으로 삼았다.

(라) 이 건축물의 겉 표면에는 일렁이는 파도를 연상시키는 곡선이 보이는데, 이는 당시 기존 건축 양식과는 거리가 매우 멀어 처음엔 조롱거리가 되었다. 하지만 훗날 비평가들은 그의 창의성을 인정하게 됐고 현대 건축의 출발점으로 지금까지 평가되고 있다.

① (가) – (나) – (라) – (다) ② (가) – (다) – (나) – (라)
③ (나) – (다) – (가) – (라) ④ (나) – (라) – (가) – (다)
⑤ (나) – (라) – (다) – (가)

17 다음 글에 대한 내용으로 적절하지 않은 것은?

인체의 면역 시스템은 면역 효과를 보이는 특별한 세포와 물질로 구성되어 있다. 면역 세포와 면역 물질들은 체내로 침입하는 이물질이나 세균 등의 반응으로 발생하는 염증 및 암세포를 억제한다. 대표적인 면역 세포로 항원을 직접 공격할 수 있는 항체를 분비하는 B세포와 이 B세포를 돕거나 종류에 따라 항원을 직접 공격하는 T세포가 있다.

하지만 암세포는 이런 몸의 면역 시스템을 회피할 수 있다. 면역 시스템은 암세포를 인지하고 직접 공격하여 암세포의 확산을 억제하지만, 몇몇 암세포는 이 면역 시스템을 피하여 성장하고 다른 부분으로 전이 및 확산하여 암 발병의 원인이 된다. 면역 항암제는 이러한 암세포의 면역 시스템 회피 작용을 억제하고 면역 세포가 암세포를 효과적으로 공격할 수 있도록 보조한다.

면역 항암제는 면역관문억제제, 치료용 항체, 항암백신 등이 있다. 면역관문억제제는 체내 과도한 면역반응을 억제하기 위한 T세포의 면역관문을 억제하고 T세포의 공격 기능을 활성화하여 암세포를 공격하도록 하는 방식이며, 치료용 항체는 암세포가 스스로 사멸되도록 암세포에 항체를 투여하는 방식이다. 또한 항암백신은 암세포의 특이적인 항원이나 체내 면역반응을 향상하게 시킬 수 있는 항원을 투입하여 체내 면역 시스템을 활성화하는 방법이다.

현재 대표적인 면역 항암제로 CAR(Chimeric Antigen Receptors)−T세포 치료제가 있으며, 림프종 백혈병 치료의 한 방법으로 이용하고 있다. CAR−T세포 치료제는 먼저 환자의 T세포를 추출하여 CAR을 발현하도록 설계된 RNA 바이러스를 주입하여 증식시킨 후 재조합한다. 이후에 증식시킨 T세포를 환자에게 주입하여 환자에게 주입한 T세포가 환자의 체내 암세포를 제거하도록 하는 방법이다. 다시 말하면, 환자의 T세포를 추출하여 T세포의 암세포를 공격하는 기능을 강화 후 재투여하여 환자의 체내 암세포를 더욱 효과적으로 제거할 수 있는 치료제이다. 이는 체내 면역기능을 활용한 새로운 암 치료 방법으로 주목받고 있다.

하지만 CAR−T세포 치료제 투여 시 부작용에 큰 주의를 기울여야 한다. CAR−T세포 치료제를 투여하면 T세포가 면역 활성물질을 과도하게 분비하여 신체 이상 증상이 발현될 가능성이 높으며, 심한 경우 환자에게 치명적인 사이토카인 폭풍을 일으키기도 한다.

① 면역 세포에는 T세포와 B세포가 있다.
② 면역 시스템이 암세포를 억제하기 힘들 때, 암이 발병할 수 있다.
③ 치료용 항체는 면역 세포가 암세포를 직접 공격할 수 있도록 돕는 항암제이다.
④ CAR−T세포 치료제는 T세포의 암세포 공격 기능을 적극 활용한 항암제이다.
⑤ 과다한 면역 활성물질은 도리어 신체에 해를 가할 수 있다.

18 다음 글을 읽고 추론한 내용으로 적절하지 않은 것은?

> 레이저 절단 가공은 고밀도, 고열원의 레이저를 절단하고자 하는 소재로 쏘아 절단 부위를 녹이고 증발시켜 소재를 절단하는 최첨단 기술이다. 레이저 절단 가공은 일반 가공법으로는 작업이 불가능한 절단면 및 복잡하고 정교한 절단 형상을 신속하고 정확하게 절단하여 가공할 수 있고, 절단하고자 하는 소재의 제약도 일반 가공법에 비해 자유롭다. 또한, 재료와 직접 접촉하지 않으므로 절단소재의 물리적 변형이 적어 깨지기 쉬운 소재도 다루기 쉽고, 다른 열 절단 가공에 비해 열변형의 우려가 적다. 이런 장점으로 반도체 소자가 나날이 작아지고 더욱 정교해지면서 레이저 절단 가공은 반도체 산업에서는 이제 없어서는 안 될 필수적인 과정이 되었다.

① 레이저 절단 가공은 절단 부위를 녹이므로 열변형의 우려가 큰 가공법이다.
② 레이저 절단 가공 작업 중에는 기체가 발생한다.
③ 두께가 얇아 깨지기 쉬운 반도체 웨이퍼는 레이저 절단 가공으로 가공하여야 한다.
④ 과거 반도체 소자의 정교함은 현재 반도체 소자에 미치지 못하였을 것이다.
⑤ 현재 기술력으로는 다른 가공법을 사용하여 반도체 소자를 다루기 힘들 것이다.

19 다음 글의 주장을 반박하는 것으로 적절하지 않은 것은?

> 윤리와 관련하여 가장 광범위하게 받아들여진 사실 가운데 하나는 옳은 것과 그른 것에 대한 광범위한 불일치가 과거부터 현재까지 항상 있었고, 아마도 앞으로도 계속 있을 것이라는 점이다. 가령 육식이 올바른지를 두고 한 문화에 속해 있는 사람들의 판단은 다른 문화에 속해 있는 사람들의 판단과 굉장히 다르다. 그뿐만 아니라 한 문화에 속한 사람들의 판단은 시대마다 아주 다르기도 하다. 심지어 우리는 동일한 문화와 시대 안에서도 하나의 행위에 대해 서로 다른 윤리적 판단을 하는 경우를 볼 수 있다.
> 이러한 사실이 의미하는 바는 사람들의 윤리적 기준이 시간과 장소 그리고 그들이 사는 상황에 따라 달라진다는 것이다. 그러므로 올바른 윤리적 기준은 그것을 적용하는 사람에 따라 상대적이다. 이것이 바로 윤리적 상대주의의 핵심 논지이다. 따라서 우리는 윤리적 상대주의가 참이라는 결론을 내려야 한다.

① 사람들의 윤리적 판단은 그들이 사는 지역에 따라 크게 다르지 않다.
② 윤리적 상대주의가 옳다고 해서 사람들의 윤리적 판단이 항상 서로 다른 것은 아니다.
③ 윤리적 판단이 다르다고 해서 윤리적 기준도 반드시 달라지는 것은 아니다.
④ 인류학자들에 따르면 문화에 따른 판단의 차이에도 불구하고 일부 윤리적 기준은 보편적으로 신봉되고 있다.
⑤ 서로 다른 윤리적 판단이 존재하는 경우에도 그중에 올바른 판단은 하나뿐이며, 그런 올바른 판단을 옳게 만들어 주는 객관적 기준이 존재한다.

20 다음 중 '브레히트'가 〈보기〉의 입장을 가진 '아리스토텔레스'에게 제기할 만한 의문으로 가장 적절한 것은?

> 오페라는 이른바 수준 있는 사람들이 즐기는 고상한 예술이라고 생각하는 사람들이 많다. 그런데 오페라 앞에 '거지'라든가 '서 푼짜리' 같은 단어를 붙인 '거지 오페라', '서 푼짜리 오페라'라는 것이 있다. 이렇게 어울리지 않는 단어들로 제목을 억지로 조합해 놓은 의도는 무엇일까?
> 영국 작가 존 게이는 당시 런던 오페라 무대를 점령했던 이탈리아 오페라에 반기를 들고, 1782년에 이와는 완전히 대조적인 성격의 거지 오페라를 만들었다. 그는 이탈리아 오페라가 일반인의 삶과 거리가 먼 신화나 왕, 귀족들의 이야기를 소재로 한데다가 영국 관객들이 이해하지 못하는 이탈리아어로 불린다는 점에 불만을 품었다. 그는 등장인물의 신분을 과감히 낮추고 음악 형식도 당시의 민요와 유행가를 곁들여 사회의 부패상을 통렬하게 풍자하였다. 이렇게 만들어진 거지 오페라는 이탈리아 오페라에 대항하는 서민 오페라로 런던에서 선풍적인 인기를 끌었다.
> 1928년에 독일의 극작가 브레히트는 작곡가 쿠르트 바일과 손잡고 거지 오페라를 번안한 서 푼짜리 오페라를 만들었다. 그는 형식과 내용 면에서 훨씬 적극적이고 노골적으로 당시 사회를 비판한다. 이 극은 밑바닥 사람들의 삶을 통해 위정자들의 부패와 위선을 그려 계급적 갈등과 사회적 모순을 드러내고 있다. 브레히트는 감정이입과 동일시에 근거를 둔 종래의 연극에 반기를 들고 낯선 기법의 서사극을 만들었다. 등장인물이 극에서 빠져나와 갑자기 해설자의 역할을 하게 함으로써 관객들이 극에 몰입하지 않고 지금 연극을 보고 있다는 사실을 자각하도록 한 것이다.
> 이처럼 존 게이와 브레히트는 종전의 극과는 다른 형식과 내용의 극을 지향했다. 제목을 서로 어울리지 않는 단어들로 조합하고 새로운 형식을 도입한 이유는 기존의 관점을 뒤집어 보게 하려는 의도였다. 그 이면에는 사회의 부조리를 풍자하고자 하는 의도가 깔려 있었다.

보기

아리스토텔레스는 예술을 통한 관객과 극중 인물과의 감정 교류와 공감을 강조했다. 그는 관객들이 연극을 통해 타인의 경험과 감정, 상황을 받아들이고 나아가 극에 이입하고 몰두함으로써 쌓여 있던 감정을 분출하며 느끼는, 이른바 카타르시스를 경험하게 된다고 주장하였다.

① 극과 거리를 두고 보아야 오히려 카타르시스를 경험할 수 있지 않나요?
② 관객이 몰입하게 되면 사건을 객관적으로 바라보기 어려운 것 아닌가요?
③ 해설자 역할을 하는 인물이 있어야 관객의 몰입을 유도할 수 있지 않나요?
④ 낯선 기법을 쓰면 관객들이 극중 인물과 더 쉽게 공감할 수 있지 않을까요?
⑤ 동일시를 통해야만 풍자하고 있는 사회의 모습을 더 잘 알 수 있지 않을까요?

03 | 2023년 하반기 기출복원문제

정답 및 해설 p.011

01 수리

01 다음은 2020 ~ 2022년 S사의 데스크탑 PC와 노트북 판매량이다. 전년 대비 2022년의 판매량 증감률을 바르게 짝지은 것은?

〈2020 ~ 2022년 데스크탑 PC 및 노트북 판매량〉

(단위 : 천 대)

구분	2020년	2021년	2022년
데스크탑 PC	5,500	5,000	4,700
노트북	1,800	2,000	2,400

	데스크탑 PC	노트북
①	6%	20%
②	6%	10%
③	− 6%	20%
④	− 6%	10%
⑤	− 6%	5%

02 A ~ H 8명의 후보 선수 중 4명을 뽑을 때, A, B, C를 포함하여 뽑을 확률은?

① $\dfrac{1}{14}$ ② $\dfrac{1}{5}$

③ $\dfrac{3}{8}$ ④ $\dfrac{1}{2}$

⑤ $\dfrac{3}{5}$

03 다음은 S전자 공장에서 만든 부품과 불량품의 수를 기록한 자료이다. 전년 대비 부품 수의 차이와 불량품 수의 차이 사이에 일정한 비례관계가 성립할 때, A와 B에 들어갈 수치를 바르게 나열한 것은?

〈연도별 부품 수와 불량품 수〉

(단위 : 개)

구분	2017년	2018년	2019년	2020년	2021년	2022년
부품 수	120	170	270	420	620	(A)
불량품 수	10	30	70	(B)	210	310

	(A)	(B)
①	800	90
②	830	110
③	850	120
④	870	130
⑤	900	150

04 다음은 어느 도서관에서 일정 기간 동안의 도서 대여 횟수를 작성한 자료이다. 이를 통해 얻을 수 있는 내용으로 옳지 않은 것은?

〈도서 대여 횟수〉

(단위 : 회)

구분	비소설		소설	
	남자	여자	남자	여자
40세 미만	20	10	40	50
40세 이상	30	20	20	30

① 소설을 대여한 전체 횟수가 비소설을 대여한 전체 횟수보다 많다.
② 40세 미만보다 40세 이상의 전체 대여 횟수가 더 적다.
③ 남자가 소설을 대여한 횟수는 여자가 소설을 대여한 횟수의 70% 이하이다.
④ 40세 미만의 전체 대여 횟수에서 비소설 대여 횟수가 차지하는 비율은 20%를 넘는다.
⑤ 40세 이상의 전체 대여 횟수에서 소설 대여 횟수가 차지하는 비율은 40% 이상이다.

05 다음은 주중과 주말 예상 교통상황에 대한 자료이다. 이에 대한 〈보기〉의 설명 중 옳은 것을 모두 고르면?

〈주중·주말 예상 교통량〉

(단위 : 만 대)

구분	전국	수도권 → 지방	지방 → 수도권
주중 예상 교통량	40	4	2
주말 예상 교통량	60	5	3

〈대도시 간 예상 최대 소요시간〉

구분	서울 – 대전	서울 – 부산	서울 – 광주	서울 – 강릉	남양주 – 양양
주중	1시간	4시간	3시간	2시간	1시간
주말	2시간	5시간	4시간	3시간	2시간

보기

ㄱ. 대도시 간 예상 최대 소요시간은 모든 구간에서 주중이 주말보다 적게 걸린다.
ㄴ. 주중 전국 교통량 중 수도권에서 지방으로 가는 교통량의 비율은 10%이다.
ㄷ. 지방에서 수도권으로 가는 주말 예상 교통량은 주중 예상 교통량의 2배이다.
ㄹ. 서울 – 광주 구간 주중 소요시간은 서울 – 강릉 구간 주말 소요시간과 같다.

① ㄱ, ㄴ
② ㄴ, ㄷ
③ ㄷ, ㄹ
④ ㄱ, ㄴ, ㄹ
⑤ ㄴ, ㄷ, ㄹ

06 다음은 자동차 판매현황에 대한 자료이다. 이에 대한 〈보기〉의 설명 중 옳은 것을 모두 고르면?

〈자동차 판매현황〉

(단위 : 천 대)

구분	2020년	2021년	2022년
소형	30	50	40
준중형	200	150	180
중형	400	200	250
대형	200	150	100
SUV	300	400	200

보기

ㄱ. 2020 ~ 2022년 동안 판매량이 지속적으로 감소하는 차종은 2종류이다.
ㄴ. 2021년 대형 자동차 판매량은 전년 대비 30% 미만 감소했다.
ㄷ. 2020 ~ 2022년 동안 SUV 자동차의 총판매량은 대형 자동차 총판매량의 2배이다.
ㄹ. 2021년 대비 2022년에 판매량이 증가한 차종 중 증가율이 가장 높은 차종은 준중형이다.

① ㄱ, ㄷ
② ㄴ, ㄷ
③ ㄴ, ㄹ
④ ㄱ, ㄴ, ㄹ
⑤ ㄱ, ㄷ, ㄹ

※ 다음은 2018 ~ 2022년 연도별 해양사고 발생 현황에 대한 그래프이다. 이어지는 질문에 답하시오.
[7~8]

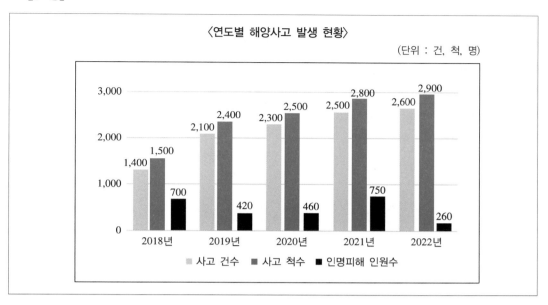

07 다음 중 2018년 대비 2019년 사고 척수의 증가율과 사고 건수의 증가율이 순서대로 나열된 것은?

① 40%, 45%
② 45%, 50%
③ 60%, 50%
④ 60%, 55%
⑤ 60%, 65%

08 다음 중 사고 건수당 인명피해의 인원수가 가장 많은 연도는?

① 2018년
② 2019년
③ 2020년
④ 2021년
⑤ 2022년

09 어떤 공장에서 A제품을 n개 이어 붙이는 데 필요한 시간이 다음과 같은 규칙을 보일 때, 8개 이어 붙이는데 필요한 시간은?

〈A제품 접합 소요 시간〉

(단위 : 분)

구분	1개	2개	3개	4개	5개
소요 시간	1	3	8	19	42

① 315분   ② 330분

③ 345분   ④ 360분

⑤ 375분

10 일정한 수를 다음과 같은 규칙으로 나열할 때, 빈칸에 들어갈 a와 b의 총합이 처음으로 800억 원이 넘는 b의 값은?

(단위 : 억 원)

규칙	1	2	3	4	5	6	...
A	50	70	95	125	160	200	(a)
B	150	180	210	240	270	300	(b)

① 330   ② 350

③ 360   ④ 390

⑤ 420

※ 제시된 명제가 모두 참일 때, 다음 중 빈칸에 들어갈 명제로 가장 적절한 것을 고르시오. [1~3]

01

전제1. 눈을 자주 깜빡이지 않으면 눈이 건조해진다.
전제2. 스마트폰을 이용할 때는 눈을 자주 깜빡이지 않는다.
결론. _____

① 눈이 건조해지면 눈을 자주 깜빡이지 않는다.
② 눈이 건조해지지 않으면 눈을 자주 깜빡이지 않는다.
③ 눈을 자주 깜빡이지 않으면 스마트폰을 이용하는 때이다.
④ 스마트폰을 이용할 때는 눈이 건조해진다.
⑤ 눈이 건조해지면 눈을 자주 깜빡인 것이다.

02

전제1. 밤에 잠을 잘 못자면 낮에 피곤하다.
전제2. _____
전제3. 업무효율이 떨어지면 성과급을 받지 못한다.
결론. 밤에 잠을 잘 못자면 성과급을 받지 못한다.

① 업무효율이 떨어지면 밤에 잠을 잘 못 잔다.
② 낮에 피곤하면 업무효율이 떨어진다.
③ 성과급을 받으면 밤에 잠을 잘 못 잔다.
④ 밤에 잠을 잘 자면 성과급을 받는다.
⑤ 성과급을 받지 못하면 낮에 피곤하다.

03

전제1. 모든 금속은 전기가 통한다.
전제2. 광택이 있는 물질 중에는 금속이 아닌 것도 있다.
결론. _____

① 광택이 있는 물질은 모두 금속이다.
② 금속은 모두 광택이 있다.
③ 전기가 통하는 물질 중 광택이 있는 것은 없다.
④ 전기가 통하지 않으면서 광택이 있는 물질이 있다.
⑤ 전기가 통하지 않으면 광택이 없는 물질이다.

04 A ~ E가 기말고사를 봤는데, 이 중 2명은 부정행위를 하였다. 부정행위를 한 2명은 거짓을 말하고 부정행위를 하지 않은 3명은 진실을 말할 때, 다음 진술을 보고 부정행위를 한 사람끼리 짝지은 것을 고르면?

> • A : D는 거짓말을 하고 있어.
> • B : A는 부정행위를 하지 않았어.
> • C : B가 부정행위를 했어.
> • D : 나는 부정행위를 하지 않았어.
> • E : C가 거짓말을 하고 있어.

① A, B   ② B, C

③ C, D   ④ C, E

⑤ D, E

05 S부서는 회식 메뉴를 선정하려고 한다. 다음 〈조건〉에 따라 주문할 메뉴를 선택한다고 할 때, 반드시 주문할 메뉴를 모두 고르면?

> **조건**
> • 삼선짬뽕은 반드시 주문한다.
> • 양장피와 탕수육 중 하나는 반드시 주문하여야 한다.
> • 자장면을 주문하는 경우, 탕수육은 주문하지 않는다.
> • 자장면을 주문하지 않는 경우에만 만두를 주문한다.
> • 양장피를 주문하지 않으면, 팔보채를 주문하지 않는다.
> • 팔보채를 주문하지 않으면, 삼선짬뽕을 주문하지 않는다.

① 삼선짬뽕, 자장면, 양장피

② 삼선짬뽕, 탕수육, 양장피

③ 삼선짬뽕, 팔보채, 양장피

④ 삼선짬뽕, 탕수육, 만두

⑤ 삼선짬뽕, 탕수육, 양장피, 자장면

06 원형 테이블에 번호 순서대로 앉아 있는 다섯 명의 여자 1 ~ 5 사이에 다섯 명의 남자 A ~ E가 한 명씩 앉아야 한다. 다음 〈조건〉에 따라 자리를 배치할 때, 항상 거짓인 것은?

조건

- A는 짝수번호의 여자 옆에 앉아야 하고, 5 옆에는 앉을 수 없다.
- B는 짝수번호의 여자 옆에 앉을 수 없다.
- C가 3 옆에 앉으면 D는 1 옆에 앉는다.
- E는 3 옆에 앉을 수 없다.

① A는 1과 2 사이에 앉을 수 없다.
② D는 4와 5 사이에 앉을 수 없다.
③ C가 2와 3 사이에 앉으면 A는 반드시 3과 4 사이에 앉는다.
④ E가 1과 2 사이에 앉으면 C는 반드시 4와 5 사이에 앉는다.
⑤ E가 4와 5 사이에 앉으면 A는 반드시 2와 3 사이에 앉는다.

07 다음은 〈조건〉에 따라 2에서 10까지의 서로 다른 자연수의 관계를 나타낸 것이다. 이때 A, B, C에 해당하는 수의 합은?

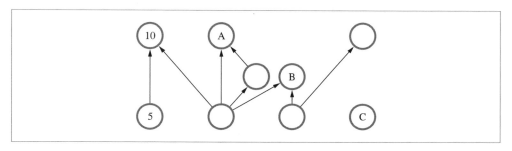

조건

- 2에서 10까지의 자연수는 ◯ 안에 한 개씩만 사용되고, 사용되지 않는 자연수는 없다.
- 2에서 10까지의 서로 다른 임의의 자연수 3개를 x, y, z라고 할 때,
  - $x \longrightarrow y$ 는 y가 x의 배수임을 나타낸다.
  - 화살표로 연결되지 않은 z 는 z가 x, y와 약수나 배수 관계가 없음을 나타낸다.

① 20
② 21
③ 22
④ 23
⑤ 24

※ 다음 제시된 도형의 규칙을 보고 물음표에 들어갈 도형으로 알맞은 것을 고르시오. [8~10]

08

①

②

③

④

⑤

09

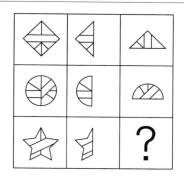

①

②

③

④

⑤

10

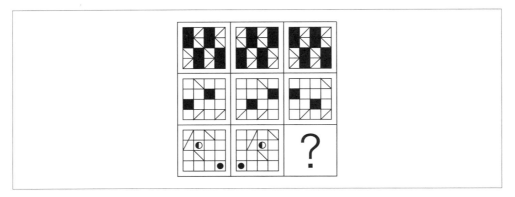

①

②

③

④

⑤

※ 다음 도식에서 기호들은 일정한 규칙에 따라 문자를 변화시킨다. 물음표에 들어갈 문자로 알맞은 것을 고르시오(단, 규칙은 가로와 세로 중 한 방향으로만 적용된다). **[11~14]**

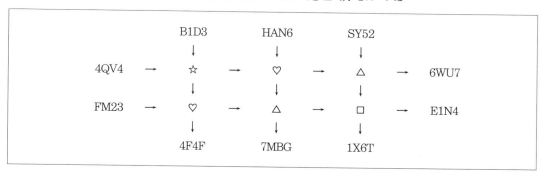

11

$$US24 \rightarrow \square \rightarrow \bigstar \rightarrow ?$$

① 4S2U
② 2US4
③ 4V8V
④ 8V4V
⑤ 48VV

12

$$KB52 \rightarrow \bigstar \rightarrow \heartsuit \rightarrow ?$$

① 37KE
② 37EO
③ E37K
④ EO52
⑤ E37O

13

$$? \rightarrow \triangle \rightarrow \heartsuit \rightarrow \triangle \rightarrow 9381$$

① 1839
② 3819
③ 2748
④ 4827
⑤ 8472

14

$$? \rightarrow \square \rightarrow \triangle \rightarrow 96II$$

① 96HJ
② 9HJ6
③ 87HJ
④ 8H7J
⑤ J7H8

※ 다음 문단을 논리적 순서대로 바르게 나열한 것을 고르시오. [15~16]

15

(가) 동아시아의 문명 형성에 가장 큰 영향력을 끼친 책을 꼽을 때, 그중에 『논어』가 빠질 수 없다. 『논어』는 공자(B.C 551 ~ 479)가 제자와 정치인 등을 만나서 나눈 이야기를 담고 있다. 공자의 활동기간으로 따져보면 『논어』는 지금으로부터 대략 2500년 전에 쓰인 것이다. 지금의 우리는 한나절만에 지구 반대편으로 날아다니고, 여름에 겨울 과일을 먹는 그야말로 공자는 상상할 수도 없는 세상에 살고 있다.

(나) 2500년 전의 공자와 그가 대화한 사람 역시 우리와 마찬가지로 '호모 사피엔스'이기 때문이다. 2500년 전의 사람도 배고프면 먹고, 졸리면 자고, 좋은 일이 있으면 기뻐하고, 나쁜 일이 있으면 화를 내는 오늘날의 사람과 다름없었다. 불의를 보면 공분하고, 전쟁보다 평화가 지속되기를 바라고, 예술을 보고 들으며 즐거워했는데, 오늘날의 사람도 마찬가지이다.

(다) 물론 2500년의 시간으로 인해 달라진 점도 많고 시대와 문화에 따라 '사람다움이 무엇인가?'에 대한 답은 다를 수 있지만, 사람은 돌도 아니고 개도 아니고 사자도 아니라 여전히 사람일 뿐인 것이다. 즉 현재의 인간이 과거보다 자연의 힘에 두려워하지 않고 자연을 합리적으로 설명할 수는 있지만, 인간적 약점을 극복하고 신적인 존재가 될 수는 없는 그저 인간일 뿐인 것이다.

(라) 『논어』의 일부는 여성과 아동, 이민족에 대한 당시의 편견을 드러내고 있어 이처럼 달라진 시대의 흐름에 따라 폐기될 수밖에 없지만, 이를 제외한 부분은 '오래된 미래'로서 읽을 가치가 있는 것이다.

(마) 이론의 생명 주기가 짧은 학문의 경우, 2500년 전의 책은 역사적 가치가 있을지언정 이론으로서는 폐기 처분이 당연시된다. 그런데 왜 21세기의 우리가 2500년 전의 『논어』를 지금까지도 읽고, 또 읽어야 할 책으로 간주하고 있는 것일까?

① (가) - (다) - (나) - (라) - (마)
② (가) - (라) - (다) - (나) - (마)
③ (가) - (마) - (나) - (다) - (라)
④ (라) - (다) - (가) - (마) - (나)
⑤ (마) - (가) - (나) - (다) - (라)

16

(가) '인력이 필요해서 노동력을 불렀더니 사람이 왔더라.'라는 말이 있다. 인간을 경제적 요소로만 단순하게 생각했으나, 이에 따른 인권문제, 복지문제, 내국인과 이민자와의 갈등 등이 수반된다는 말이다. 프랑스처럼 우선 급하다고 이민자를 선별하지 않고 받으면 인종 갈등과 이민자의 빈곤화 등 많은 사회비용이 발생한다.

(나) 이제 다문화정책의 패러다임을 전환해야 한다. 한국에 들어온 다문화가족을 적극적으로 지원해야 한다. 다문화 가족과 더불어 살면서 다양성과 개방성을 바탕으로 상생의 발전을 도모해야 한다. 그리고 결혼이민자만 다문화가족으로 볼 것이 아니라 외국인 근로자와 유학생, 북한이탈주민까지 큰 틀에서 함께 보는 것도 필요하다.

(다) 다문화정책의 핵심은 두 가지이다. 첫째, 새로운 사회에 적응하려는 의지가 강해서 언어 배우기, 일자리, 문화 이해에 매우 적극적인 태도를 지닌 좋은 인력을 선별해서 입국하도록 하는 것이다. 둘째, 이민자가 새로운 사회에 잘 정착할 수 있도록 사회통합에 주력해야 하는 것이다. 해외 인구 유입 초기부터 사회 비용을 절약할 수 있는 사람들을 들어오게 하는 것이 중요하기 때문이다.

(라) 또한 이미 들어온 이민자에게는 적극적인 지원을 해야 한다. 언어와 문화, 환경이 모두 낯선 이민자에게는 이민 초기에 세심한 배려가 필요하다. 특히 중요한 것은 다문화 가족이 그들이 가지고 있는 강점을 활용하여 취약 계층이 아닌 주류층으로 설 수 있도록 지원해야 한다. 뿐만 아니라 이민자에 대한 지원 시기를 놓치거나 차별과 편견으로 내국인에게 증오감을 갖게 해서는 안 된다.

① (라) – (나) – (다) – (가)   ② (다) – (나) – (라) – (가)
③ (라) – (다) – (나) – (가)   ④ (다) – (가) – (라) – (나)
⑤ (가) – (다) – (라) – (나)

17 다음 글의 내용이 참일 때, 항상 거짓인 것은?

> 과거에는 공공 서비스가 경합성과 배제성이 모두 약한 사회 기반 시설 공급을 중심으로 제공되었다. 이런 경우 서비스 제공에 드는 비용은 주로 세금을 비롯한 공적 재원으로 충당을 한다. 하지만 복지와 같은 개인 단위 공공 서비스에 대한 사회적 요구가 증가함에 따라 관련 공공 서비스의 다양화와 양적 확대가 이루어지고 있다. 이로 인해 정부의 관련 조직이 늘어나고 행정 업무의 전문성 및 효율성이 떨어지는 문제점이 나타나기도 한다. 이 경우 정부는 정부 조직의 규모를 확대하지 않으면서 서비스의 전문성을 강화할 수 있는 민간 위탁 제도를 도입할 수 있다. 민간 위탁이란 공익성을 유지하기 위해 서비스의 대상이나 범위에 대한 결정권과 서비스 관리의 책임을 정부가 갖되, 서비스 생산은 민간 업체에게 맡기는 것이다.
>
> 민간 위탁은 주로 다음과 같은 몇 가지 방식으로 운용되고 있다. 가장 일반적인 것은 '경쟁 입찰 방식'이다. 이는 일정한 기준을 충족하는 민간 업체 간 경쟁 입찰을 거쳐 서비스 생산자를 선정, 계약하는 방식이다. 공원과 같은 공공 시설물 관리 서비스가 이에 해당한다. 이 경우 정부가 직접 공공 서비스를 제공할 때보다 서비스의 생산 비용이 절감될 수 있고 정부의 재정 부담도 경감될 수 있다. 다음으로는 '면허 발급 방식'이 있다. 이는 서비스 제공을 위한 기술과 시설이 기준을 충족하는 민간 업체에게 정부가 면허를 발급하는 방식이다. 자동차 운전면허 시험, 산업 폐기물 처리 서비스 등이 이에 해당한다. 이 경우 공공 서비스가 갖춰야 할 최소한의 수준은 유지하면서도 공급을 민간의 자율에 맡겨 공공 서비스의 수요와 공급이 탄력적으로 조절되는 효과를 얻을 수 있다. 또한 '보조금 지급 방식'이 있는데, 이는 민간이 운영하는 종합 복지관과 같이 안정적인 공공 서비스 제공이 필요한 기관에 보조금을 주어 재정적으로 지원하는 것이다.

① 과거 공공 서비스는 주로 공적 재원에 의해 운영됐다.

② 공공 서비스의 양적 확대에 따라 행정 업무 전문성이 떨어지는 부작용이 나타난다.

③ 서비스 생산을 민간 업체에게 맡김으로써 공공 서비스의 전문성을 강화할 수 있다.

④ 경쟁 입찰 방식은 정부의 재정 부담을 줄여준다.

⑤ 정부로부터 면허를 받은 민간 업체는 보조금을 지급받을 수 있다.

18 다음 중 밑줄 친 ㉠~㉢에 대한 설명으로 적절하지 않은 것은?

국내 연구팀이 반도체 집적회로에 일종의 ㉠ '<u>고속도로</u>'를 깔아 신호의 전송 속도를 높이는 신개념 반도체 소재 기술을 개발했다. 탄소 원자를 얇은 막 형태로 합성한 2차원 신소재인 그래핀을 반도체 회로에 깔아 기존 금속 선로보다 많은 양의 전자를 빠르게 운송하는 것이다.

최근 반도체 내에 많은 소자가 집적되면서 소자 사이의 신호를 전송하는 ㉡ '<u>도로</u>'인 금속 재질의 선로에 저항이 기하급수적으로 증가하는 문제가 발생했다. 이러한 집적화의 한계를 극복하기 위해 연구팀은 금속 재질 대신 그래핀을 신호 전송용 길로 활용했다.

그래핀은 탄소 원자가 육각형으로 결합한, 두께 0.3나노미터의 얇은 2차원 물질로 전선에 널리 쓰이는 구리보다 전기 전달 능력이 뛰어나며 전자 이동속도도 100배 이상 빨라 이상적인 반도체용 물질로 꼽힌다. 그러나 너무 얇다 보니 전류나 신호를 전달하는 데 방해가 되는 저항이 높고, 전하 농도가 낮아 효율이 떨어진다는 단점이 있었다.

연구팀은 이런 단점을 해결하고자 그래핀에 불순물을 얇게 덮는 방법을 생각했다. 그래핀 표면에 비정질 탄소를 흡착시켜 일종의 ㉢ '<u>코팅</u>'처럼 둘러싼 것이다. 연구 결과 이 과정에서 신호 전달을 방해하던 저항은 기존 그래핀 선로보다 60% 감소했고, 신호 손실은 약 절반 정도로 줄어들었으며, 전달할 수 있는 전하의 농도는 20배 이상 증가했다. 이를 통해 연구팀은 금속 선로의 수백분의 1 크기로 작으면서도 효율성은 그대로인 고효율, 고속 신호 전송 선로를 완성하였다.

① 연구팀은 ㉡을 ㉠으로 바꾸었다.
② 반도체 내에 많은 소자가 집적될수록 ㉡에 저항이 증가한다.
③ ㉠은 구리보다 전기 전달 능력과 전자 이동속도가 뛰어나다.
④ 연구팀은 전자의 이동속도를 높이기 위해 ㉠에 ㉢을 하였다.
⑤ ㉠은 그래핀, ㉡은 금속 재질, ㉢은 비정질 탄소를 의미한다.

19 다음 글의 주장에 대한 비판으로 적절하지 않은 것은?

> 동물실험이란 교육, 시험, 연구 및 생물학적 제제의 생산 등 과학적 목적을 위해 동물을 대상으로 실시하는 실험 또는 그 과학적 절차를 말한다. 전 세계적으로 매년 약 6억 마리의 동물들이 실험에 쓰이고 있다고 추정되며, 대부분의 동물들은 실험이 끝난 뒤 안락사를 시킨다.
>
> 동물실험은 대개 인체실험의 전 단계로 이루어지는데, 검증되지 않은 물질을 바로 사람에게 주입하여 발생하는 위험을 줄일 수 있다는 점에서 필수적인 실험이라고 말할 수 있다. 물론 살아있는 생물을 대상으로 하는 실험이기 때문에 대체(Replacement), 감소(Reduction), 개선(Refinement)으로 요약되는 3R 원칙에 입각하여 실험하는 것이 당연하다. 굳이 다른 방법이 있다면 그 방법을 채택할 것이며, 희생이 되는 동물의 수를 최대한 줄이고, 필수적인 실험 조건 외에는 자극을 주지 않아야 한다.
>
> 하지만 그럼에도 보다 안전한 결과를 도출해내기 위한 동물실험은 필요악이며, 이러한 필수적인 의약실험조차 금지하려 한다는 것은 기술 발전 속도를 늦춰 약이 필요한 누군가의 고통을 감수하자는 이기적인 주장과 같다고 할 수 있다.

① 3R 원칙과 같은 윤리적 강령이 법적인 통제력을 지니지 않은 이상 실제로 얼마나 엄격하게 지켜질 것인지는 알 수 없다.

② 화장품 업체들의 동물실험과 같은 사례를 통해, 생명과 큰 연관이 없는 실험은 필요악이라고 주장할 수 없다.

③ 아무리 엄격하게 통제된 실험이라고 해도 동물 입장에서 바라본 실험이 비윤리적이며 생명체의 존엄성을 훼손하는 행위라는 사실을 벗어날 수는 없다.

④ 과거와 달리 현대에서는 인공 조직을 배양하여 실험의 대상으로 삼을 수 있으므로 동물실험 자체를 대체하는 것이 가능하다.

⑤ 동물실험에서 안전성을 검증받은 이후 인체에 피해를 준 약물의 사례가 존재한다.

20 다음 글을 토대로 〈보기〉를 바르게 해석한 것은?

반도체 및 디스플레이 제조공정에서 사용되는 방법인 포토리소그래피(Photo-lithography)는 그 이름처럼 사진 인쇄 기술과 비슷하게 빛을 이용하여 복잡한 회로 패턴을 제조하는 공정이다. 포토리소그래피는 디스플레이에서는 TFT(Thin Film Transistor : 박막 트랜지스터) 공정에 사용되는데, 먼저 세정된 기판(Substrate) 위에 TFT 구성에 필요한 증착 물질과 이를 덮을 PR(Photo Resist : 감광액) 코팅을 올리고, 빛과 마스크, 그리고 현상액과 식각 과정으로 PR 코팅과 증착 물질을 원하는 모양대로 깎아 내린 다음, 다시 그 위에 층을 쌓는 것을 반복하여 원하는 형태를 패터닝하는 것이다.

한편 포토리소그래피 공정에 사용되는 PR 물질은 빛의 반응에 따라 포지티브와 네거티브 두 가지 방식으로 분류되는데, 포지티브 방식은 마스크에 의해 빛에 노출된 부분이 현상액에 녹기 쉽게 화학 구조가 변하는 것으로, 노광(Exposure) 과정에서 빛을 받은 부분을 제거한다. 반대로 네거티브 방식은 빛에 노출된 부분이 더욱 단단해지는 것으로 빛을 받지 못한 부분을 현상액으로 제거한다. 이후 원하는 패턴만 남은 PR층은 식각(Etching) 과정을 거쳐 PR이 덮여 있지 않은 부분의 증착 물질을 제거하고, 이후 남은 증착 물질이 원하는 모양으로 패터닝 되면 그 위의 도포되어 있던 PR층을 마저 제거하여 증착 물질만 남도록 하는 것이다.

보기

창우와 광수는 각각 포토리소그래피 공정을 통해 디스플레이 회로 패턴을 완성시키기로 하였다. 창우는 포지티브 방식을, 광수는 네거티브 방식을 사용하기로 하였는데, 광수는 실수로 포지티브 방식의 PR 코팅을 사용해 공정을 진행했음을 깨달았다.

① 창우의 디스플레이 회로는 증착, PR 코팅, 노광, 현상, 식각까지의 과정을 반복하여 완성되었을 것이다.
② 광수가 포토리소그래피의 매 공정을 검토했을 경우 최소 식각 과정을 확인하면서 자신의 실수를 알아차렸을 것이다.
③ 포토리소그래피 공정 중 현상 과정에서 문제가 발생했다면 창우의 디스플레이 기판에는 PR층과 증착 물질이 남아있지 않을 것이다.
④ 원래 의도대로라면 노광 과정 이후 창우가 사용한 감광액은 용해도가 높아지고, 광수가 사용한 감광액은 용해도가 매우 낮아졌을 것이다.
⑤ 광수가 원래 의도대로 디스플레이 회로를 완성시키기 위해서는 최소한 노광 과정까지는 공정을 되돌릴 필요가 있다.

01 수리

01 작년 S사의 일반 사원 수는 400명이었다. 올해 진급하여 직책을 단 사원은 작년 일반 사원 수의 12%이고, 20%는 퇴사를 하였다. 올해 전체 일반 사원 수가 작년보다 6% 증가했을 때, 올해 채용한 신입사원은 몇 명인가?

① 144명   ② 146명
③ 148명   ④ 150명
⑤ 152명

02 남학생 4명과 여학생 3명을 원형 모양의 탁자에 앉힐 때, 여학생 3명이 이웃해서 앉을 확률은?

① $\dfrac{1}{21}$ ② $\dfrac{1}{7}$

③ $\dfrac{1}{5}$ ④ $\dfrac{1}{15}$

⑤ $\dfrac{1}{20}$

03 다음은 연도별 뺑소니 교통사고 통계 현황에 대한 자료이다. 이에 대한 〈보기〉의 설명 중 옳은 것을 모두 고르면?

〈연도별 뺑소니 교통사고 통계 현황〉

(단위 : 건, 명)

구분	2018년	2019년	2020년	2021년	2022년
사고 건수	15,500	15,280	14,800	15,800	16,400
검거 수	12,493	12,606	12,728	13,667	14,350
사망자 수	1,240	1,528	1,850	1,817	1,558
부상자 수	9,920	9,932	11,840	12,956	13,940

- $[검거율(\%)] = \dfrac{(검거\ 수)}{(사고\ 건수)} \times 100$

- $[사망률(\%)] = \dfrac{(사망자\ 수)}{(사고\ 건수)} \times 100$

- $[부상률(\%)] = \dfrac{(부상자\ 수)}{(사고\ 건수)} \times 100$

보기

ㄱ. 사고 건수는 매년 감소하지만 검거 수는 매년 증가한다.

ㄴ. 2020년의 사망률과 부상률이 2021년의 사망률과 부상률보다 모두 높다.

ㄷ. 2020 ~ 2022년의 사망자 수와 부상자 수의 증감추이는 반대이다.

ㄹ. 2019 ~ 2022년 검거율은 매년 높아지고 있다.

---

① ㄱ, ㄴ   ② ㄱ, ㄹ

③ ㄴ, ㄹ   ④ ㄷ, ㄹ

⑤ ㄱ, ㄷ, ㄹ

04 S씨는 퇴직 후 네일아트를 전문적으로 하는 뷰티숍을 개점하기 위해서 평소 눈여겨 본 지역의 고객 분포를 알아보기 위해 직접 설문조사를 하였다. 설문조사 결과가 다음과 같을 때, S씨가 이해한 내용으로 옳은 것은?(단, 복수응답과 무응답은 없다)

〈응답자의 연령대별 방문 횟수〉

(단위 : 명)

방문 횟수＼연령대	20 ~ 25세	26 ~ 30세	31 ~ 35세	합계
1회	19	12	3	34
2 ~ 3회	27	32	4	63
4 ~ 5회	6	5	2	13
6회 이상	1	2	0	3
합계	53	51	9	113

〈응답자의 직업〉

(단위 : 명)

직업	응답자
학생	49
회사원	43
공무원	2
전문직	7
자영업	9
가정주부	3
합계	113

① 전체 응답자 중 20 ~ 25세 응답자가 차지하는 비율은 50% 이상이다.
② 26 ~ 30세 응답자 중 4회 이상 방문한 응답자 비율은 10% 이상이다.
③ 31 ~ 35세 응답자의 1인당 평균 방문 횟수는 2회 미만이다.
④ 전체 응답자 중 직업이 학생 또는 공무원인 응답자 비율은 50% 이상이다.
⑤ 전체 응답자 중 20 ~ 25세인 전문직 응답자 비율은 5% 미만이다.

05 다음은 세계 로봇 시장과 국내 로봇 시장 규모에 대한 자료이다. 이에 대한 설명으로 옳지 않은 것은?

〈세계 로봇 시장 규모〉

(단위 : 백만 달러)

구분	2018년	2019년	2020년	2021년	2022년
개인 서비스용 로봇 시장	636	13,356	1,704	2,134	2,216
전문 서비스용 로봇 시장	3,569	1,224	3,661	4,040	4,600
제조용 로봇 시장	8,278	3,636	9,507	10,193	11,133
합계	12,483	18,216	14,872	16,367	17,949

〈국내 로봇 시장 규모〉

(단위 : 억 원)

구분	생산			수출			수입		
	2020년	2021년	2022년	2020년	2021년	2022년	2020년	2021년	2022년
개인 서비스용 로봇 시장	2,973	3,247	3,256	1,228	944	726	156	181	232
전문 서비스용 로봇 시장	1,318	1,377	2,629	163	154	320	54	182	213
제조용 로봇 시장	20,910	24,671	25,831	6,324	6,694	6,751	2,635	2,834	4,391
합계	25,201	29,295	31,716	7,715	7,792	7,797	2,845	3,197	4,836

① 2022년 세계 개인 서비스용 로봇 시장 규모는 전년 대비 약 3.8% 정도 성장했다.

② 세계 전문 서비스용 로봇 시장 규모는 2020년 이후 꾸준히 성장하는 추세를 보이고 있으며, 2022년 세계 전문 서비스용 로봇 시장 규모는 전체 세계 로봇 시장 규모의 약 27% 이상을 차지하고 있다.

③ 2022년 세계 제조용 로봇 시장은 전년 대비 약 9.2% 성장한 111억 3,300만 달러로 세계 로봇 시장에서 가장 큰 시장 규모를 차지하고 있다.

④ 2022년의 국내 전문 서비스용 로봇의 생산 규모는 전년보다 약 91.0% 증가했으며, 2022년의 국내 전체 서비스용 로봇의 생산 규모도 전년 대비 약 27.3% 증가했다.

⑤ 2022년의 국내 개인 서비스용 로봇 수출은 전년 대비 약 23.1% 정도 감소하였고, 2022년의 국내 전체 서비스용 로봇 수출은 전년 대비 약 4.7% 정도 감소했다.

※ 다음은 주요산업국의 연도별 연구개발비 추이에 대한 자료이다. 이어지는 질문에 답하시오. **[6~7]**

〈주요산업국 연도별 연구개발비 추이〉

(단위 : 백만 달러)

구분	2017년	2018년	2019년	2020년	2021년	2022년
한국	23,587	28,641	33,684	31,304	29,703	37,935
중국	29,898	37,664	48,771	66,430	84,933	–
일본	151,270	148,526	150,791	168,125	169,047	–
독일	69,317	73,737	84,148	97,457	92,552	92,490
영국	39,421	42,693	50,016	47,138	40,291	39,924
미국	325,936	350,923	377,594	403,668	401,576	–

〈2021년 연구개발비 분포〉

06 위 자료에 대한 〈보기〉의 설명 중 옳은 것을 모두 고르면?

> **보기**
>
> ㄱ. 2021년도 연구개발비가 전년 대비 감소한 곳은 4곳이다.
> ㄴ. 2017년에 비해 2021년 연구개발비 증가율이 가장 높은 곳은 중국이고, 가장 낮은 곳은 일본이다.
> ㄷ. 전년 대비 2019년 한국의 연구개발비 증가율은 독일보다 높고, 중국보다 낮다.

① ㄱ
② ㄱ, ㄴ
③ ㄱ, ㄷ
④ ㄴ, ㄷ
⑤ ㄱ, ㄴ, ㄷ

07 2021년 미국의 개발연구비는 한국의 응용연구비의 약 몇 배인가?(단, 소수점 이하는 버림한다)

① 38배
② 39배
③ 40배
④ 41배
⑤ 42배

08 반도체 메모리의 개발 용량이 다음과 같이 규칙적으로 증가할 때, 2007년에 개발한 메모리의 용량은?

〈연도별 반도체 메모리 개발 용량〉

(단위 : MB)

구분	1999년	2000년	2001년	2002년	2003년
메모리 개발 용량	256	512	1,024	2,048	4,096

① 32,768MB
② 52,428MB
③ 58,982MB
④ 65,536MB
⑤ 78,642MB

09 어떤 동굴의 한 석순의 길이를 10년 단위로 측정한 결과가 다음과 같은 규칙으로 자랄 때, 2050년에 측정될 석순의 길이는?

〈연도별 석순 길이〉

(단위 : cm)

구분	1960년	1970년	1980년	1990년	2000년
석순 길이	10	12	13	15	16

① 22cm
② 23cm
③ 24cm
④ 25cm
⑤ 26cm

10 세계 물 위원회에서는 전 세계의 물 문제 해결을 위한 공동 대응을 목적으로 '세계 물 포럼'을 주기적으로 개최하고 있다. 제1회 세계 물 포럼은 1997년 모로코의 마라케시에서 개최되었고 개최 연도에 다음과 같은 규칙으로 개최될 때, 제10회 세계 물 포럼이 개최되는 연도는?

〈세계 물 포럼 개최 연도〉

(단위 : 년)

구분	제1회	제2회	제3회	제4회	제5회
연도	1997	2000	2003	2006	2009

① 2022년
② 2023년
③ 2024년
④ 2025년
⑤ 2026년

※ 제시된 명제가 참일 때, 다음 중 빈칸에 들어갈 명제로 가장 적절한 것을 고르시오. [1~3]

01

> 전제1. 스테이크를 먹는 사람은 지갑이 없다.
> 전제2. _____
> 결론. 지갑이 있는 사람은 쿠폰을 받는다.

① 스테이크를 먹는 사람은 쿠폰을 받지 않는다.
② 스테이크를 먹지 않는 사람은 쿠폰을 받는다.
③ 쿠폰을 받는 사람은 지갑이 없다.
④ 지갑이 없는 사람은 쿠폰을 받지 않는다.
⑤ 지갑이 없는 사람은 스테이크를 먹지 않는다.

02

> 전제1. 광물은 매우 규칙적인 원자 배열을 가지고 있다.
> 전제2. 다이아몬드는 광물이다.
> 결론. _____

① 다이아몬드는 매우 규칙적인 원자 배열을 가지고 있다.
② 광물이 아니면 규칙적인 원자 배열을 가지고 있지 않다.
③ 다이아몬드가 아니면 광물이 아니다.
④ 광물은 다이아몬드이다.
⑤ 광물이 아니면 다이아몬드이다.

03

> 전제1. 음악을 좋아하는 사람은 상상력이 풍부하다.
> 전제2. 음악을 좋아하지 않는 사람은 노란색을 좋아하지 않는다.
> 결론. _____

① 노란색을 좋아하지 않는 사람은 음악을 좋아한다.
② 음악을 좋아하지 않는 사람은 상상력이 풍부하지 않다.
③ 상상력이 풍부한 사람은 노란색을 좋아하지 않는다.
④ 노란색을 좋아하는 사람은 상상력이 풍부하다.
⑤ 상상력이 풍부하지 않은 사람은 음악을 좋아한다.

04 A ~ D 네 사람만 참여한 달리기 시합에서 동순위 없이 순위가 완전히 결정되었고, A, B, C는 각자 다음과 같이 진술하였다. 이들의 진술이 자신보다 낮은 순위의 사람에 대한 진술이라면 참이고, 높은 순위의 사람에 대한 진술이라면 거짓이라고 할 때, 항상 참인 것은?

- A : C는 1위이거나 2위이다.
- B : D는 3위이거나 4위이다.
- C : D는 2위이다.

---

① A는 1위이다.
② B는 2위이다.
③ D는 4위이다.
④ A가 B보다 순위가 높다.
⑤ C가 D보다 순위가 높다.

05 낮 12시경 준표네 집에 도둑이 들었다. 목격자에 의하면 도둑은 한 명이다. 이 사건의 용의자로는 A ~ E가 있고, 다음에는 이들의 진술 내용이 기록되어 있다. 이 다섯 사람 중 오직 두 명만이 거짓말을 하고 있으며 거짓말을 하는 두 명 중 한 명이 범인이라면, 누가 범인인가?

- A : 나는 사건이 일어난 낮 12시에 학교에 있었어.
- B : 그날 낮 12시에 나는 A, C와 함께 있었어.
- C : B는 그날 낮 12시에 A와 부산에 있었어.
- D : B의 진술은 참이야.
- E : C는 그날 낮 12시에 나와 단둘이 있었어.

---

① A   ② B
③ C   ④ D
⑤ E

06 A ~ D는 취미로 꽃꽂이, 댄스, 축구, 농구 중에 한 가지 활동을 한다. 취미는 서로 겹치지 않으며, 모든 사람은 취미 활동을 한다. 다음 〈조건〉에 따라 항상 참인 것을 고르면?

> **조건**
> • A는 축구와 농구 중에 한 가지 활동을 한다.
> • B는 꽃꽂이와 축구 중에 한 가지 활동을 한다.
> • C의 취미는 꽃꽂이를 하는 것이다.

① B는 축구 활동을, D는 농구 활동을 한다.
② A는 농구 활동을, D는 댄스 활동을 한다.
③ A는 댄스 활동을, B는 축구 활동을 한다.
④ B는 축구 활동을 하지 않으며, D는 댄스 활동을 한다.
⑤ A는 농구 활동을 하지 않으며, D는 댄스 활동을 하지 않는다.

07 S사는 자율출퇴근제를 시행하고 있다. 출근시간은 12시 이전에 자유롭게 할 수 있으며 본인 업무를 마치면 바로 퇴근한다. 다음 1월 28일의 업무에 대한 일지를 고려하였을 때, 항상 참인 것은?

> • 점심시간은 12시부터 1시까지이며, 점심시간에는 업무를 하지 않는다.
> • 업무 1개당 1시간이 소요되며, 출근하자마자 업무를 시작하여 쉬는 시간 없이 근무한다.
> • S사에 근무 중인 K팀의 A ~ D는 1월 28일에 전원 출근했다.
> • A와 B는 오전 10시에 출근했다.
> • B와 D는 오후 3시에 퇴근했다.
> • C는 팀에서 업무가 가장 적어 가장 늦게 출근하고 가장 빨리 퇴근했다.
> • D는 B보다 업무가 1개 더 많았다.
> • A는 C보다 업무가 3개 더 많았고, 팀에서 가장 늦게 퇴근했다.
> • 이날 K팀은 가장 늦게 출근한 사람과 가장 늦게 퇴근한 사람을 기준으로, 오전 11시에 모두 출근하였으며 오후 4시에 모두 퇴근한 것으로 보고되었다.

① A는 4개의 업무를 하고 퇴근했다.
② B의 업무는 A의 업무보다 많았다.
③ C는 오후 2시에 퇴근했다.
④ A와 B는 팀에서 가장 빨리 출근했다.
⑤ 업무를 마친 C가 D의 업무 중 1개를 대신 했다면 D와 같이 퇴근할 수 있었다.

08 A~F는 경기장에서 배드민턴 시합을 하기로 하였다. 경기장에 도착하는 순서대로 다음과 같은 토너먼트 배치표의 1 ~ 6에 한 사람씩 배치한 후 모두 도착하면 토너먼트 경기를 하기로 하였다. 제시된 〈조건〉에 따라 항상 거짓인 것을 고르면?

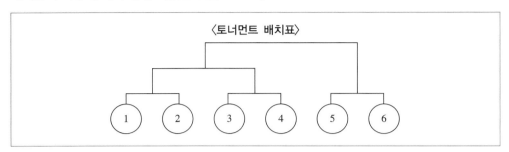

〈토너먼트 배치표〉

조건

• C는 A 바로 뒤에 도착하였다.
• F는 마지막으로 도착하였다.
• E는 D보다 먼저 도착하였다.
• B는 두 번째로 도착하였다.
• D는 C보다 먼저 도착하였다.

---

① E는 가장 먼저 경기장에 도착하였다.
② B는 최대 3번까지 경기를 하게 된다.
③ A는 최대 2번까지 경기를 하게 된다.
④ C는 다섯 번째로 도착하여 최대 2번까지 경기를 하게 된다.
⑤ D는 첫 번째 경기에서 A와 승부를 겨룬다.

※ 다음 제시된 도형의 규칙을 보고 물음표에 들어갈 도형으로 알맞은 것을 고르시오. [9~10]

09

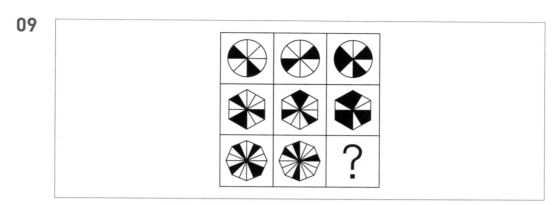

①

②

③

④

⑤

10

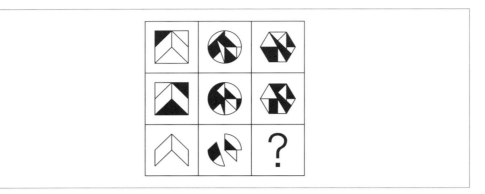

①

②

③

④

⑤

※ 다음 도식에서 기호들은 일정한 규칙에 따라 문자를 변화시킨다. 물음표에 들어갈 문자로 알맞은 것을 고르시오(단, 규칙은 가로와 세로 중 한 방향으로만 적용된다). [11~14]

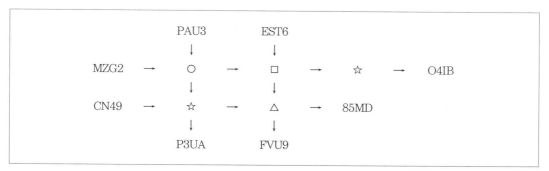

11

$$JLMP \rightarrow \bigcirc \rightarrow \square \rightarrow ?$$

① NORL
③ RONL
⑤ ONKK

② LNOK
④ MPQM

12

$$DRFT \rightarrow \square \rightarrow ☆ \rightarrow ?$$

① THVF
③ SGQE
⑤ DTFR

② EUGW
④ VHTF

13

8TK1 → △ → ○ → ?	

① 81KT   ② 9WL4

③ UJ27   ④ KT81

⑤ 0LS9

14

F752 → ☆ → □ → △ → ?

① 348E   ② 57F2

③ 974H   ④ 388I

⑤ 663E

※ 다음 문장 또는 문단을 논리적 순서대로 바르게 나열한 것을 고르시오. [15~17]

15

(가) 상품의 가격은 기본적으로 수요와 공급의 힘으로 결정된다. 시장에 참여하고 있는 경제 주체들은 자신이 가진 정보를 기초로 하여 수요와 공급을 결정한다.

(나) 이런 경우에는 상품의 가격이 우리의 상식으로는 도저히 이해하기 힘든 수준까지 일시적으로 뛰어오르는 현상이 나타날 가능성이 있다. 이런 현상은 특히 투기의 대상이 되는 자산의 경우 자주 나타나는데, 우리는 이를 '거품 현상'이라고 부른다.

(다) 그러나 현실에서는 사람들이 서로 다른 정보를 갖고 시장에 참여하는 경우가 많다. 어떤 사람은 특정한 정보를 갖고 있는데 거래 상대방은 그 정보를 갖고 있지 못한 경우도 있다.

(라) 일반적으로 거품 현상이란 것은 어떤 상품 – 특히 자산 – 의 가격이 지속해서 급격히 상승하는 현상을 가리킨다. 이와 같은 지속적인 가격 상승이 일어나는 이유는 애초에 발생한 가격 상승이 추가적인 가격 상승의 기대로 이어져 투기 바람이 형성되기 때문이다.

(마) 이들이 똑같은 정보를 함께 갖고 있으며 이 정보가 아주 틀린 것이 아닌 한, 상품의 가격은 어떤 기본적인 수준에서 크게 벗어나지 않을 것이라고 예상할 수 있다.

① (마) – (가) – (다) – (라) – (나)
② (라) – (가) – (다) – (나) – (마)
③ (라) – (다) – (가) – (나) – (마)
④ (가) – (다) – (나) – (라) – (마)
⑤ (가) – (마) – (다) – (나) – (라)

16

(가) 오히려 클레나 몬드리안의 작품을 우리 조각보의 멋에 비견되는 것으로 보아야 할 것이다. 조각보는 몬드리안이나 클레의 작품보다 100여 년 이상 앞서 제작된 공간 구성미를 가진 작품이며, 시대적으로 앞설 뿐 아니라 평범한 여성들의 일상에서 시작되었다는 점 그리고 정형화되지 않은 색채감과 구성미로 독특한 예술성을 지닌다는 점에서 차별화된 가치를 지닌다.

(나) 조각보는 일상생활에서 쓰다 남은 자투리 천을 이어서 만든 것으로, 옛 서민들의 절약 정신과 소박한 미의식을 보여준다. 조각보의 색채와 공간구성 면은 공간 분할의 추상화가로 유명한 클레(Paul Klee)나 몬드리안(Peit Mondrian)의 작품과 비견되곤 한다. 그만큼 아름답고 훌륭한 조형미를 지녔다는 의미이기도 하지만 일견 돌이켜 보면 이것은 잘못된 비교이다.

(다) 기하학적 추상을 표방했던 몬드리안의 작품보다 세련된 색상 배치로 각 색상이 가진 느낌을 살렸으며, 동양적 정서가 담김 '오방색'이라는 원색을 통해 강렬한 추상성을 지닌다. 또한 조각보를 만드는 과정과 그 작업의 내면에 가족의 건강과 행복을 기원하는 마음이 담겨 있어 단순한 오브제이기 이전에 기복신앙적인 부분이 있다. 조각보가 아름답게 느껴지는 이유는 이처럼 일상 속에서 삶과 예술을 함께 담았기 때문일 것이다.

① (가) – (나) – (다)　　　　　② (나) – (가) – (다)
③ (나) – (다) – (가)　　　　　④ (다) – (가) – (나)
⑤ (다) – (나) – (가)

17

(가) 개념사를 역사학의 한 분과로 발전시킨 독일의 역사학자 코젤렉은 '개념은 실재의 지표이자 요소'라고 하였다. 이 말은 실타래처럼 얽혀 있는 개념과 정치·사회적 실재, 개념과 역사적 실재의 관계를 정리하기 위한 중요한 지침으로 작용한다. 그에 의하면 개념은 정치적 사건이나 사회적 변화 등의 실재를 반영하는 거울인 동시에 정치·사회적 사건과 변화의 실제적 요소이다.

(나) 개념은 정치적 사건과 사회적 변화 등에 직접 관련되어 있거나 그것을 기록, 해석하는 다양한 주체들에 의해 사용된다. 이러한 주체들, 즉 '역사 행위자'들이 사용하는 개념은 여러 의미가 포개어진 층을 이룬다. 개념사에서는 사회·역사적 현실과 관련하여 이러한 층들을 파헤치면서 개념이 어떻게 사용되어 왔는가, 이 과정에서 그 의미가 어떻게 변화했는가, 어떤 함의들이 거기에 투영되었는가, 그 개념이 어떠한 방식으로 작동했는가 등에 대해 탐구한다.

(다) 이상에서 보듯이 개념사에서는 개념과 실재를 대조하고 과거와 현재의 개념을 대조함으로써, 그 개념이 대응하는 실재를 정확히 드러내고 있는가, 아니면 실재의 이해를 방해하고 더 나아가 왜곡하는가를 탐구한다. 이를 통해 코젤렉은 과거에 대한 '단 하나의 올바른 묘사'를 주장하는 근대 역사학의 방법을 비판하고, 과거의 역사 행위자가 구성한 역사적 실재와 현재 역사가가 만든 역사적 실재를 의미있게 소통시키고자 했다.

(라) 사람들이 '자유', '민주', '평화' 등과 같은 개념들을 사용할 때, 그 개념이 서로 같은 의미를 갖는 것은 아니다. '자유'의 경우, '구속받지 않는 상태'를 강조하는 개념으로 쓰이는가 하면, '자발성'이나 '적극적인 참여'를 강조하는 개념으로 쓰이기도 한다. 이러한 정의와 해석의 차이로 인해 개념에 대한 논란과 논쟁이 늘 있어 왔다. 바로 이러한 현상에 주목하여 출현한 것이 코젤렉의 '개념사'이다.

(마) 또한 개념사에서는 '무엇을 이야기 하는가.'보다는 '어떤 개념을 사용하면서 그것을 이야기하는가.'에 관심을 갖는다. 개념사에서는 과거의 역사 행위자가 자신이 경험한 '현재'를 서술할 때 사용한 개념과 오늘날의 입장에서 '과거'의 역사 서술을 이해하기 위해 사용한 개념의 차이를 밝힌다. 그리고 과거의 역사를 현재의 역사로 번역하면서 양자가 어떻게 수렴될 수 있는가를 밝히는 절차를 밟는다.

① (가) – (나) – (다) – (라) – (마)
② (라) – (가) – (나) – (마) – (다)
③ (라) – (나) – (가) – (다) – (마)
④ (마) – (나) – (가) – (다) – (라)
⑤ (마) – (라) – (나) – (다) – (가)

18 다음 글을 읽고 추론한 내용으로 가장 적절한 것은?

두뇌 연구는 지금까지 뉴런을 중심으로 진행되어 왔다. 뉴런 연구로 노벨상을 받은 카얄은 뉴런이 '생각의 전화선'이라는 이론을 확립하여 사고와 기억 등 두뇌에서 일어나는 모든 현상을 뉴런의 연결망과 뉴런 간의 전기 신호로 설명했다. 그러나 두뇌에는 뉴런 외에도 신경교 세포가 존재한다. 신경교 세포는 뉴런처럼 그 수가 많지만 전기 신호를 전달하지 못한다. 이 때문에 과학자들은 신경교 세포가 단지 두뇌 유지에 필요한 영양 공급과 두뇌 보호를 위한 전기 절연의 역할만을 가진다고 여겼다.

최근 과학자들은 신경교 세포에서 그 이상의 기능을 발견했다. 신경교 세포 중에도 '성상세포'라 불리는 별 모양의 세포는 자신만의 화학적 신호를 가진다는 것이 밝혀졌다. 성상세포는 뉴런처럼 전기를 이용하지는 않지만, '뉴런송신기'라고 불리는 화학물질을 방출하고 감지한다. 과학자들은 이러한 화학적 신호의 연쇄반응을 통해 신경교 세포가 전체 뉴런을 조정한다고 추론했다.

A연구팀은 신경교 세포가 전체 뉴런을 조정하면서 기억력과 사고력을 향상시킨다고 예상하고서, 이를 확인하기 위해 인간의 신경교 세포를 갓 태어난 생쥐의 두뇌에 주입했다. 쥐가 자라면서 주입된 인간의 신경교 세포도 성장했다. 이 세포들은 쥐의 뉴런들과 완벽하게 결합되어 쥐의 두뇌 전체에 걸쳐 퍼지게 되었다. 심지어 어느 두뇌 영역에서는 쥐의 뉴런의 숫자를 능가하기도 했다. 뉴런과 달리 쥐와 인간의 신경교 세포는 비교적 쉽게 구별된다. 인간의 신경교 세포는 매우 길고 무성한 섬유질을 가지기 때문이다. 쥐에 주입된 인간의 신경교 세포는 그 기능을 그대로 간직한다. 그렇게 성장한 쥐들은 다른 쥐들과 잘 어울렸고, 다른 쥐들의 관심을 끄는 것에 흥미를 보였다. 이 쥐들은 미로를 통과해 치즈를 찾는 테스트에서 더 뛰어났다. 보통의 쥐들은 네다섯 번의 시도 끝에 올바른 길을 배웠지만, 인간의 신경교 세포를 주입받은 쥐들은 두 번 만에 학습했다.

① 인간의 신경교 세포를 쥐에게 주입하면, 쥐의 뉴런은 전기 신호를 전달하지 못할 것이다.
② 인간의 뉴런 세포를 쥐에게 주입하면, 쥐의 두뇌에는 화학적 신호의 연쇄 반응이 더 활발해질 것이다.
③ 인간의 뉴런 세포를 쥐에게 주입하면, 그 뉴런 세포는 쥐의 두뇌 유지에 필요한 영양을 공급할 것이다.
④ 인간의 신경교 세포를 쥐에게 주입하면, 그 신경교 세포는 쥐의 뉴런을 보다 효과적으로 조정할 것이다.
⑤ 인간의 신경교 세포를 쥐에게 주입하면, 그 신경교 세포는 쥐의 신경교 세포의 기능을 갖도록 변화할 것이다.

19 다음 글을 읽고 추론한 내용으로 적절하지 않은 것은?

태양 빛은 흰색으로 보이지만 실제로는 다양한 파장의 가시광선이 혼합되어 나타난 것이다. 프리즘을 통과시키면 흰색 가시광선은 파장에 따라 붉은빛부터 보랏빛까지의 무지갯빛으로 분해된다. 가시광선의 파장 범위는 390 ~ 780nm* 정도인데 보랏빛이 가장 짧고 붉은빛이 가장 길다. 빛의 진동수는 파장과 반비례하므로 진동수는 보랏빛이 가장 크고 붉은빛이 가장 작다. 태양 빛이 대기층에 입사하여 산소나 질소 분자와 같은 공기 입자(직경 0.1 ~ 1nm 정도), 먼지 미립자, 에어로졸**(직경 1 ~ 100,000nm 정도) 등과 부딪치면 여러 방향으로 흩어지는데 이러한 현상을 산란이라 한다. 산란은 입자의 직경과 빛의 파장에 따라 '레일리(Rayleigh) 산란'과 '미(Mie) 산란'으로 구분된다. 레일리 산란은 입자의 직경이 파장의 1/10보다 작을 경우에 일어나는 산란을 말하는데 그 세기는 파장의 네제곱에 반비례한다. 대기의 공기 입자는 직경이 매우 작아 가시광선 중 파장이 짧은 빛을 주로 산란시키며, 파장이 짧을수록 산란의 세기가 강하다. 따라서 맑은 날에는 주로 공기 입자에 의한 레일리 산란이 일어나서 보랏빛이나 파란빛이 강하게 산란되는 반면 붉은빛이나 노란빛은 약하게 산란된다. 산란되는 세기로는 보랏빛이 가장 강하겠지만, 우리 눈은 보랏빛보다 파란빛을 더 잘 감지하기 때문에 하늘은 파랗게 보이는 것이다. 만약 태양 빛이 공기 입자보다 큰 입자에 의해 레일리 산란이 일어나면 공기 입자만으로는 산란이 잘되지 않던 긴 파장의 빛까지 산란되어 하늘의 파란빛은 상대적으로 엷어진다.

미 산란은 입자의 직경이 파장의 1/10보다 큰 경우에 일어나는 산란을 말하는데 주로 에어로졸이나 구름 입자 등에 의해 일어난다. 이때 산란의 세기는 파장이나 입자 크기에 따른 차이가 거의 없다. 구름이 흰색으로 보이는 것은 미 산란으로 설명된다. 구름 입자(직경 20,000nm 정도)처럼 입자의 직경이 가시광선의 파장보다 매우 큰 경우에는 모든 파장의 빛이 고루 산란된다. 이 산란된 빛이 동시에 우리 눈에 들어오면 모든 무지갯빛이 혼합되어 구름이 하얗게 보인다. 이처럼 대기가 없는 달과 달리 지구는 산란 효과에 의해 파란 하늘과 흰 구름을 볼 수 있다.

*나노미터 : 물리학적 계량 단위(1nm = 10^{-9}m)
**에어로졸 : 대기에 분산된 고체 또는 액체 입자

① 가시광선의 파란빛은 보랏빛보다 진동수가 작다.
② 프리즘으로 분해한 태양 빛을 다시 모으면 흰색이 된다.
③ 파란빛은 가시광선 중에서 레일리 산란의 세기가 가장 크다.
④ 빛의 진동수가 2배가 되면 레일리 산란의 세기는 16배가 된다.
⑤ 달의 하늘에서는 공기 입자에 의한 태양 빛의 산란이 일어나지 않는다.

20 다음 글의 내용으로 적절하지 않은 것은?

> 헤로도토스의 앤드로파기(식인종)나 신화나 전설적 존재들인 반인반양, 켄타우루스, 미노타우로스 등은 아무래도 역사적인 구체성이 크게 결여된 편이다. 반면에 르네상스의 야만인 담론에 등장하는 야만인들은 서구의 전통 야만인관에 의해 각색되었지만, 이전과는 달리 현실적 구체성을 띠고 나타난다. 하지만 이때도 문명의 시각이 작동하여 야만인이 저질 인간으로 인식되는 것은 마찬가지이다. 다만 이런 인식이 서구 중심의 세계체제 형성과 관련을 맺는다는 점이 이전과의 차이점이다. 르네상스 야만인상은 서구인의 문명건설 과업과 관련하여 만들어진 것이다. '신대륙 발견'과 더불어 '문명'과 '야만'의 접촉이 빈번해지자 야만인은 더는 신화적·상징적·문화적 이해 대상이 아니다. 이제 그는 실제 경험의 대상으로서 서구인의 일상생활에까지 모습을 드러내는 존재이다.
>
> 특히 주목해야 할 점은 콜럼버스의 '신대륙 발견' 이후로 야만인 담론은 유럽인이 '발견'한 지역의 원주민들과 집단으로 직접 만나는 실제 체험과 관련되어 있다는 사실이다. 르네상스 이전이라고 해서 이방의 원주민들을 만나지 않았을 리 없겠지만 그때에는 원주민에 관한 정보가 직접 경험에 의한 것이라기보다는 뜬소문에 근거하거나 아니면 순전히 상상의 산물인 경우가 많았다. 반면에 르네상스 시대 야만인은 그냥 원주민이 아니다. 이때 원주민은 식인종이며 바로 이 점 때문에 문명인의 교화를 받거나 정복과 절멸의 대상이 된다. 이 점은 코르테스가 정복한 아스테카 제국인 멕시코를 생각하면 쉽게 이해할 수 있다.
>
> 멕시코는 당시 거대한 제국으로서 유럽에서도 유례를 찾아보기 힘들 정도로 인구 25만의 거대한 도시를 건설한 '문명국'이었다. 하지만 멕시코 정벌에 참여한 베르날 디아즈는 나중에 이 경험을 토대로 한 회고록 『뉴 스페인 정복사』에서 멕시코 원주민들을 지독한 식인습관을 가진 것으로 매도한다. 멕시코 원주민들이 식인종으로 규정되고 나면 그들이 아무리 스페인 정복군이 눈이 휘둥그레질 정도로 발달된 문화를 가지고 있어도 소용이 없다. 그들은 집단으로 '식인 야만인'으로 규정됨으로써 정복의 대상이 되고 또 이로 말미암아 세계사의 흐름에 큰 변화가 오게 된다. 거대한 대륙의 주인이 바뀌는 것이다.

① 고대에 형성된 야만인 이미지들은 경험에 의한 것이기보다 허구의 산물이었다.

② 르네상스 이후 서구인의 야만인 담론은 전통적인 야만인관과 단절을 이루었다.

③ 르네상스 이후 야만인은 서구의 세계제패 전략의 관점에서 인식되고 평가되었다.

④ 스페인 정복군에 의한 아즈테카 문명의 정복은 서구 야만인 담론을 통해 합리화되었다.

⑤ 콜럼버스 신대륙 발견 이후 야만인은 문명에 의해 교화되거나 정복되어야 할 잔인한 존재로 매도되었다.

05 | 2022년 하반기
기출복원문제

정답 및 해설 p.021

01 수리

01 S기업에서는 사회 나눔 사업의 일환으로 마케팅부에서 5팀, 총무부에서 2팀을 구성해 어느 요양 시설에서 7팀 모두가 하루에 한 팀씩 7일 동안 봉사활동을 하려고 한다. 7팀의 봉사활동 순번을 임의로 정할 때, 첫 번째 날 또는 일곱 번째 날에 총무부 소속 팀이 봉사활동을 하게 될 확률은 $\dfrac{b}{a}$이다. $a-b$의 값은?(단, a와 b는 서로소이다)

① 4   ② 6
③ 8   ④ 10
⑤ 12

02 아마추어 야구 시합에서 A팀과 B팀이 경기하고 있다. 7회 말까지는 동점이었고 8 · 9회에서 A팀이 획득한 점수는 B팀이 획득한 점수의 2배이었다. 최종적으로 12 : 9로 A팀이 승리하였을 때, 8 · 9회에서 B팀은 몇 점을 획득하였는가?

① 2점   ② 3점
③ 4점   ④ 5점
⑤ 6점

03 S사에서는 업무 효율을 높이기 위해 근무 여건 개선 방안에 대하여 논의하고자 한다. 논의 자료를 위하여 전 직원의 야간 근무 현황을 조사하였을 때, 다음 중 옳지 않은 것은?

〈야간 근무 현황(주 단위)〉

(단위 : 일, 시간)

구분	임원	부장	과장	대리	사원
평균 야간 근무 빈도	1.2	2.2	2.4	1.8	1.4
평균 야간 근무 시간	1.8	3.3	4.8	6.3	4.2

※ 60분의 3분의 2 이상을 채울 시 1시간으로 야간근무수당을 계산함

① 과장은 한 주에 평균적으로 2.4일 정도 야간 근무를 한다.
② 전 직원의 주 평균 야간 근무 빈도는 1.8일이다.
③ 사원은 한 주 동안 평균 4시간 12분 정도 야간 근무를 하고 있다.
④ 1회 야간 근무 시 평균적으로 가장 긴 시간 동안 일하는 직원은 대리이다.
⑤ 야간근무수당이 시간당 10,000원이라면 과장은 주 평균 50,000원을 받는다.

04 화물 출발지와 도착지 간 거리가 A기업은 100km, B기업은 200km이며, 운송량은 A기업이 5톤, B기업이 1톤이다. 국내 운송 시 수단별 요금체계가 다음과 같을 때, A기업과 B기업의 운송비용에 대한 설명으로 옳은 것은?(단, 다른 조건은 같다)

구분		화물자동차	철도	연안해송
운임	기본운임	200,000원	150,000원	100,000원
	추가운임	1,000원	900원	800원
부대비용		100원	300원	500원

※ 추가운임 및 부대비용은 거리(km)와 무게(톤)를 곱하여 산정함

① A, B 모두 화물자동차 운송이 저렴하다.
② A는 화물자동차가 저렴하고, B는 모든 수단이 같다.
③ A는 모든 수단이 같고, B는 연안해송이 저렴하다.
④ A, B 모두 철도운송이 저렴하다.
⑤ A는 연안해송, B는 철도운송이 저렴하다.

05 다음은 2017 ~ 2021년의 한부모 및 미혼모·부 가구 수를 조사한 자료이다. 이에 대한 설명으로 옳지 않은 것은?

〈2017 ~ 2021년 한부모 및 미혼모·부 가구 수〉

(단위 : 천 명)

구분		2017년	2018년	2019년	2020년	2021년
한부모 가구	모자 가구	1,600	2,000	2,500	3,600	4,500
	부자 가구	300	340	480	810	990
미혼모·부 가구	미혼모 가구	80	68	55	72	80
	미혼부 가구	28	17	22	27	30

① 한부모 가구 중 모자 가구 수는 2018 ~ 2021년까지 2020년을 제외하고 매년 1.25배씩 증가한다.
② 한부모 가구에서 부자 가구가 모자 가구 수의 20%를 초과한 연도는 2020년과 2021년이다.
③ 2018 ~ 2021년 전년 대비 미혼모 가구와 미혼부 가구 수의 증감 추이가 바뀌는 연도는 같다.
④ 2020년 미혼모 가구 수는 모자 가구 수의 2%이다.
⑤ 2018년 부자 가구 수는 미혼부 가구 수의 20배이다.

06 다음은 인천국제공항의 연도별 세관 물품 신고 수에 대한 자료이다. 〈보기〉에 따라 A ~ D에 들어 갈 물품으로 바르게 나열한 것을 고르면?

〈연도별 세관 물품 신고 수〉

(단위 : 만 건)

구분	2017년	2018년	2019년	2020년	2021년
A	3,547	4,225	4,388	5,026	5,109
B	2,548	3,233	3,216	3,410	3,568
C	3,753	4,036	4,037	4,522	4,875
D	1,756	2,013	2,002	2,135	2,647

보기

ㄱ. 가전류와 주류의 2018 ~ 2020년까지 전년 대비 세관 물품 신고 수는 증가와 감소가 반복되었다.
ㄴ. 2021년도 담배류 세관 물품 신고 수의 전년 대비 증가량은 두 번째로 많다.
ㄷ. 2018 ~ 2021년 동안 매년 세관 물품 신고 수가 가장 많은 것은 잡화류이다.
ㄹ. 2020년도 세관 물품 신고 수의 전년 대비 증가율이 세 번째로 높은 것은 주류이다.

	A	B	C	D
①	잡화류	담배류	가전류	주류
②	담배류	가전류	주류	잡화류
③	잡화류	가전류	담배류	주류
④	가전류	담배류	잡화류	주류
⑤	가전류	잡화류	담배류	주류

07 반도체 부품 회사에서 근무하는 S사원은 월별 매출 현황에 대한 보고서를 작성 중이었다. 그런데 실수로 파일이 삭제되어 기억나는 매출액만 다시 작성하였다. S사원이 기억하는 월평균 매출액은 35억 원이고, 상반기의 월평균 매출액은 26억 원이었다. 다음 중 남아 있는 매출 현황을 통해 상반기 평균 매출 대비 하반기 평균 매출의 증감액은?

〈월별 매출 현황〉

(단위 : 억 원)

1월	2월	3월	4월	5월	6월	7월	8월	9월	10월	11월	12월	평균
	10	18	36				35	20	19			35

① 12억 원 증가
② 12억 원 감소
③ 18억 원 증가
④ 18억 원 감소
⑤ 20억 원 증가

08 다음은 통계청에서 발표한 서울 지역 물가지수에 대한 자료이다. 이에 대한 설명으로 옳지 않은 것은?

〈서울 지역 소비자물가지수 및 생활물가지수〉

(단위 : %)

구분	2018년 4/4분기	2019년 1/4분기	2/4분기	3/4분기	4/4분기	2020년 1/4분기	2/4분기	3/4분기	4/4분기	2021년 1/4분기	2/4분기	3/4분기
소비자 물가지수	95.5	96.4	97.7	97.9	99.0	99.6	100.4	100.4	101.0	102.6	103.4	104.5
전년 동기 (월)비	4.2	3.9	2.5	2.4	2.7	2.5	2.5	2.8	3.2	3.6	3.8	4.1
생활물가지수	95.2	95.9	97.1	97.6	99.1	99.7	99.7	100.4	100.9	103.1	103.5	104.5
전년 동기 (월)비	3.5	3.1	2.4	2.5	3.4	2.7	2.7	2.9	3.4	4.0	3.8	4.1

※ 물가지수는 2018년을 100으로 하여 각 연도의 비교치를 제시한 것임

① 2018년에 비해 2020년 소비자물가지수는 거의 변동이 없다.
② 2021년 4/4분기의 생활물가지수가 95.9포인트라면, 2021년 생활물가지수는 2020년에 비해 2포인트 이상 상승했다.
③ 2018년 이후 소비자물가지수와 생활물가지수는 매년 상승했다.
④ 2020년에는 소비자물가지수가 생활물가지수보다 약간 더 높다.
⑤ 전년 동기와 비교하여 상승 폭이 가장 클 때는 2018년 4/4분기 소비자물가지수이고, 가장 낮을 때는 2019년 2/4분기 생활물가지수와 2019년 3/4분기 소비자물가지수이다.

09 다음은 Z세균을 각각 다른 환경인 X와 Y조건에 놔두는 실험을 하였을 때 번식하는 수를 기록한 자료이다. 번식하는 수가 다음과 같이 일정한 규칙으로 변화할 때 10일 차에 Z세균의 번식 수는?

〈실험 결과〉

(단위 : 만 개)

구분	1일 차	2일 차	3일 차	4일 차	5일 차	…	10일 차
X조건에서의 Z세균	10	30	50	90	150	…	(A)
Y조건에서의 Z세균	1	2	4	8	16	…	(B)

	(A)	(B)
①	1,770	512
②	1,770	256
③	1,770	128
④	1,440	512
⑤	1,440	256

10 새로운 원유의 정제비율을 조사하기 위해 상압증류탑을 축소한 Pilot Plant에 새로운 원유를 투입해 사전분석실험을 시행했다. 다음과 같은 실험 결과를 얻었다고 할 때 아스팔트는 최초 투입한 원유의 양 대비 몇 % 생산되는가?

〈사전분석실험 결과〉

구분	생산량
LPG	투입한 원유량의 5%
휘발유	LPG를 생산하고 남은 원유량의 20%
등유	휘발유를 생산하고 남은 원유량의 50%
경유	등유를 생산하고 남은 원유량의 10%
아스팔트	경유를 생산하고 남은 원유량의 4%

① 1.168%
② 1.368%
③ 1.568%
④ 1.768%
⑤ 1.968%

※ 제시된 명제가 모두 참일 때, 다음 중 빈칸에 들어갈 명제로 가장 적절한 것을 고르시오. [1~2]

01

전제1. 환율이 하락하면 국가 경쟁력이 떨어졌다는 것이다.
전제2. _____
전제3. 수출이 감소했다는 것은 GDP가 감소했다는 것이다.
결론. 수출이 감소하면 국가 경쟁력이 떨어진다.

① 국가 경쟁력이 떨어지면 수출이 감소했다는 것이다.
② GDP가 감소해도 국가 경쟁력은 떨어지지 않는다.
③ 환율이 상승하면 GDP가 증가한다.
④ 환율이 하락해도 GDP는 감소하지 않는다.
⑤ 수출이 증가했다는 것은 GDP가 증가했다는 것이다.

02

전제1. 아는 것이 적으면 인생에 나쁜 영향이 생긴다.
전제2. _____
전제3. 지식을 함양하지 않으면 아는 것이 적다.
결론. 공부를 열심히 하지 않으면 인생에 나쁜 영향이 생긴다.

① 공부를 열심히 한다고 해서 지식이 생기지는 않는다.
② 지식을 함양했다는 것은 공부를 열심히 했다는 뜻이다.
③ 아는 것이 많으면 인생에 나쁜 영향이 생긴다.
④ 아는 것이 많으면 지식이 많다는 뜻이다.
⑤ 아는 것이 적으면 지식을 함양하지 않았다는 것이다.

03 고등학생 S는 총 7과목(ㄱ ~ ㅅ)을 한 과목씩 순서대로 중간고사를 보려고 한다. S가 세 번째로 시험 보는 과목이 ㄱ일 때, 〈조건〉에 따라 네 번째로 시험 보는 과목은?

> **조건**
> • 7개의 과목 중에서 ㄷ은 시험을 보지 않는다.
> • ㅅ은 ㄴ보다 나중에 시험 본다.
> • ㄴ은 ㅂ보다 먼저 시험 본다.
> • ㄹ은 ㅁ보다 나중에 시험 본다.
> • ㄴ은 ㄱ과 ㄹ보다 나중에 시험 본다.

① ㄴ   ② ㄹ
③ ㅁ   ④ ㅂ
⑤ ㅅ

04 S사는 공개 채용을 통해 4명의 남자 사원과 2명의 여자 사원을 최종 선발하였고, 선발된 6명의 신입 사원을 기획부, 인사부, 구매부 세 부서에 배치하려고 한다. 다음 〈조건〉에 따라 신입 사원을 배치할 때, 옳지 않은 것은?

> **조건**
> • 기획부, 인사부, 구매부 각 부서에 적어도 한 명의 신입 사원을 배치한다.
> • 기획부, 인사부, 구매부에 배치되는 신입 사원의 수는 서로 다르다.
> • 부서별로 배치되는 신입 사원의 수는 구매부가 가장 적고, 기획부가 가장 많다.
> • 여자 신입 사원만 배치되는 부서는 없다.

① 인사부에는 2명의 신입 사원이 배치된다.
② 구매부에는 1명의 남자 신입 사원이 배치된다.
③ 기획부에는 반드시 여자 신입 사원이 배치된다.
④ 인사부에는 반드시 여자 신입 사원이 배치된다.
⑤ 인사부에는 1명 이상의 남자 신입 사원이 배치된다.

05 함께 놀이공원에 간 A ~ E 5명 중 1명만 롤러코스터를 타지 않고 회전목마를 탔다. 이들은 집으로 돌아오는 길에 다음과 같은 대화를 나누었다. 5명 중 2명은 거짓을 말하고, 나머지 3명은 모두 진실을 말한다고 할 때, 롤러코스터를 타지 않은 사람은?

> - A : 오늘 탄 롤러코스터는 정말 재밌었어. 나는 같이 탄 E와 함께 소리를 질렀어.
> - B : D는 회전목마를 탔다던데? E가 회전목마를 타는 D를 봤대. E의 말은 사실이야.
> - C : D는 회전목마를 타지 않고 롤러코스터를 탔어.
> - D : 나는 혼자서 회전목마를 타고 있는 B를 봤어.
> - E : 나는 롤러코스터를 탔어. 손뼉을 칠 만큼 너무 완벽한 놀이기구야.

① A
② B
③ C
④ D
⑤ E

06 A ~ D는 S아파트 10층에 살고 있다. 다음 〈조건〉을 고려하였을 때, 항상 거짓인 것은?

> **조건**
> - 아파트 10층의 구조는 다음과 같다.
>
> | 계단 | 1001호 | 1002호 | 1003호 | 1004호 | 엘리베이터 |
> |------|--------|--------|--------|--------|------------|
>
> - A는 엘리베이터보다 계단이 더 가까운 곳에 살고 있다.
> - C와 D는 계단보다 엘리베이터에 더 가까운 곳에 살고 있다.
> - D는 A 바로 옆에 살고 있다.

① A보다 계단이 가까운 곳에 살고 있는 사람은 B이다.
② D는 1003호에 살고 있다.
③ 본인이 살고 있는 곳과 가장 가까운 이동 수단을 이용한다면 C는 엘리베이터를 이용할 것이다.
④ B가 살고 있는 곳에서 엘리베이터 쪽으로는 2명이 살고 있다.
⑤ C 옆에는 D가 살고 있다.

※ 제시된 단어의 대응 관계로 볼 때, 다음 중 빈칸에 들어갈 단어로 가장 적절한 것을 고르시오. [7~8]

07

간섭 : 참견 = 갈구 : (　　)

① 관여　　　　　　　　② 개입
③ 경외　　　　　　　　④ 관조
⑤ 열망

08

호평 : 악평 = 예사 : (　　)

① 비범　　　　　　　　② 통상
③ 보통　　　　　　　　④ 험구
⑤ 인기

09 다음 글을 읽고 〈보기〉의 내용으로 적절한 것을 모두 고르면?

뉴턴 역학은 갈릴레오나 뉴턴의 근대과학 이전 중세를 지배했던 아리스토텔레스의 역학관에 정면으로 반대된다. 아리스토텔레스에 의하면 물체가 똑같은 운동 상태를 유지하기 위해서는 외부에서 끝없이 힘이 제공되어야만 한다. 이렇게 물체에 힘을 제공하는 기동자가 물체에 직접적으로 접촉해야 운동이 일어난다. 기동자가 없어지거나 물체와의 접촉이 중단되면 물체는 자신의 운동 상태를 유지할 수 없다. 그러나 관성의 법칙에 의하면 외력이 없는 한 물체는 자신의 원래 운동 상태를 유지한다. 아리스토텔레스는 기본적으로 물체의 운동을 하나의 정지 상태에서 다른 정지 상태로의 변화로 이해했다. 즉, 아리스토텔레스에게는 물체의 정지 상태가 물체의 운동 상태와는 아무런 상관이 없었다. 그러나 근대 과학의 시대를 열었던 갈릴레오나 뉴턴에 의하면 물체가 정지한 상태는 운동하는 상태의 특수한 경우이다. 운동 상태가 바뀌는 것은 물체의 외부에서 힘이 가해지는 경우이다. 즉, 힘은 운동의 상태를 바꾸는 요인이다. 지금 우리는 뉴턴 역학이 옳다고 자연스럽게 생각하고 있지만 이론적인 선입견을 배제하고 일상적인 경험만 떠올리면 언뜻 아리스토텔레스의 논리가 더 그럴듯하게 보일 수도 있다.

보기

ㄱ. 뉴턴 역학은 적절하지 않으므로, 아리스토텔레스의 역학관을 따라야 한다.
ㄴ. 아리스토텔레스는 '외부에서 힘이 작용하지 않으면 운동하는 물체는 계속 그 상태로 운동하려 하고, 정지한 물체는 계속 정지해 있으려고 한다.'고 주장했다.
ㄷ. 뉴턴이나 갈릴레오 또한 당시에는 아리스토텔레스의 논리가 옳다고 판단하였다.
ㄹ. 아리스토텔레스는 정지와 운동을 별개로 보았다.

① ㄴ   ② ㄹ
③ ㄱ, ㄷ   ④ ㄴ, ㄹ
⑤ ㄱ, ㄴ, ㄷ

10 다음 글의 주장에 대한 비판으로 가장 적절한 것은?

사회 현상을 볼 때는 돋보기로 세밀하게, 그리고 때로는 멀리 떨어져서 전체 속에 어떻게 위치하고 있는가를 동시에 봐야 한다. 숲과 나무는 서로 다르지만 따로 떼어 생각할 수 없기 때문이다. 현대 사회 현상의 최대 쟁점인 과학 기술에 대해 평가할 때도 마찬가지이다. 로봇 탄생의 숲을 보면, 그 로봇 개발에 투자한 사람과 로봇을 개발한 사람들의 의도가 드러난다. 그리고 나무인 로봇을 세밀히 보면, 그 로봇이 생산에 이용되는지 아니면 감옥의 죄수들을 감시하기 위한 것인지 그 용도를 알 수가 있다. 이 광범한 기술의 성격을 객관적이고 물질적이어서 가치관이 없다고 쉽게 생각하면 로봇에 당하기 십상이다.

자동화는 자본주의의 실업을 늘려 실업자에 대해 생계의 위협을 가하는 측면뿐 아니라, 기존 근로자에 대한 감시를 더욱 효율적으로 해내는 역할도 수행한다. 자동화를 적용하는 기업 측에서는 자동화가 인간의 삶을 증대시키는 이미지로 일반 사람들에게 인식되기를 바란다. 그래야 자동화 도입에 대한 노동자의 반발을 무마하고 기업가의 구상을 관철시킬 수 있기 때문이다. 그러나 자동화나 기계화 도입으로 인해 실업을 두려워하고, 업무 내용이 바뀌는 것을 탐탁해 하지 않았던 유럽의 노동자들은 자동화 도입에 대해 극렬히 반대했던 경험들을 갖고 있다.

지금도 자동화 · 기계화는 좋은 것이라는 고정관념을 가진 사람들이 많고, 현실에서 이러한 고정관념이 가져오는 파급 효과는 의외로 크다. 예를 들어 은행에 현금을 자동으로 세는 기계가 등장하면 은행원들이 현금을 세는 작업량은 줄어든다. 손님들도 기계가 현금을 재빨리 세는 것을 보고 감탄해 하면서 행원이 세는 것보다 더 많은 신뢰를 보낸다. 그러나 현금 세는 기계의 도입에는 이익 추구라는 의도가 숨어 있다. 현금 세는 기계는 행원의 수고를 덜어 준다. 그러나 현금 세는 기계를 들여옴으로써 실업자가 생기고 만다. 사람이 잘만 이용하면 잘 써먹을 수 있을 것만 같은 기계가 엄청나게 혹독한 성품을 지닌 프랑켄슈타인으로 돌변하는 것이다.

자동화와 정보화를 추진하는 핵심 조직이 기업이란 것에서도 알 수 있듯이 기업은 이윤 추구에 도움이 되지 않는 행위는 무가치하다고 판단한다. 그러므로 자동화는 그 계획 단계에서부터 기업의 의도가 스며들어 탄생된다. 또한 그 의도대로 자동화나 정보화가 진행되면, 다른 한편으로 의도하지 않은 결과를 초래한다. 자동화와 같은 과학 기술이 풍요를 생산하는 수단이라고 생각하는 것은 하나의 고정관념에 불과하다.

채플린이 제작한 영화 「모던 타임즈」에 나타난 것처럼 초기 산업화 시대에는 기계에 종속된 인간의 모습이 가시적으로 드러날 수밖에 없었다. 그래서 이러한 종속에 저항하고자 하는 인간의 노력도 적극적인 모습을 보였다. 그러나 현대의 자동화기기는 그 첨병이 정보 통신기기로 바뀌면서 문제는 질적으로 달라진다. 무인 생산까지 진전된 자동화나 정보 통신화는 인간에게 단순 노동을 반복시키는 그런 모습을 보이지 않는다. 그래서인지는 몰라도 정보 통신은 별 무리 없이 어느 나라에서나 급격하게 개발 · 보급되고 보편화되어 있다. 그런데 문제는 이 자동화기기가 생산에만 이용되는 것이 아니라, 노동자를 감시하거나 관리하는 데도 이용될 수 있다는 것이다. 오히려 정보 통신의 발달로 이전보다 사람들은 더 많은 감시와 통제를 받게 되었다.

① 기업의 이윤 추구가 사회 복지 증진과 직결될 수 있음을 간과하고 있어.
② 기계화 · 정보화가 인간의 삶의 질 개선에 기여하고 있음을 경시하고 있어.
③ 기계화를 비판하는 주장만 되풀이할 뿐, 구체적인 근거를 제시하지 않고 있어.
④ 화제의 부분적 측면에 관계된 이론을 소개하여 편향적 시각을 갖게 하고 있어.
⑤ 현대의 기술 문명이 가져다 줄 수 있는 긍정적인 측면을 과장하여 강조하고 있어.

11 다음 글에 대한 반론으로 가장 적절한 것은?

어느 관현악단의 연주회장에서 연주가 한창 진행되는 도중에 휴대 전화의 벨 소리가 울려 음악의 잔잔한 흐름과 고요한 긴장이 깨져버렸다. 청중들은 객석 여기저기를 둘러보았다. 그런데 황급히 호주머니에서 휴대 전화를 꺼내 전원을 끄는 이는 다름 아닌 관현악단의 바이올린 주자였다. 연주는 계속되었지만 연주회의 분위기는 엉망이 되었고, 음악을 감상하던 많은 사람에게 찬물을 끼얹었다. 이와 같은 사고는 극단적인 사례이지만 공공장소의 소음이 심각한 사회 문제가 될 수 있다는 사실을 보여주고 있다.

소음 문제는 물질문명의 발달과 관련이 있다. 산업화가 진행됨에 따라 우리의 생활 속에는 '개인적 도구'가 증가하고 있다. 그러한 도구들 덕분에 우리의 생활은 점점 편리해지고 합리적이며 효율적으로 변해가고 있다. 그러나 그러한 이득은 개인과 그가 소유하고 있는 물건 사이의 관계에서 성립하는 것으로 그 관계를 넘어서면 전혀 다른 문제가 된다. 제한된 공간 속에서 개인적 도구가 넘쳐남에 따라, 개인과 개인, 도구와 도구, 그리고 자신의 도구와 타인과의 관계 등이 모순을 일으키는 것이다. 소음 문제도 마찬가지이다. 개인의 차원에서는 편리와 효율을 제공하는 도구들이, 전체의 차원에서는 불편과 비효율을 빚어내는 것이다. 그래서 많은 사회에서 개인적 도구가 타인의 권리를 침해하는 것을 방지하기 위하여 공공장소의 소음을 규제하고 있다.

① 사람들은 소음을 통해 자신의 권리를 침해받기도 한다.
② 문명이 발달함에 따라 소음 문제도 대두되고 있다.
③ 소음 문제는 보통 제한된 공간 속에서 개인적 도구가 과도함에 따라 발생한다.
④ 엿장수의 가위 소리와 같이 소리는 단순한 물리적 존재가 아닌 문화적 가치를 담은 존재가 될 수 있다.
⑤ 개인 차원에서 효율적인 도구들이 전체 차원에서는 문제가 될 수도 있다.

12 다음 글에서 추론할 수 있는 내용으로 가장 적절한 것은?

> 무선으로 전력을 주고받으면, 전원을 직접 연결하는 유선보다 효율은 떨어지지만 전자 제품을 자유롭게 이동하며 사용할 수 있는 장점이 있다. 이처럼 무선으로 전력을 주고받을 수 있도록 전자기를 활용하여 전기를 공급하거나 이용하는 기술이 무선 전력 전송 방식인데 대표적으로 '자기 유도 방식'과 '자기 공명 방식' 두 가지를 들 수 있다.
>
> 자기 유도 방식은 변압기의 원리와 유사하다. 변압기는 네모 모양의 철심 좌우에 코일을 감아, 1차 코일에 '+, −' 극성이 바뀌는 교류 전류를 보내면 마치 자석을 운동시켜서 자기장을 형성하는 것처럼 1차 코일에서도 자기장을 형성한다. 이 자기장에 의해 2차 코일에 전류가 만들어지는데 이 전류를 유도전류라 한다. 변압기는 자기장의 에너지를 잘 전달할 수 있는 철심이 있으나, 자기 유도 방식은 철심이 없이 무선 전력 전송을 하는 것이다.
>
> 이러한 자기 유도 방식은 전력 전송 효율이 90% 이상으로 매우 높다는 장점이 있다. 하지만 1차 코일에 해당하는 송신부와 2차 코일에 해당하는 수신부가 수 센티미터 이상 떨어지거나 송신부와 수신부의 중심이 일치하지 않게 되면 전력 전송 효율이 급격히 저하된다는 문제점이 있다. 휴대전화 같은 경우, 충전 패드에 휴대전화를 올려놓는 방식으로 거리 문제를 해결하고 충전 패드 전체에 코일을 배치하여 송수신부 간 전송 효율을 높임으로써 무선 충전이 가능하도록 하였다. 다만 휴대전화는 직류 전류를 사용하기 때문에 1차 코일로부터 2차 코일에 유도된 교류 전류를 직류 전류로 변환해 주는 정류기가 충전 단계 전에 필요하다.
>
> 두 번째 전송 방식은 자기 공명 방식이다. 다양한 소리굽쇠 중에 하나를 두드리면 동일한 고유 진동수를 가지는 소리굽쇠가 같이 진동하는 물리적 현상이 공명이다. 자기장에 공명이 일어나도록 1차 코일과 공진기를 설계하여 공진 주파수를 만든다. 이후 2차 코일과 공진기를 설계하여 공진 주파수가 전달되도록 하는 것이 자기 공명 방식의 원리이다.
>
> 이러한 특성으로 인해 자기 공명 방식은 자기 유도 방식과 달리 수 미터 가량 근거리 전력 전송이 가능하다는 장점이 있다. 이 방식이 상용화된다면, 송신부와 공명되는 여러 전자 제품을 전원을 연결하지 않아도 사용할 수 있거나 충전할 수 있다. 그러나 실험 단계의 코일 크기로는 일반 가전제품에 적용할 수 없으므로 코일을 소형화해야 할 필요가 있다. 따라서 이를 해결하기 위한 연구가 필요하다.

① 자기 유도 방식은 변압기의 핵심인 유도 전류와 철심을 이용한 방식이다.

② 자기 유도 방식을 사용하면 무선 전력 전송임에도 어떠한 환경에서든 유실되는 전력이 많이 없다는 장점이 있다.

③ 휴대전화와 자기 유도 방식의 '2차 코일'은 모두 직류 전류 방식이다.

④ 자기 공명 방식에서 2차 코일은 공진 주파수를 생성하는 역할을 한다.

⑤ 자기 공명 방식에서 해결이 시급한 것은 전력을 생산하는데 필요한 코일의 크기가 너무 크다는 것이다.

13 다음 글을 토대로 〈보기〉를 바르게 해석한 것은?

1930년대 대공황 상황에서 케인스는 당시 영국과 미국에 만연한 실업의 원인을 총수요의 부족이라고 보았다. 그는 총수요가 증가하면 기업의 생산과 고용이 촉진되고 가계의 소득이 늘어 경기를 부양할 수 있다고 주장했다. 따라서 정부의 재정정책을 통해 총수요를 증가시킬 필요성을 제기하였다. 케인스는 총수요를 늘리기 위해서 총수요 중 많은 부분을 차지하는 가계의 소비에 주목하였고, 소비는 소득과 밀접한 관련이 있다고 생각하였다. 케인스는 절대소득가설을 내세워, 소비를 결정하는 요인들 중에서 가장 중요한 것은 현재의 소득이라고 하였다. 그리고 소득이 없더라도 생존을 위해 꼭 필요한 소비인 기초소비가 존재하며, 소득이 증가함에 따라 일정 비율로 소비도 증가한다고 주장하였다. 이러한 절대소득가설은 1950년대까지 대표적인 소비결정이론으로 사용되었다.

그러나 쿠즈네츠는 절대소득가설로는 설명하기 어려운 소비 행위가 이루어지고 있음에 주목하였다. 쿠즈네츠는, 미국에서 장기간에 걸쳐 일어난 각 가계의 실제 소비 행위를 분석한 결과 저소득층의 소득 중 소비가 차지하는 비율이 고소득층보다 높다는 것을 발견하였다. 이러한 실증 분석 결과는 절대소득가설로는 명확히 설명하기 어려운 것이었다.

이러한 현상을 설명하기 위해 프리드먼은 소비는 장기적인 기대소득으로서의 항상소득에 의존한다는 항상소득가설을 내세웠다. 프리드먼은 실제로 측정되는 소득을 실제소득이라 하고, 실제소득은 항상소득과 임시소득으로 구성된다고 보았다. 항상소득이란 평생 동안 벌어들일 것으로 기대되는 소득의 매기 평균 또는 장기적 평균 소득이다. 임시소득은 장기적으로 예견되지 않은 일시적인 소득으로서 양(+)일 수도, 음(−)일 수도 있다. 프리드먼은 소비가 임시소득과는 아무런 상관관계가 없고 오직 항상소득에만 의존한다고 보았으며, 임시소득의 대부분은 저축된다고 설명했다. 사람들은 월급과 같이 자신이 평균적으로 벌어들이는 돈을 고려하여 소비를 하지, 예상치 못한 복권 당첨이나 주가 하락에 의한 손실을 고려하여 소비하지는 않는다는 것이다.

항상소득가설을 바탕으로 프리드먼은 쿠즈네츠가 발견한 현상을, 단기적인 소득의 증가는 임시소득이 증가한 것에 해당하므로 소비가 늘어나지 않은 것이라고 설명하였다. 항상소득가설에 따른다면 소비를 늘리기 위해서는 단기적인 재정 정책보다 장기적인 재정 정책을 펴는 것이 바람직하다. 가령 정부가 일시적으로 세금을 줄여 가계의 소득을 증가시키고 그에 따른 소비 진작을 기대한다 해도 가계는 일시적인 소득의 증가를 항상소득의 증가로 받아들이지 않아 소비를 늘리지 않기 때문이다.

보기

코로나로 인해 위축된 경제 상황을 극복하기 위해, 정부는 소득 하위 80% 국민에게 1인당 25만 원의 재난지원금을 지급하기로 하였다.

① 케인스에 따르면, 재난지원금은 일시적 소득으로 대부분 저축될 것이다.
② 케인스에 따르면, 재난지원금과 같은 단기적 재정정책보다는 장기적인 재정정책을 펴야 한다고 주장할 것이다.
③ 프리드먼에 따르면, 재난지원금을 받은 국민들은 늘어난 소득만큼 소비를 늘릴 것이다.
④ 프리드먼에 따르면, 재난지원금은 생존에 꼭 필요한 기초소비 비중을 늘릴 것이다.
⑤ 프리드먼에 따르면, 재난지원금은 항상소득이 아니기 때문에 소비에 영향을 주지 않을 것이다.

14

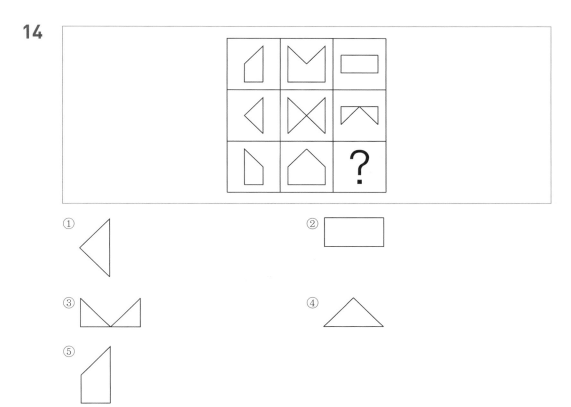

① ② ③ ④ ⑤

15

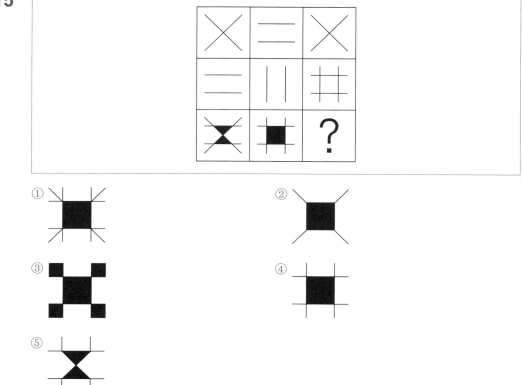

① ② ③ ④ ⑤

16

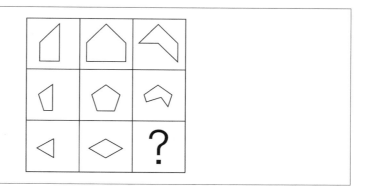

①

②

③

④

⑤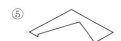

PART 1

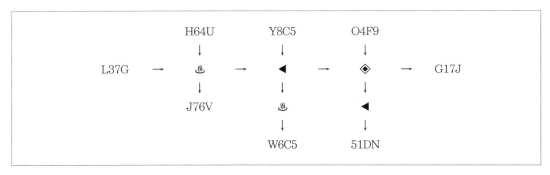

17

S4X8 → 🔥 → ◈ → ?

① 37YT   ② YT37
③ 95ZU   ④ 5Z9U
⑤ Y73T

18

W53M → ◀ → ◈ → ?

① L12S   ② M32P
③ L21S   ④ MP32
⑤ 3M2P

19

T83I → 🔥 → ◀ → ?

① H52Q   ② Q52H
③ R63I   ④ 63SI
⑤ 6S3I

20

6SD2 → ◀ → ◈ → 🔥 → ?

① 34RE   ② 4R3E
③ D43R   ④ R4D3
⑤ 3QD3

06 | 2022년 상반기
기출복원문제

정답 및 해설 p.026

01 수리

01 영업부 직원 네 명이 1월부터 5월 사이에 한 달에 한 명씩 출장을 간다고 할 때, 네 사람이 적어도 한 번 이상씩 출장 갈 경우의 수는?

① 60가지
② 120가지
③ 180가지
④ 240가지
⑤ 300가지

02 작년 A부서의 신입사원 수는 55명이다. 올해 A부서의 신입사원 수는 5명이 증가했고, B부서의 신입사원 수는 4명 증가했다. 올해 B부서 신입사원 수의 1.2배가 올해 A부서 신입사원 수라면, 작년 B부서의 신입사원 수는?

① 44명
② 46명
③ 48명
④ 50명
⑤ 52명

03 A ~ F 6개의 직무팀을 층마다 두 개의 공간으로 분리된 3층짜리 건물에 배치하려고 한다. A팀과 B팀이 2층에 들어갈 확률은?

① $\frac{1}{15}$
② $\frac{1}{12}$
③ $\frac{1}{9}$
④ $\frac{1}{6}$
⑤ $\frac{1}{3}$

04 S사에서 판매 중인 두 제품 A와 B의 원가의 합은 50,000원이다. 각각 10%, 12% 이익을 붙여서 5개씩 팔았을 때 마진이 28,200원이라면 B의 원가는?

① 12,000원   ② 17,000원

③ 22,000원   ④ 27,000원

⑤ 32,000원

05 S사 인사이동에서 A부서 사원 6명이 B부서로 이동했다. 부서 인원이 각각 15% 감소, 12% 증가했을 때, 인사이동 전 두 부서의 인원 차이는?

① 6명   ② 8명

③ 10명   ④ 12명

⑤ 14명

06 S부서에는 팀원이 4명인 제조팀, 팀원이 2명인 영업팀, 팀원이 2명인 마케팅팀이 있다. 한 주에 3명씩 청소 당번을 뽑으려고 할 때, 이번 주 청소 당번이 세 팀에서 1명씩 뽑힐 확률은?

① $\dfrac{1}{3}$ ② $\dfrac{1}{4}$

③ $\dfrac{2}{5}$ ④ $\dfrac{2}{7}$

⑤ $\dfrac{2}{9}$

07 다음은 휴대폰 A ~ D의 항목별 고객평가 점수를 나타낸 자료이다. 이에 대한 〈보기〉의 설명 중 옳은 것을 모두 고르면?

<PART 1>

〈휴대폰 A ~ D의 항목별 고객평가 점수〉

(단위 : 점)

구분	A	B	C	D
디자인	8	7	4	6
가격	4	6	7	8
해상도	5	6	8	4
음량	6	4	7	5
화면크기·두께	7	8	3	4
내장·외장메모리	5	6	7	8

※ 각 항목의 최고점은 10점임
※ 기본점수 산정방법 : 각 항목에서 제일 높은 점수 순대로 5점, 4점, 3점, 2점 배점
※ 성능점수 산정방법 : 해상도, 음량, 내장·외장메모리 항목에서 제일 높은 점수 순대로 5점, 4점, 3점, 2점 배점

보기

ㄱ. 휴대폰 A ~ D 중 기본점수가 가장 높은 휴대폰은 C이다.
ㄴ. 휴대폰 A ~ D 중 성능점수가 가장 높은 휴대폰은 D이다.
ㄷ. 각 항목의 고객평가 점수를 단순 합산한 점수가 가장 높은 휴대폰은 B이다.
ㄹ. 성능점수 항목을 제외한 고객평가 점수만을 단순 합산했을 때, 휴대폰 B의 점수는 휴대폰 C 점수의 1.5배이다.

① ㄱ, ㄷ
② ㄴ, ㄹ
③ ㄱ, ㄴ, ㄷ
④ ㄱ, ㄷ, ㄹ
⑤ ㄴ, ㄷ, ㄹ

08 다음은 S사 최종합격자 A ~ D 4명의 채용시험 점수표이다. 이를 기준으로 〈조건〉의 각 부서가 원하는 요구사항 대로 A ~ D를 배치한다고 할 때, 최종합격자 A ~ D와 각 부서가 바르게 연결된 것은?

〈최종합격자 A ~ D의 점수표〉

(단위 : 점)

구분	서류 점수	필기 점수	면접 점수	평균
A	㉠	85	68	㉡
B	66	71	85	74
C	65	㉢	84	㉣
D	80	88	54	74
평균	70.75	80.75	72.75	74.75

조건

〈부서별 인원배치 요구사항〉

홍보팀 : 저희는 대외활동이 많다보니 면접 점수가 가장 높은 사람이 적합할 것 같아요.
총무팀 : 저희 부서는 전체적인 평균 점수가 높은 사람의 배치를 원합니다.
인사팀 : 저희는 면접 점수보다도, 서류 점수와 필기 점수의 평균이 높은 사람이 좋을 것 같습니다.
기획팀 : 저희는 어느 영역에서나 중간 정도 하는 사람이면 될 것 같아요.

※ 배치순서는 홍보팀 – 총무팀 – 인사팀 – 기획팀 순으로 결정함

	홍보팀	총무팀	인사팀	기획팀
①	A	B	C	D
②	B	C	A	D
③	B	C	D	A
④	C	B	D	A
⑤	C	B	A	D

09 다음은 2019년부터 2021년까지 우리나라의 국가채무 현황에 대한 자료이다. 이에 대한 〈보기〉의 설명 중 옳은 것을 모두 고르면?(단, 비율은 소수점 둘째 자리에서 반올림한다)

〈우리나라 국가채무 현황〉

(단위 : 조 원)

구분	2019년	2020년	2021년
일반회계 적자보전	334.7	437.5	538.9
외환시장안정용	247.2	256.4	263.5
서민주거안정용	68.5	77.5	92.5
지방정부 순채무	24.2	27.5	27.5
공적자금 등	48.6	47.7	42.9
GDP 대비 국가채무 비율(%)	37.6	43.8	47.3

※ 국가채무 $= \text{GDP} \times \left(\dfrac{\text{GDP 대비 국가채무 비율}}{100} \right)$

보기

ㄱ. 서민주거안정용 국가채무가 국가채무에서 차지하는 비중은 2021년에 전년 대비 감소하였다.
ㄴ. 2020년과 2021년의 GDP 대비 국가채무의 비율과 지방정부 순채무의 전년 대비 증감추세는 동일하다.
ㄷ. 2020년 공적자금 등으로 인한 국가채무는 지방정부 순채무보다 60% 이상 많다.
ㄹ. GDP 중 외환시장안정용 국가채무가 차지하는 비율은 2020년이 2019년보다 높다.

① ㄱ, ㄴ
② ㄱ, ㄷ
③ ㄴ, ㄷ
④ ㄴ, ㄹ
⑤ ㄷ, ㄹ

10 다음은 각기 다른 두 가지 조건에서 세균을 배양하는 실험을 한 결과이다. 다음과 같이 일정한 변화가 지속될 때, 처음으로 환경 A의 세균이 더 많아질 때는?

〈환경별 세균 수 변화〉

(단위 : 마리)

구분	1시간	2시간	3시간	4시간	5시간
환경 A	1	3	7	15	31
환경 B	10	20	40	70	110

① 8시간 후
② 9시간 후
③ 10시간 후
④ 11시간 후
⑤ 12시간 후

CHAPTER 06 2022년 상반기 기출복원문제 • **99**

※ 제시된 명제가 모두 참일 때, 다음 중 빈칸에 들어갈 명제로 가장 적절한 것을 고르시오. [1~3]

01

> 전제1. 수학을 좋아하는 사람은 과학을 잘한다.
> 전제2. 호기심이 적은 사람은 과학을 잘하지 못한다.
> 결론. _____

① 수학을 좋아하면 호기심이 적다.
② 과학을 잘하지 못하면 수학을 좋아한다.
③ 호기심이 많은 사람은 수학을 좋아하지 않는다.
④ 호기심이 적은 사람은 수학을 좋아하지 않는다.
⑤ 수학을 좋아하지 않으면 호기심이 적다.

02

> 전제1. 물에 잘 번지는 펜은 수성펜이다.
> 전제2. 수성펜은 뚜껑이 있다.
> 전제3. 물에 잘 안 번지는 펜은 잉크 찌꺼기가 생긴다.
> 결론. _____

① 물에 잘 번지는 펜은 뚜껑이 없다.
② 뚜껑이 없는 펜은 잉크 찌꺼기가 생긴다.
③ 물에 잘 안 번지는 펜은 뚜껑이 없다.
④ 물에 잘 번지는 펜은 잉크 찌꺼기가 안 생긴다.
⑤ 물에 잘 안 번지는 펜은 잉크 찌꺼기가 안 생긴다.

03

> 전제1. A를 구매한 어떤 사람은 B를 구매했다.
> 전제2. _____
> 결론. C를 구매한 어떤 사람은 A를 구매했다.

① B를 구매하지 않는 사람은 C도 구매하지 않았다.
② B를 구매한 모든 사람은 C를 구매했다.
③ C를 구매한 사람은 모두 B를 구매했다.
④ A를 구매하지 않은 어떤 사람은 C를 구매했다.
⑤ B를 구매한 어떤 사람은 C를 구매했다.

04 신발가게에서 일정 금액 이상을 구매한 고객에게 추첨을 통해 다양한 경품을 주는 이벤트를 하고 있다. 함께 쇼핑을 한 A ~ E는 이벤트에 응모했고 이 중 1명만 신발 교환권에 당첨되었다. 다음 A ~ E의 대화에서 1명이 거짓말을 한다고 할 때, 신발 교환권 당첨자는?

- A : C는 신발 교환권이 아닌 할인권에 당첨됐어.
- B : D가 신발 교환권에 당첨됐고, 나는 커피 교환권에 당첨됐어.
- C : A가 신발 교환권에 당첨됐어.
- D : C의 말은 거짓이야.
- E : 나는 꽝이야.

① A 　　　　　　　　② B
③ C 　　　　　　　　④ D
⑤ E

05 A, B, C 세 사람은 점심식사 후 아메리카노, 카페라테, 카푸치노, 에스프레소 4종류의 음료를 파는 카페에서 커피를 마신다. 다음 〈조건〉에 따라 항상 참인 것을 고르면?

조건
- A는 카페라테와 카푸치노를 좋아하지 않는다.
- B는 에스프레소를 좋아한다.
- A와 B는 좋아하는 커피가 서로 다르다.
- C는 에스프레소를 좋아하지 않는다.

① C는 아메리카노를 좋아한다.
② A는 아메리카노를 좋아한다.
③ C와 B는 좋아하는 커피가 같다.
④ A가 좋아하는 커피는 주어진 조건만으로는 알 수 없다.
⑤ C는 카푸치노를 좋아한다.

06 A팀과 B팀은 보안등급 상에 해당하는 문서를 나누어 보관하고 있다. 이에 따라 두 팀은 보안을 위해 제시된 〈조건〉에 따라 각 팀의 비밀번호를 지정하였다. 다음 중 A팀과 B팀에 들어갈 수 있는 암호배열은?

조건
· 1 ~ 9까지의 숫자로 (한 자리 수)×(두 자리 수)=(세 자리 수)=(두 자리 수)×(한 자리 수) 형식의 비밀번호로 구성한다.
· 가운데에 들어갈 세 자리 수의 숫자는 156이며 숫자는 중복 사용할 수 없다. 즉, 각 팀의 비밀번호에 1, 5, 6이란 숫자가 들어가지 않는다.

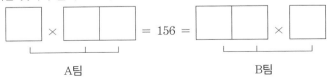

① 23   ② 27
③ 29   ④ 37
⑤ 39

07 A ~ D 4명은 한 판의 가위바위보를 한 후 그 결과에 대해 각각 2가지의 진술을 하였다. 2가지의 진술 중 하나는 반드시 참이고, 하나는 반드시 거짓이라고 할 때, 다음 중 항상 참인 것은?

· A : C는 B를 이길 수 있는 것을 냈고, B는 가위를 냈다.
· B : A는 C와 같은 것을 냈지만, A가 편 손가락의 수는 나보다 적었다.
· C : B는 바위를 냈고, 그 누구도 같은 것을 내지 않았다.
· D : A, B, C 모두 참 또는 거짓을 말한 순서가 동일하다. 이 판은 승자가 나온 판이었다.

① B와 같은 것을 낸 사람이 있다.
② 보를 낸 사람은 1명이다.
③ D는 혼자 가위를 냈다.
④ B가 기권했다면 가위를 낸 사람이 지는 판이다.
⑤ 바위를 낸 사람은 2명이다.

※ 제시된 단어의 대응 관계로 볼 때, 다음 중 빈칸에 들어갈 단어로 가장 적절한 것을 고르시오. **[8~9]**

08

근면 : 태만 = 긴장 : ( )

① 완화

② 경직

③ 수축

④ 압축

⑤ 팽창

09

고집 : 집념 = ( ) : 정점

① 제한

② 경계

③ 한도

④ 절경

⑤ 절정

10 다음 글의 내용이 참일 때 항상 거짓인 것은?

사회 구성원들이 경제적 이익을 추구하는 과정에서 불법 행위를 감행하기 쉬운 상황일수록 이를 억제하는 데에는 금전적 제재 수단이 효과적이다.

현행법상 불법 행위에 대한 금전적 제재 수단에는 민사적 수단인 손해 배상, 형사적 수단인 벌금, 행정적 수단인 과징금이 있으며, 이들은 각각 피해자의 구제, 가해자의 징벌, 법 위반 상태의 시정을 목적으로 한다. 예를 들어 기업들이 담합하여 제품 가격을 인상했다가 적발된 경우, 그 기업들은 피해자에게 손해 배상 소송을 제기당하거나 법원으로부터 벌금형을 선고받을 수 있고 행정 기관으로부터 과징금도 부과받을 수 있다. 이처럼 하나의 불법 행위에 대해 세 가지 금전적 제재가 내려질 수 있지만 제재의 목적이 서로 다르므로 중복 제재는 아니라는 것이 법원의 판단이다.

그런데 우리나라에서는 기업의 불법 행위에 대해 손해 배상 소송이 제기되거나 벌금이 부과되는 사례는 드물어서, 과징금 등 행정적 제재 수단이 억제 기능을 수행하는 경우가 많다. 이런 상황에서는 과징금 등 행정적 제재의 강도를 높임으로써 불법 행위의 억제력을 끌어올릴 수 있다. 그러나 적발 가능성이 매우 낮은 불법 행위의 경우에는 과징금을 올리는 방법만으로는 억제력을 유지하는 데 한계가 있다. 또한 피해자에게 귀속되는 손해 배상금과는 달리 벌금과 과징금은 국가에 귀속되므로 과징금을 올려도 피해자에게는 직접적인 도움이 되지 못한다.

① 금전적 제재수단은 불법 행위를 억제하기 위해서 사용된다.

② 기업의 불법 행위에 대해 벌금과 과징금 모두 부과 가능하다.

③ 과징금은 가해자를 징벌하기 위해 부과된다.

④ 우리나라에서 주로 사용하는 방법은 행정적 제재이다.

⑤ 행정적 제재는 피해자에게 직접적인 도움이 되지 못한다.

먼저 행동으로 옮기고 말을 하라.

– 스티븐 스필버그 –

PART **2**

대표기출유형

수리

합격 Cheat Key

GSAT의 수리 영역은 크게 응용수리와 자료해석으로 나눌 수 있다. 응용수리는 주로 수의 관계(약수와 배수, 소수, 합성수, 인수분해, 최대공약수 / 최소공배수 등)를 이용하는 기초적인 계산 문제, 방정식과 부등식을 수립(날짜 / 요일 / 시간, 시간 / 거리 / 속도, 나이 / 수량, 원가 / 정가, 일 / 일률, 농도, 비율 등)하여 미지수를 계산하는 응용계산 문제, 경우의 수와 확률을 구하는 문제 등이 출제된다. 자료해석은 제시된 표를 이용하여 그래프로 변환하거나 자료를 해석하는 문제, 자료의 추이를 파악하여 빈칸을 찾는 문제 등이 출제된다. 출제 비중은 응용수리 2문제(10%), 자료해석 18문제(90%)가 출제되며, 30분 내에 20문항을 해결해야 한다.

---

1 응용수리

수의 관계에 대해 알고 그것을 응용하여 계산할 수 있는지, 그리고 미지수를 구하기 위해 필요한 계산식을 세울 수 있는지를 평가하는 유형이다. 최근에는 단순하게 계산하는 문제가 아닌 두세 단계의 풀이 과정을 거쳐서 답을 도출하는 문제가 출제되고 있으므로 기초적인 유형을 정확하게 알고, 이를 활용하는 연습을 해야 한다.

┤ 학습 포인트 ├

- 문제풀이 시간 확보가 관건이므로 이 유형에서 점수를 따기 위해서는 다양한 문제를 최대한 많이 풀어보는 수밖에 없다.
- 고등학교 시절을 생각하며 오답노트를 만드는 것도 좋은 방법이 될 수 있다.

2 자료해석

표나 그래프 등 주어진 자료를 보고 필요한 정보를 빠르게 찾아 해석할 수 있는지를 평가하는 유형이다. 자료계산, 자료해석은 다른 기업의 인적성에도 흔히 출제되는 유형이지만, 규칙적인 변화 추이를 파악해서 미래를 예측하고, 자료의 적절한 값을 구하는 문제는 GSAT에서만 출제되는 특이한 유형이므로 익숙해지도록 연습해야 한다.

┤ 학습 포인트 ├

- 표, 꺾은선 그래프, 막대 그래프, 원 그래프 등 다양한 형태의 자료를 눈에 익힌다. 그래야 실제 시험에서 자료가 제시되었을 때 중점을 두고 파악해야 할 부분이 더욱 선명하게 보일 것이다.
- 자료해석 유형의 문제는 제시되는 정보의 양이 매우 많으므로 시간을 절약하기 위해서는 문제를 읽은 후 바로 자료 분석에 들어가는 것보다는, 선택지를 먼저 읽고 필요한 정보만 추출하여 답을 찾는 것이 좋다.

01 │ 이론점검

01 응용수리

1. 수의 관계

(1) 약수와 배수

a가 b로 나누어떨어질 때, a는 b의 배수, b는 a의 약수

(2) 소수

1과 자기 자신만을 약수로 갖는 수. 즉, 약수의 개수가 2개인 수

(3) 합성수

1과 자신 이외의 수를 약수로 갖는 수. 즉, 소수가 아닌 수 또는 약수의 개수가 3개 이상인 수

(4) 최대공약수

2개 이상의 자연수의 공통된 약수 중에서 가장 큰 수

(5) 최소공배수

2개 이상의 자연수의 공통된 배수 중에서 가장 작은 수

(6) 서로소

1 이외에 공약수를 갖지 않는 두 자연수. 즉, 최대공약수가 1인 두 자연수

(7) 소인수분해

주어진 합성수를 소수의 거듭제곱의 형태로 나타내는 것

(8) 약수의 개수

자연수 $N = a^m \times b^n$에 대하여, N의 약수의 개수는 $(m+1) \times (n+1)$개

(9) 최대공약수와 최소공배수의 관계

두 자연수 A, B에 대하여, 최소공배수와 최대공약수를 각각 L, G라고 하면 $A \times B = L \times G$가 성립한다.

2. 방정식의 활용

(1) 날짜ㆍ요일ㆍ시계

① 날짜ㆍ요일

㉠ 1일=24시간=1,440분=86,400초

㉡ 날짜ㆍ요일 관련 문제는 대부분 나머지를 이용해 계산한다.

② 시계

㉠ 시침이 1시간 동안 이동하는 각도 : 30°

㉡ 시침이 1분 동안 이동하는 각도 : 0.5°

㉢ 분침이 1분 동안 이동하는 각도 : 6°

(2) 거리ㆍ속력ㆍ시간

① (거리)=(속력)×(시간)

㉠ 기차가 터널을 통과하거나 다리를 지나가는 경우

• (기차가 움직인 거리)=(기차의 길이)+(터널 또는 다리의 길이)

㉡ 두 사람이 반대 방향 또는 같은 방향으로 움직이는 경우

• (두 사람 사이의 거리)=(두 사람이 움직인 거리의 합 또는 차)

② $(속력)=\dfrac{(거리)}{(시간)}$

㉠ 흐르는 물에서 배를 타는 경우

• (하류로 내려갈 때의 속력)=(배 자체의 속력)+(물의 속력)

• (상류로 올라갈 때의 속력)=(배 자체의 속력)-(물의 속력)

③ $(시간)=\dfrac{(거리)}{(속력)}$

(3) 나이ㆍ인원ㆍ개수

구하고자 하는 것을 미지수로 놓고 식을 세운다. 동물의 경우 다리의 개수에 유의해야 한다.

(4) 원가ㆍ정가

① (정가)=(원가)+(이익), (이익)=(정가)-(원가)

② $(a원에서\ b\%\ 할인한\ 가격)=a\times\left(1-\dfrac{b}{100}\right)$

(5) 일률 · 톱니바퀴

① 일률

전체 일의 양을 1로 놓고, 시간 동안 한 일의 양을 미지수로 놓고 식을 세운다.

- $(일률) = \dfrac{(작업량)}{(작업기간)}$

- $(작업기간) = \dfrac{(작업량)}{(일률)}$

- $(작업량) = (일률) \times (작업기간)$

② 톱니바퀴

$(톱니\ 수) \times (회전수) = (총\ 맞물린\ 톱니\ 수)$

즉, A, B 두 톱니에 대하여, $(A의\ 톱니\ 수) \times (A의\ 회전수) = (B의\ 톱니\ 수) \times (B의\ 회전수)$가 성립한다.

(6) 농도

① $(농도) = \dfrac{(용질의\ 양)}{(용액의\ 양)} \times 100$

② $(용질의\ 양) = \dfrac{(농도)}{100} \times (용액의\ 양)$

(7) 수 I

① 연속하는 세 자연수 : $x-1,\ x,\ x+1$
② 연속하는 세 짝수(홀수) : $x-2,\ x,\ x+2$

(8) 수 II

① 십의 자릿수가 x, 일의 자릿수가 y인 두 자리 자연수 : $10x+y$

이 수에 대해, 십의 자리와 일의 자리를 바꾼 수 : $10y+x$
② 백의 자릿수가 x, 십의 자릿수가 y, 일의 자릿수가 z인 세 자리 자연수 : $100x+10y+z$

(9) 증가 · 감소

① x가 $a\%$ 증가 : $\left(1+\dfrac{a}{100}\right)x$

② y가 $b\%$ 감소 : $\left(1-\dfrac{b}{100}\right)y$

3. 경우의 수·확률

(1) 경우의 수

  ① 경우의 수 : 어떤 사건이 일어날 수 있는 모든 가짓수

  ② 합의 법칙

    ㉠ 두 사건 A, B가 동시에 일어나지 않을 때, A가 일어나는 경우의 수를 m, B가 일어나는 경우의 수를 n이라고 하면, 사건 A 또는 B가 일어나는 경우의 수는 $m+n$이다.

    ㉡ '또는', '~이거나'라는 말이 나오면 합의 법칙을 사용한다.

  ③ 곱의 법칙

    ㉠ A가 일어나는 경우의 수를 m, B가 일어나는 경우의 수를 n이라고 하면, 사건 A와 B가 동시에 일어나는 경우의 수는 $m \times n$이다.

    ㉡ '그리고', '동시에'라는 말이 나오면 곱의 법칙을 사용한다.

  ④ 여러 가지 경우의 수

    ㉠ 동전 n개를 던졌을 때, 경우의 수 : 2^n

    ㉡ 주사위 m개를 던졌을 때, 경우의 수 : 6^m

    ㉢ 동전 n개와 주사위 m개를 던졌을 때, 경우의 수 : $2^n \times 6^m$

    ㉣ n명을 한 줄로 세우는 경우의 수 : $n! = n \times (n-1) \times (n-2) \times \cdots \times 2 \times 1$

    ㉤ n명 중, m명을 뽑아 한 줄로 세우는 경우의 수 : $_n\mathrm{P}_m = n \times (n-1) \times \cdots \times (n-m+1)$

    ㉥ n명을 한 줄로 세울 때, m명을 이웃하여 세우는 경우의 수 : $(n-m+1)! \times m!$

    ㉦ 0이 아닌 서로 다른 한 자리 숫자가 적힌 n장의 카드에서, m장을 뽑아 만들 수 있는 m자리 정수의 개수 : $_n\mathrm{P}_m$

    ㉧ 0을 포함한 서로 다른 한 자리 숫자가 적힌 n장의 카드에서, m장을 뽑아 만들 수 있는 m자리 정수의 개수 : $(n-1) \times {}_{n-1}\mathrm{P}_{m-1}$

    ㉨ n명 중, 자격이 다른 m명을 뽑는 경우의 수 : $_n\mathrm{P}_m$

    ㉩ n명 중, 자격이 같은 m명을 뽑는 경우의 수 : $_n\mathrm{C}_m = \dfrac{_n\mathrm{P}_m}{m!}$

    ㉪ 원형 모양의 탁자에 n명을 앉히는 경우의 수 : $(n-1)!$

  ⑤ 최단 거리 문제 : A에서 B 사이에 P가 주어져있다면, A와 P의 최단 거리, B와 P의 최단 거리를 각각 구하여 곱한다.

(2) 확률

① (사건 A가 일어날 확률) $= \dfrac{\text{(사건 A가 일어나는 경우의 수)}}{\text{(모든 경우의 수)}}$

② 여사건의 확률

    ㉠ 사건 A가 일어날 확률이 p일 때, 사건 A가 일어나지 않을 확률은 $(1-p)$이다.

    ㉡ '적어도'라는 말이 나오면 주로 사용한다.

③ 확률의 계산

    ㉠ 확률의 덧셈

        두 사건 A, B가 동시에 일어나지 않을 때, A가 일어날 확률을 p, B가 일어날 확률을 q라고 하면, 사건 A 또는 B가 일어날 확률은 $p+q$이다.

    ㉡ 확률의 곱셈

        A가 일어날 확률을 p, B가 일어날 확률을 q라고 하면, 사건 A와 B가 동시에 일어날 확률은 $p \times q$이다.

④ 여러 가지 확률

    ㉠ 연속하여 뽑을 때, 꺼낸 것을 다시 넣고 뽑는 경우 : 처음과 나중의 모든 경우의 수는 같다.

    ㉡ 연속하여 뽑을 때, 꺼낸 것을 다시 넣지 않고 뽑는 경우 : 나중의 모든 경우의 수는 처음의 모든 경우의 수보다 1만큼 작다.

    ㉢ (도형에서의 확률) $= \dfrac{\text{(해당하는 부분의 넓이)}}{\text{(전체 넓이)}}$

(1) 꺾은선(절선)그래프

① 시간적 추이(시계열 변화)를 표시하는 데 적합하다.

예 연도별 매출액 추이 변화 등

② 경과·비교·분포를 비롯하여 상관관계 등을 나타날 때 사용한다.

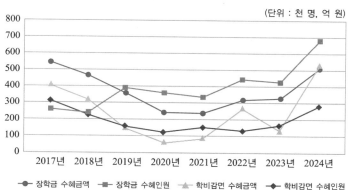

〈중학교 장학금, 학비감면 수혜현황〉

(2) 막대그래프

① 비교하고자 하는 수량을 막대 길이로 표시하고, 그 길이를 비교하여 각 수량 간의 대소 관계를 나타내는 데 적합하다.

예 영업소별 매출액, 성적별 인원분포 등

② 가장 간단한 형태로 내역·비교·경과·도수 등을 표시하는 용도로 사용한다.

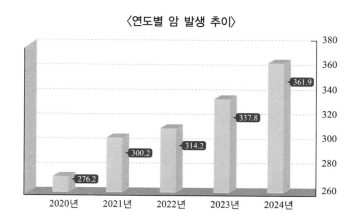

〈연도별 암 발생 추이〉

(3) 원그래프

① 내역이나 내용의 구성비를 분할하여 나타내는 데 적합하다.

　예 제품별 매출액 구성비 등

② 원그래프를 정교하게 작성할 때는 수치를 각도로 환산해야 한다.

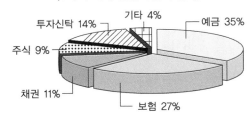

〈C국의 가계 금융자산 구성비〉

(4) 점그래프

① 지역분포를 비롯하여 도시, 지방, 기업, 상품 등의 평가나 위치, 성격을 표시하는 데 적합하다.

　예 광고비율과 이익률의 관계 등

② 종축과 횡축에 두 요소를 두고, 보고자 하는 것이 어떤 위치에 있는가를 알고자 할 때 사용한다.

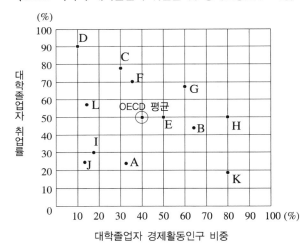

〈OECD 국가의 대학졸업자 취업률 및 경제활동인구 비중〉

(5) 층별그래프

① 합계와 각 부분의 크기를 백분율로 나타내고 시간적 변화를 보는 데 적합하다.

② 합계와 각 부분의 크기를 실수로 나타내고 시간적 변화를 보는 데 적합하다.

　예 상품별 매출액 추이 등

③ 선의 움직임보다는 선과 선 사이의 크기로써 데이터 변화를 나타내는 그래프이다.

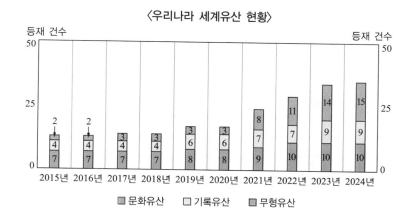

〈우리나라 세계유산 현황〉

(6) 레이더 차트(거미줄그래프)

① 다양한 요소를 비교할 때, 경과를 나타내는 데 적합하다.

　예 매출액의 계절변동 등

② 비교하는 수량을 직경, 또는 반경으로 나누어 원의 중심에서의 거리에 따라 각 수량의 관계를 나타내는 그래프이다.

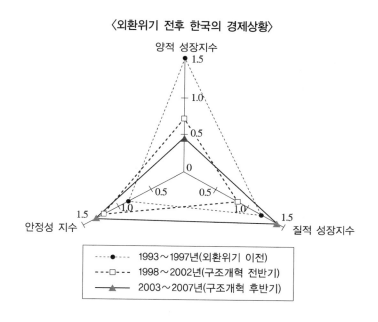

〈외환위기 전후 한국의 경제상황〉

1. 수추리

(1) 등차수열 : 앞의 항에 일정한 수를 더해 이루어지는 수열

(2) 등비수열 : 앞의 항에 일정한 수를 곱해 이루어지는 수열

(3) 계차수열 : 수열의 인접하는 두 항의 차로 이루어진 수열

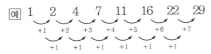

(4) 피보나치수열 : 앞의 두 항의 합이 그 다음 항의 수가 되는 수열

예 $\underset{}{1} \quad \underset{}{1} \quad \underset{1+1}{2} \quad \underset{1+2}{3} \quad \underset{2+3}{5} \quad \underset{3+5}{8} \quad \underset{5+8}{13} \quad \underset{8+13}{21}$

(5) 건너뛰기 수열

- 두 개 이상의 수열이 일정한 간격을 두고 번갈아가며 나타나는 수열

  예 1 1 3 7 5 13 7 19

  - 홀수 항 : $\underset{+2}{1} \quad \underset{+2}{3} \quad \underset{+2}{5} \quad 7$

  - 짝수 항 : $\underset{+6}{1} \quad \underset{+6}{7} \quad \underset{+6}{13} \quad 19$

- 두 개 이상의 규칙이 일정한 간격을 두고 번갈아가며 적용되는 수열

(6) 군수열 : 일정한 규칙성으로 몇 항씩 묶어 나눈 수열

예
- 1 1 2 1 2 3 1 2 3 4
  ⇒ 1 1 2 | 1 2 3 | 1 2 3 4

- 1 3 4 6 5 11 2 6 8 9 3 12
  ⇒ 1 3 4 | 6 5 11 | 2 6 8 | 9 3 12
  $1+3=4$ $6+5=11$ $2+6=8$ $9+3=12$

- 1 3 3 2 4 8 5 6 30 7 2 14
  ⇒ 1 3 3 | 2 4 8 | 5 6 30 | 7 2 14
  $1\times3=3$ $2\times4=8$ $5\times6=30$ $7\times2=14$

2. 문자추리

(1) 알파벳, 자음, 한자, 로마자

1	2	3	4	5	6	7	8	9	10	11	12	13	14	15	16	17	18	19	20	21	22	23	24	25	26
A	B	C	D	E	F	G	H	I	J	K	L	M	N	O	P	Q	R	S	T	U	V	W	X	Y	Z
ㄱ	ㄴ	ㄷ	ㄹ	ㅁ	ㅂ	ㅅ	ㅇ	ㅈ	ㅊ	ㅋ	ㅌ	ㅍ	ㅎ												
一	二	三	四	五	六	七	八	九	十																
i	ii	iii	iv	v	vi	vii	viii	ix	x																

(2) 단모음

1	2	3	4	5	6	7	8	9	10
ㅏ	ㅑ	ㅓ	ㅕ	ㅗ	ㅛ	ㅜ	ㅠ	ㅡ	ㅣ

(3) 단모음+이중모음(사전 등재 순서)

1	2	3	4	5	6	7	8	9	10	11	12	13	14	15	16	17	18	19	20	21
ㅏ	ㅐ	ㅑ	ㅒ	ㅓ	ㅔ	ㅕ	ㅖ	ㅗ	ㅘ	ㅙ	ㅚ	ㅛ	ㅜ	ㅝ	ㅞ	ㅟ	ㅠ	ㅡ	ㅢ	ㅣ

01 | 거리 · 속력 · 시간

| 유형분석 |

- (거리)=(속력)×(시간) 공식을 활용한 문제이다.
  (속력)=$\frac{(거리)}{(시간)}$, (시간)=$\frac{(거리)}{(속력)}$
- 기차와 터널의 길이, 물과 같이 속력이 있는 장소 등 추가적인 거리나 속력 시간에 대한 조건과 결합하여 난이도 높은 문제로 출제된다.

S사원은 회사 근처 카페에서 거래처와 미팅을 갖기로 했다. 처음에는 6km/h로 걸어가다가 약속 시간에 늦을 것 같아서 12km/h로 뛰어서 30분 만에 미팅 장소에 도착했다. 회사에서 카페까지의 거리가 5km일 때, S사원이 뛴 거리는?

① 1km   ② 2km
③ 3km   ④ 4km
⑤ 4.5km

정답 ④

총 거리와 총 시간이 주어져 있으므로 걸은 거리와 뛴 거리 또는 걸은 시간과 뛴 시간을 미지수로 잡을 수 있다. 미지수를 잡기 전에 문제에서 묻는 것을 정확하게 파악해야 나중에 답을 구할 때 헷갈리지 않는다. 문제에서 S사원이 뛴 거리를 물어보았으므로 거리를 미지수로 놓는다.

S사원이 회사에서 카페까지 걸어간 거리를 $x$km, 뛴 거리를 $y$km라고 하자. 회사에서 카페까지의 거리는 5km이므로 걸어간 거리 $x$km와 뛴 거리 $y$km를 합하면 5km이다.

$x+y=5$ … ㉠

S사원이 회사에서 카페까지 30분이 걸렸으므로 걸어간 시간$\left(\frac{x}{6}$ 시간$\right)$과 뛰어간 시간$\left(\frac{y}{12}$ 시간$\right)$을 합치면 30분이다. 이때 속력은 시간 단위이므로 분으로 바꾸어 계산한다.

$\frac{x}{6}\times60+\frac{y}{12}\times60=30 \rightarrow 2x+y=6$ … ㉡

㉡−㉠을 하면 $x=1$이고, 구한 x의 값을 ㉠에 대입하면 $y=4$이다.

따라서 S사원이 뛴 거리는 4km이다.

30초 컷 풀이 Tip

1. 미지수를 정할 때에는 문제에서 묻는 것을 정확하게 파악해야 한다.
2. 속력과 시간의 단위를 처음에 정리하여 계산하면 계산 실수 없이 풀이할 수 있다.
   - 1시간=60분=3,600초
   - 1km=1,000m=100,000cm

01 장난감 A, B기차가 4cm/s의 일정한 속력으로 달리고 있다. A기차가 12초, B기차가 15초에 0.3m 길이의 터널을 완전히 지났을 때, A기차와 B기차 길이의 합은?

① 46cm   ② 47cm

③ 48cm   ④ 49cm

⑤ 50cm

Easy

02 원형도로의 길이가 6km인 S자동차 경주장에 경주용 차 A가 시속 200km의 일정한 속도를 유지하며 돌고 있고 경주용 차 B는 더 빠른 속도로 달리고 있다. 경주용 차 A, B가 동시에 출발한 후, 두 시간 만에 처음으로 같은 위치에 있게 된다면 경주용 차 B의 속도는?

① 201km   ② 202km

③ 203km   ④ 206km

⑤ 208km

03 길이가 40m인 열차가 200m의 터널을 완전히 통과하는 데 10초가 걸렸다. 이 열차가 320m인 터널을 완전히 통과하는 데 걸리는 시간은?(단, 열차의 속력은 일정하다)

① 15초   ② 16초

③ 18초   ④ 20초

⑤ 22초

02 | 농도

| 유형분석 |

- (농도)=$\dfrac{(용질의\ 양)}{(용액의\ 양)}\times100$ 공식을 활용한 문제이다.
- (소금물의 양)=(물의 양)+(소금의 양)이라는 것에 유의하고, 더해지거나 없어진 것을 미지수로 두고 풀이한다.

소금물 500g에 농도가 3%인 소금물 200g을 온전히 섞었더니 소금물의 농도는 7%가 되었다. 500g의 소금물에 녹아있던 소금의 양은?

① 31g ② 37g
③ 43g ④ 49g
⑤ 55g

정답 ③

문제에서 구하고자 하는 500g의 소금물에 녹아있던 소금의 양을 미지수로 놓는다.

500g의 소금물에 녹아있던 소금의 양을 xg이라고 하자.

소금물 500g에 농도 3%인 소금물 200g을 섞었을 때 소금물의 농도가 주어졌으므로 농도를 기준으로 식을 세우면 다음과 같다.

$\dfrac{x+6}{500+200}\times100=7$

→ $(x+6)\times100=7\times(500+200)$

→ $(x+6)\times100=4,900$

→ $100x+600=4,900$

→ $100x=4,300$

∴ $x=43$

따라서 500g의 소금물에 녹아있던 소금의 양은 xg이므로 43g이다.

30초 컷 풀이 Tip

간소화
숫자의 크기를 최대한 간소화해야 한다. 특히, 농도의 경우 분수와 정수가 같이 제시되고, 최근에는 비율을 활용한 문제가 많이 출제되고 있으므로 통분이나 약분을 통해 수를 간소화시켜 계산 실수를 줄일 수 있도록 한다.

주의사항
항상 미지수를 구해서 그 값을 계산하여 풀이해야 하는 것은 아니다. 문제에서 원하는 값은 정확한 미지수를 구하지 않아도 풀이과정에서 답이 제시되는 경우가 있으므로 문제에서 묻는 것을 명확히 해야 한다.

01　농도 3%의 설탕물 400g이 들어있는 컵을 창가에 놓아두었다. 저녁에 살펴보니 물이 증발하여 농도가 5%가 되었을 때, 남아있는 설탕물의 양은?

① 220g　　　　　　　　　　　② 230g

③ 240g　　　　　　　　　　　④ 250g

⑤ 260g

Easy

02　소금 75g을 몇 g의 물에 넣어야 농도 15%의 소금물이 되는가?

① 350g　　　　　　　　　　　② 375g

③ 400g　　　　　　　　　　　④ 425g

⑤ 450g

03　S씨는 농도가 40%인 녹차를 만들어 마시고자 뜨거운 물 120g에 녹차 30g을 넣었는데도 원하는 농도가 안 나와 녹차가루를 더 넣고자 할 때, 더 넣어야 하는 녹차가루의 양은 최소 몇 g인가?

① 20g　　　　　　　　　　　② 30g

③ 40g　　　　　　　　　　　④ 50g

⑤ 60g

PART 2

03 | 일의 양

| 유형분석 |

- 전체 일의 양을 1로 두고 풀이하는 유형이다.
- (일률)$=\dfrac{(작업량)}{(작업기간)}$, (작업기간)$=\dfrac{(작업량)}{(일률)}$, (작업량)$=$(일률)$\times$(작업기간)

프로젝트를 A대리는 8일이, B사원은 24일이 걸릴 때, 두 사람이 함께 프로젝트를 진행하는 데 걸리는 기간은?

① 6일   ② 7일

③ 8일   ④ 9일

⑤ 10일

정답 ①

두 사람이 함께 업무를 진행하는 데 걸리는 기간을 x일, 전체 일의 양을 1이라고 하면,

A대리가 하루에 진행하는 업무의 양은 $\dfrac{1}{8}$, B사원이 하루에 진행하는 업무의 양은 $\dfrac{1}{24}$이므로 식은 다음과 같다.

$$\left(\frac{1}{8}+\frac{1}{24}\right)x=1 \ \rightarrow \ \frac{1}{6}\times x=1$$

$\therefore \ x=6$

따라서 두 사람이 함께 프로젝트를 진행하는 데 걸리는 기간은 6일이다.

30초 컷 풀이 Tip

전체의 값을 모르는 상태에서 비율을 묻는 문제의 경우 전체를 1이라고 하면 쉽게 풀이할 수 있다.

[예] S가 1개의 빵을 만드는 데 3시간이 걸린다. 1개의 빵을 만드는 일의 양을 1이라고 하면 S는 1시간에 $\dfrac{1}{3}$ 만큼의 빵을 만든다.

01 수영장에 물을 공급하는 A장치와 물을 배출하는 B장치가 있다. A, B장치 각각 1시간당 일정한 양의 물을 공급하고 배출한다. A장치로 수영장 물을 가득 채우는 데 4시간이 걸리고, A장치와 B장치를 동시에 작동시켜 수영장 물을 가득 채우는 데 6시간이 걸린다. 수영장에 물이 가득 채워져 있을 때, B장치를 작동시켜 전체 물을 배출하는 데 걸리는 시간은?

① 11시간   ② 12시간
③ 13시간   ④ 14시간
⑤ 15시간

`Easy`

02 S사에서 근무하는 갑 ~ 병 사원은 고객설문조사 업무를 맡았다. 업무를 각자 혼자 할 경우 갑 사원은 12일, 을 사원은 18일, 병 사원은 36일이 걸린다고 한다. 3명의 사원이 함께 업무를 진행한다고 할 때, 걸리는 기간은?

① 8일   ② 7일
③ 6일   ④ 5일
⑤ 4일

`Hard`

03 S사는 A제품을 1개 만드는 데 재료비는 3,600원, 인건비는 1,600원이 들어가며, B제품을 1개 만드는 데 재료비는 1,200원, 인건비는 2,000원이 들어간다. S사가 한 달 동안 두 제품을 합하여 40개를 재료비는 12만 원 이하, 인건비는 7만 원 이하가 되도록 생산하려고 할 때, A제품은 최대로 몇 개 생산할 수 있는가?

① 25개   ② 26개
③ 28개   ④ 30개
⑤ 31개

04 | 금액

| 유형분석 |

- 원가, 정가, 할인가, 판매가 등의 개념을 명확히 한다.
  (정가)=(원가)+(이익)
  (이익)=(정가)−(원가)
  a원에서 b% 할인한 가격$=a\times\left(1-\dfrac{b}{100}\right)$
- 난이도가 어려운 편은 아니지만 비율을 활용한 계산 문제이기 때문에 실수하기 쉽다.

종욱이는 25,000원짜리 피자 두 판과 8,000원짜리 샐러드 세 개를 주문했다. 통신사 멤버십 혜택으로 피자는 15%, 샐러드는 25%를 할인받을 수 있고, 이벤트로 통신사 멤버십 혜택을 적용한 금액의 10%를 추가 할인받았다고 한다. 종욱이가 할인받은 금액은?

① 12,150원
② 13,500원
③ 18,600원
④ 19,550원
⑤ 20,850원

정답 ④

할인받기 전 종욱이가 지불할 금액은 $25,000\times2+8,000\times3=74,000$원이다.
통신사 할인과 이벤트 할인을 적용한 금액은 $(25,000\times2\times0.85+8,000\times3\times0.75)\times0.9=54,450$원이다.
따라서 종욱이가 할인받은 금액은 $74,000-54,450=19,550$원이다.

30초 컷 풀이 Tip

전체 금액을 구하는 것이 아니라 할인된 금액을 구하면 수의 크기도 작아지고, 풀이 과정을 단축시킬 수 있다.
예를 들어 위의 문제에서 피자는 15%, 샐러드는 25%를 할인받았으므로 할인받은 금액은 각각 7,500원, 6,000원이다.
할인받은 금액의 합을 원래 지불했어야 하는 금액에서 빼면 60,500원이고, 이의 10%는 6,050원이므로 종욱이가 할인받은 총금액은 $7,500+6,000+6,050=19,550$원이다.

01 S마트에서 할인하는 제품인 오리구이 400g과 치킨 1마리를 구매하면 22,000원이고, 치킨 2마리와 오리구이 200g을 구매하면 35,000원일 때, 오리구이 100g당 가격은?

① 1,000원   ② 1,500원

③ 2,000원   ④ 2,500원

⑤ 3,000원

Easy

02 새롭게 오픈한 S게임방은 1인당 입장료가 5,000원이며, 5명이 입장하면 추가로 1명이 무료입장할 수 있는 이벤트를 한다. 고등학생 A씨가 친구들 53명과 함께 게임방에 입장하고자 할 때, 할인받는 총금액은?

① 20,000원   ② 30,000원

③ 40,000원   ④ 50,000원

⑤ 60,000원

03 S자원센터는 동네 주민들에게 사과, 배, 딸기의 세 과일을 한 상자씩 선물하려고 한다. 사과 한 상자 가격은 1만 원이고, 배 한 상자는 딸기 한 상자의 가격의 2배이며 딸기 한 상자와 사과 한 상자의 가격의 합은 배의 가격보다 2만 원 더 싸다. 10명의 동네 주민들에게 선물을 준다고 하였을 때 S자원센터가 지불해야 하는 총금액은?

① 400,000원   ② 600,000원

③ 800,000원   ④ 1,000,000원

⑤ 1,200,000원

05 | 경우의 수

| 유형분석 |

- 출제되는 응용수리 2문제 중 1문제에 속할 가능성이 높은 유형이다.
- 순열(P)과 조합(C)을 활용한 문제이다.

  $$_n\mathrm{P}_m = n \times (n-1) \times \cdots \times (n-m+1)$$

  $$_n\mathrm{C}_m = \frac{_n\mathrm{P}_m}{m!} = \frac{n \times (n-1) \times \cdots \times (n-m+1)}{m!}$$

- 벤다이어그램을 활용한 문제가 출제되기도 한다.

S전자는 토요일에는 2명의 사원이 당직 근무를 서도록 사칙으로 규정하고 있다. S전자의 B팀에는 8명의 사원이 있다. B팀이 앞으로 3주 동안 토요일 당직 근무를 선다고 했을 때, 가능한 모든 경우의 수는?(단, 모든 사원은 당직 근무를 2번 이상 서지 않는다)

① 1,520가지
② 2,520가지
③ 5,040가지
④ 10,080가지
⑤ 15,210가지

정답 ②

8명을 2명씩 3그룹으로 나누는 경우의 수는 $_8\mathrm{C}_2 \times _6\mathrm{C}_2 \times _4\mathrm{C}_2 \times \frac{1}{3!} = 28 \times 15 \times 6 \times \frac{1}{6} = 420$가지이다.

3개의 그룹을 각각 A, B, C라 하면, 3주 동안 토요일에 근무자를 배치하는 경우의 수는 A, B, C를 일렬로 배열하는 방법의 수와 같다. 3그룹을 일렬로 나열하는 경우의 수는 $3 \times 2 \times 1 = 6$가지이다.

따라서 모든 경우의 수는 $420 \times 6 = 2,520$가지이다.

30초 컷 풀이 Tip

경우의 수의 합의 법칙과 곱의 법칙 등에 대해 명확히 한다.

합의 법칙

㉠ 두 사건 A, B가 동시에 일어나지 않을 때, A가 일어나는 경우의 수를 m, B가 일어나는 경우의 수를 n이라고 하면, 사건 A 또는 B가 일어나는 경우의 수는 $m+n$이다.

㉡ '또는', '~이거나'라는 말이 나오면 합의 법칙을 사용한다.

곱의 법칙

㉠ A가 일어나는 경우의 수를 m, B가 일어나는 경우의 수를 n이라고 하면, 사건A와 B가 동시에 일어나는 경우의 수는 $m \times n$이다.

㉡ '그리고', '동시에'라는 말이 나오면 곱의 법칙을 사용한다.

Easy

01 S사는 직원 휴게실의 앞문과 뒷문에 화분을 각각 한 개씩 배치하려고 한다. 화분을 배치하는 방법이 총 30가지일 때, 화분의 개수는?(단, 화분의 종류는 모두 다르다)

① 6개　　　　　　　　　　　　　　② 7개
③ 8개　　　　　　　　　　　　　　④ 9개
⑤ 10개

02 S사의 마케팅부, 영업부, 영업지원부에서 2명씩 대표로 회의에 참석하기로 하였다. 자리 배치는 원탁 테이블에 같은 부서 사람이 옆자리로 앉는다고 할 때, 6명이 앉을 수 있는 경우의 수는?

① 15가지　　　　　　　　　　　　② 16가지
③ 17가지　　　　　　　　　　　　④ 18가지
⑤ 20가지

03 고등학생 8명이 래프팅을 하러 여행을 떠났다. 보트는 3명, 5명 두 팀으로 나눠 타기로 했다. 이때 8명 중 반장, 부반장은 서로 다른 팀이 된다고 할 때, 가능한 경우의 수는?(단, 반장과 부반장은 각각 1명이다)

① 15가지　　　　　　　　　　　　② 18가지
③ 30가지　　　　　　　　　　　　④ 32가지
⑤ 40가지

06 | 확률

| 유형분석 |

- 출제되는 응용수리 2문제 중 1문제에 속할 가능성이 높은 유형이다.
- 순열(P)과 조합(C)을 활용한 문제이다.
- 조건부 확률 문제가 출제되기도 한다.

주머니에 1 ~ 10까지의 숫자가 적힌 카드 10장이 들어있다. 주머니에서 카드를 세 번 뽑는다고 할 때, 1, 2, 3이 적힌 카드 중 하나 이상을 뽑을 확률은?(단, 꺼낸 카드는 다시 넣지 않는다)

① $\dfrac{7}{8}$

② $\dfrac{17}{24}$

③ $\dfrac{5}{8}$

④ $\dfrac{7}{24}$

⑤ $\dfrac{5}{24}$

정답 ②

(1, 2, 3이 적힌 카드 중 하나 이상을 뽑을 확률)=1−(세 번 모두 4 ~ 10이 적힌 카드를 뽑을 확률)

- 세 번 모두 4 ~ 10이 적힌 카드를 뽑을 확률 : $\dfrac{7}{10} \times \dfrac{6}{9} \times \dfrac{5}{8} = \dfrac{7}{24}$

∴ 1, 2, 3이 적힌 카드 중 하나 이상을 뽑을 확률 : $1 - \dfrac{7}{24} = \dfrac{17}{24}$

30초 컷 풀이 Tip

여사건의 확률
ㄱ 사건 A가 일어날 확률이 p일 때, 사건 A가 일어나지 않을 확률은 $(1-p)$이다.
ㄴ '적어도'라는 말이 나오면 주로 사용한다.

확률의 덧셈
두 사건 A, B가 동시에 일어나지 않을 때, A가 일어날 확률을 p, B가 일어날 확률을 q라고 하면, 사건 A 또는 B가 일어날 확률은 $p+q$이다.

확률의 곱셈
A가 일어날 확률을 p, B가 일어날 확률을 q라고 하면, 사건 A와 B가 동시에 일어날 확률은 $p \times q$이다.

01 서로 다른 2개의 주사위 A, B를 동시에 던졌을 때, 나온 눈의 곱이 홀수일 확률은?

① $\dfrac{1}{4}$ ② $\dfrac{1}{5}$

③ $\dfrac{1}{6}$ ④ $\dfrac{1}{8}$

⑤ $\dfrac{1}{10}$

02 S사에 다니는 A, B사원이 건물 맨 꼭대기 층인 10층에서 엘리베이터를 함께 타고 내려갈 때, 두 사원이 서로 다른 층에 내릴 확률은?(단, 두 사원 모두 지하에서는 내리지 않는다)

① $\dfrac{1}{3}$ ② $\dfrac{4}{9}$

③ $\dfrac{2}{3}$ ④ $\dfrac{7}{9}$

⑤ $\dfrac{8}{9}$

Hard

03 S국가의 국회는 야당과 여당만 있으며, 국회에서는 의장을 뽑으려고 한다. 인원수만 고려했을 때 전체 당원 중 여당이 뽑힐 확률은 $\dfrac{2}{3}$, 여자가 뽑힐 확률은 $\dfrac{3}{10}$ 이고, 여당에서 뽑혔을 때 남자일 확률이 $\dfrac{3}{4}$ 이라고 한다. 남자가 의장으로 뽑혔을 때, 의장이 야당일 확률은?

① $\dfrac{1}{3}$ ② $\dfrac{2}{7}$

③ $\dfrac{1}{2}$ ④ $\dfrac{7}{12}$

⑤ $\dfrac{2}{3}$

07 | 자료분석

| 유형분석 |

- 자료를 보고 해석하거나 추론한 내용을 고르는 문제가 출제된다.
- 증감 추이, 증감률, 증감폭 등의 간단한 계산이 포함되어 있다.
- %, %p 등의 차이점을 알고 적용할 수 있어야 한다.
  %(퍼센트) : 어떤 양이 전체(100)에 대해서 얼마를 차지하는가를 나타내는 단위
  %p(퍼센트 포인트) : %로 나타낸 수치가 이전 수치와 비교했을 때 증가하거나 감소한 양

다음은 연도별 민간 분야 사이버 침해사고 발생 현황에 대한 자료이다. 이에 대한 〈보기〉의 설명 중 옳지 않은 것을 모두 고르면?

〈민간 분야 사이버 침해사고 발생 현황〉

(단위 : 건)

구분	2021년	2022년	2023년	2024년
홈페이지 변조	650	900	600	390
스팸릴레이	100	90	80	40
기타 해킹	300	150	170	165
단순 침입 시도	250	300	290	175
피싱 경유지	200	430	360	130
전체	1,500	1,870	1,500	900

보기

ㄱ. 단순 침입 시도 분야의 침해사고는 매년 스팸릴레이 분야의 침해사고 건수의 2배 이상이다.
ㄴ. 2021년 대비 2024년 침해사고 건수가 50% 이상 감소한 분야는 2개이다.
ㄷ. 2023년 전체 침해사고 건수 중 홈페이지 변조 분야의 침해사고 건수가 차지하는 비중은 35% 이상이다.
ㄹ. 2022년 대비 2024년은 모든 분야의 침해사고 건수가 감소하였다.

① ㄱ, ㄴ
② ㄱ, ㄹ
③ ㄴ, ㄷ
④ ㄴ, ㄹ
⑤ ㄷ, ㄹ

정답 ④

ㄴ. 2021년 대비 2024년 각 분야별 침해사고 건수 감소율은 다음과 같다.

- 홈페이지 변조 : $\dfrac{650-390}{650} \times 100 = 40\%$

- 스팸릴레이 : $\dfrac{100-40}{100} \times 100 = 60\%$

- 기타 해킹 : $\dfrac{300-165}{300} \times 100 = 45\%$

- 단순 침입 시도 : $\dfrac{250-175}{250} \times 100 = 30\%$

- 피싱 경유지 : $\dfrac{200-130}{200} \times 100 = 35\%$

따라서 50% 이상 감소한 분야는 '스팸릴레이'한 분야이다.

ㄹ. 기타 해킹 분야의 2024년 침해사고 건수는 2022년 대비 증가했으므로 옳지 않은 설명이다.

오답분석

ㄱ. 단순 침입 시도 분야의 침해사고는 매년 스팸릴레이 분야의 침해사고 건수의 2배 이상인 것을 확인할 수 있다.

ㄷ. 2023년 전체 침해사고 건수 중 홈페이지 변조 분야의 침해사고 건수가 차지하는 비중은 $\dfrac{600}{1,500} \times 100 = 40\%$로, 35% 이상이다.

30초 컷 풀이 Tip

간단한 선택지부터 해결하기
계산이 필요 없거나 생각하지 않아도 되는 선택지를 먼저 해결한다.

적절한 것 / 적절하지 않은 것 헷갈리지 않게 표시하기
자료해석은 적절한 것 또는 적절하지 않은 것을 찾는 문제가 출제된다. 문제마다 매번 바뀌므로 이를 확인하는 것은 매우 중요하다. 따라서 선택지에 표시할 때에도 선택지가 적절하지 않은 내용이라서 '×' 표시를 했는지, 적절한 내용이지만 문제가 적절하지 않은 것을 찾는 문제라 '×' 표시를 했는지 헷갈리지 않도록 표시 방법을 정해야 한다.

제시된 자료를 통해 계산할 수 있는 값인지 확인하기
제시된 자료만으로 계산할 수 없는 값을 묻는 선택지인지 먼저 판단해야 한다. 문제를 읽고 바로 계산부터 하면 함정에 빠지기 쉽다.

Easy

01 다음은 초등학생의 희망 직업에 대한 자료이다. 이에 대한 설명으로 옳지 않은 것은?

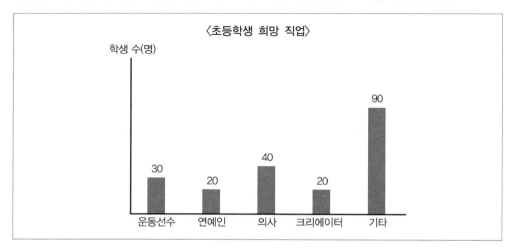

① 전체 조사 대상 초등학생 수는 200명이다.

② 기타 항목을 제외한 직업 중 가장 많은 초등학생이 희망하는 직업은 의사이다.

③ 연예인을 희망하는 초등학생 수와 크리에이터를 희망하는 초등학생 수는 같다.

④ 연예인 또는 크리에이터를 희망하는 초등학생은 조사 대상 인원의 절반 이하이다.

⑤ 의사 또는 운동선수를 희망하는 초등학생은 조사 대상 인원의 절반 이상이다.

02 다음은 연도별 주요 국가별 자국 영화 점유율을 나타낸 자료이다. 이에 대한 설명으로 옳지 않은 것은?

〈주요 국가별 자국 영화 점유율〉

(단위 : %)

구분	2021년	2022년	2023년	2024년
한국	50	42	48	46
일본	47	51	58	53
영국	28	31	16	25
프랑스	36	45	36	35
미국	90	91	92	91

① 자국 영화 점유율에서 프랑스가 한국을 앞지른 해는 2022년뿐이다.

② 4년간 자국 영화 점유율이 매년 꾸준히 상승한 국가는 하나도 없다.

③ 2021년 대비 2024년 자국 영화 점유율이 가장 많이 하락한 국가는 한국이다.

④ 2023년 자국 영화 점유율이 해당 국가의 4년간 통계에서 가장 높은 경우가 절반이 넘는다.

⑤ 2022년을 제외하고 프랑스, 영국의 자국 영화 점유율 순위는 매년 같다.

03 다음은 지난달 S시의 봉사 장소별 봉사자 수를 연령별로 조사한 자료이다. 이에 대한 〈보기〉의 설명 중 옳은 것을 모두 고르면?

〈봉사 장소의 연령대별 봉사자 수〉

(단위 : 명)

구분	10대	20대	30대	40대	50대	전체
보육원	148	197	405	674	576	2,000
요양원	65	42	33	298	296	734
무료급식소	121	201	138	274	381	1,115
노숙자쉼터	0	93	118	242	347	800
유기견보호소	166	117	56	12	0	351
전체	500	650	750	1,500	1,600	5,000

보기

ㄱ. 전체 보육원 봉사자 중 30대 이하가 차지하는 비율은 36%이다.
ㄴ. 전체 무료급식소 봉사자 중 40·50대가 절반 이상이다.
ㄷ. 전체 봉사자 중 50대의 비율은 20대의 3배이다.
ㄹ. 노숙자쉼터 봉사자 중 30대는 15% 미만이다.

① ㄱ, ㄷ
② ㄱ, ㄹ
③ ㄴ, ㄷ
④ ㄴ, ㄹ
⑤ ㄷ, ㄹ

04 S유통에서 근무하는 W사원은 A, B작업장에서 발생하는 작업 환경의 유해 요인을 조사한 후 다음과 같이 정리하였다. 이에 대한 〈보기〉의 설명 중 옳은 것을 모두 고르면?

〈A, B작업장의 작업 환경 유해 요인〉

구분	작업 환경 유해 요인	사례 수		
		A작업장	B작업장	합계
1	소음	3	1	4
2	분진	1	2	3
3	진동	3	0	3
4	바이러스	0	5	5
5	부자연스러운 자세	5	3	8
합계		12	11	23

※ 물리적 요인 : 소음, 진동, 고열, 조명, 유해광선, 방사선 등
※ 화학적 요인 : 독성, 부식성, 분진, 미스트, 흄, 증기 등
※ 생물학적 요인 : 세균, 곰팡이, 각종 바이러스 등
※ 인간 공학적 요인 : 작업 방법, 작업 자세, 작업 시간, 사용공구 등

보기

ㄱ. A작업장에서 발생하는 작업 환경 유해 사례는 화학적 요인으로 인해서 가장 많이 발생되었다.
ㄴ. B작업장에서 발생하는 작업 환경 유해 사례는 생물학적 요인으로 인해서 가장 많이 발생되었다.
ㄷ. A와 B작업장에서 화학적 요인으로 발생되는 작업 환경의 유해 요인은 집진 장치를 설치하여 예방할 수 있다.

① ㄱ
② ㄴ
③ ㄱ, ㄷ
④ ㄴ, ㄷ
⑤ ㄱ, ㄴ, ㄷ

08 | 자료계산

| 유형분석 |

- 주어진 자료를 통해 문제에서 주어진 특정한 값을 찾고, 자료의 변동량을 구할 수 있는지를 평가하는 유형이다.
- 각 그래프의 선이 어떤 항목을 의미하는지와 단위를 정확히 확인한다.
- 그림을 통해 계산하지 않고 눈으로 확인할 수 있는 내용(증감 추이)이 있는지 확인한다.

귀하는 S회사의 인사관리 부서에서 근무 중이다. 오늘 회의 시간에 생산부서의 인사평가 자료를 취합하여 보고해야 하는데 자료 취합 중 파일에 오류가 생겨 일부 자료가 훼손되었다. 다음 중 (가) ~ (다)에 들어갈 수가 바르게 연결된 것은?(단, 각 평가는 100점 만점이고, 종합 순위는 각 평가지표 점수의 총합으로 결정한다)

〈인사평가 점수 현황〉

(단위 : 점)

구분	역량	실적	자기계발	성실성	종합순위
A사원	70	(가)	80	70	4
B대리	80	85	(나)	70	1
C과장	(다)	85	70	75	2
D부장	80	80	60	70	3

※ 점수는 5점 단위로 부여함

	(가)	(나)	(다)
①	60	70	55
②	65	65	65
③	65	60	65
④	75	60	65
⑤	75	65	55

(가)~(다)에 들어갈 정확한 값을 찾으려 계산하기보다는 자료에서 해결할 수 있는 실마리를 찾아 적절하지 않은 선택지를 제거하는 방식으로 접근하는 것이 좋다.

먼저 종합 순위가 3위인 D부장의 점수는 모두 공개되어 있으므로 총점을 계산해 보면, 80+80+60+70=290점이다.

종합 순위가 4위인 A사원의 총점은 70+(가)+80+70=220+(가)점이며, 3위 점수인 290점보다 낮아야 하므로 (가)에 들어갈 점수는 70점 미만이다. 이에 따라 ④, ⑤는 답에서 제외된다.

종합 순위가 2위인 C과장의 총점은 (다)+85+70+75=230+(다)점이며, 290점보다 높아야 하므로 (다)에 들어갈 점수는 60점을 초과해야 한다. 이에 따라 ①은 답에서 제외된다.

위의 조건에 해당하는 ②, ③에 따라 (가)=65점, (다)=65점을 대입하면, C과장의 총점은 230+65=295점이 된다.

종합 순위가 1위인 B대리의 총점은 80+85+(나)+70=235+(나)점이며, 295점보다 높아야 하므로 (나)에 들어갈 점수는 60점을 초과해야 한다. 이에 따라 ③은 답에서 제외된다.

따라서 (가)~(다)에 들어갈 점수가 바르게 연결된 것은 ②이다.

30초 컷 풀이 Tip

• 자료계산 유형은 선택지를 소거하면서 풀이하면 시간을 단축시킬 수 있다.

01 다음은 어느 산악지방의 5월 10일 ~ 16일의 평균기온에 대한 자료이다. 일주일 동안 평균 기온과 기온의 중앙값을 바르게 구한 것은?

〈산악지방 평균기온〉

날짜	5월 10일	5월 11일	5월 12일	5월 13일	5월 14일	5월 15일	5월 16일
기온(℃)	15	13	12	10	11	12	11

	평균기온	중앙값		평균기온	중앙값
①	11℃	12℃	②	12℃	12℃
③	12℃	13℃	④	13℃	13℃
⑤	13℃	15℃			

02 S전자회사는 LED를 생산할 수 있는 기계 A ~ C 3대를 가지고 있다. 기계에 따른 불량률이 다음과 같을 때, 3대를 모두 하루 동안 가동할 경우 전체 불량률은?

〈기계별 하루 생산량 및 불량률〉

구분	하루 생산량	불량률
A기계	500개	5%
B기계	A기계보다 10% 더 생산	2%
C기계	B기계보다 50개 더 생산	5%

① 1%   ② 2%

③ 3%   ④ 4%

⑤ 5%

03 다음은 국내 스포츠 경기 수 현황에 대한 자료이다. 빈칸에 들어갈 수치로 가장 적절한 것은?(단, 각 수치는 매년 일정한 규칙으로 변화한다)

〈연도별 국내 스포츠 경기 수〉

(단위 : 경기)

구분	2019년	2020년	2021년	2022년	2023년	2024년
농구	450	460	420	450	440	460
야구	410	420	400	430	420	
배구	350	360	340	350	340	360
축구	380	390	370	380	370	380

① 400
② 405
③ 410
④ 420
⑤ 425

04 다음은 A ~ C학과의 입학 및 졸업자 인원 현황에 대한 자료이다. 빈칸에 들어갈 값으로 가장 적절한 것은?(단, 각 수치는 매년 일정한 규칙으로 변화한다)

〈학과별 입학 및 졸업자 추이〉

(단위 : 명)

구분	A학과		B학과		C학과	
	입학	졸업	입학	졸업	입학	졸업
2020년	70	57	63	50	52	39
2021년	79	66	65	52	56	43
2022년	90	77	58		60	47
2023년	85	72	60	47	50	37
2024년	95	82	62	49	53	40

① 37
② 45
③ 46
④ 47
⑤ 49

09 | 자료변환

| 유형분석 |

- 제시된 표나 그래프의 수치를 그래프로 바르게 변환한 것을 묻는 유형이다.
- 복잡한 표가 제시되지 않으므로 수의 크기만을 판단하여 풀이할 수 있다.
- 정확한 수치가 제시되지 않을 수 있으므로 그래프의 높낮이나 넓이를 판단하여 풀이해야 한다.
- 제시된 표나 그래프의 수치를 계산하여 변환하는 유형도 출제될 수 있다.

다음은 연도별 치킨전문점 개·폐업점 수에 대한 자료이다. 이를 바르게 나타낸 그래프는?

〈치킨전문점 개·폐업점 수〉

(단위 : 개)

구분	개업점 수	폐업점 수	구분	개업점 수	폐업점 수
2013년	3,449	1,965	2019년	3,252	2,873
2014년	3,155	2,121	2020년	3,457	2,745
2015년	4,173	1,988	2021년	3,620	2,159
2016년	4,219	2,465	2022년	3,244	3,021
2017년	3,689	2,658	2023년	3,515	2,863
2018년	3,887	2,785	2024년	3,502	2,758

①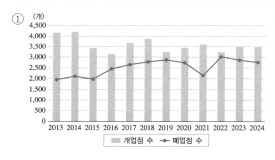

②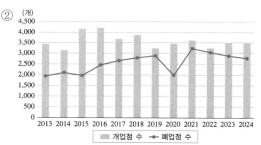

③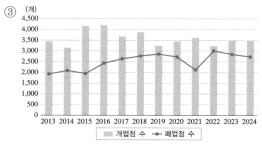

④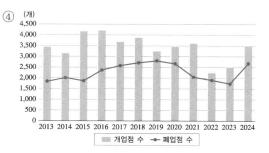

⑤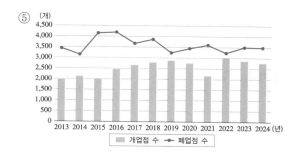

정답 ③

제시된 자료의 개업점 수와 폐업점 수의 증감 추이를 정리하면 다음과 같다.

구분	2013년	2014년	2015년	2016년	2017년	2018년	2019년	2020년	2021년	2022년	2023년	2024년
개업점 수	–	감소	증가	증가	감소	증가	감소	증가	증가	감소	증가	감소
폐업점 수	–	증가	감소	증가	증가	증가	증가	감소	감소	증가	감소	감소

따라서 이와 일치하는 추이를 보이고 있는 그래프는 ③이다.

오답분석

① 2013, 2014년 개업점 수는 자료보다 높고, 2015, 2016년 개업점 수는 자료보다 낮다.
② 2020년 폐업점 수는 자료보다 낮고, 2021년 폐업점 수는 자료보다 높다.
④ 2022, 2023년 개업점 수와 폐업점 수가 자료보다 낮다.
⑤ 2013 ~ 2024년 개업점 수와 폐업점 수가 바뀌었다.

30초 컷 풀이 Tip

1. 수치를 일일이 확인하는 것보다 해당 풀이처럼 증감 추이를 먼저 판단해서 선택지를 1차적으로 거르고 나머지 선택지 중 그래프 모양이 크게 차이 나는 곳의 수치를 확인하면 빠르게 풀이할 수 있다.
2. 막대 그래프가 자료로 제시되는 경우 막대의 가운데 부분을 연결하면 꺾은선 그래프가 된다.

Hard

01 다음은 S지역의 연도별 아파트 분쟁 신고 현황이다. 이에 대한 그래프로 〈보기〉에서 적절한 것을 모두 고르면?

〈아파트 분쟁 신고 현황〉

(단위 : 건)

구분	2021년	2022년	2023년	2024년
관리비 회계 분쟁	220	280	340	350
입주자대표회의 운영 분쟁	40	60	100	120
정보공개 분쟁	10	20	10	30
하자처리 분쟁	20	10	10	20
여름철 누수 분쟁	80	110	180	200
층간소음 분쟁	430	520	860	1,280

보기

ㄱ. 연도별 층간소음 분쟁 현황

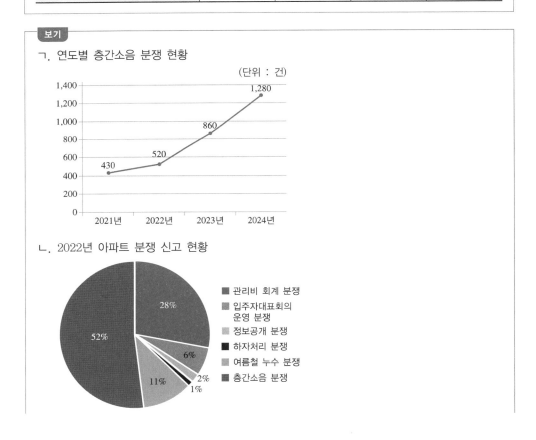

ㄴ. 2022년 아파트 분쟁 신고 현황

ㄷ. 전년 대비 아파트 분쟁 신고 증가율

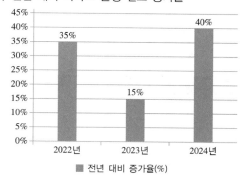

ㄹ. 3개년 연도별 아파트 분쟁 신고 현황

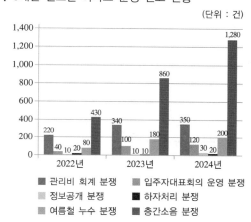

① ㄱ, ㄴ   ② ㄱ, ㄷ

③ ㄴ, ㄷ   ④ ㄴ, ㄹ

⑤ ㄷ, ㄹ

02 다음은 지역별 초·중·고등학교 개수에 대한 자료이다. 이에 대한 그래프로 옳지 않은 것은?(단, 모든 그래프의 단위는 '개'이다)

<지역별 초·중·고등학교 현황>

(단위 : 개)

구분	초등학교	중학교	고등학교
서울	680	660	590
인천	880	820	850
경기	580	520	490
강원	220	180	190
대전	180	150	140
충청	320	290	250
경상	380	250	280
전라	420	390	350
광주	190	130	120
대구	210	160	140
울산	150	120	110
부산	260	220	230
제주	110	100	100
합계	4,580	3,990	3,840

※ 수도권은 서울, 인천, 경기 지역임

① 수도권 지역 초·중·고등학교 수

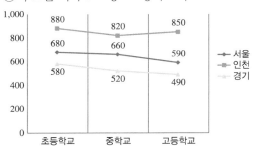

② 광주, 울산, 제주 지역별 초·중·고등학교 수

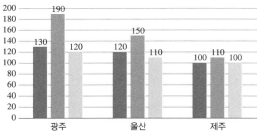

③ 수도권 외 지역 초·중·고등학교 수

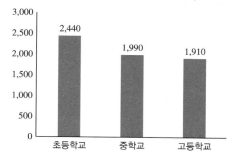

④ 국내 초·중·고등학교 수

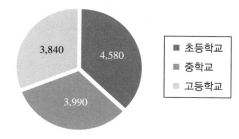

⑤ 인천 지역의 초·중·고등학교 수

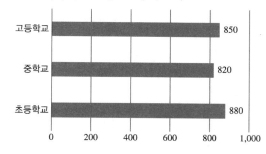

PART 2

10 | 자료추론(수추리)

| 유형분석 |

- 제시된 자료의 규칙을 바탕으로 미래의 값을 추론하는 유형이다.
- 등차수열이나 등비수열, log, 지수 등의 수학적인 지식을 묻기도 한다.

주요 수열 종류

구분	설명
등차수열	앞의 항에 일정한 수를 더해 이루어지는 수열
등비수열	앞의 항에 일정한 수를 곱해 이루어지는 수열
계차수열	수열의 인접하는 두 항의 차로 이루어진 수열
피보나치수열	앞의 두 항의 합이 그 다음 항의 수가 되는 수열
건너뛰기 수열	1. 두 개 이상의 수열이 일정한 간격을 두고 번갈아가며 나타나는 수열
	2. 두 개 이상의 규칙이 일정한 간격을 두고 번갈아가며 적용되는 수열
군수열	일정한 규칙성으로 몇 항씩 묶어 나눈 수열

S제약회사에서는 유산균을 배양하는 효소를 개발 중이다. 이 효소와 유산균이 만났을 때 다음과 같이 유산균의 수가 변화하고 있다면, 효소의 양이 12g일 때 남아있는 유산균의 수는?

효소의 양(g)	1	2	3	4	5
유산균의 수(억 마리)	120	246	372	498	624

① 1,212억 마리
② 1,346억 마리
③ 1,480억 마리
④ 1,506억 마리
⑤ 1,648억 마리

1. 규칙 파악

문제에서 효소와 유산균이 만났을 때 유산균의 수가 변화한다고 하였으므로 효소의 양과 유산균의 수의 변화는 관련이 있는 것을 알 수 있다. 효소의 양은 1g씩 늘어나고 있고, 그에 따른 유산균의 수는 계속 증가하고 있다. 수열 문제에 접근할 때 가장 먼저 등차수열이나 등비수열이 아닌지 확인해야 한다. 이 문제에서 유산균의 수는 공차가 126인 등차수열임을 알 수 있다.

2. 계산

삼성 수추리는 직접 계산해도 될 만큼의 계산력을 요구한다. 물론 식을 세워서 계산하는 방법이 가장 빠르고 정확하지만 공식이 기억나지 않는다면 머뭇거리지 말고 직접 계산을 해야 한다.

이 문제 역시 효소의 양이 12g일 때 유산균의 수를 물었으므로 공식이 생각나지 않는다면 직접 계산하여 풀이할 수 있다. 하지만 시험 보기 전까지 식을 세워보는 연습을 하여 실전에서 빠르게 풀 수 있도록 다음과 같이 2가지의 풀이 방법을 제시하였다.

㉠ 직접 계산하기

효소의 양(g)	5	6	7	8	9	10	11	12
유산균의 수(억 마리)	624 →	750 →	876 →	1,002 →	1,128 →	1,254 →	1,380 →	1,506
	+126	+126	+126	+126	+126	+126	+126	

㉡ 식 세워 계산하기

식을 세우기 전에 미지수를 지정한다. 효소의 양이 ng일 때 유산균의 수를 a_n억 마리라고 하자.

등차수열의 공식이 a_n=(첫 항)+(공차)$\times(n-1)$임을 활용한다.

유산균의 수는 매일 126억 마리씩 증가하고 있다. 등차수열 공식에 의해 $a_n=120+126(n-1)=126n-6$이다.

따라서 효소의 양이 12g일 때의 유산균의 수는 $a_{12}=126\times12-6=1,512-6=1,506$억 마리이다.

30초 컷 풀이 Tip

자료해석의 수추리는 복잡한 규칙을 묻지 않고, 지나치게 큰 n(미래)의 값을 묻지 않는다. 등차수열이나 등비수열 등이 출제되었을 때, 공식이 생각나지 않는다면 써서 나열하는 것이 문제 풀이 시간을 단축할 수 있는 방법이다.

01   S사 가맹점 수가 다음과 같이 일정한 규칙으로 증가할 때, 2018년의 가맹점 수는?

〈연도별 S사 가맹점 수 변화〉

(단위 : 개)

인원	2020년	2021년	2022년	2023년	2024년
가맹점 수	72	144	288	576	1,152

① 9개   ② 15개

③ 18개   ④ 21개

⑤ 24개

02   S식당의 순이익이 다음과 같은 규칙을 보일 때, 10개월 후 순이익은?(단, 0보다 작으면 손해이다)

〈S식당 순이익〉

(단위 : 백만 원)

구분	1개월 후	2개월 후	3개월 후	4개월 후	5개월 후
순이익	-1	0	3	8	15

① 70백만 원   ② 80백만 원

③ 90백만 원   ④ 100백만 원

⑤ 110백만 원

03 S고양이 카페에서 키우는 고양이의 수가 다음과 같은 규칙을 보일 때, 9개월 후의 고양이 수는?

<S고양이 카페 고양이의 수 변화>

(단위 : 마리)

기간	1개월 후	2개월 후	3개월 후	4개월 후
고양이 수	8	11	14	17

① 23마리   ② 27마리

③ 29마리   ④ 32마리

⑤ 35마리

Easy

04 S씨가 운영하는 인터넷 카페의 회원 수의 변화가 다음과 같은 규칙을 보일 때, 5월의 회원 수는?

<인터넷 카페 회원 수 변화>

(단위 : 명)

월	11월	12월	1월	2월
회원 수	40	45	60	85

① 220명   ② 230명

③ 240명   ④ 250명

⑤ 260명

추리

합격 Cheat Key

GSAT 추리 영역은 언어추리, 도형추리, 도식추리로 나눌 수 있다. 언어추리에서는 동의·유의·반의·상하 관계 등 다양한 어휘 관계를 묻는 문제와 문장을 나열하는 문단나열 문제 그리고 논리추리 및 추론을 요하는 문제가 출제된다. 또한 도형추리 문제에서는 제시된 도형의 단계적 변화 속에서 변화의 규칙을 찾아내야 하며, 도식추리 문제에서는 문자의 변화 과정에 숨어있는 규칙을 읽어야 한다. 이 영역을 통해 평가하고자 하는 바는 '실제 업무를 행하는 데 필요한 논리적 사고력을 갖추고 있는가', '신속하고 올바른 판단을 내릴 수 있는가', '현재의 과정을 통해 미래를 추론할 수 있는가'이다. 이러한 세 가지 능력을 평가하기 위해 30개 문항을 30분 안에 풀도록 하고 있다.

1 언어추리

언어에 대한 논리력, 사고력, 그리고 추리력을 평가하는 유형으로 추리 영역 30문항 중 약 23문항 정도가 출제된다. 이는 전체의 약 75%를 차지할 정도로 비중이 굉장히 크므로 반드시 고득점을 얻어야 할 부분이다. 언어추리는 크게 명제, 조건추리, 문단나열, 어휘추리, 독해추론으로 구분할 수 있다.

┤ 학습 포인트 ├

- 명제 유형의 삼단논법 문제에서는 대우 명제를, '어떤'을 포함하는 명제 문제에서는 벤 다이어그램을 활용한다.
- 조건추리 유형에서는 주어진 규칙과 조건을 파악한 후 이를 도식화(표, 기호 등으로 정리)하여 문제에 접근해야 한다.
- 문단나열 유형에서는 글의 내용과 흐름을 잘 파악하고 있는지를 평가하는 유형이므로 지시어와 접속어의 쓰임에 대해 정확하게 알아둔다.
- 어휘추리 유형에서는 문장 속 어휘의 쓰임이 아닌 1:1 어휘 관계를 묻는 것이 일반적이므로 어휘의 뜻을 정확하게 알아둔다.
- 독해추론 유형에서는 과학 지문의 비중이 높고, 삼성 제품 관련 지문이 나올 수 있으므로 관련 지문을 빠르게 읽고 이해할 수 있도록 연습한다.

2 **도형추리**

일련의 도형에 적용된 규칙을 파악할 수 있는지 평가하는 유형으로, 추리 영역 30문항 중 약 3문항 내외가 출제된다. 3×3개의 칸에 8개 도형만 제시되고, 그 안에서 도형이 변하는 규칙을 찾아 비어 있는 자리에 들어갈 도형의 모양을 찾는 문제이다.

┤ 학습 포인트 ├

- x축 · y축 · 원점 대칭, 시계 방향 · 시계 반대 방향 회전, 색 반전 등 도형 변화의 기본 규칙을 숙지하고, 두 가지 규칙이 동시에 적용되었을 때의 모습도 추론할 수 있는 훈련이 필요하다.
- 가로 행 또는 세로 열을 기준으로 도형의 변화를 살핀 후 대각선, 시계 방향 · 시계 반대 방향, 건너뛰기 등 다양한 가능성을 염두에 두고 규칙을 적용해 본다.
- 규칙을 추론하는 정해진 방법은 없다. 따라서 많은 문제를 풀고 접해보면서 감을 익히는 수밖에 없다.

3 **도식추리**

문자가 변화하는 과정을 보고 기호의 의미를 파악한 후, 제시된 문자가 어떻게 변화하는지 판단하는 유형이다. 추리 영역 30문항 중 4문항 정도가 출제된다. 도식추리는 하나의 보기에 여러 문제가 딸린 묶음 형태로 출제되므로 주어진 기호를 정확히 파악해야 많은 문제를 정확히 풀 수 있다.

┤ 학습 포인트 ├

- 그동안 시험에서는 각 자릿수 ±4까지의 연산, 문자의 이동 등의 규칙이 출제되었다. 따라서 문자에 대응하는 숫자를 숙지하고 있으면 문제 푸는 시간을 단축할 수 있을 것이다.
- 규칙을 추론해야 한다는 사실에 겁부터 먹는 지원자들이 있는데, 사실 규칙의 대부분이 문자의 배열을 서로 바꾸거나 일정한 앞 또는 뒤의 문자로 치환하는 정도이므로 그리 복잡하지 않다. 또한 거치는 과정도 생각보다 많지 않으므로, 기본 논리 구조를 이해하고 연습한다면 실전에서 어렵지 않게 문제를 풀어낼 수 있을 것이다.

02 | 이론점검

01 언어추리

01 어휘추리

1. 유의 관계

두 개 이상의 어휘가 서로 소리는 다르나 의미가 비슷한 경우를 유의 관계라고 하고, 유의 관계에 있는 어휘를 유의어(類義語)라고 한다. 유의 관계의 대부분은 개념적 의미의 동일성을 전제로 한다. 그렇다고 하여 유의 관계를 이루는 단어들을 어느 경우에나 서로 바꾸어 쓸 수 있는 것은 아니다. 따라서 언어 상황에 적합한 말을 찾아 쓰도록 노력하여야 한다.

(1) 원어의 차이

한국어는 크게 고유어, 한자어, 외래어로 구성되어 있다. 따라서 하나의 사물에 대해서 각각 부르는 일이 있을 경우 유의 관계가 발생하게 된다.

(2) 전문성의 차이

같은 사물에 대해서 일반적으로 부르는 이름과 전문적으로 부르는 이름이 다른 경우가 많다. 이런 경우에 전문적으로 부르는 이름과 일반적으로 부르는 이름 사이에 유의 관계가 발생한다.

(3) 내포의 차이

나타내는 의미가 완전히 일치하지는 않으나, 유사한 경우에 유의 관계가 발생한다.

(4) 완곡어법

문화적으로 금기시하는 표현을 둘러서 말하는 것을 완곡어법이라고 하며, 이러한 완곡어법 사용에 따라 유의 관계가 발생한다.

2. 반의 관계

(1) 개요

반의어(反意語)는 둘 이상의 단어에서 의미가 서로 짝을 이루어 대립하는 경우를 말한다.

즉, 반의어는 어휘의 의미가 서로 대립하는 단어를 말하며, 이러한 어휘들의 관계를 반의 관계라고 한다. 한 쌍의 단어가 반의어가 되려면, 두 어휘 사이에 공통적인 의미 요소가 있으면서도 동시에 서로 다른 하나의 의미 요소가 있어야 한다.

반의어는 반드시 한 쌍으로만 존재하는 것이 아니라 다의어(多義語)이면 그에 따라 반의어가 여러 개로 달라질 수 있다. 즉, 하나의 단어에 대하여 여러 개의 반의어가 있을 수 있다.

(2) 반의어의 종류

반의어에는 상보 반의어와 정도 반의어, 관계 반의어, 방향 반의어가 있다.

① **상보 반의어** : 한쪽 말을 부정하면 다른 쪽 말이 되는 반의어이며, 중간항은 존재하지 않는다. '있다'와 '없다'가 상보적 반의어이며, '있다'와 '없다' 사이의 중간 상태는 존재할 수 없다.

② **정도 반의어** : 한쪽 말을 부정하면 반드시 다른 쪽 말이 되는 것이 아니며, 중간항을 갖는 반의어이다. '크다'와 '작다'가 정도 반의어이며, 크지도 작지도 않은 중간이라는 중간항을 갖는다.

③ **관계 반의어** : 관계 반의어는 상대가 존재해야만 자신이 존재할 수 있는 반의어이다. '부모'와 '자식'이 관계 반의어의 예이다.

④ **방향 반의어** : 맞선 방향을 전제로 하여 관계나 이동의 측면에서 대립을 이루는 단어 쌍이다. 방향 반의어는 공간적 대립, 인간관계 대립, 이동적 대립 등으로 나누어 볼 수 있다.

3. 상하 관계

상하 관계는 단어의 의미적 계층 구조에서 한쪽이 의미상 다른 쪽을 포함하거나 다른 쪽에 포섭되는 관계를 말한다. 상하 관계를 형성하는 단어들은 상위어(上位語)일수록 일반적이고 포괄적인 의미를 지니며, 하위어(下位語)일수록 개별적이고 한정적인 의미를 지닌다.

따라서 상위어는 하위어를 함의하게 된다. 즉, 하위어가 가지고 있는 의미 특성을 상위어가 자동적으로 가지게 된다.

4. 부분 관계

부분 관계는 한 단어가 다른 단어의 부분이 되는 관계를 말하며, 전체 – 부분 관계라고도 한다. 부분 관계에서 부분을 가리키는 단어를 부분어(部分語), 전체를 가리키는 단어를 전체어(全體語)라고 한다. 예를 들면 '머리, 팔, 몸통, 다리'는 '몸'의 부분어이며, 이러한 부분어들에 의해 이루어진 '몸'은 전체어이다.

02 명제추리

1. 연역 추론

이미 알고 있는 판단(전제)을 근거로 새로운 판단(결론)을 유도하는 추론이다. 연역 추론은 진리일 가능성을 따지는 귀납 추론과는 달리, 명제 간의 관계와 논리적 타당성을 따진다. 즉, 연역 추론은 전제들로부터 절대적인 필연성을 가진 결론을 이끌어내는 추론이다.

(1) 직접 추론

한 개의 전제로부터 중간적 매개 없이 새로운 결론을 이끌어내는 추론이며, 대우 명제가 그 대표적인 예이다.

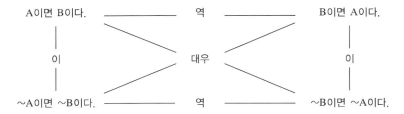

- 한국인은 모두 황인종이다. (전제)
- 그러므로 황인종이 아닌 사람은 모두 한국인이 아니다. (결론 1)
- 그러므로 황인종 중에는 한국인이 아닌 사람도 있다. (결론 2)

---

(2) 간접 추론

둘 이상의 전제로부터 새로운 결론을 이끌어내는 추론이다. 삼단논법이 가장 대표적인 예이다.

① **정언 삼단논법** : 세 개의 정언명제로 구성된 간접추론 방식이다. 세 개의 명제 가운데 두 개의 명제는 전제이고, 나머지 한 개의 명제는 결론이다. 세 명제의 주어와 술어는 세 개의 서로 다른 개념을 표현한다.

② **가언 삼단논법** : 가언명제로 이루어진 삼단논법을 말한다. 가언명제란 두 개의 정언명제가 '만일 ~ 이라면'이라는 접속사에 의해 결합된 복합명제이다. 여기서 '만일'에 의해 이끌리는 명제를 전건이라고 하고, 그 뒤의 명제를 후건이라고 한다. 가언 삼단논법의 종류로는 혼합가언 삼단논법과 순수가언 삼단논법이 있다.

⊙ 혼합가언 삼단논법 : 대전제만 가언명제로 구성된 삼단논법이다. 긍정식과 부정식 두 가지가 있으며, 긍정식은 'A면 B이다. A이다. 그러므로 B이다.'이고, 부정식은 'A면 B이다. B가 아니다. 그러므로 A가 아니다.'이다.

> • 만약 A라면 B이다.
> • B가 아니다.
> • 그러므로 A가 아니다.

⊙ 순수가언 삼단논법 : 대전제와 소전제 및 결론까지 모두 가언명제들로 구성된 삼단논법이다.

> • 만약 A라면 B이다.
> • 만약 B라면 C이다.
> • 그러므로 만약 A라면 C이다.

③ 선언 삼단논법 : '~이거나 ~이다.'의 형식으로 표현되며 전제 속에 선언 명제를 포함하고 있는 삼단논법이다.

> • 내일은 비가 오거나 눈이 온다(A 또는 B이다).
> • 내일은 비가 오지 않는다(A가 아니다).
> • 그러므로 내일은 눈이 온다(그러므로 B이다).

④ 딜레마 논법 : 대전제는 두 개의 가언명제로, 소전제는 하나의 선언명제로 이루어진 삼단논법으로, 양도추론이라고도 한다.

> • 만일 네가 거짓말을 하면, 신이 미워할 것이다. (대전제)
> • 만일 네가 거짓말을 하지 않으면, 사람들이 미워할 것이다. (대전제)
> • 너는 거짓말을 하거나, 거짓말을 하지 않을 것이다. (소전제)
> • 그러므로 너는 미움을 받게 될 것이다. (결론)

2. 귀납 추론

특수한 또는 개별적인 사실로부터 일반적인 결론을 이끌어내는 추론을 말한다. 귀납 추론은 구체적 사실들을 기반으로 하여 결론을 이끌어내기 때문에 필연성을 따지기보다는 개연성과 유관성, 표본성 등을 중시하게 된다. 여기서 개연성이란, 관찰된 어떤 사실이 같은 조건하에서 앞으로도 관찰될 수 있는가 하는 가능성을 말하고, 유관성은 추론에 사용된 자료가 관찰하려는 사실과 관련되어야 하는 것을 일컬으며, 표본성은 추론을 위한 자료의 표본 추출이 공정하게 이루어져야 하는 것을 가리킨다. 이러한 귀납 추론은 일상생활 속에서 많이 사용하고, 우리가 알고 있는 과학적 사실도 이와 같은 방법으로 밝혀졌다.

그러나 전제들이 참이어도 결론이 항상 참인 것은 아니다. 단 하나의 예외로 인하여 결론이 거짓이 될 수 있다.

- 성냥불은 뜨겁다.
- 연탄불도 뜨겁다.
- 그러므로 모든 불은 뜨겁다.

위 예문에서 '성냥불이나 연탄불이 뜨거우므로 모든 불은 뜨겁다.'라는 결론이 나왔는데, 반딧불은 뜨겁지 않으므로 '모든 불이 뜨겁다.'라는 결론은 거짓이 된다.

(1) 완전 귀납 추론

관찰하고자 하는 집합의 전체를 다 검증함으로써 대상의 공통 특질을 밝혀내는 방법이다. 이는 예외 없는 진실을 발견할 수 있다는 장점은 있으나, 집합의 규모가 크고 속성의 변화가 다양할 경우에는 적용하기 어려운 단점이 있다.

예 1부터 10까지의 수를 다 더하여 그 합이 55임을 밝혀내는 방법

(2) 통계적 귀납 추론

통계적 귀납 추론은 관찰하고자 하는 집합의 일부에서 발견한 몇 가지 사실을 열거함으로써 그 공통점을 결론으로 이끌어내려는 방식을 가리킨다. 관찰하려는 집합의 규모가 클 때 그 일부를 표본으로 추출하여 조사하는 방식이 이에 해당하며, 표본 추출의 기준이 얼마나 적합하고 공정한가에 따라 그 결과에 대한 신뢰도가 달라진다는 단점이 있다.

예 여론조사에서 일부의 국민에 대한 설문 내용을 바탕으로, 이를 전체 국민의 여론으로 제시하는 것

(3) 인과적 귀납 추론

관찰하고자 하는 집합의 일부 원소들이 지닌 인과 관계를 인식하여 그 원인이나 결과를 이끌어내려는 방식을 말한다.

① **일치법** : 공통적인 현상을 지닌 몇 가지 사실 중에서 각기 지닌 요소 중 어느 한 가지만 일치한다면 이 요소가 공통 현상의 원인이라고 판단

② **차이법** : 어떤 현상이 나타나는 경우와 나타나지 않은 경우를 놓고 보았을 때, 각 경우의 여러 조건 중 단 하나만이 차이를 보인다면 그 차이를 보이는 조건이 원인이 된다고 판단

　예 현수와 승재는 둘 다 지능이나 학습 시간, 학습 환경 등이 비슷한데 공부하는 태도에는 약간의 차이가 있다. 따라서 두 사람이 성적이 차이를 보이는 것은 학습 태도의 차이 때문으로 생각된다.

③ **일치·차이 병용법** : 몇 개의 공통 현상이 나타나는 경우와 몇 개의 그렇지 않은 경우를 놓고 일치법과 차이법을 병용하여 적용함으로써 그 원인을 판단

　예 학업 능력 정도가 비슷한 두 아동 집단에 대해 처음에는 같은 분량의 과제를 부여하고 나중에는 각기 다른 분량의 과제를 부여한 결과, 많이 부여한 집단의 성적이 훨씬 높게 나타났다. 이로 보아, 과제를 많이 부여하는 것이 적게 부여하는 것보다 학생의 학업 성적 향상에 도움이 된다고 판단할 수 있다.

④ **공변법** : 관찰하는 어떤 사실의 변화에 따라 현상의 변화가 일어날 때 그 변화의 원인이 무엇인지 판단

　예 담배를 피우는 양이 각기 다른 사람들의 집단을 조사한 결과, 담배를 많이 피울수록 폐암에 걸릴 확률이 높다는 사실이 발견되었다.

⑤ **잉여법** : 앞의 몇 가지 현상이 뒤의 몇 가지 현상의 원인이며, 선행 현상의 일부분이 후행 현상의 일부분이라면, 선행 현상의 나머지 부분이 후행 현상의 나머지 부분의 원인임을 판단

　예 어젯밤 일어난 사건의 혐의자는 정은이와 규민이 두 사람인데, 정은이는 알리바이가 성립되어 혐의 사실이 없는 것으로 밝혀졌다. 따라서 그 사건의 범인은 규민이일 가능성이 높다.

3. 유비 추론

두 개의 대상 사이에 일련의 속성이 동일하다는 사실에 근거하여 그것들의 나머지 속성도 동일하리라는 결론을 이끌어내는 추론, 즉 이미 알고 있는 것에서 다른 유사한 점을 찾아내는 추론을 말한다. 그렇기 때문에 유비 추론은 잣대(기준)가 되는 사물이나 현상이 있어야 한다. 유비 추론은 가설을 세우는 데 유용하다. 이미 알고 있는 사례로부터 아직 알지 못하는 것을 생각해 봄으로써 쉽게 가설을 세울 수 있다. 이때 유의할 점은 이미 알고 있는 사례와 이제 알고자 하는 사례가 매우 유사하다는 확신과 증거가 있어야 한다. 그렇지 않은 상태에서 유비 추론에 의해 결론을 이끌어내면, 그것은 개연성이 거의 없고 잘못된 결론이 될 수도 있다.

- 지구에는 공기, 물, 흙, 햇빛이 있다(A는 a, b, c, d의 속성을 가지고 있다).
- 화성에는 공기, 물, 흙, 햇빛이 있다(B는 a, b, c, d의 속성을 가지고 있다).
- 지구에 생물이 살고 있다(A는 e의 속성을 가지고 있다).
- 그러므로 화성에도 생물이 살고 있을 것이다(그러므로 B도 e의 속성을 가지고 있을 것이다).

1. 회전 모양

(1) 180° 회전한 도형은 좌우가 상하가 모두 대칭이 된 모양이 된다.

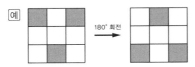

(2) 시계 방향으로 90° 회전한 도형은 시계 반대 방향으로 270° 회전한 도형과 같다.

(3) 좌우 반전 → 좌우 반전, 상하 반전 → 상하 반전은 같은 도형이 된다.

(4) 도형을 거울에 비친 모습은 방향에 따라 좌우 또는 상하로 대칭된 모습이 나타난다.

2. 회전 각도

도형의 회전 각도는 도형의 모양으로 유추할 수 있다.

(1) 회전한 모양이 회전하기 전의 모양과 같은 경우

도형	가능한 회전 각도
(정삼각형, 60°)	$\cdots, -240°, -120°, +120°, +240°, \cdots$
(정사각형, 90°)	$\cdots, -180°, -90°, +90°, +180°, \cdots$
(정오각형, 108°)	$\cdots, -144°, -72°, +72°, +144°, \cdots$

(2) 회전한 모양이 회전하기 전의 모양과 다른 경우

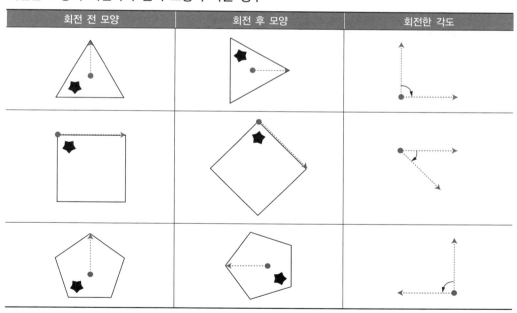

회전 전 모양	회전 후 모양	회전한 각도

1. 논리구조

논리구조에서는 주로 단락과 문장 간의 관계나 글 전체의 논리적 구조를 정확히 파악했는지, 글의 순서를 바르게 배열하는 유형이 출제되고 있다. 따라서 제시문의 전체적인 흐름을 바탕으로 각 문단의 특징, 단락 간의 역할 등을 논리적으로 구조화할 수 있는 능력을 길러야 한다.

(1) 문장과 문장 간의 관계

① 상세화 관계 : 주지 → 구체적 설명(비교, 대조, 유추, 분류, 분석, 인용, 예시, 비유, 부연, 상술 등)

② 문제(제기)와 해결 관계 : 한 문장이 문제를 제기하고, 다른 문장이 그 해결책을 제시하는 관계(과제 제시 → 해결 방안, 문제 제기 → 해답 제시)

③ 선후 관계 : 한 문장이 먼저 발생한 내용을 담고, 다음 문장이 나중에 발생한 내용을 담고 있는 관계

④ 원인과 결과 관계 : 한 문장이 원인이 되고, 다른 문장이 그 결과가 되는 관계(원인제시 → 결과 제시, 결과 제시 → 원인 제시)

⑤ 주장과 근거 관계 : 한 문장이 필자가 말하고자 하는 바(주지)가 되고, 다른 문장이 그 문장의 증거(근거) 가 되는 관계(주장 제시 → 근거 제시, 의견 제안 → 의견 설명)

⑥ 전제와 결론 관계 : 앞 문장에서 조건이나 가정을 제시하고, 뒤 문장에서 이에 따른 결론을 제시하는 관계

(2) 문장의 연결 방식

① 순접 : 원인과 결과, 부연 설명 등의 문장 연결에 쓰임

　예 그래서, 그리고, 그러므로 등

② 역접 : 앞글의 내용을 전면적 또는 부분적으로 부정

　예 그러나, 그렇지만, 그래도, 하지만 등

③ 대등·병렬 : 앞뒤 문장의 대비와 반복에 의한 접속

　예 및, 혹은, 또는, 이에 반하여 등

④ 보충·첨가 : 앞글의 내용을 보다 강조하거나 부족한 부분을 보충하기 위해 다른 말을 덧붙이는 문맥

　예 단, 곧, 즉, 더욱이, 게다가, 왜냐하면 등

⑤ 화제 전환 : 앞글과는 다른 새로운 내용을 이야기하기 위한 문맥

　예 그런데, 그러면, 다음에는, 이제, 각설하고 등

⑥ 비유·예시 : 앞글에 대해 비유적으로 다시 말하거나 구체적인 예를 보임

　예 예를 들면, 예컨대, 마치 등

(3) 원리 접근법

앞뒤 문장의 중심 의미 파악	→	앞뒤 문장의 중심 내용이 어떤 관계인지 파악	→	문장 간의 접속어, 지시어의 의미와 기능	→	문장의 의미와 관계성 파악
각 문장의 의미를 어떤 관계로 연결해서 글을 전개하는지 파악해야 한다.		지문 안의 모든 문장은 서로 논리적 관계성이 있다.		접속어와 지시어를 음미하는 것은 독해의 길잡이 역할을 한다.		문단의 중심 내용을 알기 위한 기본 분석 과정이다.

2. 논리적 이해

(1) 전제의 추론

전제의 추론은 규칙적으로 주어진 내용의 이면에 내포되어 있는 이미 옳다고 인정된 사실을 유추하는 유형이다.

① 먼저 주장이 무엇인지 명확하게 파악해야 한다.

② 주장이 성립하기 위해서 논리적으로 필요한 요건이 무엇인지 생각해 본다.

③ 선택지 중 주장과 논리적으로 인과 관계를 형성할 수 있는 조건을 찾아낸다.

(2) 결론의 추론

주어진 내용을 명확히 이해한 다음, 이를 근거로 이끌어낼 수 있는 올바른 결론이나 관련 사항을 논리적인 관점에서 찾는 문제 유형이다. 이와 같은 문제는 평상시 비판적이고 논리적인 관점으로 글을 읽는 연습을 충분히 해두어야 유리하다고 볼 수 있다.

> **자주 출제되는 유형**
> • 정의가 바르게 된 것
> • 문맥상 삭제해도 되는 부분
> • 빈칸에 들어갈 적절한 것
> • 다음 글에 이어 나올 수 있는 것
> • 글의 내용을 통해 알 수 없는 것
> • 가장 타당한 논증
> • 다음 내용이 들어가기에 가장 적절한 위치

이와 같은 유형의 문제를 풀 때는 먼저 제시문을 읽고, 그 글을 통해 타당성 여부를 검증해 가는 방법을 취하는 것이 좋다. 물론 통독(通讀)을 통해 각 문단에서 다루고 있는 내용이 무엇인지 미리 확인해 두어야만 선택지와 관련된 내용을 이끌어낼 근거가 언급된 부분을 쉽게 찾을 수 있다.

01 | 삼단논법

| 유형분석 |

- '$p \rightarrow q$, $q \rightarrow r$이면 $p \rightarrow r$이다.' 형식의 삼단논법과 명제의 대우를 활용하여 푸는 유형이다.
- 전제를 추리하거나 결론을 추리하는 유형이 출제된다.
- 'A○ → B×' 또는 '$p \rightarrow \sim q$'와 같이 명제를 단순화하여 정리하면서 풀어야 한다.

제시된 명제가 모두 참일 때, 다음 중 빈칸에 들어갈 명제로 가장 적절한 것은?

> 전제1. 공부를 하지 않으면 시험을 못 본다.
> 전제2. _____
> 결론. 공부를 하지 않으면 성적이 나쁘게 나온다.

① 공부를 한다면 시험을 잘 본다.
② 시험을 잘 본다면 공부를 한 것이다.
③ 성적이 좋다면 공부를 한 것이다.
④ 시험을 잘 본다면 성적이 좋은 것이다.
⑤ 성적이 좋다면 시험을 잘 본 것이다.

정답 ⑤

'공부를 함'을 p, '시험을 잘 봄'을 q, '성적이 좋게 나옴'을 'r'이라 하면 전제1은 $\sim p \rightarrow \sim q$, 결론은 $\sim p \rightarrow \sim r$이다. 따라서 $\sim q \rightarrow \sim r$이 전제2에 들어가야 $\sim p \rightarrow \sim q \rightarrow \sim r$이 되어 $\sim p \rightarrow \sim r$이 성립하며, 참인 명제의 대우도 역시 참이므로 $\sim q \rightarrow \sim r$의 대우인 '성적이 좋다면 시험을 잘 본 것이다.'가 답이 된다.

30초 컷 풀이 Tip

전제 추리 방법	결론 추리 방법
전제1이 $p \rightarrow q$일 때, 결론이 $p \rightarrow r$이라면 각 명제의 앞부분이 같으므로 뒷부분을 $q \rightarrow r$로 이어준다. 만일 형태가 이와 맞지 않는다면 대우명제를 이용한다.	대우명제를 활용하여 전제1과 전제2가 $p \rightarrow q$, $q \rightarrow r$의 형태로 만들어진다면 결론은 $p \rightarrow r$이다.

※ 제시된 명제가 모두 참일 때, 다음 중 빈칸에 들어갈 명제로 가장 적절한 것을 고르시오. [1~3]

01

> 전제1. 로맨스를 좋아하면 액션을 싫어한다.
> 전제2. _____
> 결론. 로맨스를 좋아하면 코미디를 좋아한다.

① 액션을 싫어하면 코미디를 싫어한다.
② 액션을 싫어하면 코미디를 좋아한다.
③ 코미디를 좋아하면 로맨스를 싫어한다.
④ 코미디를 좋아하면 액션을 좋아한다.
⑤ 액션을 좋아하면 코미디를 좋아한다.

02

> 전제1. 봄이 오면 꽃이 핀다.
> 전제2. _____
> 결론. 봄이 오면 제비가 돌아온다.

① 제비가 돌아오지 않으면 꽃이 핀다.
② 제비가 돌아오지 않으면 꽃이 피지 않는다.
③ 꽃이 피면 봄이 오지 않는다.
④ 꽃이 피면 제비가 돌아오지 않는다.
⑤ 제비가 돌아오면 꽃이 핀다.

03

> 전제1. 운동을 하면 기초대사량이 증가한다.
> 전제2. _____
> 결론. 운동을 하면 체력이 좋아진다.

① 체력이 좋아지면 기초대사량이 줄어든다.
② 체력이 좋아지면 운동을 하지 않는다.
③ 기초대사량이 증가하면 체력이 좋아진다.
④ 기초대사량이 줄어들면 체력이 좋아진다.
⑤ 기초대사량이 줄어들면 체력이 나빠진다.

02 | 벤 다이어그램

| 유형분석 |

- '어떤', '모든' 등 일부 또는 전체를 나타내는 명제 유형이다.
- 전제를 추리하거나 결론을 추리하는 유형이 출제된다.
- 벤 다이어그램으로 나타내어 접근한다.

제시된 명제가 모두 참일 때, 다음 중 빈칸에 들어갈 명제로 가장 적절한 것은?

> 전제1. 어떤 키가 작은 사람은 농구를 잘한다.
> 전제2. _____
> 결론.   어떤 순발력이 좋은 사람은 농구를 잘한다.

① 어떤 키가 작은 사람은 순발력이 좋다.
② 농구를 잘하는 어떤 사람은 키가 작다.
③ 순발력이 좋은 사람은 모두 키가 작다.
④ 키가 작은 사람은 모두 순발력이 좋다.
⑤ 어떤 키가 작은 사람은 농구를 잘하지 못한다.

정답 ④

'키가 작은 사람'을 A, '농구를 잘하는 사람'을 B, '순발력이 좋은 사람'을 C라고 하면, 전제1과 결론은 다음과 같은 벤 다이어그램으로 나타낼 수 있다.

1) 전제1

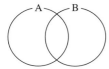

2) 결론

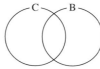

결론이 참이 되기 위해서는 B와 공통되는 부분의 A와 C가 연결되어야 하므로 A를 C에 모두 포함시켜야 한다. 즉, 다음과 같은 벤 다이어그램이 성립할 때 마지막 명제가 참이 될 수 있다.

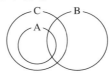

따라서 빈칸에 들어갈 명제는 '키가 작은 사람은 모두 순발력이 좋다.'가 적절하다.

① 다음과 같은 경우 성립하지 않는다.

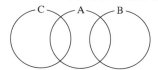

③ 다음과 같은 경우 성립하지 않는다.

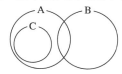

30초 컷 풀이 Tip

다음은 출제 가능성이 높은 명제 유형을 정리한 표이다. 이를 응용한 다양한 유형의 문제가 출제될 수 있으므로 대표적인 유형을 학습해 두어야 한다.

명제 유형		전제1	전제2	결론
유형1	명제	어떤 A는 B이다.	모든 A는 C이다.	어떤 C는 B이다. (=어떤 B는 C이다.)
	벤 다이어그램	A B	C A	C B A
유형2	명제	모든 A는 B이다.	모든 A는 C이다.	어떤 C는 B이다. (=어떤 B는 C이다.)
	벤 다이어그램	B A	C A	B C A

※ 제시된 명제가 모두 참일 때, 다음 중 빈칸에 들어갈 명제로 가장 적절한 것을 고르시오. [1~3]

01

전제1. 회의에 참석하는 어떤 회사원은 결근을 한다.
전제2. _____
결론.　출장을 가는 어떤 회사원은 회의에 참석한다.

① 결근을 하는 회사원은 회의에 참석한다.
② 회의에 참석하는 어떤 회사원은 출장을 간다.
③ 결근을 하는 회사원은 출장을 간다.
④ 출장을 가는 어떤 회사원은 결근을 한다.
⑤ 출장을 가는 회사원은 결근을 한다.

`Hard`

02

전제1. 어떤 영양제를 먹는 사람은 빈혈이 없다.
전제2. _____
결론.　어떤 운동을 하는 사람은 빈혈이 없다.

① 어떤 영양제를 먹는 사람은 운동을 한다.
② 빈혈이 없는 어떤 사람은 영양제를 먹는다.
③ 운동을 하는 사람은 모두 영양제를 먹는다.
④ 영양제를 먹는 사람은 모두 운동을 한다.
⑤ 어떤 영양제를 먹는 사람은 빈혈이 있다.

03

전제1. 회계를 하는 모든 사람은 X분야의 취미 활동을 한다.
전제2. 회계를 하는 모든 사람은 Y분야의 취미 활동을 한다.
결론.　_____

① X분야의 취미 활동을 하는 모든 사람은 회계를 한다.
② Y분야의 취미 활동을 하는 어떤 사람은 X분야의 취미 활동을 한다.
③ Y분야의 취미 활동을 하는 모든 사람은 회계를 한다.
④ X분야의 취미 활동을 하는 모든 사람은 Y분야의 취미 활동을 한다.
⑤ 회계를 하는 어떤 사람은 X분야의 취미 활동을 하지 않는다.

03 | 진실게임

| 유형분석 |

- 추리영역 중에서도 체감난이도가 상대적으로 높은 유형으로 알려져 있으나, 문제풀이 패턴을 익히면 시간을 절약할 수 있는 문제이다.
- 각 진술 사이의 모순을 찾아 성립하지 않는 경우의 수를 제거하거나, 경우의 수를 나누어 모든 조건이 들어맞는지를 확인해야 한다.

S그룹에 지원한 취업준비생 갑 ~ 무 5명 중 1명이 합격하였으며 취업준비생들은 다음과 같이 이야기하였다. 이들 중 1명이 거짓말을 하였을 때, 합격한 사람은?

- 갑 : 을은 합격하지 않았다.
- 을 : 합격한 사람은 정이다.
- 병 : 내가 합격하였다.
- 정 : 을의 말은 거짓말이다.
- 무 : 나는 합격하지 않았다.

① 갑　　　　　　　　　　② 을
③ 병　　　　　　　　　　④ 정
⑤ 무

정답　③

을과 정은 상반된 이야기를 하고 있으므로 둘 중 1명은 진실, 다른 1명은 거짓을 말하고 있다.
ⅰ) 을이 진실, 정이 거짓인 경우 : 정을 제외한 4명의 말은 모두 참이므로 합격자는 병, 정이 되는데, 합격자는 1명이어야 하므로 모순이다. 그러므로 을은 거짓, 정은 진실을 말한다.
ⅱ) 을이 거짓, 정이 진실인 경우 : 정을 제외한 4명의 말은 모두 참이므로 합격자는 병이다.
따라서 합격자는 병이 된다.

30초 컷 풀이 Tip

ⅰ) 두 명 이상의 발언 중 한쪽이 진실이면 다른 한쪽이 거짓인 경우
　1) A가 진실이고 B가 거짓인 경우, B가 진실이고 A가 거짓인 경우 두 가지로 나눌 수 있다.
　2) 두 가지 경우에서 각 발언의 진위 여부를 판단한다.
　3) 주어진 조건과 비교한다(범인의 숫자가 맞는지, 진실 또는 거짓을 말한 인원수가 조건과 맞는지 등).
ⅱ) 두 명 이상의 발언 중 한쪽이 진실이면 다른 한쪽도 진실인 경우
　1) A와 B가 모두 진실인 경우, A와 B가 모두 거짓인 경우 두 가지로 나눌 수 있다.
　2) 두 가지 경우에서 각 발언의 진위 여부를 판단하여 범인을 찾는다.
　3) 주어진 조건과 비교한다(범인의 숫자가 맞는지, 진실 또는 거짓을 말한 인원수가 조건과 맞는지 등).

01 S사의 사내 축구 대회에서 홍보팀이 1 : 0으로 승리했고, 시합에 참여했던 홍보팀 직원 A~D 4명은 다음과 같이 말하였다. 이들 중 1명의 진술만 참이라고 할 때, 골을 넣은 사람은?

- A : C가 골을 넣었다.
- B : A가 골을 넣었다.
- C : A는 거짓말을 했다.
- D : 나는 골을 넣지 못했다.

① A   ② B

③ C   ④ D

⑤ 알 수 없다.

`Easy`

02 S사에 근무하고 있는 A ~ E 5명의 직원 중 1명이 오늘 지각하였고, 이들은 다음과 같이 진술하였다. 이들 중 1명의 진술이 거짓일 때, 지각한 사람은?

- A : 지각한 사람은 E이다.
- B : 나는 지각하지 않았다.
- C : B는 지각하지 않았다.
- D : 내가 지각했다.
- E : A의 말은 거짓말이다.

① A   ② B

③ C   ④ D

⑤ E

03 A ~ E 다섯 명은 제비뽑기를 통해 '꽝'이 쓰여져 있는 종이를 뽑은 한 명이 나머지 네 명의 아이스크림을 모두 사주기로 하였다. 다음 대화에서 한 명이 거짓말을 한다고 할 때, 아이스크림을 사야 할 사람은?

- A : D는 거짓말을 하고 있지 않아.
- B : '꽝'을 뽑은 사람은 C이다.
- C : B의 말이 사실이라면 D의 말은 거짓이야.
- D : E의 말이 사실이라면 '꽝'을 뽑은 사람은 A이다.
- E : C는 빈 종이를 뽑았어.

---

① A   ② B
③ C   ④ D
⑤ E

Hard

04 S그룹의 A ~ E사원 5명 중 1명은 이번 주 금요일에 열리는 세미나에 참석해야 한다. 다음 대화에서 2명이 거짓말을 하고 있다고 할 때, 이번 주 금요일 세미나에 참석하는 사람은?(단, 거짓을 말하는 사람은 거짓만을 말한다)

- A사원 : 나는 금요일 세미나에 참석하지 않아.
- B사원 : 나는 금요일에 중요한 미팅이 있어. D사원이 세미나에 참석할 예정이야.
- C사원 : 나와 D는 금요일에 부서 회의에 참석해야 하므로 세미나는 참석할 수 없어.
- D사원 : C와 E 중 1명이 참석할 예정이야.
- E사원 : 나는 목요일부터 금요일까지 휴가라 참석할 수 없어. 그리고 C의 말은 모두 사실이야.

---

① A사원   ② B사원
③ C사원   ④ D사원
⑤ E사원

04 | 배열하기 · 묶기 · 연결하기

| 유형분석 |

- 주어진 조건에 따라 한 줄로 세우거나 자리를 배치하는 유형이다.
- 평소 충분한 연습이 되어있지 않으면 풀기 어려운 유형이므로, 최대한 다양한 유형을 접해 보고 패턴을 익히는 것이 좋다.

S전자 마케팅팀에는 A부장, B · C과장, D · E대리, F · G신입사원 총 7명이 근무하고 있다. A부장은 신입사원 입사 기념으로 팀원들을 데리고 영화관에 갔다. 영화를 보기 위해 주어진 조건에 따라 자리에 앉는다고 할 때, 항상 적절한 것은?

- 7명은 7자리가 일렬로 붙어 있는 좌석에 앉는다.
- 양 끝자리 옆에는 비상구가 있다.
- D와 F는 인접한 자리에 앉는다.
- A와 B 사이에는 1명이 앉아 있다.
- C와 G 사이에는 1명이 앉아 있다.
- G는 왼쪽 비상구 옆 자리에 앉아 있다.

① E는 D와 B 사이에 앉는다.
② G와 가장 멀리 떨어진 자리에 앉는 사람은 D이다.
③ C 양옆에는 A와 B가 앉는다.
④ D는 비상구와 붙어 있는 자리에 앉는다.
⑤ 가운데 자리에는 항상 B가 앉는다.

여섯 번째 조건에 의해 G는 첫 번째 자리에 앉고, 다섯 번째 조건에 의해 C는 세 번째 자리에 앉는다.

A와 B가 네 번째 · 여섯 번째 또는 다섯 번째 · 일곱 번째 자리에 앉으면 D와 F가 나란히 앉을 수 없다. 따라서 A와 B는 두 번째, 네 번째 자리에 앉는다. 그러면 남은 자리는 다섯 · 여섯 · 일곱 번째 자리이므로 D와 F는 다섯 · 여섯 번째 또는 여섯 · 일곱 번째 자리에 앉게 되고, 나머지 한 자리에 E가 앉는다.

이를 정리하면 다음과 같다.

구분	1	2	3	4	5	6	7
경우 1	G	A	C	B	D	F	E
경우 2	G	A	C	B	F	D	E
경우 3	G	A	C	B	E	D	F
경우 4	G	A	C	B	E	F	D
경우 5	G	B	C	A	D	F	E
경우 6	G	B	C	A	F	D	E
경우 7	G	B	C	A	E	D	F
경우 8	G	B	C	A	E	F	D

C의 양 옆에는 항상 A와 B가 앉으므로 ③은 항상 적절하다.

[오답분석]

① 경우 3, 경우 4, 경우 7, 경우 8에서만 가능하며, 나머지 경우에는 성립하지 않는다.

② · ④ 경우 4와 경우 8에서만 가능하며, 나머지 경우에는 성립하지 않는다.

⑤ B는 두 번째 자리에 앉을 수도 있다.

30초 컷 풀이 Tip

이 유형에서 가장 먼저 해야 할 일은 고정된 조건을 찾는 것이다. 고정된 조건을 찾아 그 부분을 정해놓으면 경우의 수가 훨씬 줄어든다.

01 S사의 기획부 A대리는 회의를 위해 8인용 원탁에 부서원들을 다음 〈조건〉에 따라 배치한다고 할 때, H부장의 오른쪽에 앉는 사람은?

> **조건**
> • S사의 기획부는 A대리, B대리, C대리, D과장, E과장, F팀장, G팀장, H부장으로 구성되어 있다.
> • 동일 직급끼리는 마주 보거나 이웃하여 앉을 수 없다.
> • B대리는 D과장의 오른쪽에 앉는다.
> • F팀장은 대리 직급과 마주 보고 앉는다.
> • D과장은 F팀장과 이웃하여 앉을 수 없다.
> • G팀장은 A대리의 왼쪽에 앉는다.
> • E과장은 F팀장과 이웃하여 앉는다.

① A대리   ② C대리
③ D과장   ④ F팀장
⑤ G팀장

Easy

02 S사의 A ~ D 4명은 각각 다른 팀에 근무하는데, 각 팀은 2층, 3층, 4층, 5층에 위치하고 있다. 다음 〈조건〉을 참고할 때, 항상 참인 것은?

> **조건**
> • A ~ D 중 2명은 부장, 1명은 과장, 1명은 대리이다.
> • 대리의 사무실은 B보다 높은 층에 있다.
> • B는 과장이다.
> • A는 대리가 아니다.
> • A의 사무실이 가장 높다.

① 부장 중 1명은 반드시 2층에 근무한다.
② A는 부장이다.
③ 대리는 4층에 근무한다.
④ B는 2층에 근무한다.
⑤ C는 대리이다.

03 카페를 운영 중인 S씨는 네 종류의 음료를 여름 한정 메뉴로 판매하기로 결정하였고, 이를 위해 해당 음료의 재료를 유통하는 업체 두 곳을 선정하려 한다. 선정된 유통업체는 서로 다른 메뉴의 재료를 담당해야 하며, 반드시 담당하는 메뉴에 필요한 재료를 모두 공급해야 한다. 다음 〈조건〉을 참고할 때, S씨가 선정할 두 업체로 바르게 짝지어진 것은?

조건

- A ~ D업체는 각각 5가지 재료 중 3종류의 재료를 유통한다.
- 모든 업체가 유통하는 재료가 있다.
- A업체가 유통하는 재료들로 카페라테를 만들 수 있다.
- B업체가 유통하는 재료들로는 카페라테를 만들 수 있지만, 아포카토는 만들 수 없다.
- C업체는 딸기를 유통하지 않으나, D업체는 딸기를 유통한다.
- 팥은 B업체를 제외하고 모든 업체가 유통한다.
- 우유를 유통하는 업체는 두 곳이다.

〈카페 메뉴 및 재료〉

메뉴	재료
카페라테	커피 원두, 우유
아포카토	커피 원두, 아이스크림
팥빙수	아이스크림, 팥
딸기라테	우유, 딸기

---

① A업체, B업체　　　　　　② A업체, C업체

③ B업체, C업체　　　　　　④ B업체, D업체

⑤ C업체, D업체

05 | 대응 관계

| 유형분석 |

- 주어진 단어 사이의 관계를 유추하여 빈칸에 들어갈 알맞은 단어를 찾는 문제이다.
- 유의·반의·상하 관계 이외에도 원인과 결과, 행위와 도구, 한자성어 등 다양한 관계가 제시된다.

다음 제시된 단어의 대응 관계에 따라 빈칸에 들어갈 단어로 적절한 것은?

> 황공하다 : 황름하다 = ( ) : 아퀴짓다

① 두려워하다   ② 거칠다
③ 마무리하다   ④ 시작하다
⑤ 치장하다

정답 ③

제시된 단어의 대응 관계는 유의 관계이다. ① 두려워하다, ② 거칠다, ⑤ 치장하다는 확실히 '아퀴짓다'와의 관계를 찾기 어려우므로 보기에서 먼저 제거할 수 있다. 다음으로 ④가 빈칸에 들어갈 경우, 제시된 두 단어는 유의 관계인데, '아퀴짓다'와 ④는 반의 관계이므로 제외한다. 따라서 남은 ③이 정답이다.

- 황공하다·황름하다 : 위엄이나 지위 따위에 눌리어 두렵다.
- 아퀴짓다 : 일이나 말을 끝마무리하다.
- 마무리하다 : 일을 끝맺다.

30초 컷 풀이 Tip

동의어 / 반의어 종류

종류		뜻	예시
동의어		형태는 다르나 동일한 의미를 가지는 두 개 이상의 단어	가난 – 빈곤, 가격 – 비용, 가능성 – 잠재력 등
반의어	상보 반의어	의미 영역이 상호 배타적인 두 영역으로 양분하는 두 개 이상의 단어	살다 – 죽다, 진실 – 거짓 등
	정도(등급) 반의어	정도나 등급에 있어 대립되는 두 개 이상의 단어	크다 – 작다, 길다 – 짧다, 넓다 – 좁다, 빠르다 – 느리다 등
	방향(상관) 반의어	맞선 방향을 전제로 하여 관계나 이동의 측면에서 대립하는 두 개 이상의 단어	오른쪽 – 왼쪽, 앞 – 뒤, 가다 – 오다, 스승 – 제자 등

함정 제거

동의어를 찾는 문제라면 무조건 보기에서 반의어부터 지우고 시작한다. 단어와 관련이 없는 보기는 헷갈리지 않지만 관련이 있는 보기는 아는 문제여도 함정에 빠져 틀리기 쉽기 때문이다.

※ 제시된 단어의 대응 관계에 따라 빈칸에 들어갈 단어로 가장 적절한 것을 고르시오. [1~3]

01

> 장작 : 강다리 = ( ) : 축

① 김   ② 국수
③ 북어   ④ 바늘
⑤ 오징어

`Easy`

02

> 이단 : 정통 = 모방 : ( )

① 사설   ② 종가
③ 모의   ④ 답습
⑤ 창안

03

> 준거 : 표준 = 자취 : ( )

① 척도   ② 흔적
③ 주관   ④ 반영
⑤ 보증

06 | 도형추리

- 3×3의 칸에 나열된 각 도형 사이의 규칙을 찾아 물음표에 들어갈 알맞은 도형을 찾는 유형이다.
- 이때 규칙은 가로 또는 세로로 적용되며, 회전, 색 반전, 대칭, 겹치는 부분 지우기 / 남기기 / 색 반전 등 다양한 규칙이 적용된다.
- 온라인 GSAT에서는 비교적 간단한 규칙이 출제되고 있다.

다음 제시된 도형의 규칙을 보고 물음표에 들어가기에 적절한 것은?

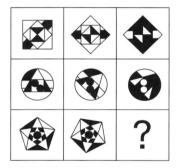

①

②

③

④

⑤

규칙은 가로로 적용된다.

첫 번째 도형을 시계 방향으로 45° 회전한 것이 두 번째 도형, 이를 색 반전한 것이 세 번째 도형이다.

30초 컷 풀이 Tip

1. 규칙 방향 파악

　규칙이 적용되는 방향이 가로인지 세로인지부터 파악한다. 해당 문제처럼 세 도형이 서로 다른 모양일 때에는 쉽게 파악할 수 있지만 아닌 경우도 많다. 모양이 비슷한 경우에는 가로와 세로 모두 확인하여 규칙이 적용된 방향을 유추해야 한다.

2. 규칙 유추

　규칙을 유추하기 쉬운 도형을 기준으로 규칙을 파악한다. 나머지 도형을 통해 유추한 규칙이 맞는지 확인한다.

주요 규칙

규칙		예시
회전	45° 회전	시계 방향
	60° 회전	시계 반대 방향
	90° 회전	시계 반대 방향
	120° 회전	시계 반대 방향
	180° 회전	
색 반전		
대칭	x축 대칭	
	y축 대칭	

PART 2

※ 다음 제시된 도형의 규칙을 보고 물음표에 들어갈 도형으로 가장 적절한 것을 고르시오. [1~4]

Easy

01

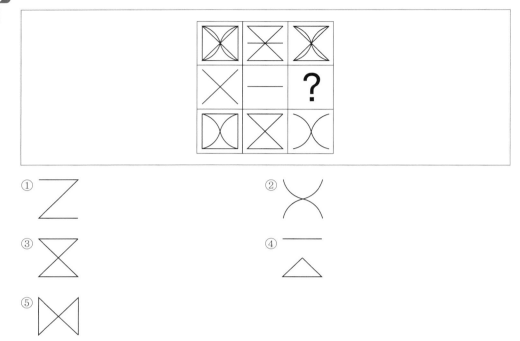

①
 ②
 ③
 ④
 ⑤

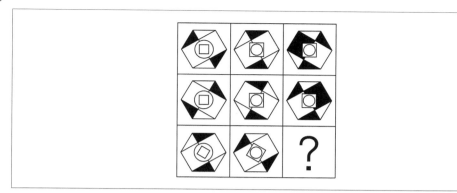

①

②

③

④

⑤

03

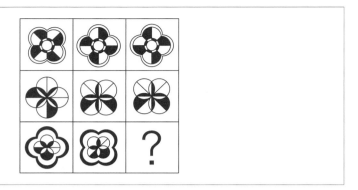

①

②

③

④

⑤

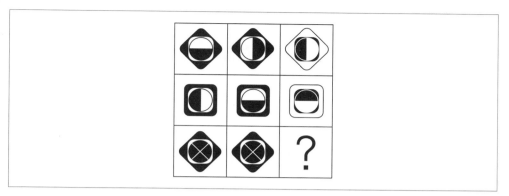

①

②

③

④

⑤

07 | 도식추리

| 유형분석 |

- 문자를 바꾸는 규칙을 파악한 후, 제시된 규칙이 적용되었을 때 물음표에 들어갈 적절한 문자를 고르는 유형이다.
- 규칙들이 2개 이상 한꺼번에 적용되어 제시되기 때문에 각각의 예시만 봐서는 규칙을 파악하기 어렵다. 공통되는 규칙이 있는 예시를 찾아 서로 비교하여 각 문자열의 위치가 바뀌었는지 / 숫자의 변화가 있었는지 등을 확인하며 규칙을 찾아야 한다.

다음 도식에서 기호들은 일정한 규칙에 따라 문자를 변화시킨다. 물음표에 들어갈 적절한 문자는?(단, 규칙은 가로와 세로 중 한 방향으로만 적용된다)

$$ㄱㅊㄷㅈ → \boxed{\cdot\,\cdot} → \boxed{\cdot\,\cdot} → ?$$

① ㅈㄱㅊㄷ   ② ㄴㅈㅊㄷ

③ ㄴㅈㅊㄱ   ④ ㅇㄱㅈㄷ

⑤ ㄱㅊㄴㅈ

1. 규칙 파악할 순서 찾기

   □ → ⊡ and ⊞ → ⊡

2. 규칙 파악

1	2	3	4	5	6	7	8	9	10	11	12	13	14	15	16	17	18	19	20	21	22	23	24	25	26
A	B	C	D	E	F	G	H	I	J	K	L	M	N	O	P	Q	R	S	T	U	V	W	X	Y	Z
ㄱ	ㄴ	ㄷ	ㄹ	ㅁ	ㅂ	ㅅ	ㅇ	ㅈ	ㅊ	ㅋ	ㅌ	ㅍ	ㅎ	ㄱ	ㄴ	ㄷ	ㄹ	ㅁ	ㅂ	ㅅ	ㅇ	ㅈ	ㅊ	ㅋ	ㅌ

- □ : 가로 두 번째 도식과 세로 두 번째 도식에서 □ → ⊡ 규칙이 겹치므로 이를 이용하면 □의 규칙이 1234 → 4123임을 알 수 있다.
- ⊡ and ⊞ : □의 규칙을 찾았으므로 가로 첫 번째 도식에서 ⊡의 규칙이 각 자릿수 −1, 0, −1, 0임을 알 수 있다. 같은 방법으로 가로 세 번째 도식에서 ⊞의 규칙이 1234 → 1324임을 알 수 있다.
- ⊡ : ⊞의 규칙을 찾았으므로 가로 두 번째 도식에서 ⊡의 규칙이 각 자릿수 +1, −1, +1, −1임을 알 수 있다.

따라서 정리하면 다음과 같다.

□ : 1234 → 4123

⊡ : 각 자릿수 −1, 0, −1, 0

⊞ : 1234 → 1324

⊡ : 각 자릿수 +1, −1, +1, −1

　ㄱㅊㄷㅈ　→　ㅈㄱㅊㄷ　→　ㅇㄱㅈㄷ

　　　　　□　　　　　　　　　⊡

30초 컷 풀이 Tip

문자 순서 표기

문제를 보고 규칙을 찾기 전에 문제에서 사용한 문자를 순서대로 적어놓아야 빠르게 풀이할 수 있다.

묶음 규칙 이용

규칙을 한 번에 파악할 수 없을 때 두 가지 이상의 규칙을 한 묶음으로 생각하여 접근한다.

예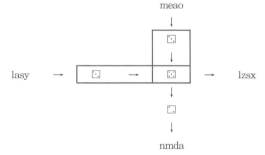

가로 도식에서 ⊡ → ⊡ 규칙을 한 묶음으로 생각하면 last → ⊡ → ⊡ → lzss이므로 ⊡ → ⊡는 각 자릿수 0, −1, 0, −1의 규칙을 갖는다.

세로 도식에서 meao은 ⊡ → ⊡의 규칙이 적용되면 mdan이 되므로 mdan → □ → nmda이다. 따라서 □의 규칙은 1234 → 41230다.

규칙 정리

유추한 규칙을 알아볼 수 있도록 정리해 둔다.

기출 규칙

GSAT에서 자주 출제되는 규칙은 크게 두 가지이다.

규칙	예시
순서 교체	1234 → 4321
각 자릿수 + 또는 −	+1, −1, +1, −1

※ 다음 도식에서 기호들은 일정한 규칙에 따라 문자를 변화시킨다. 물음표에 들어갈 알맞은 문자를 고르시오(단, 규칙은 가로와 세로 중 한 방향으로만 적용된다). **[1~4]**

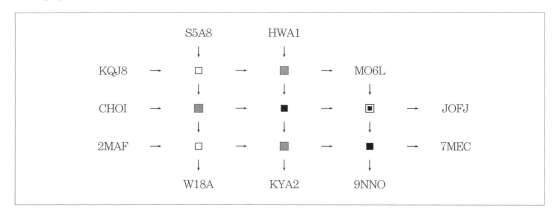

Easy

01

| VEN8 → ■ → ▨ → ? |

① N8VE   ② 8NEV

③ N8EV   ④ 8ENV

⑤ 8NVE

02

$$\text{OK15} \rightarrow \blacksquare \rightarrow \square \rightarrow ?$$

① 52RM ② RM52
③ 43TK ④ TK43
⑤ 42RK

03

$$? \rightarrow \square \rightarrow \blacksquare \rightarrow \text{55DQ}$$

① BS37 ② BS55
③ DQ37 ④ DQ55
⑤ QD55

04

$$? \rightarrow \square \rightarrow \blacksquare \rightarrow \text{PZHK}$$

① XGKM ② MXGK
③ KZEM ④ KEMZ
⑤ ZEMK

08 | 문단나열

| 유형분석 |

- 글의 내용과 흐름을 잘 파악하고 있는지를 평가하는 유형이다.
- 문단 순서 나열에서 가장 중요한 것은 지시어와 접속어이므로, 접속어의 쓰임에 대해 정확히 알고 있어야 하며, 지시어가 가리키는 것이 무엇인지 잘 파악해야 한다.

다음 문단을 논리적 순서대로 바르게 나열한 것은?

(가) 본성 대 양육 논쟁은 앞으로 치열하게 전개될 소지가 많다. 하지만 유전과 환경이 인간의 행동에 어느 정도 영향을 미치는가를 따지는 일은 멀리서 들려오는 북소리가 북에 의한 것인지, 아니면 연주자에 의한 것인지를 분석하는 것처럼 부질없는 것인지 모른다. 본성과 양육 다 인간 행동에 필수적인 요인이므로.

(나) 20세기 들어 공산주의와 나치주의의 출현으로 본성 대 양육 논쟁이 극단으로 치달았다. 공산주의의 사회 개조론은 양육을, 나치즘의 생물학적 결정론은 본성을 옹호하는 이데올로기이기 때문이다. 히틀러의 유대인 대량 학살에 충격을 받은 과학자들은 환경 결정론에 손을 들어 줄 수밖에 없었다. 본성과 양육 논쟁에서 양육 쪽이 일방적인 승리를 거두게 된 것이다.

(다) 이러한 추세는 1958년 미국 언어학자 노엄 촘스키에 의해 극적으로 반전되기 시작했다. 촘스키가 치켜든 선천론의 깃발은 진화 심리학자들이 승계했다. 진화 심리학은 사람의 마음을 생물학적 적응의 산물로 간주한다. 1992년 심리학자인 레다 코스미데스와 인류학자인 존 투비 부부가 함께 저술한 『적응하는 마음』이 출간된 것을 계기로 진화 심리학은 하나의 독립된 연구 분야가 됐다. 말하자면 윌리엄 제임스의 본능에 대한 개념이 1세기 만에 새 모습으로 부활한 셈이다.

(라) 더욱이 1990년부터 인간 게놈 프로젝트가 시작됨에 따라 본성과 양육 논쟁에서 저울추가 본성 쪽으로 기울면서 생물학적 결정론이 더욱 강화되었다. 그러나 2001년 유전자 수가 예상보다 적은 3만여 개로 밝혀지면서 본성보다는 양육이 중요하다는 목소리가 커지기 시작했다. 이를 계기로 본성 대 양육 논쟁이 재연되기에 이르렀다.

① (가) – (나) – (다) – (라)
② (가) – (나) – (라) – (다)
③ (가) – (다) – (나) – (라)
④ (나) – (다) – (라) – (가)
⑤ (나) – (라) – (다) – (가)

④

'본성 대 양육 논쟁'이라는 화제를 제기하는 (나) 문단이 첫 번째에 배치되어야 하며, (다) 문단의 '이러한 추세'가 가리키는 것이 (나) 문단에서 언급한 '양육 쪽이 일방적인 승리를 거두게 된 것'이므로, (나) – (다) 문단 순으로 이어지는 것이 자연스럽다. 또한 (라) 문단의 첫 번째 문장, '더욱이'는 앞 내용과 연결되는 내용을 덧붙여 앞뒤 문장을 이어주는 말이므로 (다) 문단의 뒤에 이어져야 하며, 본성과 양육 논쟁의 가열을 전망하면서 본성과 양육 모두 인간 행동에 필수적인 요인임을 밝히고 있는 (가) 문단이 가장 마지막에 배치되는 것이 적절하다.

30초 컷 풀이 Tip

글의 전체적인 진행 중에 반전이 되는 내용이나 접속어가 나온다면 그 다음 내용이 중심 내용인 경우가 많다. 따라서 글의 분위기가 반전되는 경우 이에 집중하여 독해한다.

PART 2

※ 다음 문장 또는 문단을 논리적 순서대로 바르게 나열한 것을 고르시오. **[1~4]**

01

> (가) 그러나 이러한 현상에 대해 비판적인 시각도 생겨났다. 대량 생산된 복제품은 예술 작품의 유일무이(唯一無二)한 가치를 상실케 하고 예술적 전통을 훼손한다는 것이다.
> (나) MP3로 대표되는 복제 기술이 어떻게 발전할 것이며 그에 따라 음악은 어떤 변화를 겪을지, 우리가 누릴 수 있는 새로운 전통은 우리 삶을 어떻게 변화시킬지 생각해 보는 것은 매우 흥미로운 일이다.
> (다) 근래에는 음악을 컴퓨터 파일의 형태로 바꾸는 기술이 개발되어 작품을 나누고 섞고 변화시키는 것이 훨씬 자유로워졌다. 이에 따라 낯선 곡은 반복을 통해 친숙한 음악으로, 친숙한 곡은 디지털 조작을 통해 낯선 음악으로 변모시킬 수 있게 되었다.
> (라) 그러나 복제품은 자신이 생겨난 환경에 매여있지 않기 때문에 새로운 환경에서 새로운 예술적 전통을 만들어낸다. 최근 음악 환경은 IT 기술의 발달과 보급에 따라 매우 빠르게 변화하고 있다.

① (나) – (가) – (다) – (라) ② (나) – (라) – (다) – (가)
③ (다) – (가) – (라) – (나) ④ (다) – (나) – (가) – (라)
⑤ (다) – (라) – (가) – (나)

`Easy`

02

> (가) 오류가 발견된 교과서들은 편향적 내용을 검증 없이 인용하거나 부실한 통계를 일반화하는 등의 문제점을 보였다. 대표적으로 교과서 대부분이 대도시의 온도 상승 평균값만을 보고 한반도의 기온 상승이 세계 평균보다 2배 높다고 과장한 것으로 나타났다.
> (나) 환경 관련 교과서 대부분이 표면적으로 드러나는 사실을 검증하지 않고 그대로 싣는 문제점을 보였다. 고등학생들이 보는 교과서인 만큼 객관적 사실에 기반을 둬 균형 있는 내용을 실어야 한다.
> (다) 고등학교 환경 관련 교과서 대부분이 특정 주장을 검증 없이 게재하는 등 많은 오류가 존재한다는 보수 환경·시민단체의 지적이 제기됐다. 환경정보평가원이 고등학교 환경 관련 교과서 23종을 분석한 결과 총 1,175개의 오류가 발견됐다.
> (라) 또한 우리나라 전력 생산의 상당 부분을 차지하는 원자력 발전의 경우 단점만을 자세히 기술하고 경제성과 효율성이 낮은 신재생 에너지는 장점만 언급한 교과서도 있었다.

① (가) – (라) – (나) – (다) ② (나) – (가) – (라) – (다)
③ (나) – (다) – (가) – (라) ④ (다) – (가) – (라) – (나)
⑤ (다) – (라) – (나) – (가)

03

(가) 또 그는 현대 건축 이론 중 하나인 '도미노 이론'을 만들었는데, 도미노란 집을 뜻하는 라틴어 '도무스(Domus)'와 혁신을 뜻하는 '이노베이션(Innovation)'을 결합한 단어다.

(나) 그는 이 이론의 원칙을 통해 인간이 효율적으로 살 수 있는 집을 꾸준히 연구해 왔으며, 그가 제안한 건축방식 중 필로티와 옥상정원 등이 최근 우리나라 주택에 많이 쓰이고 있다.

(다) 최소한의 철근콘크리트 기둥들이 모서리를 지지하고 평면의 한쪽에서 각 층으로 갈 수 있게 계단을 만든 개방적 구조가 이 이론의 핵심이다. 건물을 돌이나 벽돌을 쌓아 올리는 조적식 공법으로만 지었던 당시에 이와 같은 구조는 많은 이들에게 적지 않은 충격을 주었다.

(라) 스위스 출신의 프랑스 건축가 르 코르뷔지에(Le Corbusier)는 근대주택의 기본형을 추구했다는 점에서 현대 건축의 거장으로 불린다. 그는 현대 건축에서의 집의 개념을 '거주 공간'에서 '더 많은 사람이 효율적으로 살 수 있는 공간'으로 바꿨다.

① (라) – (가) – (나) – (다)   ② (라) – (가) – (다) – (나)
③ (라) – (나) – (가) – (다)   ④ (라) – (다) – (가) – (나)
⑤ (라) – (다) – (나) – (가)

04

(가) 이 방식을 활용하면 공정의 흐름에 따라 제품이 생산되므로 자재의 운반 거리를 최소화할 수 있어 전체 공정 관리가 쉽다.

(나) 그러나 기계 고장과 같은 문제가 발생하면 전체 공정이 지연될 수 있고, 규격화된 제품 생산에 최적화된 설비 및 배치 방식을 사용하기 때문에 제품의 규격이나 디자인이 변경되면 설비 배치 방식을 재조정해야 한다는 문제가 있다.

(다) 제품을 효율적으로 생산하기 위해서는 생산 설비의 효율적인 배치가 중요하다. 설비의 효율적인 배치란 자재의 불필요한 운반을 최소화하고, 공간을 최대한 활용하면서 적은 노력으로 빠른 시간에 목적하는 제품을 생산할 수 있도록 설비를 배치하는 것이다.

(라) 그중에서도 제품별 배치(Product Layout) 방식은 생산하려는 제품의 종류는 적지만 생산량이 많은 경우에 주로 사용된다. 제품별로 완성품이 될 때까지의 공정 순서에 따라 설비를 배열해 부품 및 자재의 흐름을 단순화하는 것이 핵심이다.

① (다) – (가) – (나) – (라)   ② (다) – (가) – (라) – (나)
③ (다) – (나) – (가) – (라)   ④ (다) – (나) – (라) – (가)
⑤ (다) – (라) – (가) – (나)

09 | 참 또는 거짓

| 유형분석 |

- 주어진 글을 바탕으로 추론했을 때 항상 참 또는 거짓인 것을 고르는 유형이다.
- 언어이해 영역의 내용일치와 유사한 면이 있으나 내용일치가 지문에 제시된 내용인지 아닌지만 확인하는 유형이라면, 내용추론은 지문에 직접적으로 제시되지 않은 내용까지 추론하여 답을 도출해야 한다는 점에서 차이가 있다.

다음 글의 내용이 참일 때 항상 거짓인 것은?

루머는 구전과 인터넷을 통해 확산되고, 그 과정에서 여러 사람들의 의견이 더해진다. 루머는 특히 사회적 불안감이 형성되었을 때 빠르게 확산되는데, 이는 사람들이 사회적·개인적 불안감을 해소하기 위한 수단으로 루머에 의지하기 때문이다.

나아가 루머가 확산되는 데는 사회적 동조가 중요한 영향을 미친다. 사회적 동조란 '다수의 의견이나 사회적 규범에 개인의 의견과 행동을 맞추거나 동화시키는 경향'을 뜻한다. 사회적 동조는 루머가 사실로 인식되고 대중적으로 수용되는 과정에서도 큰 영향력을 행사한다.

사회적 동조는 개인이 어떤 정보에 대해 판단하거나 그에 대한 태도를 결정하는 데 정당성을 제공한다. 다수의 의견을 따름으로써 어떤 정보를 믿는 것에 대한 합리적 이유를 갖게 되는 것이다. 실제로 루머에 대한 지지 댓글을 많이 본 사람들은 루머에 대한 반박 댓글을 많이 본 사람들에 비해 루머를 사실로 믿는 경향이 더욱 강한 것으로 나타났다. 또한 사회적 동조가 있는 상태에서는 개인의 성향과 상관없이 루머를 사실이라고 믿는 경우가 많았다.

사회적 동조의 또 다른 역할은 사람들이 자신의 의견을 제시할 때 사회적 분위기를 고려하게 하는 것이다. 소속된 집단으로부터 소외되지 않기 위해서 다수에 의해 지지되는 의견을 따라가는 현상이 발생하기도 한다. 이와 같은 현상은 개인주의 문화권보다는 집단주의 문화권에 있는 사람들에게서 더 잘 나타난다. 집단주의 문화권 사람들은 루머를 믿는 사람들로부터 루머에 대한 정보를 얻고 그것을 근거로 하여 판단하며, 다른 사람들의 의견에 개인의 생각을 일치시키는 경향이 두드러진다.

① 사람들은 루머를 사회적 불안감을 해소하기 위한 수단으로 삼기도 한다.

② 사회적 동조는 개인이 루머를 사실로 받아들이는 결정을 함에 있어 정당성을 제공한다.

③ 집단주의 문화권에서는 개인주의 문화권보다 사회적 동조가 루머의 확산에 미치는 영향이 더 크게 나타난다.

④ 루머에 대한 반박 댓글을 많이 본 사람들이 지지 댓글을 많이 본 사람들보다 루머를 사실로 믿는 경향이 더 약하다.

⑤ 사회적 동조가 있을 때, 충동적인 사람들은 충동적이지 않은 사람들에 비해 루머를 사실로 믿는 경향이 더 강하다.

⑤

사회적 동조가 있는 상태에서는 개인의 성향과 상관없이, 즉 충동적인 것과는 무관하게 루머를 사실이라고 믿는 경우가 많았다고 하였으므로 적절하지 않다.

① 사람들이 사회적·개인적 불안감을 해소하기 위한 수단으로 루머에 의지한다고 하였으므로 적절한 내용이다.
② 사회적 동조는 개인이 어떤 정보에 대해 판단하거나 그에 대한 태도를 결정하는 데 정당성을 제공한다고 하였으므로 적절한 내용이다.
③ 집단주의 문화권 사람들은 루머를 믿는 사람들로부터 루머에 대한 정보를 얻고 그것을 근거로 하여 판단하며, 다른 사람들의 의견에 개인의 생각을 일치시키는 경향이 두드러진다고 하였으므로 적절한 내용이다.
④ 루머에 대한 지지 댓글을 많이 본 사람들은 루머에 대한 반박 댓글을 많이 본 사람들에 비해 루머를 사실로 믿는 경향이 더욱 강한 것으로 나타났다고 하였다. 따라서 이를 역으로 생각하면 반박 댓글을 많이 본 사람들이 루머를 사실로 믿는 경향이 더 약함을 알 수 있다.

30초 컷 풀이 Tip

주어진 글에 대하여 거짓이 되는 답을 고르는 문제의 경우 제시문에 있는 특정 문장이나 키워드가 되는 단어의 의미를 비트는 경우가 많다. 따라서 정반대의 의미를 지녔거나 지나치게 과장된, 혹은 축소된 의미를 지닌 단어가 문항에 새로 추가되지는 않았는지 비교해 보도록 한다.

※ 다음 글의 내용이 참일 때, 항상 참인 것을 고르시오. [1~2]

01

> 2009년 미국의 설탕, 옥수수 시럽, 기타 천연당의 1인당 연평균 소비량은 140파운드로, 독일·프랑스보다 50%가 많았고 중국보다는 9배가 많았다. 그런데 설탕이 비만을 야기하고 당뇨병 환자의 건강에 해롭다는 인식이 확산되면서 사카린과 같은 인공 감미료의 수요가 증가하였다.
>
> 세계 최초의 인공 감미료인 사카린은 1879년 미국 존스홉킨스대학에서 화학 물질의 산화 반응을 연구하다가 우연히 발견됐다. 당도가 설탕보다 약 500배 정도 높은 사카린은 대표적인 인공 감미료로, 체내에서 대사되지 않고 그대로 배출된다는 특징이 있다. 그런데 1977년 캐나다에서 쥐를 대상으로 한 사카린 실험 이후 유해성 논란이 촉발되었다. 사카린을 섭취한 쥐가 방광암에 걸렸기 때문이다. 그러나 사카린의 무해성을 입증한 다양한 연구 결과로 인해 2001년 미국 FDA는 사카린을 다시 안전한 식품 첨가물로 공식 인정하였고, 현재도 설탕의 대체재로 사용되고 있다.
>
> 아스파탐은 1965년 위궤양 치료제를 개발하던 중 우연히 발견된 인공 감미료로 당도가 설탕보다 약 200배 높다. 그러나 아스파탐도 발암성 논란이 끊이지 않았다. 미국 암협회가 안전하다고 발표했지만 이탈리아의 한 과학자가 쥐를 대상으로 한 실험에서 아스파탐이 암을 유발한다고 결론내렸기 때문이다.

① 사카린과 아스파탐은 설탕보다 당도가 높고, 사카린은 아스파탐보다 당도가 높다.

② 사카린과 아스파탐은 모두 설탕을 대체하기 위해 거액을 투자해 개발한 인공 감미료이다.

③ 사카린은 유해성 논란으로 현재 미국에서는 더이상 식품 첨가물로 사용되지 않고 있다.

④ 2009년 기준 중국의 설탕, 옥수수 시럽, 기타 천연당의 1인당 연평균 소비량은 20파운드 이상이었을 것이다.

⑤ 아스파탐은 암 유발 논란에 휩싸였지만, 2001년 미국 FDA로부터 안전한 식품 첨가물로 처음 공식 인정받았다.

비자발적인 행위는 강제나 무지에서 비롯된 행위이다. 반면에 자발적인 행위는 그것의 실마리가 행위자 자신 안에 있다. 행위자 자신 안에 행위의 실마리가 있는 경우에는 행위를 할 것인지 말 것인지가 행위자 자신에게 달려있다.

욕망이나 분노에서 비롯된 행위들을 모두 비자발적이라고 할 수는 없다. 그것들이 모두 비자발적이라면 인간 아닌 동물 중 어떤 것도 자발적으로 행위를 하는 게 아닐 것이며, 아이들조차 그럴 것이기 때문이다. 우리가 욕망하는 것 중에는 마땅히 욕망해야 할 것이 있는데, 그러한 욕망에 따른 행위는 비자발적이라고 할 수 없다. 실제로 우리는 어떤 것들에 대해서는 마땅히 화를 내야하며, 건강이나 배움과 같은 것은 마땅히 욕망해야 한다. 따라서 욕망이나 분노에서 비롯된 행위를 모두 비자발적인 것으로 보아서는 안 된다.

합리적 선택에 따르는 행위는 모두 자발적인 행위지만 자발적인 행위의 범위는 더 넓다. 왜냐하면 아이들이나 동물들도 자발적으로 행위를 하긴 하지만 합리적 선택에 따라 행위를 하지는 못하기 때문이다. 또한 욕망이나 분노에서 비롯된 행위는 어떤 것도 합리적 선택을 따르는 행위가 아니다. 이성이 없는 존재는 욕망이나 분노에 따라 행위를 할 수 있지만, 합리적 선택에 따라 행위를 할 수는 없기 때문이다. 또 자제력이 없는 사람은 욕망 때문에 행위를 하지만 합리적 선택에 따라 행위를 하지는 않는다. 반대로 자제력이 있는 사람은 합리적 선택에 따라 행위를 하지, 욕망 때문에 행위를 하지는 않는다.

① 욕망에 따른 행위는 모두 자발적인 것이다.
② 자제력이 있는 사람은 자발적으로 행위를 한다.
③ 자제력이 없는 사람은 비자발적으로 행위를 한다.
④ 자발적인 행위는 모두 합리적 선택에 따른 것이다.
⑤ 마땅히 욕망해야 할 것을 하는 행위는 모두 합리적 선택에 따른 것이다.

03

프랑스의 과학기술학자인 브루노 라투르는 아파트 단지 등에서 흔히 보이는 과속방지용 둔덕을 통해 기술이 인간에게 어떤 역할을 수행하는지를 흥미롭게 설명한다. 운전자들은 둔덕 앞에서 자연스럽게 속도를 줄인다. 그런데 운전자가 이렇게 하는 이유는 이웃을 생각해서가 아니라, 빠른 속도로 둔덕을 넘었다가는 차에 무리가 가기 때문이다. 즉 둔덕은 "타인을 위해 과속을 하면 안 된다."는 (사람들이 잘 지키지 않는) 도덕적 심성을 "과속을 하면 내 차에 고장이 날 수 있다."는 (사람들이 잘 지키는) 이기적 태도로 바꾸는 역할을 한다. 라투르는 과속방지용 둔덕을 "잠자는 경찰"이라고 부르면서, 이것이 교통경찰의 역할을 대신한다고 보았다. 이렇게 라투르는 인간이 했던 역할을 기술이 대신 수행함으로써 우리 사회의 훌륭한 행위자가 된다고 하였다.

라투르는 총기의 예도 즐겨 사용한다. 총기 사용 규제를 주장하는 사람들은 총이 없으면 일어나지 않을 살인 사건이 총 때문에 발생한다고 주장한다. 반면에 총기 사용 규제에 반대하는 그룹은 살인은 사람이 저지르는 것이며, 총은 중립적인 도구일 뿐이라고 주장한다. 라투르는 전자를 기술결정론, 후자를 사회결정론으로 분류하면서 이 두 가지 입장을 모두 비판한다. 그의 주장은 사람이 총을 가짐으로써 사람도 바뀌고 총도 바뀐다는 것이다. 즉 총과 사람의 합체라는 잡종이 새로운 행위자로 등장하며, 이 잡종 행위자는 이전에 가졌던 목표와는 다른 목표를 가지게 된다. 예를 들어 원래는 다른 사람에게 겁만 주려 했는데 총이 손에 쥐어져 있어 살인을 저지르게 되는 식이다.

라투르는 서양의 학문이 자연, 사회, 인간만을 다루어왔다고 강하게 비판한다. 라투르에 따르면 서양의 학문은 기술과 같은 '비인간'을 학문의 대상에서 제외했다. 과학이 자연을 탐구하려면 기술이 바탕이 되는 실험기기에 의존해야 하지만, 과학은 기술을 학문 대상이 아닌 도구로 취급했다. 사회 구성 요소 중에 가장 중요한 것은 기술이지만, 사회과학자들은 기술에는 관심이 거의 없었다. 철학자들은 인간을 주체 / 객체로 나누면서 기술을 저급하고 수동적인 대상으로만 취급했다. 그 결과 기술과 같은 비인간이 제외된 자연과 사회가 근대성의 핵심이 되었다. 결국 라투르는 행위자로서 기술의 능동적 역할에 주목하면서, 이를 통해 서구의 근대적 과학과 철학이 범했던 자연 / 사회, 주체 / 객체의 이분법을 극복하고자 하였다.

① 라투르는 총과 사람의 합체로 탄생되는 잡종 행위자를 막기 위해서는 총기 사용을 규제해야 한다고 주장했다.

② 라투르는 서양의 학문이 자연, 사회, 인간만을 다루고 학문의 대상에서 기술을 제외했다고 비판했다.

③ 라투르는 행위자로서의 기술의 능동적 역할에 주목하여 자연과 사회의 이분법을 극복하고자 하였다.

④ 라투르는 과속방지용 둔덕이 행위자로서의 능동적 역할을 한다고 주장했다.

⑤ 라투르는 인간이 맡았던 역할을 기술이 대신 수행하는 것을 인정했다.

오늘날 대부분의 경제 정책은 경제의 규모를 확대하거나 좀 더 공평하게 배분하는 것을 도모한다. 하지만 뉴딜 시기 이전의 상당 기간 동안 미국의 경제 정책은 성장과 분배의 문제보다는 '자치(Self Rule)에 가장 적절한 경제 정책은 무엇인가?'의 문제를 중시했다.

그 시기에 정치인 A와 B는 거대화된 자본 세력에 대해 서로 다르게 대응하였다. A는 거대 기업에 대항하기 위해 거대 정부로 맞서기보다 기업 담합과 독점을 무너뜨려 경제권력을 분산시키는 것을 대안으로 내세웠다. 그는 산업 민주주의를 옹호했는데 그 까닭은 그것이 노동자들의 소득을 증진시키기 때문이 아니라 자치에 적합한 시민의 역량을 증진시키기 때문이었다. 반면 B는 경제 분산화를 꾀하기보다 연방 정부의 역량을 증가시켜 독점자본을 통제하는 노선을 택했다. 그에 따르면, 민주주의가 성공하기 위해서는 거대 기업에 대응할 만한 전국 단위의 정치권력과 시민 정신이 필요하기 때문이었다. 이렇게 A와 B의 경제 정책에는 차이점이 있지만, 둘 다 경제 정책이 자치에 적합한 시민 도덕을 장려하는 경향을 지녀야 한다고 보았다는 점에서는 일치한다.

하지만 뉴딜 후반기에 시작된 성장과 분배 중심의 정치경제학은 시민 정신 중심의 정치경제학을 밀어내게 된다. 실제로 1930년대 대공황 이후 미국의 경제 회복은 시민의 자치 역량과 시민 도덕을 육성하는 경제 구조 개혁보다는 케인스 경제학에 입각한 중앙정부의 지출 증가에서 시작되었다. 그에 따라 미국은 자치에 적합한 시민 도덕을 강조할 필요가 없는 경제 정책을 펼쳐나갔다. 또한 모든 가치에 대한 판단은 시민 도덕에 의지하는 것이 아니라 개인이 알아서 해야 하는 것이며 국가는 그 가치관에 중립적이어야만 공정한 것이라는 자유주의 철학이 우세하게 되었다. 모든 이들은 자신이 추구하는 가치와 상관없이 일정 정도의 복지 혜택을 받을 권리를 가지게 되었다. 하지만 공정하게 분배될 복지 자원을 만들기 위해 경제 규모는 확장되어야 했으며, 정부는 거대화된 경제권력들이 망하지 않도록 국민의 세금을 투입하여 관리하기 시작했다. 그리고 시민들은 자치하는 자, 즉 스스로 통치하는 자가 되기보다 공정한 분배를 받는 수혜자로 전락하게 되었다.

① A는 시민의 소득 증진을 위하여 경제권력을 분산시키는 방식을 택하였다.

② B는 거대 기업을 규제할 수 있는 전국 단위의 정치권력이 필요하다는 입장이다.

③ A와 B는 시민 자치 증진에 적합한 경제 정책이 필요하다는 입장이다.

④ A와 B의 정치경제학은 모두 1930년대 미국의 경제 위기 해결에 주도적 역할을 하지 못하였다.

⑤ 케인스 경제학에 기초한 정책은 시민의 자치 역량을 육성하기 위한 경제 구조 개혁 정책이 아니었다.

10 | 반박 / 반론 / 비판

| 유형분석 |

- 글을 읽고 비판적 의견이나 반박을 생각할 수 있는지를 평가하는 유형이다.
- 제시문의 '주장'에 대한 반박을 찾는 것이므로, '근거'에 대한 반박이나 논점에서 벗어난 것을 찾지 않도록 주의해야 한다.

다음 글에 대한 반론으로 가장 적절한 것은?

인공 지능 면접은 더 많이 활용되어야 한다. 인공 지능을 활용한 면접은 인터넷에 접속하여 인공 지능과 문답하는 방식으로 진행되는데, 지원자는 시간과 공간에 구애받지 않고 면접에 참여할 수 있는 편리성이 있어 면접 기회가 확대된다. 또한 회사는 면접에 소요되는 인력을 줄여, 비용 절감 측면에서 경제성이 크다. 실제로 인공 지능을 면접에 활용한 ○○회사는 전년 대비 2억 원 정도의 비용을 절감했다. 그리고 기존 방식의 면접에서는 면접관의 주관이 개입될 가능성이 큰 데 반해, 인공 지능을 활용한 면접에서는 빅데이터를 바탕으로 한 일관된 평가 기준을 적용할 수 있다. 이러한 평가의 객관성 때문에 많은 회사들이 인공 지능 면접을 도입하는 추세이다.

① 면접관의 주관적인 생각이나 견해로는 지원자의 잠재력을 판단하기 어렵다.
② 빅데이터는 사회에서 형성된 정보가 축적된 결과물이므로 왜곡될 가능성이 적다.
③ 인공 지능을 활용한 면접은 기술적으로 완벽하기 때문에 인간적 공감을 떨어뜨린다.
④ 회사의 특수성을 고려해 적합한 인재를 선발하려면 오히려 해당 분야의 경험이 축적된 면접관의 생각이나 견해가 면접 상황에서 중요한 판단 기준이 되어야 한다.
⑤ 회사 관리자 대상의 설문 조사에서 인공 지능을 활용한 면접을 신뢰한다는 비율이 높게 나온 것으로 보아 기존의 면접 방식보다 지원자의 잠재력을 판단하는 데 더 적합하다.

④

제시문에서는 편리성, 경제성, 객관성 등을 이유로 인공 지능 면접을 지지하고 있다. 따라서 객관성보다 면접관의 생각이나 견해가 회사 상황에 맞는 인재를 선발하는 데 적합하다는 논지로 반박하는 것은 적절하다.

오답분석

①·②·⑤ 제시된 글의 주장에 반박하는 것이 아니라 주장을 강화하는 근거에 해당한다.
③ 인공 지능 면접에 필요한 기술과 인간적 공감의 관계는 제시문에서 주장한 내용이 아니므로 반박의 근거로도 적절하지 않다.

▌30초 컷 풀이 Tip

1. 주장, 관점, 의도, 근거 등 문제를 풀기 위한 글의 핵심을 파악한다. 이후 글의 주장 및 근거의 어색한 부분을 찾아 반박할 주장과 근거를 생각해 본다.
2. 제시된 지문이 지나치게 길 경우 선택지를 먼저 파악하여 홀로 글의 주장이 어색하거나 상반된 의견을 제시하고 있는 답은 없는지 확인한다.
3. 반론 유형을 풀기 어렵다면 지문과 일치하는 선택지부터 지워나가는 소거법을 활용한다. 함정도 피하고 쉽게 풀 수 있다.
4. 문제를 풀 때 지나치게 시간에 쫓기거나 집중력이 떨어진 상황이라면 제시문의 처음 문장 혹은 마지막 문장을 읽어 글이 주장하는 바를 빠르게 파악하는 것도 좋은 방법이다. 단, 처음 문장에서 글쓴이의 주장과 반대되는 사례를 먼저 언급하는 경우도 있으므로 이 경우에는 마지막 문장과 비교하여 어느 의견이 글쓴이의 주장에 가까운지 구분하도록 한다.

01 다음 글에서 주장하는 정보화 사회의 문제점에 대한 반대 입장으로 적절하지 않은 것은?

> 정보화 사회에서 지식과 정보는 부가가치의 원천이다. 지식과 정보에 접근할 수 없는 사람들은 소득을 얻는 데 불리할 수밖에 없다. 고급 정보에 대한 접근이 용이한 사람들은 부를 쉽게 축적하고, 그 부를 바탕으로 고급 정보 획득에 많은 비용을 투입할 수 있다. 이렇게 벌어진 정보 격차는 시간이 갈수록 심화될 가능성이 높아지고 있다. 정보나 지식이 독점되거나 진입 장벽을 통해 이용이 배제되는 경우도 문제이다. 특히 정보가 상품화됨에 따라 정보를 둘러싼 불평등은 더욱 심화될 것이다.

① 정보 기기의 보편화로 인한 정보 격차 완화
② 인터넷이나 컴퓨터 유지비 측면에서의 격차 발생
③ 인터넷의 발달에 따라 전 계층의 고급 정보 접근 용이
④ 일방적 정보 전달에서 벗어나 상호작용의 의사소통 가능
⑤ 정보의 확산으로 기존의 자본주의에 의한 격차 완화 가능성

02 다음 글에 대한 반론으로 가장 적절한 것은?

> 투표는 주요 쟁점에 대해 견해를 표현하고 정치권력을 통제할 수 있는 행위로, 일반 유권자가 할 수 있는 가장 보편적인 정치 참여 방식이다. 그래서 정치학자와 선거 전문가들은 선거와 관련하여 유권자들의 투표 행위에 대해 연구해 왔다. 이 연구는 일반적으로 유권자들의 투표 성향, 즉 투표 참여 태도나 동기 등을 조사하여, 이것이 투표 결과와 어떤 상관관계가 있는가를 밝힌다. 투표 행위를 설명하는 이론 역시 다양하다.
>
> 합리적 선택 모델은 유권자 개인의 이익을 가장 중요한 요소로 보고, 이를 바탕으로 투표 행위를 설명한다. 이 모델에서는 인간을 자신의 이익을 극대화하기 위해 행동하는 존재로 보기 때문에 투표 행위를 개인의 목적을 위한 수단으로 간주한다. 따라서 유권자는 자신의 이해와 요구에 부합하는 정책을 제시하는 후보자를 선택한다고 본다.

① 사람들은 자신에게 유리한 결과를 도출하기 위해 투표를 한다.
② 유권자들은 정치 권력을 통제하기 위한 수단으로 투표를 활용한다.
③ 사람들은 자신의 이익이 커지는 쪽으로 투표를 한다.
④ 유권자들의 투표 성향은 투표 결과에 영향을 끼친다.
⑤ 유권자들은 개인이지만 결국 사회적인 배경에서 완전히 자유로울 수 없다.

03 다음 글을 읽고, 뒤르켐이 헤겔에게 비판할 수 있는 주장으로 가장 적절한 것은?

시민 사회라는 용어는 17세기에 등장했지만 19세기 초에 이를 국가와 구분하여 개념적으로 정교화한 인물이 헤겔이다. 그가 활동하던 시기에 유럽의 후진국인 프러시아에는 절대주의 시대의 잔재가 아직 남아 있었다. 산업 자본주의도 미성숙했던 때여서 산업화를 추진하고 자본가들을 육성하며 심각한 빈부 격차나 계급 갈등 등의 사회문제를 해결해야 하는 시대적 과제가 있었다. 그는 사익의 극대화가 국부를 증대해준다는 점에서 공리주의를 긍정했으나 그것이 시민 사회 내에서 개인들의 무한한 사익 추구가 일으키는 빈부 격차나 계급 갈등을 해결할 수는 없다고 보았다. 그는 시민 사회가 개인들의 사적 욕구를 추구하며 살아가는 생활 영역이자 그 욕구를 사회적 의존 관계 속에서 추구하게 하는 공동체적 윤리성의 영역이어야 한다고 생각했다. 특히 시민 사회 내에서 사익 조정과 공익 실현에 기여하는 직업 단체와 복지 및 치안 문제를 해결하는 복지 행정 조직의 역할을 설정하면서, 이 두 기구가 시민 사회를 이상적인 국가로 이끌 연결 고리가 될 것으로 기대했다. 하지만 빈곤과 계급 갈등은 시민 사회 내에서 근원적으로 해결될 수 없는 것이었다. 따라서 그는 국가를 사회 문제를 해결하고 공적 질서를 확립할 최종 주체로 설정하면서 시민 사회가 국가에 협력해야 한다고 생각했다.

한편 1789년 프랑스 혁명 이후 프랑스 사회는 혁명을 이끌었던 계몽주의자들의 기대와는 다른 모습을 보이고 있었다. 사회는 사익을 추구하는 파편화된 개인들의 각축장이 되어 있었고 빈부 격차와 계급 갈등은 격화된 상태였다. 이러한 혼란을 극복하기 위해 노동자 단체와 고용주 단체 모두를 불법으로 규정한 르샤폴리에 법이 1791년부터 약 90년간 시행되었으나, 이 법은 분출되는 사익의 추구를 억제하지도 못하면서 오히려 프랑스 시민 사회를 극도로 위축시켰다.

뒤르켐은 이러한 상황을 아노미, 곧 무규범 상태로 파악하고 최대 다수의 최대 행복을 표방하는 공리주의가 사실은 개인의 이기심을 전제로 하고 있기에 아노미를 조장할 뿐이라고 생각했다. 그는 사익을 조정하고 공익과 공동체적 연대를 실현할 도덕적 개인주의의 규범에 주목하면서, 이를 수행할 주체로서 직업 단체의 역할을 강조하였다. 뒤르켐은 직업 단체가 정치적 중간 집단으로서 구성원의 이해관계를 국가에 전달하는 한편 국가를 견제해야 한다고 보았던 것이다.

① 직업 단체는 정치적 중간집단의 역할로 빈곤과 계급 갈등을 근원적으로 해결하지 못해요.
② 직업 단체와 복지행정조직이 시민 사회를 이상적인 국가로 이끌어줄 열쇠에요.
③ 국가가 주체이기는 하지만 공동체적 연대의 실현을 수행할 중간 집단으로서의 주체가 필요해요.
④ 국가를 최종 주체로 설정한다면 사익을 조정할 수 있고, 공적 질서를 확립할 수 있어요.
⑤ 공리주의는 개인의 이기심을 전제로 하고 있기 때문에 아노미를 조장할 뿐이에요.

11 | 〈보기〉 해석

| 유형분석 |

- 글을 읽은 뒤 이를 토대로 〈보기〉의 문장을 바르게 해석할 수 있는지 평가하는 유형이다.
- 글을 토대로 〈보기〉의 문장을 해석하는 것이므로 반대로 〈보기〉의 문장을 통해 제시문을 해석하거나 반박하지 않도록 주의한다.

다음 글을 토대로 〈보기〉를 해석한 것으로 옳은 것은?

근대 이후 개인의 권리가 중시되자 법철학은 권리의 근본적 성격을 법적으로 존중되는 의사에 의한 선택의 관점에서 볼 것인가 아니면 법적으로 보호되는 이익의 관점에서 볼 것인가를 놓고 지속적으로 논쟁해 왔다. 의사설의 기본적인 입장은 어떤 사람이 무언가에 대하여 권리를 갖는다는 것은 법률관계 속에서 그 무언가와 관련하여 그 사람의 의사에 의한 선택이 다른 사람의 의사보다 우월한 지위에 있음을 법적으로 인정하는 것이다. 의사설을 지지한 하트는 권리란 그것에 대응하는 의무가 존재한다고 보았다. 그는 의무의 이행 여부를 통제할 권능을 가진 권리자의 선택이 권리의 본질적 요소라고 보았기 때문에 법이 타인의 의무 이행 여부에 대한 권능을 부여하지 않은 경우에는 권리를 가졌다고 말할 수 없다고 주장했다.

의사설은 타인의 의무 이행 여부와 관련된 권능, 곧 합리적 이성을 가진 자가 아니면 권리자가 되지 못하는 난점이 있다. 또한 의사설은 면제권을 갖는 어떤 사람이 면제권을 포기함으로써 타인의 권능 아래에 놓일 권리, 즉 스스로를 노예와 같은 상태로 만들 권리를 인정해야 하는 상황에 직면한다. 하지만 현대에서는 이런 상황이 인정되기가 어렵다.

이익설의 기본적인 입장은 권리란 이익이며, 법이 부과하는 타인의 의무로부터 이익을 얻는 자는 누구나 권리를 갖는다는 것이다. 그래서 타인의 의무 이행에 따른 이익이 없다면 권리가 없다고 본다. 이익설을 주장하는 라즈는 권리와 의무가 동전의 양면처럼 논리적으로 서로 대응하는 관계일 뿐만 아니라 권리가 의무를 정당화하는 관계에 있다고 보았다. 즉, 권리가 의무 존재의 근거가 된다고 보는 입장을 지지한다고 볼 수 있다. 그래서 누군가의 어떤 이익이 타인에게 의무를 부과할 만큼 중요성을 가지는 것일 때 비로소 그 이익은 권리로서 인정된다고 보았다.

이익설의 난점으로는 제3자를 위한 계약을 들 수 있다. 가령 갑이 을과 계약하며 병에게 꽃을 배달해 달라고 했다고 하자. 이익 수혜자는 병이지만 권리자는 계약을 체결한 갑이다. 쉽게 말해 을의 의무 이행에 관한 권능을 가진 사람은 병이 아니라 갑이다. 그래서 이익설은 이익의 수혜자가 아닌 권리자가 있는 경우를 설명하기 어렵다는 비판을 받는다. 또한 이익설은 권리가 실현하려는 이익과 그에 상충하는 이익을 비교해야 할 경우 어느 것이 더 우세한지를 측정하기 쉽지 않다.

보기

S씨는 동물 보호 정책 시행 의무의 헌법 조문화, 동물 정책 기본법 제정 등을 통해 동물 보호 의무가 헌법에 명시되어야 한다고 주장하였다.

① 하트의 주장에 따르면 동물 보호 의무가 헌법에 명시되지 않더라도 동물은 기본적으로 보호받을 권리를 가지고 있다.

② 하트의 주장에 따르면 사람이 동물 보호 의무를 갖는다고 하더라도 동물은 이성적 존재가 아니므로 동물은 권리를 갖지 못한다.

③ 하트의 주장에 따르면 동물 생명의 존엄성이 법적으로 보호됨으로써 동물이 보다 나은 삶을 살 수 있다면 동물은 권리를 가질 수 있다.

④ 라즈의 주장에 따르면 동물의 이익이 사람에게 의무를 부과할 만큼 중요성을 가지지 못하더라도 상충하는 이익보다 우세할 경우 권리로 인정될 수 있다.

⑤ 라즈의 주장에 따르면 사람의 의무 이행에 따른 이익이 있다면 동물이 권리를 가질 수 있지만, 그렇다고 동물의 권리가 사람의 의무를 정당화하는 것은 아니다.

정답 ②

의사설을 지지한 하트는 의무 이행 여부를 통제할 권능을 가진 권리자의 선택을 권리의 본질적 요소로 보았기 때문에 타인의 의무 이행 여부와 관련된 권능, 곧 합리적 이성을 가진 자가 아니면 권리자가 될 수 없다고 보았다. 따라서 하트는 동물 보호 의무와 관련하여 사람이 동물 보호 의무를 갖는다고 하더라도 이성적 존재가 아닌 동물은 권리를 갖지 못한다고 주장할 수 있다.

오답분석

① 의사설을 지지한 하트에 따르면 법이 타인의 의무 이행 여부에 대한 권능을 부여하지 않은 경우에는 권리를 가졌다고 말할 수 없다.

③ 법이 타인의 의무로부터 이익을 얻는 자는 누구나 권리를 갖는다는 이익설의 입장에 따른 주장이므로 의사설을 지지한 하트의 주장으로는 적절하지 않다.

④ 이익설을 주장한 라즈에 따르면 누군가의 이익이 타인에게 의무를 부과할 만큼 중요성을 가질 때 그 이익은 권리로서 인정된다. 또한 이익설은 권리가 실현하려는 이익과 상충하는 이익을 비교해야 할 경우 어느 것이 더 우세한지를 측정하기 어렵다는 단점이 있다.

⑤ 이익설을 주장한 라즈에 따르면 타인의 의무로부터 이익을 얻는 자는 누구나 권리를 가지므로 권리와 의무는 서로 대응하는 관계이며, 권리는 의무를 정당화한다.

30초 컷 풀이 Tip

보기 해석의 경우 제시문과 보기에 제시된 문장의 의미를 제대로 파악할 필요가 있다는 점에서 난이도가 높은 유형이라고 볼 수 있다. 제시문과 보기, 그리고 문항의 의미를 모두 파악하는 데는 상당한 시간이 소요되므로, 가장 먼저 보기의 내용을 이해하도록 한다. 이후 각 문항에서 공통적으로 나타나는 핵심 주장이나 단어, 특정 사물이나 개인의 명칭 등 키워드를 기준으로 문항을 구분한 뒤, 이를 제시문과 대조하여 그 논지와 같은 문항을 찾아내도록 한다.

01   다음 글을 토대로 추론한 〈보기〉의 내용 중 적절하지 않은 것을 모두 고르면?

> 알렉산더는 기원전 331년 가우가멜라 전투에서 페르시아의 다리우스를 패퇴시킨 뒤 왕도(王都)인 페르세폴리스를 불태웠다. 다음의 두 기록은 이 방화 사건에 대한 두 고대 역사가의 기록이다.
>
> 아리아누스의 기록(대략 A.D. 96 ~ 180년에 생존)
> 알렉산더는 왕궁을 불태우지 말고 그대로 두는 편이 좋겠다는 파르메니온의 조언을 듣지 않았다. 파르메니온이 그렇게 말한 이유는 이제는 자신의 것이 된 곳을 파괴하지 않는 편이 현명할 뿐더러 아시아인들은 보통 승리한 뒤 그냥 지나가 버리는 정복자보다는 그곳을 안전하게 통치하는 왕에게 더 충성하는 경향이 있다는 생각 때문이었다. 하지만 페르시아가 그리스를 침략했던 데 대한 보복을 원한다는 것이 알렉산더의 대답이었다. 그들은 아테네를 파괴하고, 사원을 불태우며, 그리스인들에 대해 온갖 범죄를 행했다는 것이었다. 나는 이러한 것이 결코 좋지 않은 정책이라 생각한다. 더욱이 그것을 이미 오래 전에 죽고 없는 그 페르시아인들에 대한 보복이라 간주할 수는 없는 것이 아닌가.
>
> 디오도루스의 기록(대략 B.C. 1세기경에 생존)
> 고별잔치가 크세르크세스의 궁전에서 개최됐다. 잔치 분위기가 한창 무르익자 모두들 거나하게 취한 상태가 됐다. 이때 한 여인이 앞으로 나섰다. 그녀는 타이스라는 이름의 아테네인이었다. 그녀는 만일 알렉산더가 왕궁을 돌며 개선 행진을 한 뒤 그곳에 불을 지른다면 이야말로 아시아에서 그가 한 최고의 업적이 될 것이라고 말했다. 그녀의 말은 이미 거나하게 취해 있었던 젊은 사람들을 자극했다. 그중 몇몇은 앞으로 나서서 횃불을 빼앗아 들고는 페르시아인들이 그리스 사원에 가했던 사악한 행위에 복수하자고 외쳤다. 또다른 사람들은 그 일을 할 수 있는 사람은 알렉산더뿐이라고 고함쳤다. 그러자 왕은 횃불을 손에 들었고, 모두가 행진 대열에 참가했다. 화염이 너울거렸고, 여자들은 노래를 부르고 피리를 불었다. 타이스는 알렉산더의 뒤를 따라 가면서 왕궁에 횃불을 던져 넣었다. 모두가 그렇게 했고, 결국 모든 건물이 화염에 휩싸였다. 그렇게 해서 페르시아의 왕 크세르크세스가 아테네의 아크로폴리스에 가한 사악한 행위는 그로부터 오랜 시간이 흐른 뒤 그때와 똑같은 식으로 응징됐다.

보기

ㄱ. 디오도루스의 기록이 아리아누스의 기록보다 더 자세하기 때문에 그의 기록이 더 신빙성이 있다.
ㄴ. 아리아누스에 비해 디오도루스의 생존 시기가 알렉산더의 전쟁 시기에 더 가깝기 때문에 더 신빙성이 있다.
ㄷ. 페르세폴리스가 불에 탄 가장 큰 책임은 타이스에게 있다.
ㄹ. 파르메니온과 아리아누스는 페르세폴리스 방화 사건에 대해 부정적인 입장이다.
ㅁ. 디오도루스는 페르세폴리스 방화 사건을 '인과응보(因果應報)'라는 입장에서 서술하고 있다.

① ㄱ, ㄴ, ㄷ   ② ㄱ, ㄴ, ㄹ
③ ㄱ, ㄷ, ㅁ   ④ ㄴ, ㄷ, ㅁ
⑤ ㄷ, ㄹ, ㅁ

〈보기〉를 토대로 다음 글에서 과학자들의 연구 과정을 설명했을 때, 적절하지 않은 것은?

아인슈타인은 우주는 정적인 상태로 존재해야 한다는 믿음을 가지고 있었다. 그러나 수학적 지식을 바탕으로 연구한 후, 그는 우주는 정적인 것이 아니라 팽창하거나 수축하는 동적인 것이라는 결과를 얻었다. 이런 결과를 아인슈타인은 받아들일 수 없었다. 그래서 우주가 정적인 상태로 존재하는 것처럼 보이게 하는 요소를 의도적으로 그의 이론에 삽입했다.

그러나 허블이 우주가 팽창하고 있다는 사실을 발견하고 난 후, 아인슈타인이 의도적으로 삽입한 요소는 의미가 없어졌다. 허블은 자신의 망원경으로 우주를 관측해 은하들이 지구로부터 멀어지는 속도가 지구와 은하 사이의 거리에 비례한다는 사실을 밝혀냈다. 허블의 연구 이후 우주의 팽창을 전제로 하는 우주론들이 등장했다. 가장 폭넓은 지지를 받은 이론은 가모프와 앨퍼가 제안한 대폭발 이론이다. 그들은 150억 년 전과 200억 년 전 사이의 어느 시점에 한 점에 모여있던 질량과 에너지가 폭발하면서 우주가 시작되었다고 주장했다. 그러나 그들의 주장은 많은 논쟁을 불러일으켰다. 대폭발 이론이 정말로 옳다면 우주배경복사*가 관찰되어야 하는데 그것을 찾을 수 없었기 때문이다. 우주배경복사는 1960년대 펜지어스와 윌슨의 관측에 의해 비로소 발견되었고 이로 인해 대폭발 이론은 널리 받아들여지게 되었다.

대폭발 이론이 입증되면서 과학자들은 우주가 과거에 어땠는지에 관심을 갖게 되었다. 우주의 팽창에 영향을 주는 힘은 중력이다. 중력이란 물질 사이에 서로 끌어당기는 힘이기 때문에 우주의 팽창을 방해한다. 만약 우주에 존재하는 물질의 질량이 우주의 팽창에 영향을 줄 정도로 충분히 크다면 어떻게 될까? 큰 중력에 의해 팽창 속도는 급격히 줄어들고 언젠가는 멈추었다가 다시 수축할 것이다. 과학자들은 우주의 팽창을 멈추게 하는 데 필요한 질량이 얼마인지 계산해 보았다. 그 결과 우주의 질량은 우주의 팽창을 저지할 만큼 충분하지 않다는 사실이 밝혀졌다. 그러나 최근 눈에 보이지는 않지만 우주의 질량을 증가시키는 물질이 있다는 것이 밝혀졌다. 과학자들은 이 물질을 암흑 물질이라고 불렀다. 암흑 물질이 많으면 우주 전체의 질량이 늘어나 팽창이 멈추게 될 수도 있다. 과학자들은 암흑 물질의 발견으로 우주의 팽창이 느려질 것이라고 추측했다. 이런 추측을 바탕으로 슈미트와 크리슈너는 초신성을 관측해 우주의 팽창 속도 변화를 연구했다. 연구 결과 놀랍게도 우주의 팽창 속도는 느려지는 것이 아니라 빨라지고 있었다. 그것은 질량에 작용하는 중력보다 더 큰 힘이 우주를 팽창시키고 있음을 뜻한다. 이것은 우주 공간이 에너지를 가지고 있다는 것을 의미한다. 과학자들은 이 에너지를 암흑 에너지라 부르기 시작했다.

*우주배경복사 : 우주 탄생 후 최초로 우주 공간으로 자유롭게 퍼진 빛

보기

과학자들은 가설을 세우고 이를 검증하면서 이론을 정립해 가지만 개인적 신념이 이론 형성에 영향을 미치기도 한다. 이론은 실험이나 관측을 통해 만들어지기도 하고, 과학자의 지식을 기반으로 하여 정립되기도 한다. 특히 지식을 기반으로 정립된 이론은 후대 과학자들의 실증적인 방법에 의해 입증되기도 하고 수정되거나 버려지기도 한다.

① 아인슈타인은 연구 결과보다 개인적 신념에 더 의지하여 이론을 정립했다.
② 허블의 실증적인 방법에 의하여 우주 팽창에 대한 아인슈타인의 이론은 무의미해졌다.
③ 가모프와 앨퍼는 허블이 망원경으로 관측한 결과를 이론으로 정립했다.
④ 펜지어스와 윌슨은 가모프와 앨퍼의 이론을 입증하는 관측 결과를 내놓았다.
⑤ 슈미트와 크리슈너는 초신성 관측을 통해 가모프와 앨퍼의 이론을 수정했다.

03 다음 글과 〈보기〉를 읽은 독자의 반응으로 적절하지 않은 것은?

조선 전기에 물가 조절 정책을 시행하는 기관으로 상평창이 있었다. 상평창은 곡식의 가격이 하락하면 시가보다 비싸게 쌀을 구입하였다가 곡식의 가격이 상승하면 시가보다 싸게 방출하여 백성의 생활을 안정시키려고 설치한 물가 조절 기관이다. 이 기관에서 실시한 정책은 크게 채매(採買) 정책과 창저(倉儲) 정책으로 나눌 수 있다.

채매란 국가가 물가 조절에 필요한 상품을 시장으로부터 사들이는 것을 말한다. 이때에는 주로 당시에 실질적인 화폐의 역할을 하던 면포로 상품을 구입하였다. 연산군 8년, 지주제의 발전과 상품 경제의 발달에 따라 토지를 잃은 농민들이 일자리를 찾아 서울로 몰려들어 상공업 종사자의 수가 급격히 늘어나게 되어 서울의 쌀값이 지방에 비해 2배가 올랐다. 이에 따라 조정에서는 쌀값이 비교적 싼 전라도로부터 면포를 주고 쌀을 구입하여, 서울에 쌀을 풀어 쌀값을 낮추는 채매 정책을 실시하였다. 이는 면포를 기준으로 하여 쌀값이 싼 지방에서 쌀을 긴급하게 구입하여 들이는 조치로, 공간적 가격차를 이용한 것이다.

창저란 쌀을 상평창에 저장하는 것을 말한다. 세종 27년에는 풍년이 들어 면포 1필의 값이 쌀 15두였으나, 성종 1년에는 흉년이 들어 면포 1필의 값이 쌀 4 ~ 5두가 되어 쌀값이 비싸졌다. 이에 조정에서는 세종 27년에 싼 값에 쌀을 구매하여 창고에 보관하였다가 성종 1년에 시장의 가격보다 싸게 팔아 높아진 쌀의 값을 낮추는 창저 정책을 실시하였다. 또한 수해 등 자연 재해를 대비하여 평소에 지역 내의 쌀을 수매·저장해두는 것도 여기에 해당되며 시간적 가격차를 이용한 것이다.

채매와 창저는 농사의 풍·흉년에 따라 당시 화폐의 역할을 하였던 면포를 거두어들이거나 유통하여 쌀값을 안정시키고자 하는 상평창의 기능을 잘 보여주고 있다.

보기

정부는 국내 물가의 상승과 이로 인한 자국의 화폐가치 급락을 우려하고 있다. 이에 정부는 외국의 값싼 생필품을 수입하고, 저장해 놓았던 곡물을 싼 값에 유통시켜 물가 상승을 억제하는 정책을 펴고 있다. 또한 중앙은행을 통해 기준 금리를 높여 시중에 풀린 자본을 흡수하여 궁극적으로 물가 안정을 도모하고 있다.

① 상평창은 보기의 '중앙은행'과 유사한 역할을 하는군.
② 풍년으로 인한 쌀값 하락과 보기의 물가 상승 모두 화폐가치를 떨어트리겠군.
③ 채매(採買) 정책은 보기에서 정부가 생필품을 수입하는 것에 해당하는군.
④ 창저(倉儲) 정책은 보기에서 기준 금리를 높이는 것과 그 목적이 비슷하군.
⑤ 보기에서 저장해 둔 곡물을 유통시키는 것은 시간적 가격차를 이용한 것이군.

다음 글을 토대로 〈보기〉를 바르게 해석한 것으로 적절하지 않은 것은?

> 현대인은 타인의 고통을 주로 뉴스나 영화 등의 매체를 통해 경험한다. 타인의 고통을 직접 대면하는 경우와 비교할 때 그와 같은 간접 경험으로부터 연민을 갖기는 쉽지 않다. 더구나 현대 사회는 사적 영역을 침범하지 않도록 주문한다. 이런 존중의 문화는 타인의 고통에 대한 지나친 무관심으로 변질될 수 있다. 그래서인지 현대 사회는 소박한 연민조차 느끼지 못하는 불감증 환자들의 안락하지만 황량한 요양소가 되어 가고 있는 듯하다.
>
> 연민에 대한 정의는 시대와 문화·지역에 따라 가지각색이지만 다수의 학자들에 따르면 연민은 두 가지 조건이 충족될 때 생긴다. 먼저 타인의 고통이 그 자신의 잘못에서 비롯된 것이 아니라 우연히 닥친 비극이어야 한다. 다음으로 그 비극이 언제든 나를 엄습할 수도 있다고 생각해야 한다. 이런 조건에 비추어 볼 때 현대 사회에서 연민의 감정은 무뎌질 가능성이 높다. 현대인은 타인의 고통을 대부분 그 사람의 잘못된 행위에서 비롯된 필연적 결과로 보며, 자신은 그러한 불행을 예방할 수 있다고 생각하기 때문이다.
>
> 그러나 현대 사회에서도 연민은 생길 수 있으며 연민의 가치 또한 커질 수 있다. 그 이유를 세 가지로 제시할 수 있다. 첫째, 현대 사회는 과거보다 안전한 것처럼 보이지만 실은 도처에 위험이 도사리고 있다. 둘째, 행복과 불행이 과거보다 사람들의 관계에 더욱 의존하고 있다. 친밀성은 줄었지만 사회·경제적 관계가 훨씬 촘촘해졌기 때문이다. 마지막으로 교통과 통신이 발달하면서 현대인은 이전에 몰랐던 사람들의 불행까지도 의식할 수 있게 되었다. 물론 간접 경험에서 연민을 갖기가 어렵다고 치더라도 고통을 대면하는 경우가 많아진 만큼 연민의 필요성이 커져 가고 있다. 이런 정황에서 볼 때 연민은 그 어느 때보다 절실히 요구되며 그만큼 가치도 높다.
>
> 진정한 연민은 대부분 연대로 나아간다. 연대는 고통의 원인을 없애기 위해 함께 행동하는 것이다. 연대는 멀리하면서 감성적 연민만 외치는 사람들은 은연중에 자신과 고통받는 사람들이 뒤섞이지 않도록 두 집단을 분할하는 벽을 쌓는다. 이 벽은 자신의 불행을 막으려는 방화벽이면서, 고통받는 타인들의 진입을 차단하는 성벽이다. '입구 없는 성'에 출구도 없듯, 이들은 성 바깥의 위험 지대로 나가지 않는다. 이처럼 안전지대인 성 안에서 가진 것의 일부를 성벽 너머로 던져 주며 자족하는 동정도 가치 있는 연민이다. 그러나 진정한 연민은 벽을 무너뜨리며 연대하는 것이다.

보기

> 영주는 어떤 할머니의 고통을 소개하는 방송을 보았다. 영주는 할머니가 불행에 대비하지 못한 것이 할머니 자신의 탓이고, 그 불행이 자기에게는 닥치지 않을 것이라고 생각했다. 그렇지만 할머니가 불쌍하다고 느껴져서 방송 도중 전화 모금에 참여했다. 마음은 뿌듯했지만 영주의 일상에는 아무런 변화가 없었다.

① 불행의 원인을 사회적 관계에서 찾지 않는 아쉬움이 있다.
② 간접 경험을 통해서도 연민을 느낄 수 있음을 보여 준다.
③ 타인의 비극이 나를 엄습할 수 있다는 인식이 없이도 연민을 느낄 수 있다.
④ 연민 때문에 도움을 주긴 했지만 연대로 나아가지 못한 아쉬움이 있다.
⑤ 사전에 예방이 가능한 불행을 연민의 대상에서 제외하고 있다.

1퍼센트의 가능성, 그것이 나의 길이다.

- 나폴레옹 -

PART **3**

최종점검 모의고사

제1회 최종점검 모의고사

제2회 최종점검 모의고사

제3회 최종점검 모의고사

제4회 최종점검 모의고사

삼성 온라인 GSAT	
도서 동형 온라인 실전연습 서비스	ATDL-00000-048D5

삼성 온라인 GSAT		
영역	문항 수	제한시간
수리	20문항	30분
추리	30문항	30분

※ 영역별 제한시간이 종료되고 OMR 답안지에 마킹하거나 이전 영역의 시험지를 넘기는 행동은 부정행위로 간주한다.

※ 온라인 GSAT 진행 시 사용되는 문제풀이 용지는 도서 앞쪽에 위치한 핸드북 형태로 제공하오니 모의고사와 함께 활용하기 바랍니다.

최종점검 모의고사

🕐 응시시간 : 60분   📋 문항 수 : 50문항

정답 및 해설 p.054

---

01 | 수리

01 S사가 주최하는 체육대회에서 다음 〈조건〉과 같이 팀을 구성한다고 할 때, 경우의 수는?

> **조건**
> • 신입사원은 여자 4명, 남자 6명이다.
> • 신입사원 중 무작위로 5명을 뽑아 경기에 출전시킨다.

① 45가지   ② 210가지

③ 252가지   ④ 495가지

⑤ 792가지

Easy

02 주머니에 빨간색 구슬 3개, 초록색 구슬 4개, 파란색 구슬 5개가 있다. 구슬 2개를 꺼낼 때, 모두 빨간색이거나 모두 초록색이거나 모두 파란색일 확률은?

① $\dfrac{3}{11}$ ② $\dfrac{19}{66}$

③ $\dfrac{10}{33}$ ④ $\dfrac{7}{22}$

⑤ $\dfrac{7}{44}$

03 다음은 S초등학교의 기초학력에 미달하는 학생 수에 대한 자료이다. 이를 토대로 〈보기〉의 ㉠, ㉡에 들어갈 과목이 바르게 짝지어진 것은?

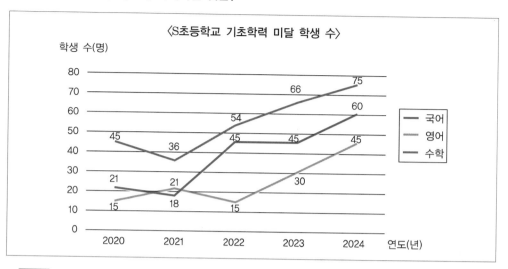

<S초등학교 기초학력 미달 학생 수>

학생 수(명)

범례: 국어, 영어, 수학

보기

S초등학교의 기초학력 미달 학생 수는 2021년에 국어는 소폭 감소하였고, 2022년에 영어는 소폭 감소하였다. 또한 2022년과 2023년의 국어 과목 기초학력 미달 학생 수는 변하지 않았으나, 전반적으로 매년 증가하는 추세이다. 특히 국어, 영어, 수학 과목 중에서 매년 가장 많은 학생의 기초학력이 미달인 과목은 ___㉠___ 과목이었다. 한편 2020년 대비 2024년의 기초학력 미달 학생 수가 가장 많이 증가한 과목은 ___㉡___ 과목이었다.

	㉠	㉡
①	국어	수학
②	영어	영어
③	수학	국어
④	영어	수학
⑤	수학	영어

다음은 2015 ~ 2024년 범죄별 발생 건수에 대한 자료이다. 이에 대한 설명으로 옳은 것은?

〈범죄별 발생 건수〉

(단위 : 천 건)

구분	2015년	2016년	2017년	2018년	2019년	2020년	2021년	2022년	2023년	2024년
사기	282	272	270	266	242	235	231	234	241	239
절도	366	356	371	354	345	319	322	328	348	359
폭행	139	144	148	149	150	155	161	158	155	156
방화	5	4	2	1	2	5	2	4	5	3
살인	3	11	12	13	13	15	16	12	11	14

① 2015 ~ 2024년 동안 범죄별 발생 건수의 순위는 매년 동일하다.
② 2015 ~ 2024년 동안 발생한 방화의 총 발생 건수는 3만 건 미만이다.
③ 2016 ~ 2024년까지 전년 대비 사기 범죄 건수 증감 추이는 폭행의 경우와 반대이다.
④ 2017년 전체 범죄 발생 건수 중 절도가 차지하는 비율은 50% 이상이다.
⑤ 2015년 대비 2024년 전체 범죄 발생 건수 감소율은 5% 이상이다.

05 S카드사는 카드 이용 시 제공되는 할인 서비스에 대한 기존 고객의 선호도를 조사하여 신규 상품에 적용하고자 한다. S카드사 이용 고객 2,000명을 대상으로 실시한 선호도 조사 결과가 다음과 같을 때, 이에 대한 〈보기〉의 설명 중 옳은 것을 모두 고르면?

〈할인 서비스 선호도 조사 결과〉

(단위 : %)

할인 서비스	남성	여성	전체
주유	18	22	20
온라인 쇼핑	10	18	14
영화관	24	23	23.5
카페	8	13	10.5
제과점	22	17	19.5
편의점	18	7	12.5

※ 응답자들은 가장 선호하는 할인 서비스 항목 1개를 선택함

보기

ㄱ. 선호도 조사 응답자 2,000명의 남녀 비율은 동일하다.
ㄴ. 편의점 할인 서비스는 남성보다 여성 응답자가 더 선호한다.
ㄷ. 온라인 쇼핑 할인 서비스를 선택한 남성은 모두 130명이다.
ㄹ. 남성과 여성 응답자는 모두 영화관 할인 서비스를 가장 선호한다.

① ㄱ, ㄴ
② ㄱ, ㄹ
③ ㄴ, ㄷ
④ ㄴ, ㄹ
⑤ ㄷ, ㄹ

06 다음은 19세 이상 성별 흡연율에 대한 그래프이다. 이에 대한 설명으로 옳지 않은 것은?

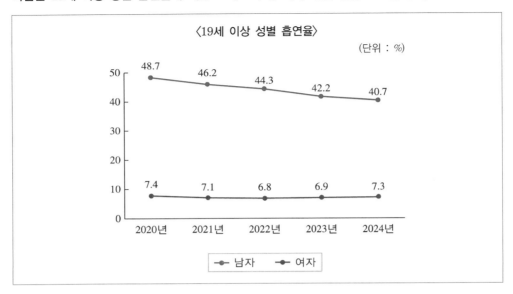

① 남자의 흡연율은 감소하고 있다.
② 여자의 흡연율은 감소에서 증가로 바뀌었다.
③ 남자와 여자의 흡연율 차이는 감소하고 있다.
④ 남자의 흡연율이 전년도와 가장 많은 차이를 보이는 해는 2021년이다.
⑤ 여자의 흡연율이 전년도와 가장 많은 차이를 보이는 해는 2022년이다.

07 다음은 화재 관련 자료이다. 이에 대한 설명으로 옳지 않은 것은?

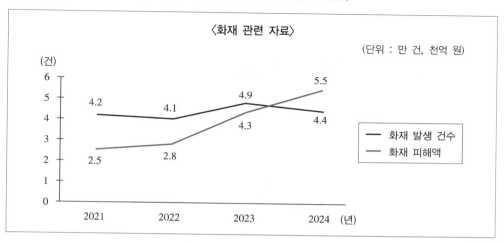

① 화재 발생 건수와 화재 피해액은 비례한다.
② 화재 피해액은 매년 증가한다.
③ 화재 발생 건수가 가장 높은 해는 2023년이다.
④ 화재 피해액은 2023년 이후 처음으로 4천억 원을 넘어섰다.
⑤ 화재 발생 건수가 높다고 화재 피해액도 높은 것은 아니다.

08 다음은 S헬스장의 2023년 4분기 프로그램 회원 수와 2024년 1월 예상 회원 수에 대한 자료이다.
〈조건〉을 바탕으로 방정식 $2a+b=c+d$가 성립할 때, b에 알맞은 회원 수는?

〈S헬스장 운동 프로그램 회원 현황〉

(단위 : 명)

구분	2023년 10월	2023년 11월	2023년 12월	2024년 1월
요가	50	a	b	
G.X	90	98	c	
필라테스	106	110	126	d

조건

• 2023년 11월 요가 회원은 전월 대비 20% 증가했다.
• 4분기 필라테스 총 회원 수는 G.X 총 회원 수보다 37명이 더 많다.
• 2024년 1월 필라테스의 예상 회원 수는 2022년 4분기 필라테스의 월 평균 회원 수일 것이다.

① 110명   ② 111명
③ 112명   ④ 113명
⑤ 114명

09 다음은 인터넷 공유활동 참여 현황을 정리한 자료이다. 이를 바르게 이해하지 못한 사람은?

〈인터넷 공유활동 참여율(복수응답)〉

(단위 : %)

구분		커뮤니티 이용	퍼나르기	블로그 운영	댓글 달기	UCC 게시
성별	남성	79	64	49	52	46
	여성	76	59	55	38	40
연령	10대	75	63	54	44	51
	20대	88	74	76	47	54
	30대	77	58	46	44	37
	40대	66	48	27	48	29

※ 성별, 연령별 조사인원은 동일함

① A사원 : 자료에 의하면 20대가 다른 연령대에 비해 인터넷상에서 공유활동을 활발히 참여하고 있네요.
② B주임 : 대체로 남성이 여성에 비해 상대적으로 활발한 활동을 하고 있는 것 같아요. 그런데 블로그 운영 활동은 여성이 더 많네요.
③ C대리 : 남녀 간의 참여율 격차가 가장 큰 활동은 댓글 달기이네요. 반면에 커뮤니티 이용은 남녀 간의 참여율 격차가 가장 작네요.
④ D사원 : 10대와 30대의 공유활동 참여율을 큰 순서대로 나열하면 재미있게도 두 연령대의 활동 순위가 동일하네요.
⑤ E사원 : 40대는 대부분의 공유활동에서 모든 연령대의 참여율보다 낮지만, 댓글 달기에서는 가장 높은 참여율을 보이고 있네요.

다음은 어느 해의 S시 5개 구 주민의 돼지고기 소비량에 대한 자료이다. 〈조건〉을 이용하여 변동계수가 3번째로 큰 구는?

<5개 구 주민의 돼지고기 소비량 통계>

(단위 : kg)

구분	평균(1인당 소비량)	표준편차
A구	( )	5
B구	( )	4
C구	30.0	6
D구	12.0	4
E구	( )	8

※ (변동계수)$=\dfrac{(표준편차)}{(평균)}\times100$

조건

- A구의 1인당 소비량과 B구의 1인당 소비량을 합하면 C구의 1인당 소비량과 같다.
- A구의 1인당 소비량과 D구의 1인당 소비량을 합하면 E구 1인당 소비량의 2배와 같다.
- E구의 1인당 소비량은 B구의 1인당 소비량보다 6.0kg 더 많다.

① A구

② B구

③ C구

④ D구

⑤ E구

11 다음은 2015 ~ 2024년까지 연도별 청년 고용률 및 실업률에 대한 그래프이다. 고용률과 실업률의 차이가 가장 큰 연도로 옳은 것은?

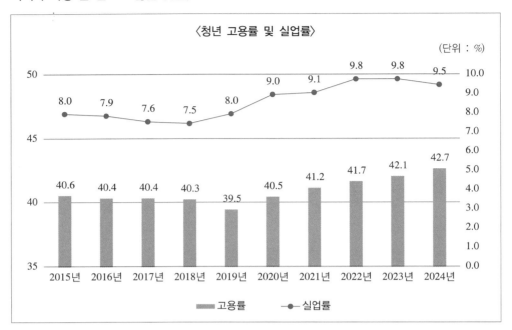

① 2017년
② 2018년
③ 2021년
④ 2023년
⑤ 2024년

12 다음은 S방송사의 매출액 추이를 나타낸 자료이다. 이에 대하여 올바르게 분석한 사람을 〈보기〉에서 모두 고르면?

〈S방송사 매출액 추이〉

(단위 : 십억 원)

구분		2020년	2021년	2022년	2023년	2024년
방송사업 매출액	방송수신료	56	57	54	53	54
	광고	215	210	232	220	210
	협찬	31	30	33	31	32
	프로그램 판매	11	10	12	13	12
	기타 방송사업	18	22	21	20	20
기타 사업		40	41	42	41	42
합계		371	370	394	378	370

보기

지환 : 방송수신료 매출액의 전년 대비 증감 추이와 반대되는 추이를 보이는 항목이 존재해.
소영 : 5년간 모든 항목의 매출액이 3십억 원 이상의 변동폭을 보였어.
동현 : 5년간 각 항목의 매출액 순위는 한 번도 변동 없이 동일했구나.
세미 : 2020년과 비교했을 때 2024년에 매출액이 상승하지 않은 항목은 2개뿐이군.

① 지환, 소영
② 소영, 세미
③ 세미, 동현
④ 지환, 동현, 세미
⑤ 지환, 동현, 소영

※ S회사는 이번 달부터 직원들에게 자기개발 프로그램 신청 시 보조금을 지원해 준다고 한다. 다음은 이번 달 부서별 프로그램 신청 현황과 프로그램별 세부사항에 대한 그래프이다. 이어지는 질문에 답하시오. [13~14]

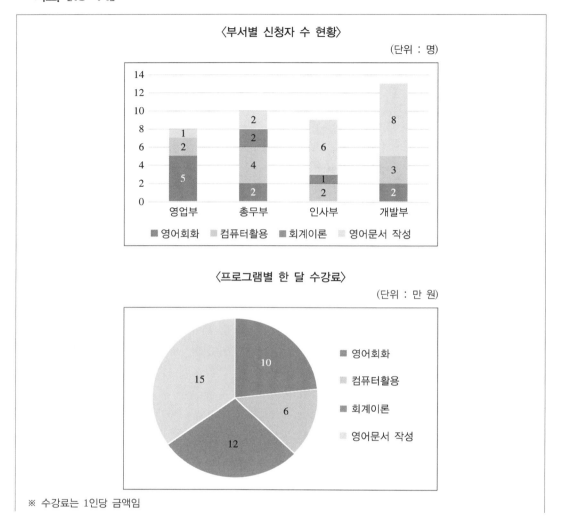

〈부서별 신청자 수 현황〉

(단위 : 명)

〈프로그램별 한 달 수강료〉

(단위 : 만 원)

※ 수강료는 1인당 금액임

〈한 달 수업일수 및 시간〉

(단위 : 일, 시간/일)

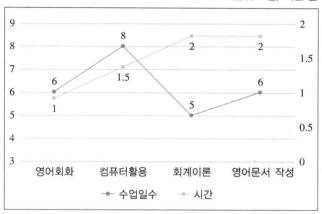

13 S회사에서 '컴퓨터활용'을 신청한 직원은 전체 부서 직원 수에서 몇 %를 차지하는가?

① 25%

② 27.5%

③ 30%

④ 32.5%

⑤ 35%

14 자기개발 프로그램 중 한 달에 가장 적은 시간을 수업하는 프로그램과 그 프로그램의 한 달 수강료가 바르게 짝지어진 것은?

① 영어문서 작성 – 15만 원

② 컴퓨터활용 – 6만 원

③ 영어회화 – 10만 원

④ 영어회화 – 15만 원

⑤ 회계이론 – 12만 원

※ 다음은 A ~ E국의 건설시장에 대한 자료이다. 이어지는 질문에 답하시오. [15~16]

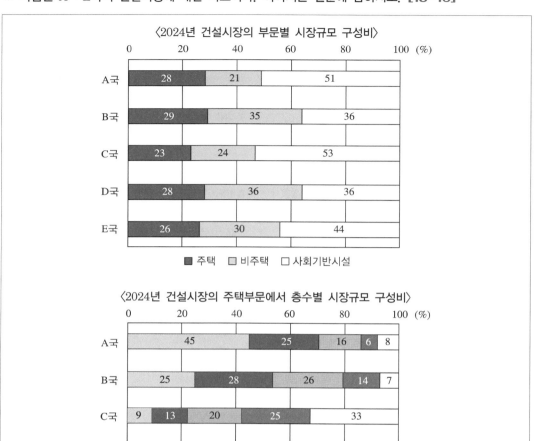

⟨2024년 건설시장의 부문별 시장규모 구성비⟩

국가	주택	비주택	사회기반시설
A국	28	21	51
B국	29	35	36
C국	23	24	53
D국	28	36	36
E국	26	30	44

■ 주택　■ 비주택　□ 사회기반시설

⟨2024년 건설시장의 주택부문에서 층수별 시장규모 구성비⟩

국가	16층 이상	11~15층	6~10층	3~5층	2층 이하
A국	45	25	16	6	8
B국	25	28	26	14	7
C국	9	13	20	25	33
D국	51	25	5	6	13
E국	30	37	15	9	9

□16층 이상　■11~15층　■6~10층　■3~5층　□2층 이하

⟨건설시장의 주택부문에서 16층 이상 시장규모 비율⟩

(단위 : %)

구분	A국	B국	C국	D국	E국
2020년	20	20	8	15	37
2021년	27	22	10	23	35
2022년	33	27	11	33	32
2023년	37	28	10	45	31
2024년	45	25	9	51	30

〈2024년 건설시장의 시장규모〉

(단위 : 조 원)

구분	A국	B국	C국	D국	E국
시장규모	50	150	100	200	250

15 다음 중 2024년 A ~ E국 건설시장의 주택부문 시장규모를 순서대로 나열할 때 가장 큰 국가와, A ~ E국의 건설시장 주택부문 중 16층 이상 시장규모를 순서대로 나열할 때 두 번째로 작은 국가를 바르게 나열한 것은?

① B, C

② D, A

③ D, C

④ E, A

⑤ E, C

16 위 자료에 대한 〈보기〉의 설명 중 옳은 것을 모두 고르면?

> **보기**
>
> ㄱ. 2024년 A국은 건설시장에서 주택부문 시장규모 비율이 가장 낮다.
> ㄴ. 2024년 C국의 건설시장 시장규모에서 주택부문이 차지하는 비율은 23%이고, D국의 건설시장의 주택부문 층수별 시장규모에서 16층 이상이 차지하는 비율은 51%이다.
> ㄷ. 건설시장의 주택부문에서 16층 이상 시장규모 비율이 매년 증가한 국가 수는 2개이다.
> ㄹ. 2024년 건설시장의 주택부문에서 3 ~ 10층 시장규모를 순서대로 나열할 때 시장규모가 가장 큰 국가는 B국이다.

① ㄱ, ㄴ

② ㄴ, ㄷ

③ ㄷ, ㄹ

④ ㄱ, ㄴ, ㄷ

⑤ ㄴ, ㄷ, ㄹ

17 다음은 우리나라 사업체 임금과 근로시간에 대한 자료이다. 이를 그래프로 나타낸 것으로 옳지 않은 것은?

〈월평균 근로일수, 근로시간, 임금총액 현황〉

(단위 : 일, 시간, 천 원, %)

구분	2017년	2018년	2019년	2020년	2021년	2022년	2023년	2024년
근로일수	22.7	22.3	21.5	21.5	21.5	21.5	21.3	21.1
근로시간	191.2	188.4	184.8	184.4	184.7	182.1	179.9	178.1
주당근로시간	44.1	43.4	42.6	42.5	42.5	41.9	41.4	41.0
전년 대비 근로시간 증감률	−2.0	−1.5	−1.9	−0.2	0.2	−1.4	−1.2	−1.0
임금총액	2,541	2,683	2,802	2,863	3,047	3,019	3,178	3,299
임금총액 상승률	5.7	5.6	4.4	2.2	6.4	−0.9	5.3	3.8

〈사업체 규모별 상용근로자의 근로시간 및 임금총액 현황〉

(단위 : 시간, 천 원)

구분		전규모	5 ~ 9인	10 ~ 29인	30 ~ 99인	100 ~ 299인	300인 이상
2019년	근로시간	184.8	187.0	188.5	187.2	183.8	177.2
	임금총액	2,802	2,055	2,385	2,593	2,928	3,921
2020년	근로시간	184.4	187.3	187.6	185.8	185.1	177.0
	임금총액	2,863	2,115	2,442	2,682	2,957	3,934
2021년	근로시간	184.7	186.9	187.1	187.0	187.9	175.9
	임금총액	3,047	2,212	2,561	2,837	3,126	4,291
2022년	근로시간	182.1	182.9	182.9	184.7	184.3	176.3
	임금총액	3,019	2,186	2,562	2,864	3,113	4,273
2023년	근로시간	179.9	180.8	180.2	183.3	182.8	173.6
	임금총액	3,178	2,295	2,711	3,046	3,355	4,424
2024년	근로시간	178.1	178.9	178.8	180.8	180.3	172.5
	임금총액	3,299	2,389	2,815	3,145	3,484	4,583

①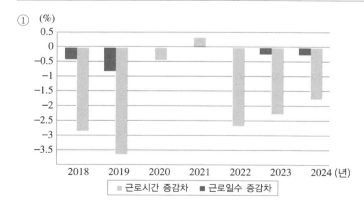

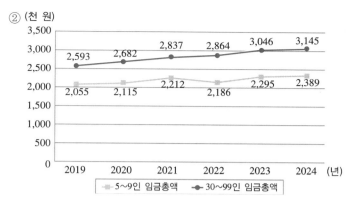

② (천 원)

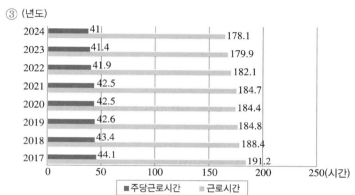

③ (년도)

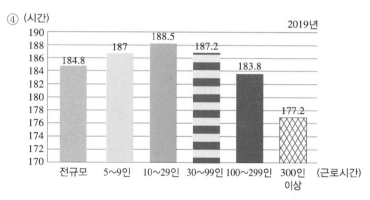

④ (시간)

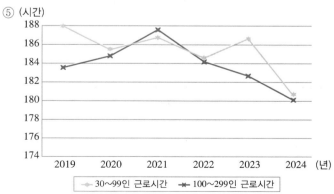

⑤ (시간)

18 S기업에서 운영하는 공유 클라우드 안에 저장된 파일의 수가 다음과 같은 규칙을 보일 때, 10년 후 저장된 파일의 수는?

〈S기업 공유 클라우드 내 파일 수〉

(단위 : 천 개)

기간	1년	2년	3년	4년	5년
파일 수	1	3	7	15	31

① 511천 개   ② 765천 개
③ 1,023천 개   ④ 1,685천 개
⑤ 2,047천 개

19 어떤 어부가 양식장에서 잡은 물고기의 수가 다음과 같은 규칙을 보일 때, 7번째 주에 잡은 물고기의 수는?

〈양식장 물고기 포획량〉

(단위 : 마리)

기간	1번째 주	2번째 주	3번째 주	4번째 주	5번째 주
잡은 물고기	3	6	9	15	24

① 63마리   ② 70마리
③ 77마리   ④ 84마리
⑤ 91마리

Easy

20 어떤 공사 현장의 인원별 일용근로자 1일 임금 총액이 다음과 같은 규칙을 보일 때, 일용근로자 15명의 1일 임금 총액은?

〈인원별 일용근로자 1일 임금 총액〉

(단위 : 만 원)

인원	2명	3명	4명	5명	6명
1일 임금 총액	30	45	60	75	90

① 210만 원   ② 225만 원
③ 240만 원   ④ 255만 원
⑤ 270만 원

※ 제시된 명제가 모두 참일 때, 다음 중 빈칸에 들어갈 명제로 가장 적절한 것을 고르시오. [1~3]

Easy

01

전제1. 자차가 없으면 대중교통을 이용한다.
전제2. _____
결론. 자차가 없으면 출퇴근 비용을 줄일 수 있다.

① 자차가 있으면 출퇴근 비용이 줄어든다.
② 대중교통을 이용하려면 자차가 있어야 한다.
③ 대중교통을 이용하면 출퇴근 비용이 줄어든다.
④ 출퇴근 비용을 줄이려면 자차가 있어야 한다.
⑤ 자차가 없으면 출퇴근 비용을 줄일 수 없다.

02

전제1. 연예인이 모델이면 매출액이 증가한다.
전제2. _____
결론. 연예인이 모델이면 브랜드 인지도가 높아진다.

① 브랜드 인지도가 높아지면 연예인이 모델이다.
② 브랜드 인지도가 높아지면 매출액이 줄어든다.
③ 매출액이 줄어들면 브랜드 인지도가 높아진다.
④ 매출액이 증가하면 브랜드 인지도가 높아진다.
⑤ 매출액이 증가하면 브랜드 인지도가 낮아진다.

03

전제1. 연필을 좋아하는 사람은 지우개를 좋아한다.
전제2. 볼펜을 좋아하는 사람은 수정테이프를 좋아한다.
전제3. 지우개를 좋아하는 사람은 샤프를 좋아한다.
전제4. 성준이는 볼펜을 좋아한다.
결론. _____

① 볼펜을 좋아하는 사람은 연필을 좋아한다.
② 지우개를 좋아하는 사람은 볼펜을 좋아한다.
③ 성준이는 수정테이프를 좋아한다.
④ 연필을 좋아하는 사람은 수정테이프를 좋아한다.
⑤ 샤프를 좋아하는 사람은 볼펜을 좋아한다.

PART 3

04 A~E 다섯 명이 100m 달리기를 했다. 기록 측정 결과가 나오기 전, 대화를 통해 순위를 예측해 보려고 한다. 이들 중 한 사람이 거짓말을 하고 있을 때, A~E의 순위가 바르게 나열된 것은?

- A : 나는 1등이 아니고, 3등도 아니야.
- B : 나는 1등이 아니고, 2등도 아니야.
- C : 나는 3등이 아니고, 4등도 아니야.
- D : 나는 A와 B보다 늦게 들어왔어.
- E : 나는 C보다는 빠르게 들어왔지만, A보다는 늦게 들어왔어.

---

① E − C − B − A − D

② E − A − B − C − D

③ C − E − B − A − D

④ C − A − D − B − E

⑤ A − C − E − B − D

05 범인을 검거하기 위해 경찰은 용의자 A~E 5명을 심문하였다. 이들은 다음과 같이 진술하였으며 2명의 진술은 참, 3명의 진술은 거짓이라고 할 때, 범인은?(단, 범행 현장에는 범죄자와 목격자가 있고, 범죄자는 목격자가 아니며, 모든 사람은 참이나 거짓만 말한다)

- A : 나는 범인이 아니고, 나와 E만 범행 현장에 있었다.
- B : C와 D는 범인이 아니고, 목격자는 2명이다.
- C : 나는 B와 함께 있었고, 범행 현장에 있지 않았다.
- D : C의 말은 모두 참이고, B가 범인이다.
- E : 나는 범행 현장에 있었고, A가 범인이다.

---

① A 　　　　　　　　　　　② B

③ C 　　　　　　　　　　　④ D

⑤ E

06 A ~ E 5개의 약국은 공휴일마다 2곳씩만 영업을 한다. 다음 〈조건〉을 바탕으로 반드시 참인 것은?(단, 한 달간 각 약국의 공휴일 영업일수는 같다)

> **조건**
> • 이번 달 공휴일은 총 5일이다.
> • 오늘은 세 번째 공휴일이며 A약국, C약국이 영업을 한다.
> • D약국은 오늘을 포함하여 이번 달에는 더 이상 공휴일에 영업을 하지 않는다.
> • E약국은 마지막 공휴일에 영업을 한다.
> • A약국과 E약국은 이번 달에 한 번씩 D약국과 영업을 했다.

① A약국은 이번 달에 두 번의 공휴일을 연달아 영업한다.
② 이번 달에 B약국, E약국이 함께 영업하는 공휴일은 없다.
③ B약국은 두 번째, 네 번째 공휴일에 영업을 한다.
④ 네 번째 공휴일에 영업하는 약국은 B약국과 C약국이다.
⑤ E약국은 첫 번째, 다섯 번째 공휴일에 영업을 한다.

Easy

07 다음 명제를 통해 얻을 수 있는 결론으로 가장 적절한 것은?

> • 어떤 남자는 경제학을 좋아한다.
> • 경제학을 좋아하는 모든 남자는 국문학을 좋아한다.
> • 국문학을 좋아하는 모든 남자는 영문학을 좋아한다.

① 어떤 남자는 영문학을 좋아한다.
② 국문학을 좋아하는 사람은 남자이다.
③ 영문학을 좋아하는 사람은 모두 남자이다.
④ 국문학을 좋아하는 모든 남자는 경제학을 좋아한다.
⑤ 경제학을 좋아하는 어떤 남자는 국문학을 싫어한다.

08 다음 〈조건〉에 따라 A ~ C 세 사람이 다음 주에 출장을 가려고 할 때, 함께 출장을 갈 수 있는 요일은?(단, 출장 일정은 하루이다)

> **조건**
> • 출장 일정은 소속 부서의 정기적인 일정을 피해서 잡는다.
> • A와 B는 영업팀, C는 재무팀 소속이다.
> • 다음 주 화요일은 회계감사 예정으로 재무팀 소속 전 직원은 당일 본사에 머물러야 한다.
> • B는 개인사정으로 목요일에 연차휴가를 사용하기로 하였다.
> • 영업팀은 매주 수요일마다 팀 회의를 한다.
> • 금요일 및 주말에는 출장을 갈 수 없다.

① 월요일　　　　　　　　　　　② 화요일
③ 수요일　　　　　　　　　　　④ 목요일
⑤ 금요일

09 아마추어 야구 리그에서 활동하는 가 ~ 라 4개의 팀은 빨간색, 노란색, 파란색, 보라색 중에서 매년 상징하는 색을 바꾸고 있다. 다음 〈조건〉을 참고할 때, 반드시 참인 것은?

> **조건**
> • 하나의 팀은 하나의 상징색을 갖는다.
> • 이전에 사용했던 상징색을 다시 사용할 수는 없다.
> • 가와 나팀은 빨간색을 사용한 적이 있다.
> • 나와 다팀은 보라색을 사용한 적이 있다.
> • 라팀은 노란색을 사용한 적이 있고, 파란색을 선택하였다.

① 가팀은 파란색을 사용한 적이 있어 다른 색을 골라야 한다.
② 가팀의 상징색은 노란색이 될 것이다.
③ 다팀은 파란색을 사용한 적이 있을 것이다.
④ 다팀의 상징색은 빨간색이 될 것이다.
⑤ 라팀은 보라색을 사용한 적이 있다.

10 S초등학교의 어떤 반에서는 가 ~ 라 4명의 학생 자리를 4개의 분단에 나누어 배정한다. 다음 〈조건〉을 참고할 때, 반드시 참인 것은?

> **조건**
> • 각각의 자리에는 한 명의 학생이 앉는다.
> • 이전에 앉았던 분단에는 다시 앉지 않는다.
> • 가는 1분단과 3분단에 앉은 적이 있다.
> • 나는 2분단과 3분단에 앉은 적이 있다.
> • 다는 2분단과 4분단에 앉은 적이 있다.
> • 라는 1분단에 배정되었다.

① 가는 4분단에 배정된다.
② 다가 배정될 분단을 확실히 알 수 없다.
③ 나가 배정될 분단을 확실히 알 수 없다.
④ 나는 3분단에 앉을 것이다.
⑤ 가는 2분단에 앉을 것이다.

11 S사는 A ~ E 5개 팀이 사용하는 사무실을 1층부터 5층까지 각 층에 배치하였다. 각 팀의 배치는 2년에 한 번씩 새롭게 배치하며, 올해가 새롭게 배치될 해이다. 다음 〈조건〉을 참고할 때, 반드시 참인 것은?

> **조건**
> • 한 번 배치된 층에는 같은 부서가 배치되지 않는다.
> • A팀과 C팀은 1층과 3층을 사용한 적이 있다.
> • B팀과 D팀은 2층과 4층을 사용한 적이 있다.
> • E팀은 2층을 사용한 적이 있고, 5층에 배정되었다.
> • B팀은 1층에 배정되었다.

① E팀은 3층을 사용한 적이 있을 것이다.
② A팀은 2층에 배정될 것이다.
③ E팀은 이전에 5층을 사용한 적이 있을 것이다.
④ 2층을 쓸 가능성이 있는 것은 총 세 팀이다.
⑤ D팀은 3층에 배정될 것이다.

12 이웃해 있는 10개의 건물에 초밥가게, 옷가게, 신발가게, 편의점, 약국, 카페가 있다. 카페가 왼쪽에서 세 번째 건물에 있을 때, 〈조건〉을 토대로 항상 옳은 것은?(단, 한 건물에 한 가지 업종만 들어갈 수 있다)

> **조건**
> • 초밥가게는 카페보다 앞에 있다.
> • 초밥가게와 신발가게 사이에 건물이 6개 있다.
> • 옷가게와 편의점은 인접할 수 없으며, 옷가게와 신발가게는 인접해 있다.
> • 신발가게 뒤에 아무것도 없는 건물이 2개 있다.
> • 두 번째와 네 번째 건물은 아무것도 없는 건물이다.
> • 편의점과 약국은 인접해 있다.

① 카페와 옷가게는 인접해 있다.
② 초밥가게와 약국 사이에 2개의 건물이 있다.
③ 편의점은 여섯 번째 건물에 있다.
④ 신발가게는 여덟 번째 건물에 있다.
⑤ 옷가게는 다섯 번째 건물에 있다.

13 K씨는 진찰을 받기 위해 병원에 갔다. 진찰 대기자는 K씨를 포함하여 총 5명이 있다. 진찰 순서가 다음 〈조건〉을 따를 때 K씨의 진찰 순서는?

> **조건**
> • A는 B의 바로 앞에 이웃하여 있다.
> • A는 C보다 뒤에 있다.
> • K는 A보다 앞에 있다.
> • K와 D 사이에는 2명이 있다.

① 첫 번째   ② 두 번째
③ 세 번째   ④ 네 번째
⑤ 다섯 번째

김대리는 회사의 새로운 사무실 임대계약하기 위해 S지역의 지리를 파악하고 있다. 〈조건〉에 따라 건물이 배치되어 있을 때, 다음 중 학교와 병원의 위치가 바르게 연결된 것은?

〈S지역 지도〉

7번 도로			9번 도로	7번 도로	
대형마트	E	주차장		공터	D
12번 도로				12번 도로	
미술관	A	교회		C	영화관
공터	카페	B		식료품점	공터
13번 도로				13번 도로	

※ 건물들의 면적 및 도로들의 폭은 각각 동일하다고 가정함

조건

- 두 건물의 사이에 도로나 다른 건물이 없을 때, '두 건물이 이웃한다'라고 표현한다. 도로와 건물 간의 이웃 여부도 동일한 기준에 따라 표현한다.
- A, B, C, D, E는 각각 학교, 놀이터, 병원, 학원, 공원 중 서로 다른 하나에 해당한다.
- 학교는 병원보다 주차장으로부터의 직선거리가 더 가까운 곳에 있다.
- 학원은 공터와 이웃하고 있다.
- 13번 도로와 이웃하고 있는 곳은 공원뿐이다.
- 놀이터와 학원은 모두 동일한 두 개의 도로에 이웃하고 있다.

	학교	병원
①	A	B
②	A	C
③	A	E
④	B	C
⑤	B	D

15

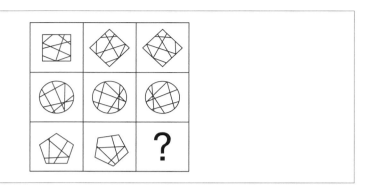

①

②

③

④

⑤

16

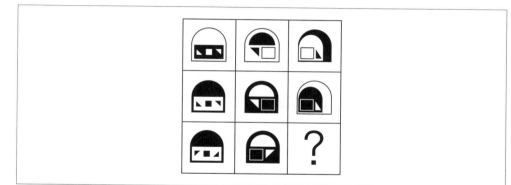

①

②

③

④

⑤

17

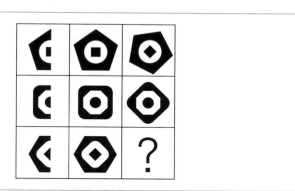

①

②

③

④

⑤

※ 다음 도식에서 기호들은 일정한 규칙에 따라 문자를 변화시킨다. 물음표에 들어갈 문자로 알맞은 것을 고르시오(단, 규칙은 가로와 세로 중 한 방향으로만 적용된다). [18~21]

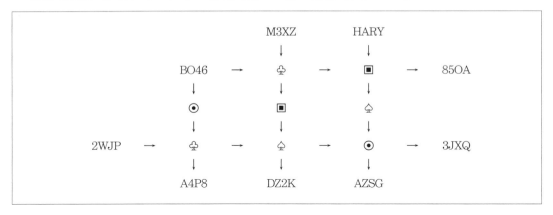

Easy

18

$$7ㅅ3ㄷ \rightarrow ■ \rightarrow ◉ \rightarrow ?$$

① ㄷㅅ37

② ㄷ3ㅅ6

③ ㄴㅅ47

④ ㄷ36ㅅ

⑤ ㄴㅅ46

19

$$PㄹㅎU \rightarrow ♣ \rightarrow ♠ \rightarrow ?$$

① ㅁRㅎV

② ㅁㅎRW

③ QㅁㅎV

④ QㅂㄱV

⑤ QㅂWㄱ

Hard

20

126ㅊ → ⊙ → ? → ▣ → ㅈ713

① ⊙
② ♤
③ ♧ → ♤
④ ⊙ → ▣
⑤ ♤ → ⊙

21

Cㅁㅎ A → ♤ → ? → Eㅍㅂ Z

① ⊙
② ▣
③ ♤ → ⊙
④ ⊙ → ▣
⑤ ♧ → ♤

PART 3

※ 다음 문단을 논리적 순서대로 바르게 나열한 것을 고르시오. [22~23]

22

(가) 하지만 막상 앱을 개발하려 할 때 부딪히는 여러 난관이 있다. 여행지나 주차장에 한 정보를 모으는 것도 문제이고, 정보를 지속적으로 갱신하는 것도 문제이다. 이런 문제 때문에 결국 아이디어를 포기하는 경우가 많다.

(나) 그러나 이제는 아이디어를 포기하지 않아도 된다. 바로 공공 데이터가 있기 때문이다. 공공 데이터는 공공기관에서 생성, 취득하여 관리하고 있는 정보 중 전자적 방식으로 처리되어 누구나 이용할 수 있도록 국민들에게 제공된 것을 말한다.

(다) 현재 정부에서는 공공 데이터 포털 사이트를 개설하여 국민들이 쉽게 이용할 수 있도록 하고 있다. 공공 데이터 포털 사이트에서는 800여 개 공공기관에서 생성한 15,000여 건의 공공 데이터를 제공하고 있으며, 제공하는 공공 데이터의 양을 꾸준히 늘리고 있다.

(라) 앱을 개발하려는 사람들은 아이디어가 넘친다. 사람들이 여행 준비를 위해 많은 시간을 허비하는 것을 보면 한 번에 여행 코스를 짜 주는 앱을 만들어 보고 싶어 하고, 도심에 주차장을 못 찾아 헤매는 사람들을 보면 주차장을 쉽게 찾아 주는 앱을 만들어 보고 싶어 한다.

① (가) - (나) - (다) - (라)   ② (다) - (가) - (나) - (라)
③ (다) - (라) - (나) - (가)   ④ (라) - (나) - (다) - (가)
⑤ (라) - (가) - (나) - (다)

23

(가) 세종대왕은 백성들이 어려운 한자를 익히지 못해 글을 읽고 쓰지 못하는 것을 안타깝게 여겼다. 당시에는 오직 사대부들만 한자를 배워 지식을 독점했기 때문에 권력 역시 이들의 것이었다. 세종대왕은 이를 가엾게 여기다가, 온 국민이 쉽게 깨우칠 수 있는 문자를 만들었다.

(나) 훈민정음을 세상에 설명하기 위해 1446년(세종 28년) 정인지 등의 학자가 세종대왕의 명령을 받고 한문으로 편찬한 해설서인 『훈민정음 해례본』을 편찬하고, 정인지·안지·권제 등을 명해 조선 왕조 창업을 노래한 『용비어천가』를 펴냈다.

(다) 이러한 반대를 물리치고, 세종대왕은 1446년 훈민정음을 세상에 알리게 된다. 실제로 '백성을 가르치는 바른 소리'라는 뜻의 훈민정음의 서문을 보면 평생 글을 모른 채 살아가는 사람들에 대한 애민정신이 명확히 드러난다.

(라) 각고의 노력 끝에 훈민정음이 만들었지만, 대신들은 물론 집현전 학자들까지도 한글 창제에 대해 거세게 반발했다. 최만리, 정찬손 등의 학자들이 반대 상소를 올리자 세종대왕이 "이두를 제작한 뜻이 백성을 편리하게 하려 함이라면, 지금의 언문(한글)도 백성을 편리하게 하려 하는 것이다."라고 질타한 일화가 『세종실록』에 남아 있을 정도다.

① (가) - (나) - (라) - (다)   ② (가) - (라) - (다) - (나)
③ (나) - (다) - (라) - (가)   ④ (나) - (라) - (다) - (가)
⑤ (다) - (나) - (라) - (가)

24

비만 환자의 경우 식사 조절을 통한 섭취량 감소가 중요하므로 적절한 식이요법이 필요하다. 먼저 환자의 표준 체중에 대한 기초대사량과 활동대사량을 파악하고, 이에 따라 3대 영양소인 단백질과 지방, 탄수화물의 섭취량을 조절해야 한다.

표준 체중은 남성의 경우 $\{키(m)\}^2 \times 22kg$으로 계산하고, 여성의 경우에는 $\{키(m)\}^2 \times 21kg$으로 계산한다. 성인의 하루 기초대사량은 $1kcal \times (표준 체중) \times 24$로 계산하고, 활동대사량은 활동의 정도에 따라 기초대사량에 0.2배(정적 활동), 0.4배(보통 활동), 0.8배(격심한 활동)를 곱한다. 기초대사량에 활동대사량을 합한 값이 성인이 하루에 필요로 하는 칼로리가 된다.

필요한 칼로리가 정해지면 우선 단백질의 섭취량을 계산하고, 나머지를 지방과 탄수화물로 배분한다. 성인의 하루 단백질 섭취량은 표준 체중을 기준으로 0.8 ~ 1.2g/kg(평균 1.13g/kg)이며, 비만 환자가 저열량 식이 조절을 하는 경우에는 1.2 ~ 1.5g/kg(평균 1.35g/kg)으로 계산한다. 지방은 전체 필요 칼로리 중 20% 이하로 섭취하는 것이 좋으며, 콜레스테롤은 하루 300mg 이하로 제한하는 것이 좋다. 탄수화물의 경우 섭취량이 부족하면 단백질을 분해하여 포도당을 생성하게 되므로 케톤산증을 유발할 수 있다. 따라서 총 섭취 칼로리의 55 ~ 60% 정도의 섭취를 권장하며, 반드시 최소 100g 정도의 탄수화물을 섭취해야 한다.

① 신장 178cm인 성인 남성의 표준 체중은 약 69.7kg이 된다.

② 주로 정적 활동을 하는 남성의 표준 체중이 73kg이라면 하루에 필요한 칼로리는 2,102.4kcal이다.

③ 표준 체중이 55kg인 성인 여성의 경우 하루 평균 62.15g의 단백질을 섭취하는 것이 좋다.

④ 주로 보통 활동을 하는 비만 환자의 경우에도 하루에 반드시 최소 100g 정도의 탄수화물을 섭취해야 한다.

⑤ 주로 보통 활동을 하는 성인 남성의 하루 기초대사량이 1,728kcal라면 하루 500g 이상의 지방을 섭취하는 것이 좋다.

25

주식회사는 오늘날 회사 기업의 전형이라고 할 수 있다. 이는 주식회사가 다른 유형의 회사보다 뛰어난 자본 조달력을 가지고 있기 때문인데, 주식회사의 자본 조달은 자본금, 주식, 유한책임이라는 주식회사의 본질적 요소와 관련된다.

주식회사의 자본금은 회사 설립의 기초가 되는 것으로, 주식 발행을 통해 조성된다. 현행 상법에서는 주식회사를 설립할 때 최저 자본금에 대한 제한을 두지 않고 있으며, 자본금을 정관*의 기재사항으로도 규정하지 않고 있다. 대신 수권주식총수를 정관에 기재하게 하여 자본금의 최대한도를 표시하도록 하고 있다. 수권주식총수란 회사가 발행할 주식총수로, 수권주식총수를 통해 자본금의 최대한도인 수권자본금을 알 수 있다. 주식회사를 설립할 때는 수권주식총수 중 일부의 주식만을 발행해도 되는데, 발행하는 주식은 모두 인수되어야 한다. 여기서 주식을 인수한다는 것은 출자자를 누구로 하는지, 그 출자자가 인수하려는 주식이 몇 주인지를 확정하는 것을 말한다. 회사가 발행하는 주식을 출자자가 인수하고 해당 금액을 납입하면, 그 금액의 총합이 바로 주식회사의 자본금이 된다. 회사가 수권주식총수 가운데 아직 발행하지 않은 주식은 추후 이사회의 결의만으로 발행할 수 있는데, 이는 주식회사가 필요에 따라 자본금을 쉽게 조달할 수 있도록 하기 위한 것이다.

주식은 자본금을 구성하는 단위로, 주식회사는 주식 발행을 통해 다수의 사람들로부터 대량의 자금을 끌어 모을 수 있다. 주식은 주식시장에서 자유롭게 양도되는데, 1주의 액면주식은 둘 이상으로 나뉘어 타인에게 양도될 수 없다. 주식회사가 액면가액을 표시한 액면주식을 발행할 때, 액면주식은 그 금액이 균일하여야 하며 1주의 금액은 100원 이상이어야 한다. 주식회사가 발행한 액면주식의 총액은 주식회사 설립 시에 출자자가 주식을 인수하여 납입한 금액의 총합과 같다.

*정관 : 회사를 운영하기 위한 규칙을 마련하여 기록한 문서

① 주식은 주식시장을 통해 양도가 가능하다.
② 주식회사는 주식 발행을 통해 다른 회사보다 쉽게 자본을 조달할 수 있다.
③ 어떤 회사의 자본금의 최대한도를 알기 위해선 수권주식총수를 알아야 한다.
④ 주식을 인수하기 위해서는 출자자와 인수하고자 하는 주식 수를 알아야 한다.
⑤ 수권주식총수 중 아직 발행하지 않은 주식은 주주총회의 결의만으로 발행할 수 있다.

A효과란 기업이 시장에 최초로 진입하여 무형 및 유형의 이익을 얻는 것을 의미한다. 반면 뒤늦게 뛰어든 기업이 앞서 진출한 기업의 투자를 징검다리로 이용하여 성공적으로 시장에 안착하는 것을 B효과라고 한다. 물론 B효과는 후발진입기업이 최초진입기업과 동등한 수준의 기술 및 제품을 보다 낮은 비용으로 개발할 수 있을 때만 가능하다.

생산량이 증가할수록 평균생산비용이 감소하는 규모의 경제 효과 측면에서, 후발진입기업에 비해 최초진입기업이 유리하다. 즉, 대량 생산, 인프라 구축 등에서 우위를 조기에 확보하여 효율성 증대와 생산성 향상을 꾀할 수 있다. 반면 후발진입기업 역시 연구개발 투자 측면에서 최초진입기업에 비해 상대적으로 유리한 면이 있다. 후발진입기업의 모방 비용은 최초진입기업이 신제품 개발에 투자한 비용 대비 65% 수준이기 때문이다. 최초진입기업의 경우, 규모의 경제 효과를 얼마나 단기간에 이룰 수 있는가가 성공의 필수 요건이 된다. 후발진입기업의 경우, 절감된 비용을 마케팅 등에 효과적으로 투자하여 최초진입기업의 시장 점유율을 단기간에 빼앗아 오는 것이 성공의 핵심 조건이다.

규모의 경제 달성으로 인한 비용상의 이점 이외에도 최초진입기업이 누릴 수 있는 강점은 강력한 진입 장벽을 구축할 수 있다는 것이다. 시장에 최초로 진입했기에 소비자에게 우선적으로 인식된다. 그로 인해 후발진입기업에 비해 적어도 인지도 측면에서는 월등한 우위를 확보한다. 또한 기술적 우위를 확보하여 라이센스, 특허 전략 등을 통해 후발진입기업의 시장 진입을 방해하기도 한다. 뿐만 아니라 소비자들이 후발진입기업의 브랜드로 전환하려고 할 때 발생하는 노력, 비용, 심리적 위험 등을 마케팅에 활용하여 후발진입기업이 시장에 진입하기 어렵게 할 수도 있다. 결국 A효과를 극대화할 수 있는지는 규모의 경제 달성 이외에도 얼마나 오랫동안 후발주자가 진입하지 못하도록 할 수 있는가에 달려 있다.

① 최초진입기업은 후발진입기업에 비해 매년 더 많은 마케팅 비용을 사용한다.
② 후발진입기업의 모방 비용은 최초진입기업이 신제품 개발에 투자한 비용보다 적다.
③ 최초진입기업이 후발진입기업에 비해 인지도 측면에서 우위에 있다는 것은 A효과에 해당한다.
④ 후발진입기업이 성공하려면 절감된 비용을 효과적으로 투자하여 최초진입기업의 시장점유율을 단기간에 빼앗아 와야 한다.
⑤ 후발진입기업이 최초진입기업과 동등한 수준의 기술 및 제품을 보다 낮은 비용으로 개발할 수 없다면 B효과를 얻을 수 없다.

※ 다음 글에 대한 반론으로 가장 적절한 것을 고르시오. [27~28]

27

> 저작권은 저자의 권익을 보호함으로써 활발한 저작 활동을 촉진하여 인류의 문화 발전에 기여하기 위한 것이다. 그러나 이렇게 공적 이익을 추구하기 위한 저작권이 현실에서는 일반적으로 지나치게 사적 재산권을 행사하는 도구로 인식되고 있다. 저작물 이용자들의 권리를 보호하기 위해 마련한, 공익적 성격의 법조항도 법적 분쟁에서는 항상 사적 재산권의 논리에 밀려 왔다.
>
> 저작권 소유자 중심의 저작권 논리는 실제로 저작권이 담당해야 할 사회적 공유를 통한 문화 발전을 방해한다. 몇 해 전의 '애국가 저작권'에 대한 논란은 이러한 문제를 단적으로 보여준다. 저자 사후 50년 동안 적용되는 국내 저작권법에 따라, 애국가가 포함된 〈한국 환상곡〉의 저작권이 작곡가 안익태의 유족들에게 2015년까지 주어진다는 사실이 언론을 통해 알려진 것이다. 누구나 자유롭게 이용할 수 있는 국가(國歌)마저 공공재가 아닌 개인 소유라는 사실에 많은 사람들이 놀랐다.
>
> 창작은 백지 상태에서 완전히 새로운 것을 만드는 것이 아니라 저작자와 인류가 쌓은 지식 간의 상호 작용을 통해 이루어진다. "내가 남들보다 조금 더 멀리 보고 있다면, 이는 내가 거인의 어깨 위에 올라서 있는 난쟁이이기 때문"이라는 뉴턴의 겸손은 바로 이를 말한다. 이렇듯 창작자의 저작물은 인류의 지적 자원에서 영감을 얻은 결과이다. 그러한 저작물을 다시 인류에게 되돌려 주는 데 저작권의 의의가 있다. 이러한 생각은 이미 1960년대 프랑스 철학자들에 의해 형성되었다. 예컨대 기호학자인 바르트는 '저자의 죽음'을 거론하면서 저자가 만들어 내는 텍스트는 단지 인용의 조합일 뿐 어디에도 '오리지널'은 존재하지 않는다고 단언한다.
>
> 전자 복제 기술의 발전과 디지털 혁명은 정보나 자료의 공유가 지니는 의의를 잘 보여주고 있다. 인터넷과 같은 매체 환경의 변화는 원본을 무한히 복제하고 자유롭게 이용함으로써 누구나 창작의 주체로서 새로운 문화 창조에 기여할 수 있도록 돕는다. 인터넷 환경에서 이용자는 저작물을 자유롭게 교환할 뿐 아니라 수많은 사람들과 생각을 나눔으로써 새로운 창작물을 생산하고 있다. 이러한 상황은 저작권을 사적 재산권의 측면에서보다는 공익적 측면에서 바라볼 필요가 있음을 보여준다.

① 저작권의 사회적 공유에 대해 일관성 없는 주장을 하고 있다.
② 저작물이 개인의 지적 · 정신적 창조물임을 과소평가하고 있다.
③ 저작권의 사적 보호가 초래한 사회적 문제의 사례가 적절하지 않다.
④ 인터넷이 저작권의 사회적 공유에 미치는 영향을 드러내지 못하고 있다.
⑤ 객관적인 사실을 제시하지 않고 추측에 근거하여 논리를 전개하고 있다.

어떤 모델이든지 상품의 특성에 적합한 이미지를 갖는 인물이어야 광고 효과가 제대로 나타날 수 있다. 예를 들어, 자동차, 카메라, 공기 청정기, 치약과 같은 상품의 경우에는 자체의 성능이나 효능이 중요하므로 대체로 전문성과 신뢰성을 갖춘 모델이 적합하다. 이와 달리 상품이 주는 감성적인 느낌이 중요한 보석, 초콜릿, 여행 등과 같은 상품은 매력성과 친근성을 갖춘 모델이 잘 어울린다. 그런데 유명인이 그들의 이미지에 상관없이 여러 유형의 상품 광고에 출연하면 모델의 이미지와 상품의 특성이 어울리지 않는 경우가 많아 광고 효과가 나타나지 않을 수 있다.

유명인의 중복 출연이 소비자가 모델을 상품과 연결시켜 기억하기 어렵게 한다는 점도 광고 효과에 부정적인 영향을 미친다. 유명인의 이미지가 여러 상품으로 분산되면 광고 모델과 상품 간의 결합력이 약해질 것이다. 이는 유명인 광고 모델의 긍정적인 이미지를 광고 상품에 전이하여 얻을 수 있는 광고 효과를 기대하기 어렵게 만든다.

또한 유명인의 중복 출연 광고는 광고 메시지에 대한 신뢰를 얻기 힘들다. 유명인 광고 모델이 여러 광고에 중복하여 출연하면, 그 모델이 경제적인 이익만을 추구한다는 이미지가 소비자에게 강하게 각인된다. 그러면 소비자들은 유명인 광고 모델의 진실성을 의심하게 되어 광고 메시지가 객관성을 결여하고 있다고 생각하게 될 것이다.

유명인 모델의 광고 효과를 높이기 위해서는 유명인이 자신과 잘 어울리는 한 상품의 광고에만 지속적으로 나오는 것이 좋다. 이렇게 할 경우 상품의 인지도가 높아지고, 상품을 기억하기 쉬워지며, 광고 메시지에 대한 신뢰도가 제고된다. 유명인의 유명세가 상품에 전이되고 소비자가 유명인이 진실하다고 믿게 되기 때문이다.

① 광고 효과를 높이기 위해서는 제품의 이미지와 맞는 모델을 골라야 한다.

② 연예인이 여러 광고의 모델일 경우 소비자들은 광고 브랜드에 대한 신뢰를 잃게 된다.

③ 유명 연예인이 많은 광고에 출연하게 되면 소비자들은 모델과 상품 간의 연관성을 찾지 못한다.

④ 사람들은 특정 인물이 광고에 출연한 것만으로 브랜드를 선택하는 경향이 있다.

⑤ 유명인이 한 광고에만 지속적으로 나올 경우 긍정적인 효과를 기대할 수 있다.

29 다음 글을 토대로 〈보기〉를 바르게 해석한 내용으로 적절하지 않은 것은?

미래주의는 20세기 초 이탈리아 시인 마리네티의 '미래주의 선언'을 시작으로, 화가 발라, 조각가 보치오니, 건축가 상텔리아 등이 참여한 전위예술 운동이다. 당시 산업화에 뒤처진 이탈리아는 산업화에 대한 열망과 민족적 자존감을 고양시킬 수 있는 새로운 예술을 필요로 하였다. 이에 산업화의 특성인 속도와 운동에 주목하고 이를 예술적으로 표현하려는 미래주의가 등장하게 되었다.

미래주의 화가들은 질주하는 자동차, 사람들로 북적이는 기차역, 광란의 댄스홀, 노동자들이 일하는 공장 등 활기찬 움직임을 보여주는 모습을 주요 소재로 삼아 산업 사회의 역동적인 모습을 표현하였다. 그들은 대상의 움직임의 추이를 화폭에 담아냄으로써 대상을 생동감 있게 형상화하려 하였다. 이를 위해 미래주의 화가들은, 시간의 흐름에 따른 대상의 움직임을 하나의 화면에 표현하는 분할주의 기법을 사용하였다. '질주하고 있는 말의 다리는 4개가 아니라 20개다.'라는 미래주의 선언의 내용은, 분할주의 기법을 통해 대상의 역동성을 지향하고자 했던 미래주의 화가들의 생각을 잘 드러내고 있다.

분할주의 기법은 19세기 사진작가 머레이의 연속 사진 촬영 기법에 영향을 받은 것으로, 이미지의 겹침, 역선(力線), 상호 침투를 통해 대상의 연속적인 움직임을 효과적으로 표현하였다. 먼저 이미지의 겹침은 화면에 하나의 대상을 여러 개의 이미지로 중첩시켜서 표현하는 방법이다. 마치 연속 사진처럼 화가는 움직이는 대상의 잔상을 바탕으로 시간의 흐름에 따른 대상의 움직임을 겹쳐서 나타내었다. 다음으로 힘의 선을 나타내는 역선은, 대상의 움직임의 궤적을 여러 개의 선으로 구현하는 방법이다. 미래주의 화가들은 사물이 각기 특징적인 움직임을 갖고 있다고 보고, 이를 역선을 통해 표현함으로써 사물에 대한 화가의 느낌을 드러내었다. 마지막으로 상호 침투는 대상과 대상이 겹쳐서 보이게 하는 방법이다. 역선을 사용하여 대상의 모습을 나타내면 대상이 다른 대상이나 배경과 구분이 모호해지는 상호 침투가 발생해 대상이 사실적인 형태보다는 왜곡된 형태로 표현된다. 이러한 방식으로 미래주의 화가들은 움직이는 대상의 속도와 운동을 효과적으로 나타낼 수 있었다.

기존의 전통적인 서양 회화가 대상의 고정적인 모습에 주목하여 비례, 통일, 조화 등을 아름다움의 요소로 보았다면, 미래주의 회화는 움직이는 대상의 속도와 운동이라는 미적 가치에 주목하여 새로운 미의식을 제시했다는 점에서 의의를 찾을 수 있다.

보기

발라의 '강아지의 다이내미즘'은 여인이 강아지를 데리고 산책하는 모습을 그린 미래주의 회화의 대표적인 작품이다. 움직이는 강아지의 모습을 속도감 있게 나타내었고, 여러 개의 선을 교차시켜 쇠사슬의 잔상을 구체적으로 재현하였다. 바닥과의 경계가 모호한 강아지의 발과 여인의 다리는 중첩하여 여러 개로 그려졌다.

① 강아지와 여인의 움직임을 통해 산업 사회의 역동적인 모습을 표현하였다.
② 중첩되어 그려진 강아지의 발을 통해 시간의 흐름에 따른 강아지의 움직임을 표현하였다.
③ 쇠사슬의 잔상을 구체적으로 재현함으로써 쇠사슬만의 특징적인 움직임을 표현하였다.
④ 산책하는 강아지의 발과 여인의 다리를 나란히 그림으로써 인간과 동물의 조화를 강조하였다.
⑤ 강아지의 발과 바닥과의 경계를 모호하게 표현함으로써 움직이는 강아지의 속도와 운동을 효과적으로 나타내었다.

30 다음 글을 토대로 〈보기〉를 바르게 해석한 것은?

독립신문은 우리나라 최초의 민간 신문이다. 사장 겸 주필(신문의 최고 책임자)은 서재필 선생이, 국문판 편집과 교정은 최고의 국어학자로 유명한 주시경 선생이, 그리고 영문판 편집은 선교사 호머 헐버트가 맡았다. 창간 당시 독립신문은 이들 세 명에 기자 두 명과 몇몇 인쇄공들이 합쳐 단출하게 시작했다.

신문은 우리가 흔히 사용하는 'A4 용지'보다 약간 큰 '국배판(218×304mm)' 크기로 제작됐고, 총 4면 중 3면은 순 한글판으로, 나머지 1면은 영문판으로 발행했다. 제1호는 '독닙신문'이고 영문판은 'Independent(독립)'로 조판했고, 내용을 살펴보면 제1면에는 대체로 논설과 광고가 실렸고, 제2면에는 관보·외국통신·잡보가, 제3면에는 물가·우체시간표·제물포 기선 출입항 시간표와 광고가 게재됐다.

독립신문은 민중을 개화시키고 교육하기 위해 발간된 것이지만, 그 이름에서부터 알 수 있듯 스스로 우뚝 서는 독립국을 만들고자 자주적 근대화 사상을 강조했다. 창간호 표지에는 '뎨일권 뎨일호. 조선 서울 건양 원년 사월 초칠일 금요일'이라고 표기했는데, '건양(建陽)'은 조선의 연호이고, 한성 대신 서울을 표기한 점과 음력 대신 양력을 쓴 점 모두 중국 사대주의에서 벗어난 자주독립을 꾀한 것으로 볼 수 있다.

독립신문이 발행되자 사람들은 모두 깜짝 놀랄 수밖에 없었다. 순 한글로 만들어진 것은 물론 유려한 편집 솜씨에 조판과 내용까지 완벽했기 때문이다. 무엇보다 제4면을 영어로 발행해 국내 사정을 외국에 알린다는 점은 호시탐탐 한반도를 노리던 일본 당국에 큰 부담을 안겨주었고, 더는 자기네들 마음대로 조선의 사정을 왜곡 보도할 수 없게 된 것이다.

날이 갈수록 독립신문을 구독하려는 사람은 늘어났고, 처음 300부씩 인쇄되던 신문이 곧 500부로, 나중에는 3,000부까지 확대된다. 오늘날에는 한 사람이 신문 한 부를 읽으면 폐지 처리하지만, 과거에는 돌려가며 읽는 경우가 많았고 시장이나 광장에서 글을 아는 사람이 낭독해 주는 일도 빈번했기에 한 부의 독자 수는 50명에서 100명에 달했다. 이런 점을 감안해 보면 실제 독립신문의 독자 수는 10만 명을 넘어섰다고 가늠해 볼 수 있다.

> **보기**
>
> 우리 신문이 한문은 아니 쓰고 다만 국문으로만 쓰는 것은 상하귀천이 다 보게 함이라. 또 국문을 이렇게 구절을 떼어 쓴즉 아무라도 이 신문을 보기가 쉽고 신문 속에 있는 말을 자세히 알아보게 함이라.

① 교통수단도 발달하지 않던 과거에는 활자 매체인 신문이 소식 전달에 있어 절대적인 역할을 차지했다.

② 민중을 개화시키고 교육하기 위해 발간된 것으로 역사적·정치적으로 큰 의의를 가진다.

③ 한글을 사용해야 누구나 읽을 수 있다는 점을 인식해 한문우월주의에 영향을 받지 않고, 소신 있는 행보를 했다.

④ 일본이 한반도를 집어삼키려 하던 혼란기 우리만의 신문을 펴낼 수 있었다는 것에 큰 의의가 있다.

⑤ 중국의 지배에서 벗어나 자주독립을 꾀하고 스스로 우뚝 서는 독립국을 만들고자 자주적 사상을 강조했다.

최종점검 모의고사

🕐 응시시간 : 60분   📋 문항 수 : 50문항   정답 및 해설 p.065

01	수리

Easy

01 S사에서 성과금을 지급하려고 한다. 한 사원에게 50만 원씩 주면 100만 원이 남고, 60만 원씩 주면 500만 원이 부족하다고 할 때, 사원의 수는 몇 명인가?

① 50명   ② 60명

③ 70명   ④ 80명

⑤ 90명

02 어른 3명과 어린아이 3명이 함께 식당에 갔다. 자리가 6개인 원탁에 앉는다고 할 때, 앉을 수 있는 모든 경우의 수는?(단, 어른들 사이에 아이들을 앉힌다)

① 8가지   ② 12가지

③ 16가지   ④ 20가지

⑤ 24가지

03 다음은 S기업의 콘텐츠 유형별 매출액에 대한 자료이다. 이에 대한 설명으로 가장 적절한 것은?

〈S기업의 콘텐츠 유형별 매출액〉

(단위 : 억 원)

구분	SNS	영화	음원	게임	합계
2017년	30	371	108	235	744
2018년	45	355	175	144	719
2019년	42	391	186	178	797
2020년	59	508	184	269	1,020
2021년	58	758	199	485	1,500
2022년	308	1,031	302	470	2,111
2023년	104	1,148	411	603	2,266
2024년	341	1,510	419	689	2,959

① 영화 매출액은 매년 전체 매출액의 30% 이상이다.

② 게임과 음원은 2018 ~ 2019년에 전년 대비 매출액의 증감 추이는 같다.

③ 2017 ~ 2024년 동안 매년 음원 매출액은 SNS 매출액의 2배 이상이다.

④ 2019년에는 모든 콘텐츠 유형의 매출액이 전년에 비해 증가하였다.

⑤ 2022년에 전년 대비 매출액 증가율이 가장 큰 콘텐츠 유형은 영화이다.

04 다음은 2024년 7월부터 12월까지 전 산업생산지수(원지수)에 대한 자료이다. 〈보기〉의 직원 중 이에 대해 옳은 설명을 한 직원을 모두 고르면?

〈2024년 전 산업생산지수(원지수)〉

구분	7월	8월	9월	10월	11월	12월
전 산업생산지수 (농림어업 제외)	105.8	104.7	104.0	108.7	108.4	115.9
광공업	105.9	103.3	99.5	110.8	109.0	107.7
건설업	116.8	115.8	113.8	114.5	117.8	142.2
서비스업	105.8	105.0	105.9	107.1	107.7	115.0
공공행정	97.1	96.4	100.0	101.4	103.9	139.0

※ 전 산업생산지수는 2024년 1월의 산업별 부가가치(100)를 기준으로 나타낸 것임

보기

- 김대리 : 2024년 1월에 비해 2024년 7월에 부가가치가 감소한 산업은 공공행정뿐이다.
- 이주임 : 2024년 7월 대비 2024년 12월에 부가가치가 증가한 산업은 광공업, 건설업뿐이다.
- 최주임 : 서비스업 생산지수는 2024년 8월에 비해 2024년 10월에 4.0% 이상 상승하였다.
- 한사원 : 공공행정 생산지수는 2024년 9월에 비해 2024년 11월에 3.9% 상승하였다.

① 김대리, 이주임
② 김대리, 한사원
③ 이주임, 최주임
④ 이주임, 한사원
⑤ 최주임, 한사원

05 다음은 국내 자동차 산업 동향에 대한 자료이다. 이에 대한 〈보기〉의 설명 중 옳지 않은 것을 모두 고르면?

〈자동차 산업 동향〉

(단위 : 천 대, 억 불)

구분	생산량	내수량	수출액	수입액
2017년	3,513	1,394	371	58.7
2018년	4,272	1,465	544	84.9
2019년	4,657	1,475	684	101.1
2020년	4,562	1,411	718	101.6
2021년	4,521	1,383	747	112.2
2022년	4,524	1,463	756	140
2023년	4,556	1,589	713	155
2024년	4,229	1,600	650	157

보기

ㄱ. 2018 ~ 2024년 사이 전년 대비 자동차 생산량의 증가량이 가장 큰 해는 2018년이다.
ㄴ. 2023년 대비 2024년의 자동차 수출액은 10% 이상 감소했다.
ㄷ. 자동차 수입액은 조사기간 동안 지속적으로 증가했다.
ㄹ. 2024년의 자동차 생산량 대비 내수량의 비율은 약 35% 이상이다.

① ㄴ
② ㄱ, ㄴ
③ ㄱ, ㄹ
④ ㄴ, ㄷ
⑤ ㄴ, ㄷ, ㄹ

Easy

06 다음은 X고등학교, Y고등학교의 A ~ E대학 진학률을 나타낸 자료이다. 이에 대한 설명으로 옳지 않은 것은?(단, 소수점 이하는 버린다)

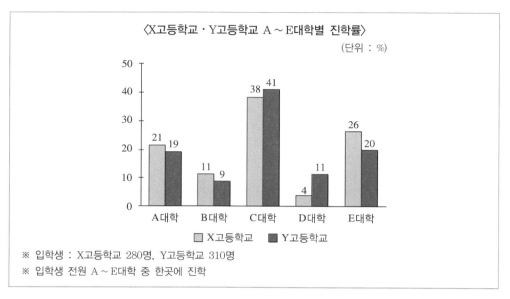

① X고등학교와 Y고등학교의 진학률 1위 대학은 동일하다.

② X고등학교와 Y고등학교의 진학률 5위 대학은 다르다.

③ X고등학교가 Y고등학교에 비해 진학률이 낮은 대학은 C대학뿐이다.

④ X고등학교와 Y고등학교의 E대학교 진학률 차이는 10%p 미만이다.

⑤ Y고등학교 대학 진학률 중 가장 높은 대학의 진학률과 가장 낮은 대학의 진학률 차이는 30%p 이상이다.

07 다음은 S시의 2020 ~ 2024년 육아휴직 신청자 수에 대한 자료이다. 이에 대한 설명으로 옳지 않은 것은?

〈2020 ~ 2024년 육아휴직 신청자 수〉

(단위 : 명)

구분	2020년	2021년	2022년	2023년	2024년
남성	120	200	220	250	300
여성	280	300	280	250	100
계	400	500	500	500	400

① 남성 육아휴직 신청자 수는 매년 증가하는 추세이다.

② 2020 ~ 2024년 동안 전체 육아휴직 신청자 수는 평균 450명 이상이다.

③ 2020 ~ 2024년 동안 여성 육아휴직 신청자 수의 합은 1,000명 미만이다.

④ 연도별 전체 육아휴직 신청자 수에 대한 남성 육아휴직 신청자 수 비율은 2020년이 가장 작다.

⑤ 연도별 전체 육아휴직 신청자 수에 대한 여성 육아휴직 신청자 수 비율은 2024년이 가장 작다.

08 다음은 K자동차 회사의 고객만족도 조사결과이다. 출고시기에 관계없이 전체 조사대상자 중에서 260명이 연비를 장점으로 선택했다면, 설문에 응한 총 고객 수는?

〈고객만족도 조사결과〉

(단위 : %)

구분	1 ~ 12개월(출고시기별)	13 ~ 24개월(출고시기별)	고객 평균
안전성	41	48	45
A/S의 신속성	19	17	18
정숙성	2	1	1
연비	15	11	13
색상	11	10	10
주행 편의성	11	9	10
차량 옵션	1	4	3
합계	100	100	100

① 2,000명
② 2,500명
③ 3,000명
④ 3,500명
⑤ 4,000명

09 S슈퍼에서는 아이스크림 제조공장에서 아이스크림을 유통하여 소비자에게 판매한다. 다음은 아이스크림의 공장 판매가와 최대 판매 개수에 대한 자료이다. S슈퍼가 60만 원 이상의 순수익을 내고자 할 때, 각 아이스크림의 가격을 최소 얼마 이상으로 해야 하는가?(단, 판매하는 아이스크림 개수를 최소한으로 하려하고 판매가는 공장 판매가의 5배를 넘기지 않는다)

〈아이스크림 공장 판매가 및 최대 판매 개수〉

구분	공장 판매가	최대 판매 개수
A	100원	250개
B	150원	300개
C	200원	400개

	A	B	C
①	400원	650원	900원
②	350원	600원	800원
③	450원	700원	950원
④	500원	750원	1,000원
⑤	550원	800원	1,050원

10 국토교통부는 자동차의 공회전 발생률과 공회전 시 연료 소모량이 적은 차량 운전자에게 현금처럼 쓸 수 있는 탄소 포인트를 제공하는 정책을 구상하고 있다. 국토교통부는 동일 차량 운전자 A ~ E를 대상으로 이 정책을 시범 시행하였다. 다음 자료를 근거로 할 때, 공회전 발생률과 공회전 시 연료 소모량에 따라 A ~ E운전자가 받을 수 있는 탄소 포인트의 총합이 큰 순서대로 나열된 것은?(단, 주어진 자료 이외의 다른 조건은 고려하지 않는다)

〈차량 시범 시행 결과〉

(단위 : 분)

구분	A	B	C	D	E
주행시간	200	30	50	25	50
총 공회전 시간	20	15	10	5	25

〈공회전 발생률에 대한 탄소 포인트〉

(단위 : P)

구분	19% 이하	20 ~ 39%	40 ~ 59%	60 ~ 79%	80% 이상
탄소 포인트	100	80	50	20	10

〈공회전 시 연료 소모량에 대한 구간별 탄소 포인트〉

(단위 : P)

구분	99cc 이하	100 ~ 199cc	200 ~ 299cc	300 ~ 399cc	400cc 이상
탄소 포인트	100	75	50	25	0

※ 공회전 발생률(%) = $\dfrac{(총 공회전 시간)}{(주행시간)} \times 100$

※ 공회전 시 연료 소모량(cc) = (총 공회전 시간) × 20

① D > C > A > B > E
② D > C > A > E > B
③ D > A > C > B > E
④ A > D > B > E > C
⑤ A > B > E > C > D

11 다음은 2015 ～ 2023년 공연예술의 연도별 행사 추이에 대한 자료이다. 이에 대한 설명으로 옳은 것은?

〈공연예술의 연도별 행사 추이〉

(단위 : 건)

구분	2015년	2016년	2017년	2018년	2019년	2020년	2021년	2022년	2023년
양악	2,658	2,658	2,696	3,047	3,193	3,832	3,934	4,168	4,628
국악	617	1,079	1,002	1,146	1,380	1,440	1,884	1,801	2,192
무용	660	626	778	1,080	1,492	1,323	미집계	1,480	1,521
연극	610	482	593	717	1,406	1,113	1,300	1,929	1,794

① 연극 공연 건수가 무용 공연 건수보다 많아진 것은 2022년부터였다.
② 이 기간 동안 매년 국악 공연 건수가 연극 공연 건수보다 더 많았다.
③ 2015년 대비 2023년 공연 건수의 증가율이 가장 높은 장르는 국악이다.
④ 2022년 대비 2023년에 공연 건수가 가장 많이 증가한 장르는 국악이다.
⑤ 이 기간 동안 매년 양악 공연 건수가 국악, 무용, 연극 공연 건수의 합보다 더 많았다.

12 다음은 마트별 비닐봉투·종이봉투·에코백 사용률에 대한 자료이다. 이에 대한 〈보기〉의 설명 중 옳은 것을 모두 고르면?

〈마트별 비닐봉투·종이봉투·에코백 사용률〉

(단위 : %)

구분	대형마트 (2,000명 대상)	중형마트 (800명 대상)	개인마트 (300명 대상)	편의점 (200명 대상)
비닐봉투	7	18	21	78
종량제봉투	28	37	43	13
종이봉투	5	2	1	0
에코백	16	7	6	0
개인 장바구니	44	36	29	9

※ 마트별 전체 조사자 수는 상이함

보기

ㄱ. 대형마트의 종이봉투 사용자 수는 중형마트의 종이봉투 사용자 수의 6배 이상이다.
ㄴ. 대형마트의 종량제봉투 사용자 수는 전체 종량제봉투 사용자 수의 절반 이하이다.
ㄷ. 비닐봉투 사용률이 가장 높은 곳과 비닐봉투 사용자 수가 가장 많은 곳은 동일하다.
ㄹ. 편의점을 제외한 마트의 규모가 커질수록 개인 장바구니의 사용률은 증가한다.

① ㄱ, ㄹ
② ㄱ, ㄴ, ㄷ
③ ㄱ, ㄷ, ㄹ
④ ㄴ, ㄷ, ㄹ
⑤ ㄱ, ㄴ, ㄷ, ㄹ

※ 다음은 S기업의 동호회 인원 구성 현황에 대한 자료이다. 이어지는 질문에 답하시오. [13~14]

〈동호회 인원 구성 현황〉

(단위 : 명)

구분	2021년	2022년	2023년	2024년
축구	77	92	100	120
농구	75	70	98	117
야구	73	67	93	113
배구	72	63	88	105
족구	35	65	87	103
등산	18	42	44	77
여행	10	21	40	65
합계	360	420	550	700

13 전년 대비 2024년의 축구 동호회 인원 증가율이 다음 해에도 유지된다고 가정할 때, 2025년 축구 동호회의 인원은?

① 140명
② 142명
③ 144명
④ 146명
⑤ 148명

14 다음 중 위 자료에 대한 설명으로 옳은 것은?

① 동호회 인원이 많은 순서로 나열할 때, 매년 그 순위는 변화가 없다.
② 2022 ~ 2024년 동호회 인원 전체에서 등산이 차지하는 비중은 전년 대비 매년 증가하였다.
③ 2022 ~ 2024년 동호회 인원 전체에서 배구가 차지하는 비중은 전년 대비 매년 감소하였다.
④ 2022년 족구 동호회 인원은 2022년 전체 동호회의 평균 인원보다 많다.
⑤ 2021 ~ 2024년 매년 등산과 여행 동호회 인원의 합은 축구 동호회 인원보다 적다.

※ 다음은 우리나라 업종별 근로자 수 및 고령근로자 비율과 국가별 65세 이상 경제활동 참가율 현황에 대한 그래프이다. 이어지는 질문에 답하시오. [15~16]

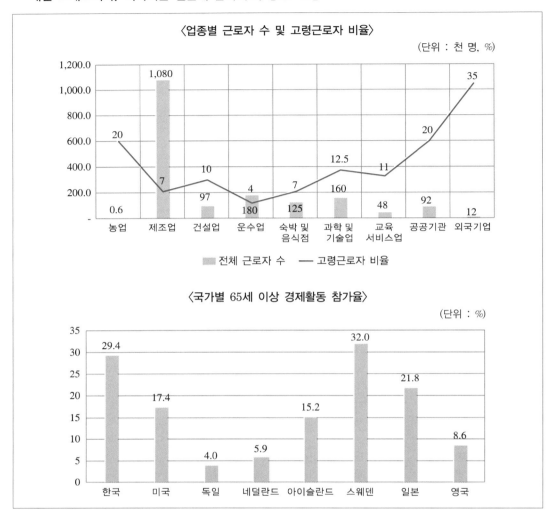

〈업종별 근로자 수 및 고령근로자 비율〉

(단위 : 천 명, %)

■ 전체 근로자 수   ─ 고령근로자 비율

〈국가별 65세 이상 경제활동 참가율〉

(단위 : %)

15 다음 중 우리나라 고령근로자 현황과 국가별 경제활동 참가율에 대한 설명으로 옳은 것은?

① 건설업에 종사하는 고령근로자 수는 외국기업에 종사하는 고령근로자 수의 3배 이상이다.

② 국가별 65세 이상 경제활동 조사 인구가 같을 경우 미국의 고령근로자 수는 영국 고령근로자 수의 2배 미만이다.

③ 모든 업종의 전체 근로자 수에서 제조업에 종사하는 전체 근로자 비율은 80% 이상이다.

④ 농업과 교육 서비스업, 공공기관에 종사하는 총 고령근로자 수는 과학 및 기술업에 종사하는 고령 근로자 수보다 많다.

⑤ 독일, 네덜란드와 아이슬란드의 65세 이상 경제활동 참가율의 합은 한국의 65세 이상 경제활동 참가율의 90% 이상을 차지한다.

16 국가별 65세 이상 경제활동 참가조사 인구가 다음과 같을 때, (A), (B)에 들어갈 수로 옳은 것은?

〈국가별 65세 이상 경제활동 참가조사 인구〉

(단위 : 만 명)

구분	한국	미국	독일	네덜란드	아이슬란드	스웨덴	일본	영국
조사 인구	750	14,200	2,800	3,510	3,560	5,600	15,200	13,800
고령근로자	(A)	2,470.8	112	207.09	541.12	(B)	3,313.6	1,186.8

    (A)   (B)

① 220.5   1,682

② 220.5   1,792

③ 230.5   1,792

④ 230.5   1,682

⑤ 300.5   1,984

17 다음은 S국가의 2024년 월별 반도체 수출 동향을 나타낸 자료이다. 이를 바르게 나타내지 않은 그래프는?(단, 그래프 단위는 모두 '백만 달러'이다)

〈2024년 월별 반도체 수출액 동향〉

(단위 : 백만 달러)

기간	수출액	기간	수출액
1월	9,681	7월	10,383
2월	9,004	8월	11,513
3월	10,804	9월	12,427
4월	9,779	10월	11,582
5월	10,841	11월	10,684
6월	11,157	12월	8,858

① 2024년 월별 반도체 수출액

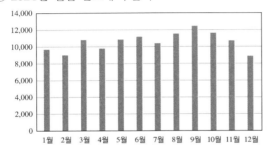

② 2024년 월별 반도체 수출액

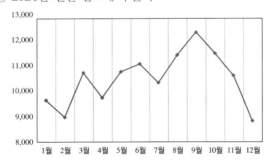

③ 2024년 월별 반도체 수출액

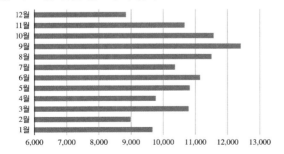

④ 2 ~ 12월까지 전월 대비 반도체 수출 증감액

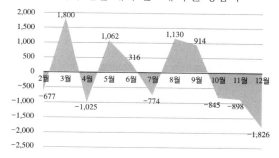

⑤ 2 ~ 12월까지 전월 대비 반도체 수출 증감액

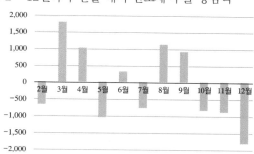

18 다음은 A지역과 B지역의 2017년부터 2023년까지 매년 지진 강도 3 이상 발생 건수에 대한 자료이다. 이와 같은 일정한 변화가 지속될 때 2028년 A지역과 B지역의 강도 3 이상인 지진이 발생한 건수는 몇 건인가?

〈연도별 지진 발생 건수〉

(단위 : 건)

구분	2017년	2018년	2019년	2020년	2021년	2022년	2023년
A지역	87	85	82	78	73	67	60
B지역	2	3	4	6	9	14	22

     A지역   B지역
①   9건   234건
②   10건   145건
③   9건   145건
④   10건   234건
⑤   10건   140건

Easy

19 구슬을 다음 규칙에 따라 주머니에 넣을 때, 7번째 주머니에 넣을 구슬의 수는?

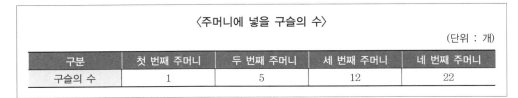

〈주머니에 넣을 구슬의 수〉

(단위 : 개)

구분	첫 번째 주머니	두 번째 주머니	세 번째 주머니	네 번째 주머니
구슬의 수	1	5	12	22

① 55개　　　　　　　　　　② 60개

③ 65개　　　　　　　　　　④ 70개

⑤ 75개

20 S연구소에서 매년 받는 정보보조금이 다음과 같이 일정한 규칙으로 증가할 때, 정부보조금이 처음으로 2억 원 이상이 되는 해는 언제인가?

〈연도별 S연구소 정부보조금〉

(단위 : 천만 원)

연도	2020년	2021년	2022년	2023년	2024년
정부보조금	1	4	7	10	13

① 2026년　　　　　　　　　② 2027년

③ 2028년　　　　　　　　　④ 2029년

⑤ 2030년

※ 제시된 명제가 모두 참일 때, 다음 중 빈칸에 들어갈 명제로 가장 적절한 것을 고르시오. [1~3]

01

전제1. 속도에 관심 없는 사람은 디자인에도 관심이 없다.
전제2. 연비를 중시하는 사람은 내구성도 따진다.
전제3. 내구성을 따지지 않는 사람은 속도에도 관심이 없다.
결론. _____

① 연비를 중시하지 않는 사람도 내구성은 따진다.
② 디자인에 관심 없는 사람도 내구성은 따진다.
③ 연비를 중시하는 사람은 디자인에는 관심이 없다.
④ 속도에 관심 있는 사람은 연비를 중시하지 않는다.
⑤ 내구성을 따지지 않는 사람은 디자인에도 관심이 없다.

Easy

02

전제1. 복습을 하지 않으면 배운 내용을 잊게 된다.
전제2. _____
결론. 시험 점수가 높게 나오면 복습을 한 것이다.

① 시험 점수가 높게 나오려면 배운 내용을 잊지 않아야 한다.
② 배운 내용을 잊지 않으면 시험 점수가 높게 나온다.
③ 복습을 하면 배운 내용을 잊지 않는다.
④ 복습을 하지 않으면 시험 점수가 높게 나온다.
⑤ 배운 내용을 잊으면 복습을 하지 않은 것이다.

03

전제1. 모든 환경 보호 단체는 일회용품을 사용하지 않는다.
전제2. 어떤 환경 보호 단체는 에너지 절약 캠페인에 참여한다.
결론. _____

① 모든 환경 보호 단체는 에너지 절약 캠페인에 참여한다.
② 에너지 절약 캠페인에 참여하는 단체는 환경 보호 단체에 속해 있다.
③ 일회용품을 사용하지 않는 어떤 단체는 에너지 절약 캠페인에 참여한다.
④ 일회용품을 사용하지 않는 모든 단체는 에너지 절약 캠페인에 참여한다.
⑤ 일회용품을 사용하는 모든 단체는 에너지 절약 캠페인에 참여하지 않는다.

04 백화점에서 함께 쇼핑을 한 A ~ E는 일정 금액 이상 구매 시 추첨을 통해 경품을 제공하는 백화점 이벤트에 응모하였다. 얼마 후 당첨자가 발표되었고, A ~ E 중 1명이 1등에 당첨되었다. 다음 A ~ E의 대화에서 1명이 거짓말을 한다고 할 때, 1등 당첨자는?

> • A : C는 1등이 아닌 3등에 당첨됐어.
> • B : D가 1등에 당첨됐고, 나는 2등에 당첨됐어.
> • C : A가 1등에 당첨됐어.
> • D : C의 말은 거짓이야.
> • E : 나는 5등에 당첨되었어.

① A   ② B
③ C   ④ D
⑤ E

05 S사 신입사원 50명을 대상으로 한 해외여행에 대한 설문조사 결과가 다음과 같을 때, 항상 참인 것은?

> • 미국을 여행한 사람이 가장 많다.
> • 일본을 여행한 사람은 미국 또는 캐나다 여행을 했다.
> • 중국과 캐나다를 모두 여행한 사람은 없다.
> • 일본을 여행한 사람의 수가 캐나다를 여행한 사람의 수보다 많다.

① 일본을 여행한 사람보다 중국을 여행한 사람이 더 많다.
② 일본을 여행했지만 미국을 여행하지 않은 사람은 중국을 여행하지 않았다.
③ 미국을 여행한 사람의 수는 일본 또는 중국을 여행한 사람의 합보다 많다.
④ 중국을 여행한 사람은 일본을 여행하지 않았다.
⑤ 미국과 캐나다를 모두 여행한 사람은 없다.

06 학교에서 온라인 축구게임 대회가 열렸다. 예선전을 펼친 결과 8개의 나라만 남게 되었다. 남은 8개의 나라는 8강 토너먼트를 치르기 위해 추첨을 통해 대진표를 작성했다. 이들 나라는 모두 다르며 남은 8개의 나라를 본 3명의 학생 은진, 수린, 민수는 다음과 같이 4강 진출 팀을 예상하였다. 이때, 8개의 나라 중에서 4강 진출 팀으로 꼽히지 않은 팀을 네덜란드라고 하면, 네덜란드와 상대할 팀은?

- 은진 : 브라질, 불가리아, 이탈리아, 루마니아
- 수린 : 스웨덴, 브라질, 이탈리아, 독일
- 민수 : 스페인, 루마니아, 독일, 브라질
---

① 불가리아
② 루마니아
③ 독일
④ 스페인
⑤ 브라질

Easy

07 다음 진술을 통해 바르게 추론한 것은?

- 모든 손님들은 A와 B 중에서 하나만을 주문했다.
- A를 주문한 손님 중에서 일부는 C를 주문했다.
- B를 주문한 손님들만 추가로 주문할 수 있는 D도 많이 판매되었다.
---

① B와 C를 동시에 주문하는 손님도 있었다.
② B를 주문한 손님은 C를 주문하지 않았다.
③ D를 주문한 손님은 C를 주문하지 않았다.
④ D를 주문한 손님은 A를 주문하지 않았다.
⑤ C를 주문한 손님은 모두 A를 주문했다.

08 A ~ D가 키우는 동물의 종류에 대해서 다음과 같은 사실이 알려져 있다. 이를 통해 추론한 것으로 항상 참인 것은?

> • A는 개, C는 고양이, D는 닭을 키운다.
> • B는 토끼를 키우지 않는다.
> • A가 키우는 동물은 B도 반드시 키운다.
> • A와 C는 같은 동물을 키우지 않는다.
> • A, B, C, D 각각은 2종류 이상의 동물을 키운다.
> • A, B, C, D는 개, 고양이, 토끼, 닭 외의 동물은 키우지 않는다.

① B는 개를 키우지 않는다.
② B와 C가 공통으로 키우는 동물이 있다.
③ C는 키우지 않지만 D가 키우는 동물이 있다.
④ 3명이 공통으로 키우는 동물은 없다.
⑤ 3종류의 동물을 키우는 사람은 없다.

09 S기숙사에서 간밤에 도난사건이 발생하였다. 물건을 훔친 사람은 1명이며, 이 사건에 대해 기숙사생 A ~ D는 다음과 같이 진술하였다. 4명 중 1명만이 진실을 말했을 때, 다음 중 물건을 훔친 범인은 누구인가?(단, S기숙사에는 A ~ D 4명만 거주 중이며, 이들 중 반드시 범인이 있다)

> • A : 어제 B가 훔치는 것을 봤다.
> • B : C와 D는 계속 같이 있었으므로 2명은 범인이 아니다.
> • C : 나와 B는 어제 하루 종일 자기 방에만 있었으므로 둘 다 범인이 아니다.
> • D : C와 나는 계속 같이 있었으니, A와 B 중에 범인이 있다.

① A   ② B
③ C   ④ D
⑤ 알 수 없음

10 다음 〈조건〉을 통해 추론할 때, 서로 언어가 통하지 않는 사람끼리 짝지어진 것은?

> **조건**
> • A는 한국어와 영어만을 할 수 있다.
> • B는 영어와 독일어만을 할 수 있다.
> • C는 한국어와 프랑스어만을 할 수 있다.
> • D는 중국어와 프랑스어만을 할 수 있다.

① A, B ② A, C

③ B, D ④ C, D

⑤ 없음

11 어떤 보안회사에서는 하루에 정확하게 7개(A ~ G)의 사무실에 보안점검을 실시한다. 다음과 같은 〈조건〉에 따라 E가 3번째로 점검을 받는다면, 사무실 중 반드시 은행인 곳은?

> **조건**
> • 보안점검은 한 번에 한 사무실만 실시하게 되며, 하루에 같은 사무실을 중복해서 점검하지는 않는다.
> • 7개의 사무실은 은행 아니면 귀금속점이다.
> • 귀금속점은 연속해서 점검하지 않는다.
> • F는 B와 D를 점검하기 전에 점검한다.
> • F를 점검하기 전에 점검하는 사무실 가운데 정확히 두 곳은 귀금속점이다.
> • A는 6번째로 점검받는다.
> • G는 C를 점검하기 전에 점검한다.

① B ② C

③ D ④ E

⑤ G

12 월요일부터 금요일까지 진료를 하는 의사가 다음 〈조건〉에 따라 진료하는 요일을 정한다. 의사가 목요일에 진료를 하지 않았다면, 월요일부터 금요일 중 진료한 날은 총 며칠인가?

> **조건**
> • 월요일에 진료를 하면 수요일에는 진료를 하지 않는다.
> • 월요일에 진료를 하지 않으면 화요일이나 목요일에 진료를 한다.
> • 화요일에 진료를 하면 금요일에는 진료를 하지 않는다.
> • 수요일에 진료를 하지 않으면 목요일 또는 금요일에 진료를 한다.

① 0일
② 1일
③ 2일
④ 3일
⑤ 4일

13 전주국제영화제에 참석한 충원이는 A ~ F영화를 다음 〈조건〉에 맞춰 5월 1일부터 5월 6일까지 하루에 한 편씩 보려고 한다. 다음 중 항상 참인 것은?

> **조건**
> • F영화는 3일과 4일 중 하루만 상영된다.
> • D영화는 C영화가 상영되고 이틀 뒤에 상영된다.
> • B영화는 C, D영화보다 먼저 상영된다.
> • 앞의 조건을 따를 때 첫째 날 B영화를 볼 가능성이 가장 높다면 5일에 반드시 A영화를 본다.

① A영화는 C영화보다 먼저 상영될 수 없다.
② C영화는 E영화보다 먼저 상영된다.
③ D영화는 5일이나 폐막작으로 상영될 수 없다.
④ B영화는 1일에 상영된다.
⑤ E영화는 개막작이나 폐막작으로 상영된다.

14 S회사의 영업팀과 홍보팀에서 근무 중인 총 9명(A ~ I)의 사원은 워크숍을 가려고 한다. 한 층당 4개의 객실로 이루어져 있는 호텔을 1층부터 3층까지 사용한다고 할 때, 다음 〈조건〉에 따라 항상 참인 것을 고르면?(단, 직원 1명당 하나의 객실을 사용하며, 2층 이상인 객실의 경우 반드시 엘리베이터를 이용해야 한다)

> **조건**
> • 202호는 현재 공사 중이라 사용할 수 없다.
> • 영업팀 A사원은 홍보팀 B, E사원과 같은 층에 묵는다.
> • 3층에는 영업팀 직원 C, D, F가 묵는다.
> • 홍보팀 G사원은 같은 팀 H사원의 바로 아래층 객실에 묵는다.
> • I사원은 101호에 배정받았다.

① 영업팀은 총 5명의 직원이 워크숍에 참석했다.
② 홍보팀 G사원은 2층에 묵는다.
③ 영업팀 C사원의 객실 바로 아래층은 빈 객실이다.
④ 엘리베이터를 이용해야 하는 사람의 수는 영업팀보다 홍보팀이 더 많다.
⑤ E사원은 엘리베이터를 이용해야 한다.

※ 다음 제시된 도형의 규칙을 보고 물음표에 들어갈 도형으로 알맞은 것을 고르시오. [15~17]

15

①

②

③

④

⑤

16

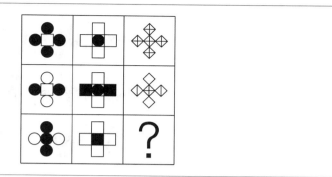

①

②

③

④

⑤

17

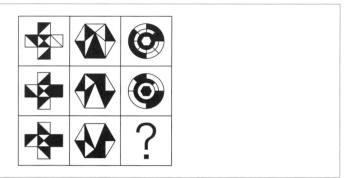

※ 다음 도식에서 기호들은 일정한 규칙에 따라 문자를 변화시킨다. 물음표에 들어갈 문자로 알맞은 것을 고르시오(단, 규칙은 가로와 세로 중 한 방향으로만 적용된다). [18~21]

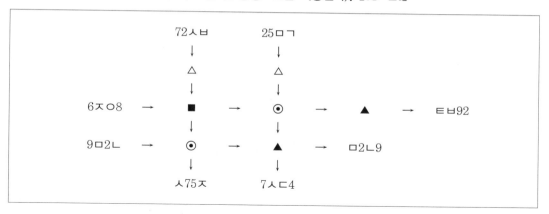

18

N ㄷ ㄱ T → ▲ → △ → ?

① P ㅁ ㄷ V
② ㄷ Q W ㅁ
③ V ㅁ Q ㄷ
④ ㅁ P V ㄷ
⑤ Q ㅁ W ㄷ

19

ㅍ I M ㄹ → ⊙ → ■ → ?

① I L ㅋ ㅁ
② ㅁ L ㅇ E
③ I ㅋ L ㅁ
④ E ㄷ L ㅇ
⑤ L I ㅁ ㅋ

20

? → ■ → ▲ → ㅍ D ㅂ E

① ㅂ D ㅍ E
② ㅂ I ㅋ A
③ H ㅊ G ㅁ
④ ㅊ H ㅁ G
⑤ ㅋ A ㅂ I

21

? → △ → ■ → ufqs

① cuqp
② ucsr
③ yscr
④ waqp
⑤ wbqp

22

(가) 세조가 왕이 된 후 술자리에 대한 최초의 기록은 1455년 7월 27일의 "왕이 노산군에게 문안을 드리고 술자리를 베푸니 종친 영해군 이상과 병조판서 이계전 그리고 승지 등이 모셨다. 음악을 연주하니 왕이 이계전에게 명하여 일어나 춤을 추게 하고, 지극히 즐긴 뒤에 파하였다. 드디어 영응대군 이염의 집으로 거둥하여 자그마한 술자리를 베풀고 한참 동안 있다가 환궁하였다."는 기록이다. 술자리에서 음악과 춤을 즐기고, 1차의 아쉬움 때문에 2차까지 가지는 모습은 세조의 술자리에서 거의 공통적으로 나타나는 특징이다.

(나) 세조(1417 ~ 1468, 재위 1455 ~ 1468)하면 어린 조카를 죽이고 왕위에 오른 비정한 군주로 기억하는 경우가 많다. 1453년 10월 계유정난의 성공으로 실질적으로 권력의 1인자가 된 수양대군은 2년 후인 1455년 6월 단종을 압박하여 세조가 되어 왕위에 오른다. 불법적인 방식으로 권력을 잡은 만큼 세조에게는 늘 정통성에 대한 시비가 따라 붙게 되었다. 이후 1456년에 성삼문, 박팽년 등이 중심이 되어 단종 복위운동을 일으킨 것은 세조에게는 정치적으로 큰 부담이 되었다. 이로 인해 세조는 왕이 된 후 문종, 단종 이후 추락된 왕권 회복을 정치적 목표로 삼고, 육조 직계제를 부활시키는가 하면 경국대전과 동국통감 같은 편찬 사업을 주도하여 왕조의 기틀을 잡아 갔다.

(다) 이처럼 세조실록의 기록에는 세조가 한명회, 신숙주, 정인지 등 공신들과 함께 자주 술자리를 마련하고 대화는 물론이고 흥이 나면 함께 춤을 추거나 즉석에서 게임을 하는 등 신하들과 격의 없이 소통하는 장면이 자주 나타난다. 이는 당시에도 칼로 권력을 잡은 이미지가 강하게 남았던 만큼 최대한 소탈하고 인간적인 모습을 보임으로써 자신의 강한 이미지를 희석시켜 나간 것으로 풀이된다. 또한 자신을 왕으로 만들어준 공신 세력을 양날의 검으로 인식했기 때문으로도 보인다. 자신을 위해 목숨을 바친 공신들이지만, 또 다른 순간에는 자신에게 칼끝을 겨눌 위험성을 인식했던 세조는 잦은 술자리를 통해 그들의 기분을 최대한 풀어주고 자신에게 충성을 다짐하도록 했던 것이다.

(라) 세조가 왕권 강화를 바탕으로 자신만의 정치를 펴 나가는 과정에서 특히 주목되는 점은 자주 술자리를 베풀었다는 사실이다. 이것은 세조실록에 '술자리'라는 검색어가 무려 467건이나 나타나는 것에서도 단적으로 확인할 수가 있다. 조선의 왕 중 최고의 기록일 뿐만 아니라 조선왕조실록의 '술자리' 검색어 974건의 거의 절반에 달하는 수치이다. 술자리의 횟수에 관한 한 세조는 조선 최고의 군주라 불릴 만하다.

① (나) – (가) – (다) – (라)
② (나) – (라) – (가) – (다)
③ (라) – (가) – (다) – (나)
④ (라) – (나) – (가) – (다)
⑤ (라) – (다) – (나) – (가)

23

(가) 문화재(문화유산)는 옛 사람들이 남긴 삶의 흔적이다. 그 흔적에는 유형의 것과 무형의 것이 모두 포함된다. 문화재 가운데 가장 가치 있는 것으로 평가받는 것은 다름 아닌 국보이며, 현행 문재재보호법 체계상 국보에 무형문화재는 포함되지 않는다. 즉 국보는 유형문화재만을 대상으로 한다.

(나) 국보 선정 기준에 따라 우리의 전통 문화재 가운데 최고의 명품으로 꼽힌 문화재로는 국보 1호 숭례문이 있다. 다음으로 온화하고 해맑은 백제의 미소로 유명한 충남 서산 마애여래삼존상은 국보 84호이다. 또한 긴 여운의 신비하고 그윽한 종소리로 유명한 선덕대왕신종은 국보 29호, 유네스코 세계유산으로도 지정된 석굴암은 국보 24호이다. 이렇듯 우리나라 전통문화의 상징인 국보는 다양한 국보 선정의 기준으로 선발된 것이다.

(다) 문화재보호법에 따르면 국보는 특히 "역사적·학술적·예술적 가치가 큰 것, 제작 연대가 오래되고 그 시대를 대표하는 것, 제작 의장이나 제작 기법이 우수해 그 유례가 적은 것, 형태 품질 용도가 현저히 특이한 것, 저명한 인물과 관련이 깊거나 그가 제작한 것" 등을 대상으로 한다. 이것이 국보 선정의 기준인 셈이다.

(라) 이처럼 국보 선정의 기준으로 선발된 문화재는 지금 우리 주변에서 여전히 숨쉬고 있다. 우리와 늘 만나고 우리와 늘 교류한다. 우리에게 감동과 정보를 주기도 하고, 때로는 이 시대의 사람들과 갈등을 겪기도 한다. 그렇기에 국보를 둘러싼 현장은 늘 역동적이다. 살아있는 역사라 할 수 있다. 문화재는 그 스스로 숨쉬면서 이 시대와 교류하기에, 우리는 그에 어울리는 시선으로 국보를 바라볼 필요가 있다.

① (가) – (나) – (라) – (다)　　② (가) – (다) – (나) – (라)
③ (다) – (가) – (나) – (라)　　④ (다) – (나) – (가) – (라)
⑤ (나) – (다) – (라) – (가)

※ 다음 글의 내용이 참일 때, 항상 거짓인 것을 고르시오. [24~26]

24

헌법의 개정이 어느 정도까지 가능한가에 대해서는 학자들마다 입장이 다른데, 이는 대체로 개정 무한계설과 개정 한계설로 나뉜다. 개정 무한계설은 헌법에 규정된 개정 절차를 밟으면 어떠한 조항이나 사항이더라도 개정할 수 있다는 입장이다. 개정 무한계설에서는 헌법 규범과 헌법 현실 사이의 틈을 해소할 수 있는 유일한 방법은 헌법 개정을 무제한 허용하는 것이라고 주장한다. 또한 헌법 제정 권력과 헌법 개정 권력의 구별을 부인하여 헌법 최고의 법적 권력은 헌법 개정 권력이라고 주장한다. 그리고 현재의 헌법 규범이나 가치에 의해 장래의 세대를 구속하는 것은 부당하다는 점을 밝힌다. 그러나 개정 무한계설은 법 규범이 가지는 실질적인 규범력의 차이는 외면한 채 헌법 개정에 있어서 형식적 합법성만을 절대시한다는 비판을 받는다.

개정 한계설은 헌법에 규정된 개정 절차를 따를지라도 특정한 조항이나 사항은 개정할 수 없다는 입장이다. 개정 한계설에서는 헌법 제정 권력과 헌법 개정 권력을 다른 것으로 구별하여 헌법 개정 권력은 헌법 제정 권력의 소재(所在)를 변경하거나 헌법 제정 당시의 국민적 합의인 헌법의 기본적 가치 질서를 변경할 수 없다고 주장한다. 또 헌법 제정자가 내린 근본적 결단으로서의 헌법은 개정 대상이 될 수 없다거나, 헌법 위에 존재하는 자연법*의 원리에 어긋나는 헌법 개정은 허용되지 않는다고 본다. 예를 들어 대한민국 헌법의 국민 주권 원리, 인간으로서의 존엄과 가치 보장은 헌법 개정 절차에 의해서도 개정할 수 없다는 것이다.

*자연법 : 인간 이성을 통하여 발견한 자연적 정의 또는 자연적 질서를 사회 질서의 근본 원리로 생각하는 보편 타당한 법

① 개정 한계설은 제정 권력과 개정 권력을 구별한다.
② 개정 무한계설은 절차를 지킬 경우 국민 주권 원리도 개정 가능하다고 본다.
③ 개정 무한계설은 형식적인 절차는 무시한 채 실질적인 규범력의 차이만 강조한다.
④ 개정 무한계설은 헌법 개정을 통해 규범과 현실 사이의 격차를 줄일 수 있다고 본다.
⑤ 개정 한계설은 인간으로서의 존엄과 가치 보장을 개정하는 것은 자연법의 원리에 어긋난다고 본다.

25

고대에는 별이 뜨고 지는 것을 통해 방위를 파악했다. 최근까지 서태평양 캐롤라인 제도의 주민은 현대식 항해 장치 없이도 방위를 파악하여 카누 하나만으로 드넓은 열대 바다를 항해하였다. 인류학자들에 따르면, 그들은 별을 나침반처럼 이용하여 여러 섬을 찾아다녔고 이때의 방위는 북쪽의 북극성, 남쪽의 남십자성, 그 밖에 특별히 선정한 별이 뜨고 지는 것에 따라 정해졌다.

캐롤라인 제도는 적도의 북쪽에 있어서 그 주민들은 북쪽 수평선의 바로 위쪽에서 북극성을 볼 수 있다. 북극성은 천구의 북극점으로부터 매우 가까운 거리에서 작은 원을 그리며 공전한다. 천구의 북극점은 지구 자전축의 북쪽 연장선상에 있기 때문에 천구의 북극점에 있는 별은 공전을 하지 않고 정지된 것처럼 보인다. 이처럼 천구의 북극점에 있는 별을 제외하고 북극성을 포함한 별이 천구의 북극점을 중심으로 공전하는 것처럼 보이는 것은 지구가 자전하기 때문이다.

캐롤라인 제도의 주민이 북쪽을 찾기 위해 이용했던 북극성은 자기(磁氣) 나침반보다 더 정확하게 천구의 북극점을 가리킨다. 이는 나침반의 바늘이 지구의 자전축으로부터 거리가 멀리 떨어져 있는 지구자기의 북극점을 향하기 때문이다. 또한 천구의 남극점 근처에서 쉽게 관측할 수 있는 고정된 별은 없으므로 캐롤라인 제도의 주민은 남극점 자체를 볼 수 없다. 그러나 남십자성이 천구의 남극점 주위를 돌고 있으므로 남쪽을 파악하는 데는 큰 어려움이 없다.

① 고대에 사용되었던 방위 파악 방법 중에는 최근까지 이용된 것도 있다.

② 캐롤라인 제도의 주민은 밤하늘에 있는 남십자성을 이용하여 남쪽을 알아낼 수 있었다.

③ 지구 자전축의 연장선상에 별이 있다면, 밤하늘을 보았을 때 그 별은 정지된 것처럼 보인다.

④ 자기 나침반을 이용하면 북극성을 이용할 때보다 더 정확히 천구의 북극점을 찾을 수 있다.

⑤ 캐롤라인 제도의 주민이 관찰한 별이 천구의 북극점을 중심으로 공전하는 것처럼 보이는 이유는 지구가 자전하기 때문이다.

26

다의어란 두 가지 이상의 의미를 가진 단어로 기본이 되는 핵심 의미를 중심 의미라고 하고, 중심 의미에서 확장된 의미를 주변 의미라고 한다. 중심 의미는 일반적으로 주변 의미보다 언어 습득의 시기가 빠르며 사용 빈도가 높다.

다의어가 주변 의미로 사용되었을 때는 문법적 제약이 나타나기도 한다. 예를 들어 '한 살을 먹다.' 는 가능하지만, '한 살이 먹히다.'나 '한 살을 먹이다.'는 어법에 맞지 않는다. 또한 '손'이 '노동력'의 의미로 쓰일 때는 '부족하다, 남다' 등 몇 개의 용언과만 함께 쓰여 중심 의미로 쓰일 때보다 결합하는 용언의 수가 적다.

다의어의 주변 의미는 기존의 의미가 확장되어 생긴 것으로서, 새로 생긴 의미는 기존의 의미보다 추상성이 강화되는 경향이 있다. '손'의 중심 의미가 확장되어 '손이 부족하다.', '손에 넣다.'처럼 각각 '노동력', '권한이나 범위'로 쓰이는 것이 그 예이다.

다의어의 의미들은 서로 관련성을 갖는다. 예를 들어 '줄'의 중심 의미는 '새끼 따위와 같이 무엇을 묶거나 동이는 데에 쓸 수 있는 가늘고 긴 물건'인데 길게 연결되어 있는 모양이 유사하여 '길이로 죽 벌이거나 늘여 있는 것'의 의미를 갖게 되었다. 또한 연결이라는 속성이나 기능이 유사하여 '사회 생활에서의 관계나 인연'의 뜻도 지니게 되었다.

그런데 다의어의 의미들이 서로 대립적 관계를 맺는 경우가 있다. 예를 들어 '앞'은 '향하고 있는 쪽이나 곳'이 중심 의미인데 '앞 세대의 입장', '앞으로 다가올 일'에서는 각각 '이미 지나간 시간'과 '장차 올 시간'을 가리킨다. 이것은 시간의 축에서 과거나 미래 중 어느 방향을 바라보는지에 따른 차이로서 이들 사이의 의미적 관련성은 유지된다.

① 동음이의어와 다의어는 단어의 문법적 제약이나 의미의 추상성 및 관련성 등으로 구분할 수 있을 것이다.

② '손에 넣다.'에서 '손'은 '권한이나 범위'의 의미로 사용될 수 있지만, '노동력'의 의미로 사용될 수 없을 것이다.

③ '먹다'가 중심 의미인 '음식 따위를 입을 통하여 배 속에 들여보내다.'로 사용된다면 '먹히다', '먹이다'로 제약 없이 사용될 것이다.

④ 아이들은 '앞'의 '향하고 있는 쪽이나 곳'의 의미를 '장차 올 시간'의 의미보다 먼저 배울 것이다.

⑤ '줄'의 '사회생활에서의 관계나 인연'의 의미는 '길이로 죽 벌이거나 늘여 있는 것'의 의미보다 사용 빈도가 높을 것이다.

※ 다음 글에 대한 반론으로 가장 적절한 것을 고르시오. [27~28]

27

고대 그리스 시대의 사람들은 신에 의해 우주가 운행된다고 믿는 결정론적 세계관 속에서 신에 대한 두려움이나 신이 야기한다고 생각되는 자연재해나 천체 현상 등에 대한 두려움을 떨치지 못했다. 에피쿠로스는 당대의 사람들이 이러한 잘못된 믿음에서 벗어나도록 하는 것이 중요하다고 보았고, 이를 위해 인간이 행복에 이를 수 있도록 자연학을 바탕으로 자신의 사상을 전개하였다.

에피쿠로스는 신의 존재는 인정하나 신의 존재 방식이 인간이 생각하는 것과는 다르다고 보고, 신은 우주들 사이의 중간 세계에 살며 인간사에 개입하지 않는다는 이신론적(理神論的) 관점을 주장한다. 그는 불사하는 존재인 신이 최고로 행복한 상태이며, 다른 어떤 것에게도 고통을 주지 않고, 모든 고통은 물론 분노와 호의와 같은 것으로부터 자유롭다고 말한다. 따라서 에피쿠로스는 인간의 세계가 신에 의해 결정되지 않으며, 인간의 행복도 자율적 존재인 인간 자신에 의해 완성된다고 본다.

한편 에피쿠로스는 인간의 영혼도 육체와 마찬가지로 미세한 입자로 구성된다고 본다. 영혼은 육체와 함께 생겨나고 육체와 상호작용하며 육체가 상처를 입으면 영혼도 고통을 받는다. 더 나아가 육체가 소멸하면 영혼도 함께 소멸하게 되어 인간은 사후(死後)에 신의 심판을 받지 않으므로, 살아있는 동안 인간은 사후에 심판이 있다고 생각하여 두려워 할 필요가 없게 된다. 이러한 생각은 인간으로 하여금 죽음에 대한 모든 두려움에서 벗어나게 하는 근거가 된다.

① 신은 우리가 생각하는 것처럼 인간 세계에 대해 그다지 관심이 많지 않다.
② 인간은 신을 믿지 않기 때문에 두려움도 느끼지 않는다.
③ 신이 만든 인간의 육체와 영혼은 서로 분리될 수 없으므로 사후세계는 인간의 허상에 불과하다.
④ 신은 인간 세계에 개입하지 않으므로 신의 섭리에 따라 인간의 삶을 이해하려 해서는 안 된다.
⑤ 인간이 아픔 때문에 죽음에 대해 두려움을 느낀다면, 사후에 대한 두려움을 떨쳐버리는 것만으로 두려움은 해소될 수 없다.

28

현재 우리나라는 드론의 개인 정보 수집과 활용에 대해 '사전 규제' 방식을 적용하고 있다. 이는 개인 정보 수집과 활용을 원칙적으로 금지하면서 예외적인 경우에만 허용하는 방식으로 정보 주체의 동의 없이 개인 정보를 수집·활용하기 어려운 것이다. 이와 관련하여 개인 정보를 대부분의 경우 개인 동의 없이 활용하는 것을 허용하고, 예외적인 경우에 제한적으로 금지하는 '사후 규제' 방식을 도입해야 한다는 의견이 대두하고 있다. 그러나 나는 사전 규제 방식의 유지에 찬성한다.

드론은 고성능 카메라나 통신 장비 등이 장착되어 있는 경우가 많아 사전 동의 없이 개인의 초상, 성명, 주민등록 번호 등의 정보뿐만 아니라 개인의 위치 정보까지 저장할 수 있다. 또한 드론에서 수집한 정보를 검색하거나 전송하는 중에 사생활이 노출될 가능성이 높다. 더욱이 드론의 소형화, 경량화 기술이 발달하고 있어 사생활 침해의 우려가 커지고 있다. 드론은 인명 구조, 시설물 점검 등의 공공 분야뿐만 아니라 제조업, 물류 서비스 등의 민간 분야까지 활용 범위가 확대되고 있는데, 동시에 개인 정보를 수집하는 일이 많아지면서 사생활 침해 사례도 증가하고 있다.

헌법에서는 주거의 자유, 사생활의 비밀과 자유 등을 명시하여 개인의 사생활이 보호받도록 하고 있고, 개인 정보를 자신이 통제할 수 있는 정보의 자기 결정권을 부여하고 있다. 이와 같은 기본권이 안정적으로 보호될 때 드론 기술과 산업의 발전으로 얻게 되는 사회적 이익은 더욱 커질 것이다.

① 드론을 이용하여 개인 정보를 자유롭게 수집하게 되면 사생활 침해는 더욱 심해지고, 개인 정보의 복제, 유포, 훼손, 가공 등 의도적으로 악용하는 사례까지 증가할 것이다.

② 사전 규제를 통해 개인 정보의 수집과 활용에 제약이 생기면 개인의 기본권이 보장되어 오히려 드론을 다양한 분야에 활용할 수 있고, 드론 기술과 산업은 더욱더 빠르게 발전할 수 있다.

③ 산업적 이익을 우선시하면 개인 정보 보호에 관한 개인의 기본권을 등한시하는 결과를 초래할 수 있다.

④ 개인 정보의 복제, 유포, 위조 등으로 정보 주체에게 중대한 손실을 입힐 경우 손해액을 배상하도록 하여 엄격하게 책임을 묻는다면 사전 규제 없이도 개인 정보를 효과적으로 보호할 수 있다.

⑤ 사전 규제 방식을 유지하면서도 개인 정보 수집과 활용에 동의를 얻는 절차를 간소화하고 편의성을 높이면 정보의 활용이 용이해져 드론 기술과 산업의 발전을 도모할 수 있다.

29

예술 작품을 어떻게 감상하고 비평해야 하는지에 대해 다양한 논의들이 있다. 예술 작품의 의미와 가치에 대한 해석과 판단은 작품을 비평하는 목적과 태도에 따라 달라진다. 예술 작품에 대한 주요 비평 방법으로는 맥락주의 비평, 형식주의 비평, 인상주의 비평이 있다.

맥락주의 비평은 주로 예술 작품이 창작된 사회적·역사적 배경에 관심을 갖는다. 비평가 텐은 예술 작품이 창작된 당시 예술가가 살던 시대의 환경, 정치·경제·문화적 상황, 작품이 사회에 미치는 효과 등을 예술 작품 비평의 중요한 근거로 삼는다. 그 이유는 예술 작품이 예술가가 속해 있는 문화의 상징과 믿음을 구체화하며, 예술가가 속한 사회의 특성들을 반영한다고 보기 때문이다. 또한 맥락주의 비평에서는 작품이 창작된 시대적 상황 외에 작가의 심리적 상태와 이념을 포함하여 가급적 많은 자료를 바탕으로 작품을 분석하고 해석한다.

그러나 객관적 자료를 중심으로 작품을 비평하려는 맥락주의는 자칫 작품 외적인 요소에 치중하여 작품의 핵심적 본질을 훼손할 우려가 있다는 비판을 받는다. 이러한 맥락주의 비평의 문제점을 극복하기 위한 방법으로는 형식주의 비평과 인상주의 비평이 있다. 형식주의 비평은 예술 작품의 외적 요인 대신 작품의 형식적 요소와 그 요소들 간 구조적 유기성의 분석을 중요하게 생각한다. 프리드와 같은 형식주의 비평가들은 작품 속에 표현된 사물, 인간, 풍경 같은 내용보다는 선, 색, 형태 등의 조형 요소와 비례, 율동, 강조 등과 같은 조형 원리를 예술 작품의 우수성을 판단하는 기준이라고 주장한다.

인상주의 비평은 모든 분석적 비평에 대해 회의적인 시각을 가지고 있어 예술을 어떤 규칙이나 객관적 자료로 판단할 수 없다고 본다. "훌륭한 비평가는 대작들과 자기 자신의 영혼의 모험들을 관련시킨다."라는 비평가 프랑스의 말처럼, 인상주의 비평은 비평가가 다른 저명한 비평가의 관점과 상관없이 자신의 생각과 느낌에 대하여 자율성과 창의성을 가지고 비평하는 것이다. 즉, 인상주의 비평가는 작가의 의도나 그 밖의 외적인 요인들을 고려할 필요 없이 비평가의 자유 의지로 무한대의 상상력을 가지고 작품을 해석하고 판단한다.

> **보기**
>
> 피카소의 그림 「게르니카」는 1937년 히틀러가 바스크 산악 마을인 게르니카에 30여 톤의 폭탄을 퍼부어 수많은 인명을 살상한 비극적 사건의 참상을, 울부짖는 말과 부러진 칼 등의 상징적 이미지를 사용하여 전 세계에 고발한 기념비적인 작품이다.

① 작품의 형식적 요소와 요소들 간의 구조적 유기성을 중심으로 작품을 평가하고 있다.
② 피카소가 「게르니카」를 창작하던 당시의 시대적 상황을 반영하여 작품을 평가하고 있다.
③ 작품에 대한 자신의 주관적 감정을 반영하여 작품을 평가하고 있다.
④ 작품을 평가하는 과정에서 작품 속에 표현된 사건보다 상징적 이미지의 형태를 더 중시하고 있다.
⑤ 작품의 내적 요소를 중심으로 피카소의 심리적 상태를 파악하고 있다.

PART 3

미학은 예술과 미적 경험에 대한 개념과 이론에 대해 논의하는 철학의 한 분야로서, 미학의 문제들 가운데 하나가 바로 예술의 정의에 대한 문제이다. 예술이 자연에 대한 모방이라는 아리스토텔레스의 말에서 비롯된 모방론은, 대상과 그 대상의 재현이 닮은꼴이어야 한다는 재현의 투명성 이론을 전제한다. 그러나 예술가의 독창적인 감정 표현을 중시하는 한편 외부 세계에 대한 왜곡된 표현을 허용하는 낭만주의 사조가 18세기 말에 등장하면서, 모방론은 많이 쇠퇴했다. 이제 모방을 필수 조건으로 삼지 않는 낭만주의 예술가의 작품을 예술로 인정해줄 수 있는 새로운 이론이 필요했다. 20세기 초에 콜링우드는 진지한 관념이나 감정과 같은 예술가의 마음을 예술의 조건으로 규정하는 표현론을 제시하여 이 문제를 해결하였다. 그에 따르면, 진정한 예술 작품은 물리적 소재를 통해 구성될 필요가 없는 정신적 대상이다.

또한 이와 비슷한 시기에 외부 세계나 작가의 내면보다 작품 자체의 고유 형식을 중시하는 형식론도 발전했다. 벨의 형식론은 예술 감각이 있는 비평가들만이 직관적으로 식별할 수 있고 정의는 불가능한 어떤 성질을 일컫는 '의미 있는 형식'을 통해 그 비평가들에게 미적 정서를 유발하는 작품을 예술 작품이라고 보았다.

웨이츠의 예술 정의 불가론에 따르면 우리가 흔히 예술 작품으로 분류하는 미술, 연극, 문학, 음악 등은 서로 이질적이어서 그것들 전체를 아울러 예술이라 정의할 수 있는 공통된 요소를 갖지 않는다. 웨이츠의 이론은 예술의 정의에 대한 기존의 이론들이 겉보기에는 명제의 형태를 취하고 있으나, 사실은 참과 거짓을 판정할 수 없는 사이비 명제이므로 예술의 정의에 대한 논의 자체가 불필요하다는 견해를 대변한다.

디키는 예술계라는 어떤 사회 제도에 속하는 한 사람 또는 여러 사람에 의해 감상의 후보 자격을 수여받은 인공물을 예술 작품으로 규정한다는 제도론을 주장하였다. 하나의 작품이 어떤 특정한 기준에서 훌륭하므로 예술 작품이라고 부를 수 있다는 평가적 이론들과 달리, 디키의 견해는 일정한 절차와 관례를 거치기만 하면 모두 예술 작품으로 볼 수 있다는 분류적 이론이다. 예술의 정의와 관련된 이 논의들은 예술로 분류할 수 있는 작품들의 공통된 본질을 찾는 시도이자 예술의 필요충분 조건을 찾는 시도이다.

보기

20세기 중반에, 뒤샹이 변기를 가져다 전시한 「샘」이라는 작품은 예술 작품으로 인정되지만, 그것과 형식적인 면에서 차이가 없는 일반적인 변기는 예술 작품으로 인정되지 않았다.

① 모방론자는 변기를 있는 그대로 모방한 뒤샹의 작품 「샘」을 필수 조건을 갖춘 예술 작품으로 인정할 것이다.

② 표현론자는 일반적인 변기와 형식적 차이가 없는 「샘」을 자체의 고유 형식이 없다는 점에서 예술 작품으로 인정하지 않을 것이다.

③ 형식론자는 「샘」을 예술 작품으로 인정하지 않는 비평가에게 「샘」에 담긴 뒤샹의 내면 의식을 예술의 조건으로 제시할 것이다.

④ 예술 정의 불가론자는 예술 감각이 있는 비평가들만이 뒤샹의 작품 「샘」과 일반적인 변기를 구분할 수 있다고 볼 것이다.

⑤ 제도론자는 일정한 절차와 관례를 거쳐 전시한 뒤샹의 「샘」을 예술 작품으로 인정할 것이며, 일반적인 변기도 절차를 거친다면 예술 작품으로 인정할 것이다.

최종점검 모의고사

🕐 응시시간 : 60분   📋 문항 수 : 50문항

정답 및 해설 p.079

01 | 수리

01 50명의 남학생 중에서 24명, 30명의 여학생 중에서 16명이 뮤지컬을 좋아한다고 한다. 전체 80명의 학생 중에서 임의로 선택한 한 명이 뮤지컬을 좋아하지 않는 학생이었을 때, 그 학생이 여학생일 확률은?

① $\dfrac{3}{20}$

② $\dfrac{1}{4}$

③ $\dfrac{3}{10}$

④ $\dfrac{7}{20}$

⑤ $\dfrac{2}{5}$

Easy

02 어떤 일을 혼자 완성하는 데 A과장은 4일, B대리는 6일이 걸린다. 이 일을 A과장이 2일 동안 한 후 나머지는 B대리가 완성한다고 할 때, B대리가 일을 한 날은 며칠인가?

① 2일

② 3일

③ 4일

④ 5일

⑤ 6일

03 S편의점은 3 ~ 8월까지 6개월간 캔 음료 판매현황을 다음과 같이 정리하였다. 이에 대한 설명으로 옳지 않은 것은?(단, 3 ~ 5월은 봄, 6 ~ 8월은 여름이다)

〈월별 캔 음료 판매현황〉

(단위 : 캔)

구분	맥주	커피	탄산음료	이온음료	과일음료
3월	601	264	448	547	315
4월	536	206	452	523	362
5월	612	184	418	519	387
6월	636	273	456	605	406
7월	703	287	476	634	410
8월	812	312	513	612	419

① 맥주는 매월 커피의 2배 이상 판매되었다.
② 모든 캔 음료는 봄보다 여름에 더 잘 팔렸다.
③ 이온음료는 탄산음료보다 봄에 더 잘 팔렸다.
④ 맥주는 매월 가장 큰 판매 비중을 보이고 있다.
⑤ 모든 캔 음료는 여름에 매월 꾸준히 판매량이 증가하였다.

04 토요일이 의미 없이 지나간다고 생각한 직장인 S씨는 자기계발을 위해 집 근처 문화센터에서 하는 프로그램을 수강하려고 한다. 문화센터 프로그램 안내표를 참고할 때 옳지 않은 것은?(단, 시간이 겹치는 프로그램은 수강할 수 없다)

〈문화센터 프로그램 안내표〉

프로그램	수강료(3달 기준)	강좌시간
중국어 회화	60,000원	11:00 ~ 12:30
영어 회화	60,000원	10:00 ~ 11:30
지르박	180,000원	13:00 ~ 16:00
차차차	150,000원	12:30 ~ 14:30
자이브	195,000원	14:30 ~ 18:00

① 시간상 S씨가 선택할 수 있는 과목은 최대 2개이다.
② 자이브의 수강 시간이 가장 길다.
③ 중국어 회화와 차차차를 수강할 때 한 달 수강료는 7만 원이다.
④ 차차차와 자이브를 둘 다 수강할 수 있다.
⑤ 회화 중 하나를 들으면 최소 2과목을 수강할 수 있다.

05 다음은 2018 ~ 2024년 우리나라 지진 발생 현황에 대한 자료이다. 이에 대한 설명으로 옳은 것은?

〈우리나라 지진 발생 현황〉

구분	지진 횟수	최고 규모
2018년	42회	3.3
2019년	52회	4.0
2020년	56회	3.9
2021년	93회	4.9
2022년	49회	3.8
2023년	44회	3.9
2024년	492회	5.8

① 2018년 이후 지진 발생 횟수가 꾸준히 증가하고 있다.

② 2021년에는 2020년보다 지진이 44회 더 발생했다.

③ 2021년에 일어난 규모 4.9의 지진은 2018년 이후 우리나라에서 발생한 지진 중 가장 강력한 규모이다.

④ 지진 횟수가 증가할 때 지진의 최고 규모도 커진다.

⑤ 2024년에 발생한 지진은 2018년부터 2023년까지의 평균 지진 발생 횟수에 비해 약 8.8배 급증했다.

06 다음은 농가 수 및 농가 인구 추이와 농가 소득을 나타낸 자료이다. 이에 대한 〈보기〉의 설명 중 옳지 않은 것을 모두 고르면?

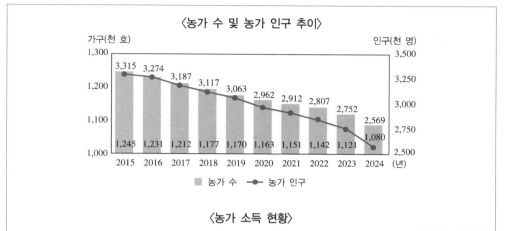

〈농가 수 및 농가 인구 추이〉

〈농가 소득 현황〉

(단위 : 천 원)

구분	2019년	2020년	2021년	2022년	2023년	2024년
농업 소득	10,098	8,753	9,127	10,035	10,303	11,257
농업 이외 소득	22,023	21,395	21,904	24,489	24,647	25,959
합계	32,121	30,148	31,031	34,524	34,950	37,216

보기

ㄱ. 농가 수 및 농가 인구는 지속적으로 감소하고 있다.
ㄴ. 전년 대비 농가 수가 가장 많이 감소한 해는 2024년이다.
ㄷ. 2019년 대비 2024년 농가 인구수의 감소율은 15% 이상이다.
ㄹ. 농가 소득 중 농업 이외 소득이 차지하는 비율은 매년 증가하고 있다.
ㅁ. 2024년 농가의 농업 소득의 전년 대비 증가율은 10%를 넘는다.

① ㄱ, ㄷ
② ㄴ, ㄹ
③ ㄷ, ㄹ
④ ㄹ, ㅁ
⑤ ㄱ, ㄷ, ㅁ

07 전(全)산업생산지수(IAIP; Index of All Industry Production)는 우리나라 경제전체의 모든 산업을 대상으로 재화와 용역에 대한 생산활동의 흐름과 변화를 지수로 나타낸 것이다. 다음 중 연도별 자료와 월별 자료를 기초로 분석한 내용으로 옳지 않은 것은?

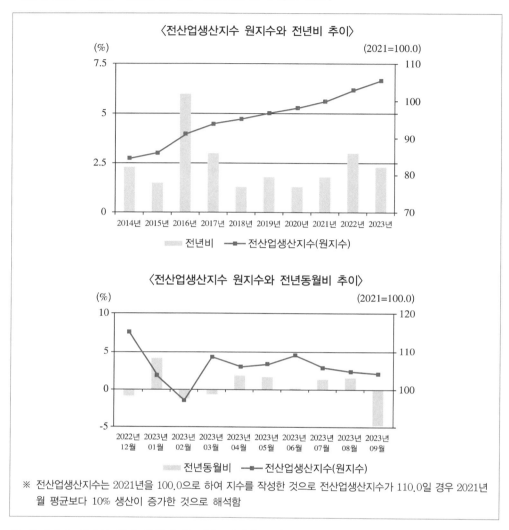

① 우리나라 경제의 연간 산업생산능력은 여전히 증가하고 있다.
② 2016년 우리나라의 산업생산능력은 전년 대비 가장 큰 증가를 기록하였다.
③ 2023년 9월에는 2022년 9월보다 3% 이상 산업생산능력이 감소하였다.
④ 2023년 2월에는 2021년보다 산업생산능력기준이 감소하였다.
⑤ 2023년 3월에는 2021년보다 산업생산능력기준과 전년동월비가 모두 감소하였다.

08 다음은 S사의 2020 ~ 2024년 신입사원 채용 인원 및 지원자 수에 대한 자료이다. 경쟁률이 가장 높은 해는 언제인가?

〈2020 ~ 2024년 신입사원 채용 인원 및 지원자 수〉

(단위 : 명)

구분	2020년	2021년	2022년	2023년	2024년
채용 인원	300	450	600	500	800
지원자 수	2,100	3,600	4,200	3,500	3,200

① 2020년
② 2021년
③ 2022년
④ 2023년
⑤ 2024년

09 다음은 S인터넷쇼핑몰의 1 ~ 4월 판매내역을 정리한 자료이며, 자료의 일부 내용에 잉크가 번져 보이지 않는 상황이다. 1 ~ 4월까지의 총반품금액에 대한 4월 반품금액의 비율에서 1 ~ 4월까지의 총배송비에 대한 1월 배송비의 비율을 뺀 값은?

〈S인터넷쇼핑몰 판매내역〉

(단위 : 원)

구분	판매금액	반품금액	취소금액	배송비	매출
1월	2,400,000	300,000			1,870,000
2월	1,700,000		160,000	30,000	1,360,000
3월	2,200,000	180,000	140,000		1,840,000
4월			180,000	50,000	2,000,000
합계	8,800,000	900,000		150,000	7,070,000

※ (매출)=(판매금액)−(반품금액)−(취소금액)−(배송비)

① 10%p
② 10.5%p
③ 11%p
④ 11.5%p
⑤ 12%p

10 다음은 용도별 및 차종별 자동차검사 현황이다. 빈칸에 들어갈 수치로 옳은 것은?(단, 각 수치는 연수가 높아짐에 따라 일정한 규칙으로 변화한다)

<용도별, 차종별 자동차검사 현황>

(단위 : %)

구분		4년 이하	5 ~ 6년	7 ~ 8년	9 ~ 10년	11 ~ 12년	13 ~ 14년	15년 이상
전체	합계	6.7	10.6	14.3	16.4	19.1	21.3	25.4
	승용차	5.5	9.0	11.3	14.1	17.8	20.3	25.3
	승합차	6.2	11.2	14.1	15.9	17.8	19.1	22.9
	화물차	7.4	14.9	22.6	24.5	23.5	24.8	26.0
	특수차	8.9	13.7	15.0	15.9	16.0	15.7	20.9
비사업용	합계	6.8	10.5	14.2	16.4	19.2	21.4	25.7
	승용차	6.8	9.1	11.4	14.1	17.8	20.3	25.3
	승합차	6.2	11.5	15.3	17.1	18.0	19.2	22.9
	화물차	6.9	14.6	23.2	25.5	24.4	25.5	27.0
	특수차	9.6	15.2	11.6	17.2		19.2	15.6
사업용	합계	6.4	11.2	14.6	16.2	18.3	19.6	20.2
	승용차	5.3	8.6	8.0	6.9	11.6	12.7	17.6
	승합차	6.1	9.7	9.7	9.9	9.8	8.6	9.8
	화물차	10.2	16.1	19.9	20.5	19.4	20.8	19.8
	특수차	8.7	13.4	14.9	16.0	16.5	15.9	22.7

① 12.6

② 13.6

③ 13.2

④ 14.2

⑤ 23.6

11 다음은 2019년부터 2023년까지 총 수출액 중 10대 수출 품목 비중 변화 추이에 대한 그래프이다. 총 수출액이 두 번째로 적은 연도는?

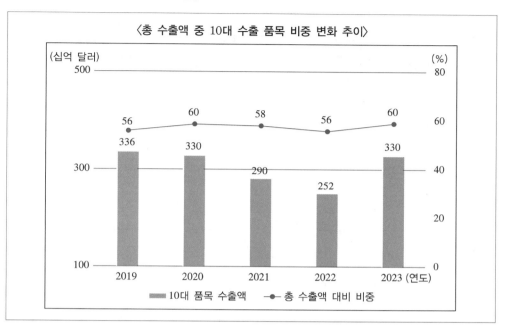

① 2019년   ② 2020년

③ 2021년   ④ 2022년

⑤ 2023년

※ 다음은 2021년부터 2023년까지 주택유형별 주택 멸실 현황이다. 이어지는 질문에 답하시오. [12~13]

〈주택 멸실 현황〉

(단위 : 호)

구분	2021년			2022년			2023년		
	단독	연립	아파트	단독	연립	아파트	단독	연립	아파트
전국	44,981	1,704	7,124	48,885	2,660	7,299	47,298	2,495	7,321
수도권	15,214	1,421	1,126	16,062	2,324	5,688	15,878	2,307	2,881
지방	29,767	283	5,998	32,823	336	1,611	31,420	188	4,440
서울	6,970	932	906	8,151	1,746	4,140	8,235	1,468	2,243
부산	3,540	113	2,019	3,155	54	936	3,491	41	640
대구	1,720	24	910	1,967	–	255	2,037	29	–
인천	1,148	205	180	12	110	105	1,312	375	585
광주	1,406	–	–	1,204	4	–	1,055	22	2,331
대전	1,777	65	246	964	2	–	665	40	–
울산	575	3	940	1,234	40	–	1,160	9	–
경기	7,096	284	40	6,229	468	1,443	6,331	464	53
강원	1,896	19	–	2,045	126	–	2,166	–	–
충북	2,460	6	40	2,228	–	174	2,390	12	50
충남	2,686	12	84	3,131	–	77	2,874	–	–
전북	2,217	29	1,759	3,740	21	–	2,530	16	500
전남	2,900	–	–	3,678	2	83	3,068	–	150
경북	3,888	6	–	4,063	10	24	4,579	19	–
경남	4,029	6	–	4,693	77	62	4,726	–	769
제주	673	–	–	721	–	–	679	–	–

※ 멸실 주택 : 건축법상 주택의 용도에 해당하는 건축물이 철거 또는 멸실되어 더 이상 존재하지 않게 될 경우로서 건축물대장 말소가 이루어진 주택

12 위 자료에 대한 〈보기〉의 설명 중 옳지 않은 것을 모두 고르면?

> **보기**
>
> ㄱ. 2022년과 2023년에 서울의 단독 멸실 수는 전년 대비 매년 5% 이상 증가하였다.
> ㄴ. 2021년에 아파트 멸실 수가 네 번째로 많았던 지역은 2023년에도 아파트 멸실 수가 네 번째로 많다.
> ㄷ. 2022년 서울의 연립 멸실 수는 같은 해 경기의 연립 멸실 수의 4배 이상이다.
> ㄹ. 전국의 단독 멸실 수와 충남의 단독 멸실 수는 매년 증감 추이가 같다.

① ㄱ, ㄴ
② ㄴ, ㄷ
③ ㄱ, ㄴ, ㄷ
④ ㄱ, ㄷ, ㄹ
⑤ ㄴ, ㄷ, ㄹ

13 다음은 통계청에서 발표한 주택 멸실 현황에 기반해 작성한 보고서의 일부이다. 자료에 기반한 보고서의 내용 중 옳지 않은 것은?

> 〈보고서〉
>
> 주택 멸실 현황은 멸실 주택 수 파악을 통해 지역별 주택재고 현황 파악 및 지역별 주택수급 상황 판단의 기초자료로 활용된다. 통계청은 건축물 대장을 기초로 시·도 검증자료를 활용하여 2021년부터 2023년까지의 주택 멸실 현황 통계를 작성하였다.
> ① 조사기간 동안 전국의 아파트 멸실 주택 수가 증가하는 추세에 있다. 하지만 지역별 차이는 큰 것으로 나타났다. 수도권의 경우, 2022년 아파트 멸실 주택 수는 전년 대비 5배 이상 증가하였지만, 지방의 경우 30% 미만으로 감소하였다. 또한 ② 단독 주택의 멸실 주택은 서울의 경우, 2023년에 2021년 대비 18% 이상 증가하였으나, 대전의 경우 2분의 1 이하로 감소하여 큰 차이를 보였다.
> 멸실 주택이 없는 지역과 1,000호 이상으로 많았던 지역의 수는 연도에 따라 차이를 보였다. ③ 멸실된 연립 주택의 경우, 2021년에는 1,000호 이상 멸실된 지역은 총 2곳이었으며, 2023년에는 3곳으로 증가하였다. 한편 ④ 2023년에 멸실된 아파트가 없는 지역은 총 7곳이었으며 또한 ⑤ 전국의 연립 주택은 2023년에 멸실된 주택이 전년 대비 6% 이상 감소한 것으로 나타났다.
> 공공주택본부는 이와 같은 자료를 바탕으로 안정적인 주택을 확보하고, 소모적인 멸실을 막기 위해 건축물대상 말소 전 갱신 고지방안과, 재건축 및 보수공사 등 건축물 수명 연장을 위한 방안을 논의 중이다.

Easy

14 다음은 S고등학교 1학년 3반 학생들의 음악 수행평가 점수 현황을 나타낸 그래프이다. 다음 그래프를 참고할 때, 1학년 3반 학생들의 음악 수행평가 평균점수는?(단, 수행평가는 80점 만점이다)

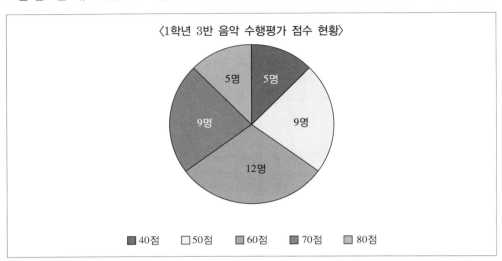

① 50점 　　　　　　　　　② 60점
③ 65점 　　　　　　　　　④ 70점
⑤ 80점

※ 다음은 대북 지원금에 대한 자료이다. 이어지는 질문에 답하시오. [15~16]

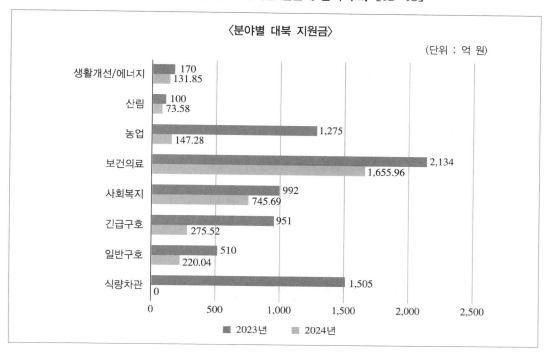

〈분야별 대북 지원금〉

(단위 : 억 원)

- 생활개선/에너지: 170 / 131.85
- 산림: 100 / 73.58
- 농업: 1,275 / 147.28
- 보건의료: 2,134 / 1,655.96
- 사회복지: 992 / 745.69
- 긴급구호: 951 / 275.52
- 일반구호: 510 / 220.04
- 식량차관: 1,505 / 0

■ 2023년   ■ 2024년

15 다음 중 위 자료에 대한 설명으로 옳지 않은 것은?

① 2024년의 대북 지원금은 전년 대비 모든 분야에서 감소하였다.
② 2023 ~ 2024년 동안 지원한 금액은 농업 분야보다 긴급구호 분야가 많다.
③ 2023 ~ 2024년 동안 가장 많은 금액을 지원한 분야는 동일하다.
④ 산림 분야의 지원금은 2023년 대비 2024년에 25억 원 이상 감소하였다.
⑤ 2024년에 가장 적은 금액을 지원한 분야는 식량차관이다.

16 위 자료에서 2023과 2024년에 각각 가장 많은 금액을 지원한 3가지 분야 지원금 합의 차는?

① 약 2,237억 원   ② 약 2,344억 원
③ 약 2,401억 원   ④ 약 2,432억 원
⑤ 약 2,450억 원

17 다음은 난민 통계 현황에 대한 자료이다. 이를 변환한 그래프로 옳지 않은 것은?

〈난민 신청자 현황〉

(단위 : 명)

구분		2021년	2022년	2023년	2024년
성별	남자	1,039	1,366	2,403	4,814
	여자	104	208	493	897
국적	파키스탄	242	275	396	1,143
	나이지리아	102	207	201	264
	이집트	43	97	568	812
	시리아	146	295	204	404
	중국	3	45	360	401
	기타	178	471	784	2,687

〈난민 인정자 현황〉

(단위 : 명)

구분		2021년	2022년	2023년	2024년
성별	남자	39	35	62	54
	여자	21	22	32	51
국적	미얀마	18	19	4	32
	방글라데시	16	10	2	12
	콩고DR	4	1	3	1
	에티오피아	4	3	43	11
	기타	18	24	42	49

① 난민 신청자 연도·국적별 현황

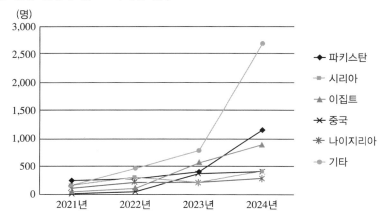

② 전년 대비 난민 인정자 증감률(2022 ~ 2024년)

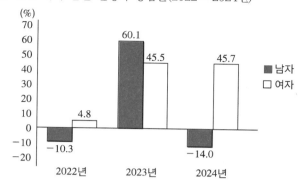

③ 난민 신청자 현황

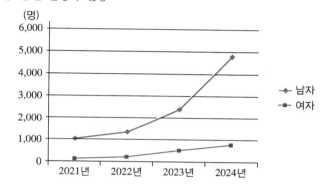

④ 난민 인정자 비율

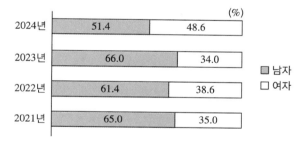

⑤ 2024년 국가별 난민 신청자 비율

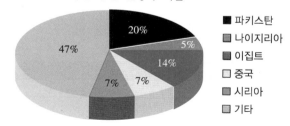

18 매년 8월 S전자상가의 에어컨 판매 수량이 다음과 같이 일정한 규칙으로 증가할 때 2025년 8월의 에어컨 판매량은?

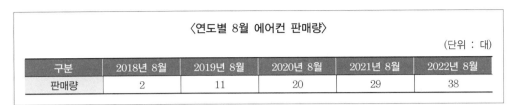

〈연도별 8월 에어컨 판매량〉

(단위 : 대)

구분	2018년 8월	2019년 8월	2020년 8월	2021년 8월	2022년 8월
판매량	2	11	20	29	38

① 95대   ② 86대
③ 74대   ④ 65대
⑤ 56대

19 S제과점의 연도별 상반기 H과자 판매 수량의 다음과 같은 규칙을 보일 때 2025년 상반기의 과자 판매 개수는?

〈연도별 상반기 S제과점 H과자 판매 수량〉

(단위 : 봉지)

구분	2015년	2016년	2017년	2018년	2019년
H과자 판매량	79,630	89,730	99,830	109,930	120,030

① 150,630봉지   ② 160,730봉지
③ 160,830봉지   ④ 170,630봉지
⑤ 180,630봉지

20 S씨는 정원을 확장하기 위해 앞마당을 공사하고 있다. 작업이 끝난 땅의 넓이가 다음과 같은 규칙을 보일 때 9일 후 땅의 넓이는?

〈공사 완료한 땅의 넓이〉

(단위 : m²)

기간	1일 후	2일 후	3일 후	4일 후	5일 후
땅의 넓이	4	7	10	13	16

※ 땅의 넓이는 전일까지 작업 완료한 땅을 포함한 넓이임

① 24m²   ② 26m²
③ 28m²   ④ 30m²
⑤ 32m²

※ 제시된 명제가 모두 참일 때, 빈칸에 들어갈 명제로 가장 적절한 것을 고르시오. [1~3]

01

전제1. 세미나에 참여한 사람은 모두 봉사활동에 지원하였다.
전제2. 신입사원은 세미나에 참여하지 않았다.
결론. _____

① 신입사원은 모두 봉사활동에 지원하였다.
② 세미나에 참여하지 않으면 모두 신입사원이다.
③ 신입사원은 모두 봉사활동에 지원하지 않았다.
④ 봉사활동에 지원한 사람은 모두 세미나에 참여한 사람이다.
⑤ 신입사원은 봉사활동에 지원하였을 수도, 하지 않았을 수도 있다.

02

전제1. 오존층이 파괴되지 않으면 프레온 가스가 나오지 않는다.
전제2. _____
전제3. 지구 온난화가 진행되지 않으면 오존층이 파괴되지 않는다.
결론. 지구 온난화가 진행되지 않았다는 것은 에어컨을 과도하게 쓰지 않았다는 뜻이다.

① 에어컨을 잘 쓰지 않으면 프레온 가스가 나오지 않는다.
② 프레온 가스가 나온다고 해도 오존층은 파괴되지 않는다.
③ 오존층을 파괴하면 지구 온난화가 진행된다.
④ 에어컨을 과도하게 쓰면 프레온 가스가 나온다.
⑤ 에어컨을 적게 써도 지구 온난화는 진행된다.

Hard

03

전제1. 환경정화 봉사활동에 참여하는 모든 사람은 재난복구 봉사활동에 참여한다.
전제2. _____
결론. 재난복구 봉사활동에 참여하는 어떤 사람은 유기동물 봉사활동에 참여한다.

① 재난복구 봉사활동에 참여하지 않는 모든 사람은 유기동물 봉사활동에 참여하지 않는다.
② 환경정화 봉사활동에 참여하지 않는 어떤 사람은 유기동물 봉사활동에 참여한다.
③ 재난복구 봉사활동에 참여하는 어떤 사람은 환경정화 봉사활동에 참여한다.
④ 환경정화 봉사활동에 참여하는 어떤 사람은 유기동물 봉사활동에 참여한다.
⑤ 환경정화 봉사활동에 참여하는 모든 사람은 유기동물 봉사활동에 참여하지 않는다.

04 국내 유명 감독의 영화가 이번에 개최되는 국제 영화 시상식에서 작품상, 감독상, 각본상, 편집상의 총 4개 후보에 올랐다. 4명의 심사위원이 해당 작품의 수상 가능성에 대해 다음과 같이 진술하였으며, 이들 중 3명의 진술은 모두 참이고, 나머지 1명의 진술은 거짓이다. 해당 작품이 수상할 수 있는 상의 최대 개수는?

- A심사위원 : 편집상을 받지 못한다면 감독상도 받지 못하며, 대신 각본상을 받을 것이다.
- B심사위원 : 작품상을 받는다면 감독상도 받을 것이다.
- C심사위원 : 감독상을 받지 못한다면 편집상도 받지 못한다.
- D심사위원 : 편집상과 각본상은 받지 못한다.

① 0개   ② 1개
③ 2개   ④ 3개
⑤ 4개

05 경영학과에 재학 중인 A ~ E는 계절학기 시간표에 따라 요일별로 하나의 강의만 수강한다. 전공 수업을 신청한 C는 D보다 앞선 요일에 수강하고, E는 교양 수업을 신청한 A보다 나중에 수강한다고 할 때, 다음 중 항상 참이 되는 것은?

〈계절학기 시간표〉

월	화	수	목	금
전공1	전공2	교양1	교양2	교양3

① A가 수요일에 강의를 듣는다면 E는 교양2 강의를 듣는다.
② B가 전공 수업을 듣는다면 C는 화요일에 강의를 듣는다.
③ C가 화요일에 강의를 듣는다면 E는 교양3 강의를 듣는다.
④ D는 반드시 전공 수업을 듣는다.
⑤ E는 반드시 교양 수업을 듣는다.

06 어떤 회사가 A ~ D 4개의 부서에 1명씩 신입사원을 선발하였다. 지원자는 총 5명이었으며, 선발 결과에 대해 다음과 같이 진술하였다. 이 중 1명의 진술만 거짓으로 밝혀졌다고 할 때 다음 중 올바른 추론은?

- 지원자 1 : 지원자 2가 A부서에 선발되었다.
- 지원자 2 : 지원자 3은 A 또는 D부서에 선발되었다.
- 지원자 3 : 지원자 4는 C부서가 아닌 다른 부서에 선발되었다.
- 지원자 4 : 지원자 5는 D부서에 선발되었다.
- 지원자 5 : 나는 D부서에 선발되었는데, 지원자 1은 선발되지 않았다.

① 지원자 1은 B부서에 선발되었다.
② 지원자 2는 A부서에 선발되었다.
③ 지원자 3은 D부서에 선발되었다.
④ 지원자 4는 B부서에 선발되었다.
⑤ 지원자 5는 C부서에 선발되었다.

PART 3

07 김대리는 회의 참석자의 역할을 고려해 A ~ F 6명이 앉을 6인용 원탁 자리를 세팅 중이다. 다음 내용을 모두 만족하도록 세팅했을 때, 서로 옆 자리에 앉게 되는 사람은?

- 원탁 둘레로 6개의 의자를 같은 간격으로 세팅한다.
- A가 C와 F 중 한 사람의 바로 옆 자리에 앉도록 세팅한다.
- D의 바로 옆 자리에 C나 E가 앉지 않도록 세팅한다.
- A가 좌우 어느 쪽을 봐도 B와의 사이에 2명이 앉도록 세팅하고, B의 바로 왼쪽 자리에 F가 앉도록 세팅한다.

① A와 D   ② A와 E
③ B와 C   ④ B와 D
⑤ C와 F

08 다음 중 1명만 거짓말을 할 때 항상 옳은 것은?(단, 한 층에 1명만 내린다)

- A : B는 1층에서 내렸다.
- B : C는 1층에서 내렸다.
- C : D는 적어도 3층에서 내리지 않았다.
- D : A는 4층에서 내렸다.
- E : A는 4층에서 내리고 나는 5층에 내렸다.

① C는 1층에서 내렸다.
② D는 3층에서 내렸다.
③ A는 4층에서 내리지 않았다.
④ C는 B보다 높은 층에서 내렸다.
⑤ A는 D보다 높은 층에서 내렸다.

Easy

09 제시된 〈조건〉을 통해 추론할 때, 다음 중 반드시 참이 되는 것은?

조건
- 관수는 보람이보다 크다.
- 창호는 보람이보다 작다.
- 동주는 관수보다 크다.
- 인성이는 보람이보다 작지 않다.

① 인성이는 창호보다 크고 관수보다 작다.
② 보람이는 동주, 관수보다 작지만 창호보다는 크다.
③ 창호는 관수, 보람이보다 작지만 인성보다는 크다.
④ 동주는 관수, 보람, 창호, 인성이보다 크다.
⑤ 창호는 키가 가장 작지는 않다.

10 각 지역본부 대표 8명이 다음 〈조건〉에 따라 원탁에 앉아 회의를 진행한다고 할 때, 경인 대표의 맞은편에 앉은 사람을 바르게 추론한 것은?(단, 오른쪽은 시계 반대 방향을, 왼쪽은 시계 방향을 의미한다)

조건

• 서울, 부산, 대구, 광주, 대전, 경인, 춘천, 속초 대표가 참여하였다.
• 서울 대표는 12시 방향에 앉아 있다.
• 서울 대표의 오른쪽 두 번째 자리에는 대전 대표가 앉아 있다.
• 부산 대표는 경인 대표의 바로 왼쪽에 앉는다.
• 광주 대표의 바로 양 옆자리는 대전 대표와 부산 대표이다.
• 광주 대표와 대구 대표는 마주 보고 있다.
• 속초 대표의 바로 양 옆자리는 서울 대표와 대전 대표이다.

① 대전 대표
② 부산 대표
③ 대구 대표
④ 속초 대표
⑤ 서울 대표

11 다음 〈조건〉에 따라 교육부, 행정안전부, 보건복지부, 농림축산식품부, 외교부, 국방부에 대한 국정감사 순서를 정한다고 할 때, 다음 중 항상 옳은 것은?

조건

• 행정안전부에 대한 감사는 농림축산식품부와 외교부에 대한 감사 사이에 한다.
• 국방부에 대한 감사는 보건복지부나 농림축산식품부에 대한 감사보다 늦게 시작되지만, 외교부에 대한 감사보다 먼저 시작한다.
• 교육부에 대한 감사는 아무리 늦어도 보건복지부 또는 농림축산식품부 중 적어도 어느 한 부서에 대한 감사보다는 먼저 시작되어야 한다.
• 보건복지부는 농림축산식품부보다 먼저 감사를 시작한다.

① 보건복지부는 두 번째로 감사를 시작한다.
② 외교부보다 늦게 감사를 받는 부서가 있다.
③ 국방부는 행정안전부보다 감사를 일찍 시작한다.
④ 교육부는 첫 번째 또는 두 번째에 감사를 시작한다.
⑤ 농림축산식품부보다 늦게 감사를 받는 부서의 수가 일찍 받는 부서의 수보다 적다.

12 김대리는 사내체육대회에 참여할 직원 명단을 작성하고자 한다. A ~ F 6명의 직원들이 다음 〈조건〉에 따라 참여한다고 할 때, 체육대회에 반드시 참여하는 직원의 수는?

> **조건**
> • A가 참여하면 F는 참여하지 않고, B는 체육대회에 참여한다.
> • C가 체육대회에 참여하면 D는 체육대회에 참여하지 않는다.
> • E가 체육대회에 참여하지 않으면 C는 체육대회에 참여한다.
> • B와 E 중 1명만 체육대회에 참여한다.
> • D는 체육대회에 참여한다.

① 2명
② 3명
③ 4명
④ 5명
⑤ 6명

Easy

13 S사는 6층 건물의 모든 층을 사용하고 있으며, 건물에는 기획부, 인사 교육부, 서비스 개선부, 연구·개발부, 해외사업부, 디자인부가 층별로 위치하고 있다. 다음 〈조건〉을 참고할 때 항상 옳은 것은?(단, 6개의 부서는 서로 다른 층에 위치하며, 3층 이하에 위치한 부서의 직원은 출근 시 반드시 계단을 이용해야 한다)

> **조건**
> • 기획부의 문대리는 해외사업부의 이주임보다 높은 층에 근무한다.
> • 인사 교육부는 서비스 개선부와 해외사업부 사이에 위치한다.
> • 디자인부의 김대리는 오늘 아침 엘리베이터에서 서비스 개선부의 조대리를 만났다.
> • 6개의 부서 중 건물의 옥상과 가장 가까이에 위치한 부서는 연구·개발부이다.
> • 연구·개발부의 오사원이 인사 교육부 박차장에게 휴가 신청서를 제출하기 위해서는 4개의 층을 내려와야 한다.
> • 건물 1층에는 회사에서 운영하는 커피숍이 함께 있다.

① 출근 시 엘리베이터를 탄 디자인부의 김대리는 5층에서 내린다.
② 디자인부의 김대리가 서비스 개선부의 조대리보다 먼저 엘리베이터에서 내린다.
③ 인사 교육부와 커피숍은 같은 층에 위치한다.
④ 기획부의 문대리는 출근 시 반드시 계단을 이용해야 한다.
⑤ 인사 교육부의 박차장은 출근 시 연구·개발부의 오사원을 계단에서 만날 수 없다.

14 회장실, 응접실, 탕비실과 재무회계팀, 홍보팀, 법무팀, 연구개발팀, 인사팀의 위치가 다음 〈조건〉에 따를 때, 인사팀의 위치는?

	A	B	C	D	회의실 1
출입문			복도		
	E	F	G	H	회의실 2

조건

- A ~ H에는 빈 곳 없이 회장실, 응접실, 탕비실, 모든 팀 중 하나가 위치해 있다.
- 회장실은 출입문과 가장 가까운 위치에 있다.
- 회장실 맞은편은 응접실이다.
- 재무회계팀은 회장실 옆에 있고, 응접실 옆에는 홍보팀이 있다.
- 법무팀은 항상 홍보팀 옆에 있다.
- 연구개발팀은 회의실 2와 같은 줄에 있다.
- 탕비실은 법무팀 맞은편에 있다.

① B
② C
③ D
④ G
⑤ H

※ 다음 제시된 도형의 규칙을 보고 물음표에 들어갈 도형으로 알맞은 것을 고르시오. [15~17]

15

① ② ③ ④ ⑤

16

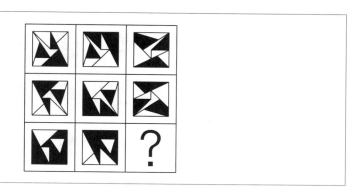

①

②

③

④

⑤

17

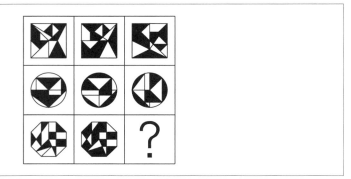

①

②

③

④

⑤

※ 다음 도식에서 기호들은 일정한 규칙에 따라 문자를 변화시킨다. 물음표에 들어갈 문자로 알맞은 것을 고르시오(단, 규칙은 가로와 세로 중 한 방향으로만 적용된다). [18~21]

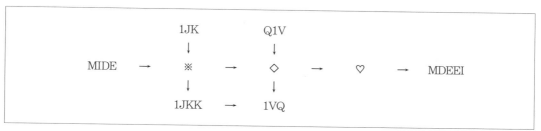

18

| 5KD → ♡ → ※ → ? |

① 55KD
③ KD55
⑤ 55DK

② KDD5
④ DK55

19

| WBS → ◇ → ♡ → ? |

① BSS
③ SWB
⑤ SWS

② SBW
④ WSB

20

| LG25 → ※ → ◇ → ? |

① G255L
③ 552GL
⑤ KT52G

② 25GAL
④ L2G55

21

| LFD → ♡ → ◇ → ? |

① DFL
③ DLF
⑤ FDL

② FLD
④ LFD

22

(가) 결국 이를 다시 생각하면, 과거와 현재의 문화 체계와 당시 사람들의 의식 구조, 생활상 등을 역추적할 수 있다는 말이 된다. 즉, 동물의 상징적 의미가 문화를 푸는 또 하나의 열쇠이자 암호가 되는 것이다. 그리고 동물의 상징적 의미를 통해 인류의 총체인 문화의 실타래를 푸는 것은 우리는 어떤 존재인가라는 정체성에 대한 답을 하는 과정이 될 수 있다.

(나) 인류는 선사시대부터 생존을 위한 원초적 본능에서 동굴이나 바위에 그림을 그리는 일종의 신앙 미술을 창조했다. 신앙 미술은 동물에게 여러 의미를 부여하기 시작했고, 동물의 상징적 의미는 현재까지도 이어지고 있다. 1억 원 이상 복권 당첨자의 23%가 돼지꿈을 꿨다거나, 황금 돼지해에 태어난 아이는 만복을 타고난다는 속설 때문에 결혼과 출산이 줄을 이었고, 대통령 선거에서 '두 돼지가 나타나 두 뱀을 잡아 먹는다.'는 식으로 후보들이 홍보를 하기도 했다. 이렇게 동물의 상징적 의미는 우리 시대에도 여전히 유효한 관념으로 남아 있는 것이다.

(다) 동물의 상징적 의미는 시대나 나라에 따라 변하고 새로운 역사성을 담기도 했다. 예를 들면, 뱀은 다산의 상징이자 불사의 존재이기도 했지만, 사악하고 차가운 간사한 동물로 여겨지기도 했다. 하지만 그리스에서 뱀은 지혜의 신이자, 아테네의 상징물이었고, 논리학의 상징이었다. 그리고 과거에 용은 숭배의 대상이었으나, 상상의 동물일 뿐이라는 현대의 과학적 사고는 지금의 용에 대한 믿음을 약화시키고 있다.

(라) 동물의 상징적 의미가 이렇게 다양하게 변하는 것은 문화가 살아 움직이기 때문이다. 문화는 인류의 지식, 신념, 행위의 총체로서, 동물의 상징적 의미 또한 문화에 속한다. 문화는 항상 현재 진행형이기 때문에 현재의 생활이 바로 문화이며, 이것은 미래의 문화로 전이된다. 문화는 과거, 현재, 미래가 따로 떨어진 게 아니라 뫼비우스의 띠처럼 연결되어 있는 것이다. 다시 말하면 그 속에 포함된 동물의 상징적 의미 또한 거미줄처럼 얽히고설켜 형성된 것으로, 그 시대의 관념과 종교, 사회·정치적 상황에 따라 의미가 달라질 수밖에 없다는 말이다.

① (가) – (다) – (라) – (나) 　　② (나) – (라) – (다) – (가)

③ (나) – (다) – (라) – (가) 　　④ (다) – (나) – (라) – (가)

⑤ (다) – (라) – (가) – (나)

23

(가) '빅뱅 이전에 아무 일도 없었다.'는 말을 달리 해석하는 방법도 있다. 그것은 바로 빅뱅 이전에는 시간도 없었다고 해석하는 것이다. 그 경우 '빅뱅 이전'이라는 개념 자체가 성립하지 않으므로 그 이전에 아무 일도 없었던 것은 당연하다. 그렇게 해석한다면 빅뱅이 일어난 이유도 설명할 수 있게 된다. 즉, 빅뱅은 '0년'을 나타내는 것이다. 시간의 시작은 빅뱅의 시작으로 정의되기 때문에 우주가 그 이전이든 이후이든 왜 탄생했느냐고 묻는 것은 이치에 닿지 않는다.

(나) 단지 지금 설명할 수 없다는 뜻이 아니라 설명 자체가 있을 수 없다는 뜻이다. 어떻게 설명이 가능하겠는가? 수도관이 터진 이유는 그전에 닥쳐온 추위로 설명할 수 있다. 공룡이 멸종한 이유는 그 전에 지구와 운석이 충돌했을 가능성으로 설명하면 된다. 바꿔 말해서, 우리는 한 사건을 설명하기 위해 그 사건 이전에 일어났던 사건에서 원인을 찾는다. 그러나 빅뱅의 경우에는 그 이전에 아무것도 없었으므로 어떠한 설명도 찾을 수 없는 것이다.

(다) 그런데 이런 식으로 사고하려면, 아무 일도 일어나지 않고 시간만 존재하는 것을 상상할 수 있어야 한다. 그것은 곧 시간을 일종의 그릇처럼 상상하고 그 그릇 안에 담긴 것과 무관하게 여긴다는 뜻이다. 시간을 이렇게 본다면 변화는 일어날 수 없다. 여기서 변화는 시간의 경과가 아니라 사물의 변화를 가리킨다. 이런 전제하에서 우리가 마주하는 문제는 이것이다. 어떤 변화가 생겨나기도 전에 영겁의 시간이 있었다면, 왜 우주가 탄생하게 되었는지를 설명할 수 없다.

(라) 우주론자들에 따르면 우주는 빅뱅으로부터 시작되었다고 한다. 빅뱅이란 엄청난 에너지를 가진 아주 작은 우주가 폭발하듯 갑자기 생겨난 사건을 말한다. 그게 사실이라면 빅뱅 이전에는 무엇이 있었느냐는 질문이 나오는 게 당연하다. 아마 아무것도 없었을 것이다. 하지만 빅뱅 이전에 아무것도 없었다는 말은 무슨 뜻일까? 영겁의 시간 동안 단지 진공이었다는 뜻이다. 움직이는 것도, 변화하는 것도 없었다는 것이다.

① (가) – (나) – (다) – (라)   ② (가) – (다) – (나) – (라)

③ (가) – (라) – (나) – (다)   ④ (라) – (가) – (나) – (다)

⑤ (라) – (다) – (나) – (가)

24 다음 글에 대한 설명으로 가장 적절한 것은?

H철도공사는 철도시설물 점검 자동화에 '스마트글라스'를 활용하겠다고 밝혔다. 스마트글라스란 안경처럼 착용하는 스마트기기로 검사와 판독, 데이터 송수신과 보고서 작성까지 모든 동작이 음성인식을 바탕으로 작동한다. 이를 활용하여 작업자는 스마트글라스 액정에 표시된 내용에 따라 작업자는 철도 시설물을 점검하고 이를 음성 명령을 통해 사진 촬영하여 해당 정보와 검사결과를 전송해 보고서로 작성한다.

작업자들은 직접 자료를 조사하고 실사 측정한 내용을 바탕으로 시스템 속 여러 단계에 거쳐 수기 입력하던 기존방식에서 벗어나 스마트글라스를 사용하여 이 일련의 과정들을 중앙 서버를 통해 한 번에 처리할 수 있게 되었다.

이와 같은 스마트기기의 도입은 중앙서버의 효율적 종합관리를 가능케 할 뿐만 아니라 작업자의 안전도 향상에도 크게 기여하였는데, 이는 작업자들이 음성인식이 가능한 스마트글라스를 사용함으로써 두 손이 자유로워져 추락 사고를 방지할 수 있게 되었고, 또 스마트글라스 내부 센서가 충격과 기울기를 감지할 수 있어 작업자에게 위험한 상황이 발생하면 지정된 컴퓨터로 바로 통보되는 시스템을 갖추었기 때문이다.

H철도공사는 주요 거점 현장을 시작으로 스마트글라스를 보급하여 성과분석을 거치고 내년부터는 보급 현장을 확대하겠다고 밝혔으며, 국내 철도환경에 맞춰 스마트글라스 시스템을 개선하기 위해 현장검증을 진행하고 스마트글라스를 통해 측정된 데이터를 총괄 제어할 수 있도록 안전점검 플랫폼 망도 마련하였다.

더불어 기존의 인력 중심 시설점검을 스마트글라스를 통해 간소화시켜 효율성과 안전성을 향상시키고 나아가 철도에 맞춤형 스마트 기술을 도입시켜 시설물 점검뿐만 아니라 유지보수 작업도 가능하도록 철도기술 고도화에 힘쓰겠다고 전했다.

① 스마트글라스의 도입으로 철도시설물 점검의 무인작업이 가능해졌다.
② 작업자의 음성인식을 통해 철도시설의 점검 및 보수 작업이 가능해졌다.
③ 스마트글라스의 도입으로 철도시설물 작업 시간 및 인력이 감소하고 있다.
④ 스마트글라스의 도입으로 작업자의 안전사고 발생을 바로 파악할 수 있게 되었다.
⑤ 스마트글라스의 도입으로 철도시설물 점검 작업 안전사고 발생 횟수가 감소하였다.

25 다음 글의 내용이 참일 때 항상 참이 아닌 것인 것을 고르면?

> 연금술은 일련의 기계적인 속임수나 교감적 마술에 대한 막연한 믿음 이상의 인간 행위다. 출발에서 부터 그것은 세계와 인간 생활을 관계 짓는 이론이었다. 물질과 과정, 원소와 작용 간의 구분이 명백하지 않았던 시대에 연금술이 다루는 원소들은 인간성의 측면들이기도 했다.
>
> 당시 연금술사의 관점에서 본다면 인체라는 소우주와 자연이라는 대우주 사이에는 일종의 교감이 있었다. 대규모의 화산은 일종의 부스럼과 같고 폭풍우는 왈칵 울어대는 동작과 같았다. 연금술사들은 두 가지 원소가 중요하다고 보았다. 그중 하나가 수은인데, 수은은 밀도가 높고 영구적인 모든 것을 대표한다. 또 다른 하나는 황으로, 가연성이 있고 비영속적인 모든 것을 표상한다. 이 우주 안의 모든 물체들은 수은과 황으로 만들어졌다. 이를테면 연금술사들은 알 속의 배아에서 뼈가 자라듯, 모든 금속들은 수은과 황이 합성되어 자라난다고 믿었다. 그들은 그와 같은 유추를 진지한 것으로 여겼는데, 이는 현대 의학의 상징적 용례에 그대로 남아 있다. 우리는 지금도 여성의 기호로 연금술사들의 구리 표시, 즉 '부드럽다'는 뜻으로 '비너스'를 사용하고 있다. 그리고 남성에 대해서는 연금술사들의 철 기호, 즉 '단단하다'는 뜻으로 '마르스'를 사용한다.
>
> 모든 이론이 그렇듯이 연금술은 당시 그 시대의 문제를 해결하기 위한 노력의 산물이었다. 1500년 경까지는 모든 치료법이 식물 아니면 동물에서 나와야 한다는 신념이 지배적이었기에 의학 문제들은 해결을 보지 못하고 좌초해 있었다. 그때까지 의약품은 대체로 약초에 의존하였다. 그런데 연금술사들은 거리낌 없이 의학에 금속을 도입했다. 예를 들어 유럽에 창궐한 매독을 치료하기 위해 대단히 독창적인 치료법을 개발했는데, 그 치료법은 연금술에서 가장 강력한 금속으로 간주된 수은을 바탕으로 하였다.

① 연금술사는 모든 치료행위에 수은을 사용하였다.
② 연금술사는 인간을 치료하는 데 금속을 사용하였다.
③ 연금술사는 구리가 황과 수은의 합성의 산물이라고 보았다.
④ 연금술사는 연금술을 자연만이 아니라 인간에게도 적용했다.
⑤ 연금술사는 모든 물체가 두 가지 원소로 이루어진다고 보았다.

26 다음 글의 내용이 참일 때 항상 거짓인 것을 고르면?

> 중동 제국이 발전함에 따라 제국의 개입으로 인해 소규모 공동체의 생활에 변화가 일어났다. 종교 조직은 제국 조직의 한 구성 요소로 전락했으며 제사장은 사법적·정치적 권력을 상실했다. 또한, 제국은 소규모 공동체에 개입함으로써 개인이 씨족이나 종교 조직에 구속받지 않게 만들었다. 광대한 영토를 방어하고 통제하며 제국 내에서의 커뮤니케이션을 더욱 활발하게 하기 위해서는 분권과 자치, 그리고 개인의 이동을 어느 정도 허용할 필요가 있었다. 이에 따라 제국은 전사와 관리에게 봉토를 지급하고 독점적 소유권을 인정해 주었다. 상인들은 자신의 자본으로 사업을 하기 시작했고, 생산 계급은 종교 조직이나 왕족이 아니라 시장을 겨냥한 물건을 만들기 시작했다. 낡은 자급자족 경제 대신 시장경제가 출현하여 독립된 생산자와 소비자 사이의 교환을 촉진했다. 시장이 확대되고 기원전 7세기경에 교환 수단인 화폐가 도입됨에 따라 고대 세계의 경제 구조는 획기적인 변화를 겪었다. 점점 더 많은 사람들의 생계가 세습적 권위의 지배를 받는 메커니즘이 아니라 금전 관계의 메커니즘에 좌우되었다.
>
> 또한, 제국은 개인이 씨족이나 종교 조직 또는 유력 집단에 흡수되는 것을 막는 언어적·종교적·법적 여건을 마련함으로써 개인이 좀 더 개방된 사회에서 활동할 수 있게 해주었다. 지배 엘리트가 사용하는 언어가 사회의 보편적인 언어가 되었으며, 각 지방의 토속신은 왕과 제국이 섬겨왔던 범접하기 어려운 강력한 신들, 즉 일종의 만신전에 모신 우주의 신들에게 자리를 양보했다. 아울러 제국의 법이 부의 분배와 경제적 교환 그리고 강자와 약자의 관계를 규제했다. 고대 제국은 정치의 행위 주체였을 뿐만 아니라 사회의 문화적·종교적·법률적 토대를 제공했다. 다시 말하면 제국은 중동 문명의 문화적 통합을 가능케 하는 강력한 힘이었다.

① 제국의 발전으로 인해 제국 내에서의 교류가 증대되었다.
② 제국이 발전함에 따라 제국 내에서 특정 언어와 종교가 보편화되었다.
③ 제국이 발전함에 따라 자급자족 체제가 시장경제 체제로 발전했다.
④ 제국의 힘은 생산과 소비를 통제하는 경제의 독점으로부터 비롯되었다.
⑤ 제국은 개인이 씨족이나 종교 조직 등 기존 체제와 맺는 관계를 약화시켰다.

※ 다음 글에 대한 반론으로 가장 적절한 것을 고르시오. [27~28]

27

> 기술은 그 내부적인 발전 경로를 이미 가지고 있으며, 따라서 어떤 특정한 기술(혹은 인공물)이 출현하는 것은 '필연적'인 결과라고 생각하는 사람들이 많다. 이러한 통념을 약간 다르게 표현하자면, 기술의 발전 경로는 이전의 인공물보다 '기술적으로 보다 우수한' 인공물들이 차례차례 등장하는, 인공물들의 연쇄로 파악할 수 있다는 것이다. 그리고 기술의 발전 경로가 '단일한' 것으로 보고, 따라서 어떤 특정한 기능을 갖는 인공물을 만들어 내는 데 있어서 '유일하게 가장 좋은' 설계 방식이나 생산 방식이 있을 수 있다고 가정한다. 이와 같은 생각을 종합하면 기술의 발전은 결코 사회적인 힘이 가로막을 수 없는 것일 뿐 아니라 단일한 경로를 따르는 것이므로, 사람들이 할 수 있는 일은 이미 정해져 있는 기술의 발전 경로를 열심히 추적해 가는 것밖에 남지 않게 된다는 결론이 나온다.
>
> 그러나 다양한 사례 연구에 의하면 어떤 특정 기술이나 인공물을 만들어 낼 때, 그것이 특정한 형태가 되도록 하는 데 중요한 역할을 하는 것은 그 과정에 참여하고 있는 엔지니어, 자본가, 소비자, 은행, 정부 등의 이해관계나 가치체계임이 밝혀졌다. 이렇게 보면 기술은 사회적으로 형성된 것이며, 이미 그 속에 사회적 가치를 반영하고 있는 셈이 된다. 뿐만 아니라 복수의 기술이 서로 경쟁하여 그중 하나가 사회에서 주도권을 잡는 과정을 분석해 본 결과, 이 과정에서 중요한 역할을 하는 것은 기술적 우수성이나 사회적 유용성이 아닌, 관련된 사회집단들의 정치적·경제적 영향력인 것으로 드러났다고 한다. 결국 현재에 이르는 기술 발전의 궤적은 결코 필연적이고 단일한 것이 아니었으며, '다르게' 될 수도 있었음을 암시하고 있는 것이다.

① 논거가 되는 연구 결과를 반박할 수 있는 다른 연구 자료를 조사한다.

② 사회 변화에 따라 가치 체계의 변동이 일어나게 되는 원인을 분석한다.

③ 기술 개발에 관계자들의 이해관계나 가치가 작용한 실제 사례를 조사한다.

④ 글쓴이가 문제 삼고 있는 통념에 변화가 생기게 된 계기를 분석한다.

⑤ 글쓴이가 통념을 종합하여 이끌어낸 결론의 타당성을 검토한다.

PART 3

28

"향후 은행 서비스(Banking)는 필요하지만 은행(Bank)은 필요 없을 것이다." 최근 4차 산업혁명으로 대변되는 빅데이터, 사물인터넷, AI, 블록체인 등 신기술이 금융업을 강타하면서 빌 게이츠의 20년 전 예언이 화두로 부상했다. 모든 분야에서 초연결화, 초지능화가 진행되고 있는 4차 산업혁명이 데이터 주도 경제를 열어가면서 데이터에 기반을 둔 금융업에도 변화의 물결이 밀려들고 있다. 이미 전통적인 은행, 증권, 보험, 카드업 등 전 분야에서 금융기술기업인 소위 '핀테크(Fintech)'가 출현하면서 금융서비스의 가치 사슬이 해체되기 시작한 것이다. 이전에는 상상조차 하지 못했던 IT 등 이종 업종의 금융업 진출도 활발하게 이루어지면서 전통 금융회사들을 위협하고 있다.

빅데이터, 사물인터넷, 인공지능, 블록체인 등 새로운 기술로 무장한 4차 산업혁명으로 인해 온라인 플랫폼을 통한 크라우드 펀딩 등 P2P 금융의 출현, 로보 어드바이저에 의한 저렴한 자산관리서비스의 등장, 블록체인 기술기반의 송금 등 다양한 가치 거래의 탈중계화가 진행되면서 금융 중계, 재산 관리, 위험 관리, 지급 결제 등 금융의 본질적인 요소들이 변화하고 있는 것은 아닌지 의구심이 일어나고 있는 것이다. 혹자는 이들 변화의 종점에 금융의 정체성(Identity) 상실이 기다리고 있다며 금융업 종사자의 입장에서 보면 우울한 전망마저 내놓고 있다. 금융도 디지털카메라의 등장으로 사라진 필름회사 K사와 같은 비운을 피하기 어렵다며 금융의 종말(The Demise of Banking), 은행의 해체(Unbundling the Banks), 탈중계화, 플랫폼 혁명(Platform Revolution) 등 다양한 화두가 미디어의 전면에 등장하고 있다.

① 로보어드바이저에 의한 자산관리서비스는 범죄에 악용될 위험이 크다.
② 금융 발전의 미래를 위해 금융업에 있어 인공지능의 도입을 막아야 한다.
③ 금융의 종말을 방지하기 위해서라도 핀테크 도입의 법적인 제도 마련이 필요하다.
④ 가치 거래의 탈중계화는 금융 거래의 보안성에 심각한 위협 요인으로 작용할 것이다.
⑤ 기술 발전은 금융업에 있어 효율성 향상이라는 제한적인 틀에서 크게 벗어나지 못했다.

Hard

29

진나라 때 지어진 '여씨춘추'에서는 음악을 인간의 자연스러운 감정이 표출되어 형성된 것이자 백성 교화의 수단으로 인식하면서도 즐거움을 주는 욕구의 대상으로 보는 것에 주안점을 두었다. 지배층의 사치스러운 음악 향유를 거론하며 음악을 아예 거부하는 묵자에 대해 이는 인간의 자연적 욕구를 거스르는 것이라 비판하고, 좋은 음악이란 신분, 연령 등을 막론하고 모든 사람들에게 즐거움을 주는 것이라고 주장하였다.

여씨춘추에 따르면 천지를 채운 기(氣)가 음악을 통해 균형을 이루는데, 음악의 조화로운 소리가 자연의 기와 공명하여 천지의 조화에 기여할 수 있고, 인체 내에서도 기의 원활한 순환을 돕는다. 음악은 우주 자연의 근원에서 비롯되어 음양의 작용에 따라 자연에서 생겨나지만, 조화로운 소리는 적절함을 위해 인위적 과정을 거쳐야 한다고 지적하고, 좋은 음악은 소리의 세기와 높낮이가 적절해야 한다고 주장하였다.

음악에 대한 여씨춘추의 입장은 인간의 선천적 욕구의 추구를 인정하면서도 음악을 통한 지나친 욕구의 추구는 적절히 통제되어야 한다는 것이라 할 수 있다. 이러한 입장은 여씨춘추의 '생명을 귀하게 여긴다.'는 '귀생(貴生)'의 원칙을 통해 분명하게 확인할 수 있다. 이 원칙에 따르면 인간은 자연적인 욕구에 따라 음악을 즐기면서도 그것이 생명에 도움이 되는지의 여부에 따라 그것의 좋고 나쁨을 판단하고 취사선택해야 한다. 이에 따라 여씨춘추에서는 개인적인 욕구에 따른 일차적인 자연적 음악보다 인간의 감정과 욕구를 절도 있게 표현한 선왕(先王)들의 음악을 더 중시하였다. 그리고 선왕들의 음악이 민심을 교화하는 도덕적 기능이 있다고 지적하였다.

보기

욕구가 일어나지 않는 마음 상태를 이상적으로 본 장자(莊子)는 음악을 우주 자연의 근원에서 비롯되었다고 전제하면서 음악을 천지 만물의 조화와 결부하여 설명하였다. 음악이 인간의 삶에서 결여될 수 없다고 주장한 그는 의미 있는 음악이란 사람의 자연스러운 감정에 근본을 두면서도 형식화되어야 함을 지적하고, 선왕(先王)들이 백성들을 위해 제대로 된 음악을 만들었다고 보았다.

① 장자는 여씨춘추와 같이 인간의 욕구가 자연스럽게 표출된 상태를 이상적으로 보았다.
② 장자는 여씨춘추와 달리 음악이 우주 자연의 근원에서 비롯되었다고 보았다.
③ 장자는 여씨춘추와 달리 인위적으로 창작된 음악을 부정적으로 평가하였다.
④ 장자는 여씨춘추와 달리 음악에는 정제된 인간의 감정이 담겨야 한다고 보았다.
⑤ 장자는 여씨춘추와 같이 선왕의 음악에 대한 가치를 긍정적으로 평가하였다.

PART 3

호펠드는 'X가 상대방 Y에 대하여 무언가에 관한 권리를 가진다.'는 진술이 의미하는 바를 몇 가지 기본 범주들로 살펴 권리 개념을 이해해야 권리자 X와 그 상대방 Y의 지위를 명확히 파악할 수 있다고 주장했다. 권리의 기본 범주는 다음과 같다.

먼저 청구권이다. 이는 Y가 X에게 A라는 행위를 할 법적 의무가 있다면 X는 상대방 Y에 대하여 A라는 행위를 할 것을 법적으로 청구할 수 있다는 의미이다. 호펠드는 청구가 논리적으로 언제나 의무와 대응 관계를 이룬다고 보았다. 가령 X는 폭행당하지 않을 권리를 가졌는데, Y에게 X를 폭행하지 않을 의무가 부과되지 않았다고 한다면 그 권리는 무의미하기 때문이다.

둘째, 자유권이다. 이는 X가 상대방 Y에 대하여 A라는 행위를 하거나 하지 않아야 할 법적 의무가 없다면 X는 Y에 대하여 A를 행하지 않거나 행할 법적 자유가 있다는 의미이다. 이 권리의 특징은 의무의 부정에 있다. 가령 A를 행할 자유가 있다는 것은 A를 하지 않아야 할 법적 의무가 없다는 것이다. 이때 권리자의 상대방은 권리자의 권리 행사를 방해할 권리를 가질 수 있다. 이처럼 자유로서의 권리는 상대방의 '청구권 없음'과 대응 관계에 있다.

셋째, 권능으로서의 권리이다. 이는 X가 상대방 Y에게 법적 효과 C를 야기하는 것이 인정된다면 X는 Y에게 효과 C를 초래할 수 있는 법적 권능을 가진다는 의미이다. 권능은 법률 행위를 통해서 자신 또는 타인의 법률관계를 창출하거나 변경 또는 소멸시킬 수 있는 힘으로, 소송할 권리 등이 이에 해당한다고 볼 수 있다.

넷째, 면제권이다. 이는 X에게 C라는 효과를 야기할 법적 권능이 상대방 Y에게 없다면, X는 Y에 대하여 C라는 법적 효과에 대한 법적 면제를 가진다는 의미이다. 다시 말해 Y가 X와 관련하여 법률관계를 형성, 변경, 소멸시킬 수 있는 권능을 가지고 있지 않다는 것이다. 면제로서의 권리는 상대방이 그러한 처분을 '할 권능 없음'과 대응 관계에 있다.

보기

언론 출판의 자유는 모든 국민이 마땅히 누려야 할 기본적 권리이다. 이를 헌법으로 보장한 것은 언론 출판의 자유를 국민에게 부여함으로써 국민이 얻는 이익이 매우 중요하기 때문이다. 언론 출판의 자유는 국가를 비롯하여 다른 누구의 권능에게도 지배받지 않는다고 할 수 있다. 또한 국민은 자신에게 부여된 언론 출판의 자유를 남에게 넘겨줄 수 없다.

① 언론 출판의 자유는 청구권, 자유권, 권능으로서의 권리, 면제권으로 모두 설명할 수 있다.
② 언론 출판의 자유는 국가의 권능 아래 있지 않으므로 해당 권리는 면제권으로 설명할 수 있다.
③ 국가는 언론 출판의 자유를 제한할 법적 의무가 없으므로 해당 권리는 청구권으로 설명할 수 있다.
④ 국가는 국민에게 이익을 초래할 수 있는 법적 권능을 가지므로 해당 권리는 권능으로서의 권리로 설명할 수 있다.
⑤ 국민은 자신에게 부여된 언론 출판의 자유를 타인에게 양도할 수 없으므로 해당 권리는 자유권으로 설명할 수 있다.

01 | 수리

01 남자 5명과 여자 4명이 함께 있는 모임이 있다. 모임에서 성별마다 대표, 부대표를 한 명씩 선출하려고 할 때, 선출 가능한 경우의 수는 총 몇 가지인가?

① 240가지 ② 120가지

③ 80가지   ④ 40가지

⑤ 20가지

02 두 자연수 a, b에 대하여 a가 짝수일 확률은 $\dfrac{2}{3}$, b가 짝수일 확률은 $\dfrac{3}{5}$이다. 이때 a와 b의 곱이 짝수일 확률은?

① $\dfrac{11}{15}$ ② $\dfrac{4}{5}$

③ $\dfrac{13}{15}$ ④ $\dfrac{14}{15}$

⑤ $\dfrac{1}{3}$

03 다음은 S연구소에서 제습기 A ~ E의 습도별 연간소비전력량을 측정한 자료이다. 이에 대한 〈보기〉의 설명 중 옳은 것을 모두 고르면?

〈제습기 A ~ E의 습도별 연간소비전력량〉

(단위 : kWh)

습도 제습기	40%	50%	60%	70%	80%
A	550	620	680	790	840
B	560	640	740	810	890
C	580	650	730	800	880
D	600	700	810	880	950
E	660	730	800	920	970

보기

ㄱ. 습도가 70%일 때 연간소비전력량이 가장 적은 제습기는 A이다.
ㄴ. 각 습도에서 연간소비전력량이 많은 제습기부터 순서대로 나열하면, 습도 60%일 때와 습도 70%일 때의 순서는 동일하다.
ㄷ. 습도가 40%일 때 제습기 E의 연간소비전력량은 습도가 50%일 때 제습기 B의 연간소비전력량보다 많다.
ㄹ. 모든 제습기의 연간소비전력량은 습도가 80%일 때가 습도가 40%일 때의 1.5배 이상이다.

① ㄱ, ㄴ
② ㄱ, ㄷ
③ ㄴ, ㄹ
④ ㄱ, ㄷ, ㄹ
⑤ ㄴ, ㄷ, ㄹ

04 다음은 2021 ~ 2024년 소비자물가지수 지역별 동향을 나타낸 자료이다. 이에 대한 설명으로 옳지 않은 것은?

〈소비자물가지수 지역별 동향〉

(단위 : %)

구분	등락률				구분	등락률			
	2021년	2022년	2023년	2024년		2021년	2022년	2023년	2024년
전국	2.2	1.3	1.3	0.7	충북	2.0	1.2	1.2	−0.1
서울	2.5	1.4	1.6	1.3	충남	2.4	1.2	0.5	0.2
부산	2.4	1.5	1.3	0.8	전북	2.2	1.2	1.1	0.0
대구	2.4	1.6	1.4	1.0	전남	2.0	1.4	1.0	0.0
인천	2.0	1.0	0.9	0.2	경북	2.0	1.2	1.0	0.0
경기	2.2	1.2	1.2	0.7	경남	1.9	1.3	1.4	0.6
강원	2.0	1.1	0.7	0.0	제주	1.2	1.4	1.1	0.6

① 제시된 기간 동안 부산의 등락률은 하락하고 있다.

② 2021 ~ 2024년 동안 모든 지역의 등락률이 하락했다.

③ 2021년에 등락률이 두 번째로 낮은 곳은 경남이다.

④ 2023년에 등락률이 가장 높은 곳은 서울이다.

⑤ 2024년에 등락률이 가장 낮은 곳은 충북이다.

05 다음은 2020 ~ 2024년 시·도·광역시별 '비브리오 패혈증' 감염자 수와 사망자 수를 나타낸 자료이다. 이에 대한 설명으로 옳지 않은 것은?

〈시·도·광역시별 비브리오 패혈증 감염자 및 사망자 수〉

(단위 : 명)

구분	2020년		2021년		2022년		2023년		2024년		합계	
	감염	사망	감염	사망	감염	사망	감염	사망	감염	사망	감염	사망
서울	6	2	12	9	10	3	1	–	6	3	35	17
부산	5	3	6	3	4	3	10	7	4	1	29	17
대구	–	–	1	–	–	–	–	–	–	–	1	–
인천	3	1	3	3	2	1	7	5	3	1	18	11
광주	2	2	1	–	1	–	–	–	–	–	4	2
대전	–	–	1	1	2	–	–	–	3	1	6	2
울산	–	–	3	2	3	1	1	1	1	–	8	4
경기	12	6	10	6	9	7	8	4	6	1	45	24
강원	–	–	–	–	1	1	–	–	–	–	1	1
충북	1	–	1	1	3	1	1	1	–	–	6	3
충남	4	3	2	2	7	6	2	1	–	–	15	12
전북	2	1	6	1	4	2	3	3	2	2	17	9
전남	7	3	5	2	4	1	17	13	6	1	39	20
경북	–	–	2	1	–	–	6	5	2	–	10	6
경남	9	5	8	4	6	5	6	2	4	3	33	19
제주	–	–	–	–	–	–	2	–	–	–	2	–
합계	51	26	61	35	56	31	64	42	37	13	269	147

※ 감염자 수에는 사망자 수가 포함되어 있음

① 2020 ~ 2024년 전체 기간 동안 사망자가 발생하지 않은 도시는 2곳이다.

② 서울, 경기, 부산 감염자 수의 합은 매년 전체 감염자 수의 50% 미만이다.

③ 2020 ~ 2024년 전체 기간 동안 도시별 감염자 수 대비 사망자 수의 비율이 50% 미만인 도시는 7곳이다.

④ 2022년 서울, 경기, 부산의 사망자 수의 합은 2022년 전체 사망자 수의 30% 이상이다.

⑤ 2024년을 제외하고 전체 기간 동안 총 감염자 수 대비 사망자 수의 비율은 50%를 넘는다.

다음은 2024년도 국가별 국방예산을 나타낸 그래프이다. 이에 대한 설명으로 옳지 않은 것은?

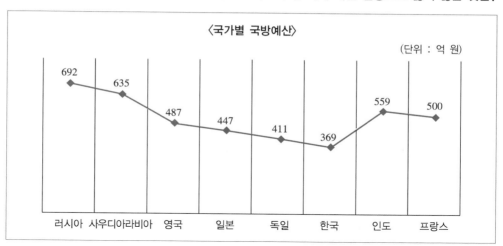

① 국방예산이 가장 많은 국가와 가장 적은 국가의 예산 차이는 323억 원이다.
② 사우디아라비아 국방예산은 프랑스 국방예산의 125% 이상이다.
③ 인도보다 국방예산이 적은 국가는 5개 국가이다.
④ 독일과 일본의 국방예산 차액은 영국과 일본의 국방예산 차액의 92% 이상이다.
⑤ 8개 국가 국방예산 총액에서 한국이 차지하는 비중은 9%이다.

PART 3

07 다음은 도시폐기물량 상위 10개국의 도시폐기물량지수와 한국의 도시폐기물량을 나타낸 자료이다. 이에 대한 〈보기〉의 설명 중 옳은 것을 모두 고르면?

〈도시폐기물량 상위 10개국의 도시폐기물량지수〉

순위	2021년		2022년		2023년		2024년	
	국가	지수	국가	지수	국가	지수	국가	지수
1	미국	12.05	미국	11.94	미국	12.72	미국	12.73
2	러시아	3.40	러시아	3.60	러시아	3.87	러시아	4.51
3	독일	2.54	브라질	2.85	브라질	2.97	브라질	3.24
4	일본	2.53	독일	2.61	독일	2.81	독일	2.78
5	멕시코	1.98	일본	2.49	일본	2.54	일본	2.53
6	프랑스	1.83	멕시코	2.06	멕시코	2.30	멕시코	2.35
7	영국	1.76	프랑스	1.86	프랑스	1.96	프랑스	1.91
8	이탈리아	1.71	영국	1.75	이탈리아	1.76	터키	1.72
9	터키	1.50	이탈리아	1.73	영국	1.74	영국	1.70
10	스페인	1.33	터키	1.63	터키	1.73	이탈리아	1.40

$$\text{(도시폐기물량지수)} = \frac{\text{(해당연도 해당 국가의 도시폐기물량)}}{\text{(해당연도 한국의 도시폐기물량)}}$$

〈한국의 도시폐기물량〉

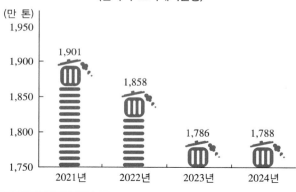

보기

ㄱ. 2024년 도시폐기물량은 미국이 일본의 4배 이상이다.
ㄴ. 2023년 러시아의 도시폐기물량은 8,000만 톤 이상이다.
ㄷ. 2024년 스페인의 도시폐기물량은 2021년에 비해 감소하였다.
ㄹ. 영국의 도시폐기물량은 터키의 도시폐기물량보다 매년 많다.

① ㄱ, ㄷ
② ㄱ, ㄹ
③ ㄴ, ㄷ
④ ㄴ, ㄹ
⑤ ㄱ, ㄴ, ㄹ

08 다음은 A시즌 K리그 주요 구단의 공격력을 분석한 자료이다. 이에 대한 설명으로 옳은 것은?

〈A시즌 K리그 주요 구단 공격력 통계〉

(단위 : 개)

구단	경기	슈팅	유효슈팅	골	경기당 평균 슈팅	경기당 평균 유효슈팅
울산	6	90	60	18	15	10
전북	6	108	72	27	18	12
상주	6	78	30	12	13	5
포항	6	72	48	9	12	8
대구	6	84	42	12	14	7
서울	6	42	18	10	7	3
성남	6	60	36	12	10	6

① 슈팅과 유효슈팅 개수의 상위 3개 구단은 같다.
② 경기당 평균 슈팅 개수가 가장 많은 구단과 가장 적은 구단의 차이는 경기당 평균 유효슈팅 개수가 가장 많은 구단과 가장 적은 구단의 차이보다 작다.
③ 골의 개수가 적은 하위 두 팀의 골 개수의 합은 전체 골 개수의 15% 이하이다.
④ 유효슈팅 대비 골의 비율은 상주가 울산보다 높다.
⑤ 전북과 성남의 슈팅 대비 골의 비율의 차이는 10%p 이상이다.

09 다음은 A ~ E과제에 대해 전문가 6명이 평가한 점수이다. 최종점수와 평균점수가 같은 과제로만 짝지어진 것은?

〈과제별 점수 현황〉

(단위 : 점)

구분	A	B	C	D	E
전문가 1	100	80	60	80	100
전문가 2	70	60	50	100	40
전문가 3	60	40	100	90	( )
전문가 4	50	60	90	70	70
전문가 5	80	60	60	40	80
평균점수	( )	( )	( )	( )	70

※ 최종점수는 가장 낮은 점수와 가장 높은 점수를 제외한 평균점수임

① A, B
② B, C
③ B, D
④ B, E
⑤ D, E

10 다음은 2023년 8월부터 2024년 1월까지의 산업별 월간 국내카드 승인액이다. 이에 대한 〈보기〉의 설명 중 옳은 것을 모두 고르면?

〈산업별 월간 국내카드 승인액〉

(단위 : 억 원)

구분	2023년 8월	2023년 9월	2023년 10월	2023년 11월	2023년 12월	2024년 1월
도매 및 소매업	3,116	3,245	3,267	3,261	3,389	3,241
운수업	161	145	165	159	141	161
숙박 및 음식점업	1,107	1,019	1,059	1,031	1,161	1,032
사업시설관리 및 사업지원 서비스업	40	42	43	42	47	48
교육 서비스업	127	104	112	119	145	122
보건 및 사회복지 서비스업	375	337	385	387	403	423
예술, 스포츠 및 여가관련 서비스업	106	113	119	105	89	80
협회 및 단체, 수리 및 기타 개인 서비스업	163	155	168	166	172	163

보기

ㄱ. 교육 서비스업의 2024년 1월 국내카드 승인액의 전월 대비 감소율은 25% 이상이다.

ㄴ. 2023년 11월 운수업과 숙박 및 음식점업의 국내카드 승인액의 합은 도매 및 소매업의 국내카드 승인액의 40% 미만이다.

ㄷ. 2023년 10월부터 2024년 1월까지 사업시설관리 및 사업지원 서비스업과 예술, 스포츠 및 여가관련 서비스업 국내카드 승인액의 전월 대비 증감 추이는 동일하다.

ㄹ. 2023년 9월 협회 및 단체, 수리 및 기타 개인 서비스업의 국내카드 승인액은 보건 및 사회복지 서비스업 국내카드 승인액의 35% 이상이다.

① ㄱ, ㄴ
② ㄱ, ㄷ
③ ㄴ, ㄷ
④ ㄴ, ㄹ
⑤ ㄷ, ㄹ

11 다음은 2023년도 S국에서 발생한 화재 건수에 대한 그래프이다. 화재 건수가 두 번째로 많은 달과 열 번째로 많은 달의 화재 건수 차이는?

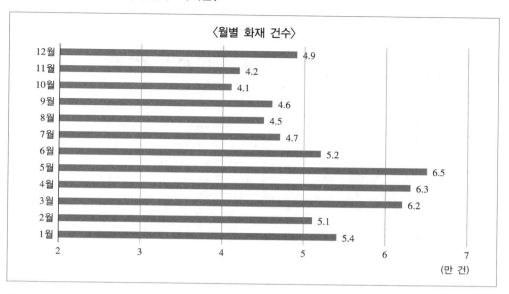

① 1.6만 건

② 1.7만 건

③ 1.8만 건

④ 1.9만 건

⑤ 2.0만 건

※ 다음은 S사 사옥의 동별·층별 소화기 설치 소화기 수 및 제조연도에 대한 자료이다. 이어지는 질문에 답하시오. [12~13]

〈S사 사옥 층별·동별 설치 소화기 수〉

(단위 : 대)

구분	A동	B동	C동
옥상	10	10	10
10층	10	10	5
9층	10	10	5
8층	20	10	15
7층	20	25	15
6층	30	30	20
5층	30	30	20
4층	30	35	20
3층	40	35	30
2층	50	40	40
1층	50	40	40

〈S사 사옥 설치 소화기 제조연도〉

A동 20% 50% 30%
B동 30% 30% 40%
C동 60% 30% 10%

5년 미만
5년 이상 10년 미만
10년 이상

12 A동 전체에 설치한 소화기와 C동 전체에 설치한 소화기 수의 차이는?

① 70대
② 80대
③ 90대
④ 100대
⑤ 110대

13 소방시설법에 따라 제조연월이 10년 이상인 소화기는 반드시 교체하여야 한다. S사 사옥에서 교체가 필요한 소화기 수는?

① 210대   ② 214대

③ 218대   ④ 222대

⑤ 226대

PART 3

14 다음은 연도별 제주도 감귤 생산량과 수확 면적을 나타낸 그래프이다. 이를 보고 2019년부터 2023년 동안 전년도에 비해 감귤 생산량의 감소량이 가장 많은 연도의 수확 면적은?

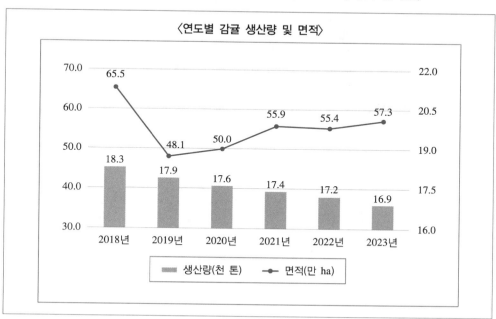

① 65.5만 ha   ② 55.9만 ha

③ 50.0만 ha   ④ 48.1만 ha

⑤ 57.3만 ha

※ 다음은 S사의 제품별 밀 소비량을 조사한 그래프이다. 이어지는 질문에 답하시오. [15~16]

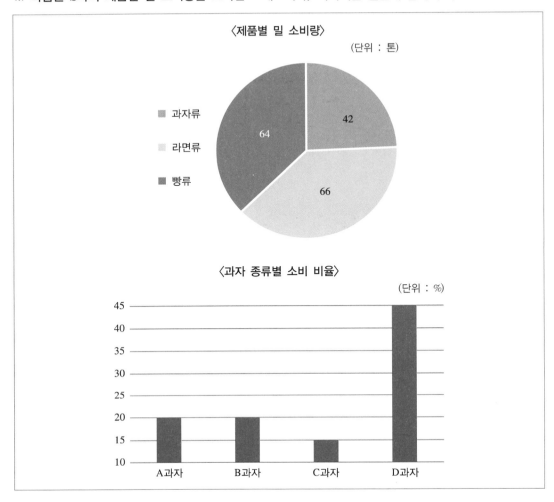

〈제품별 밀 소비량〉

(단위 : 톤)

- 과자류
- 라면류
- 빵류

〈과자 종류별 소비 비율〉

(단위 : %)

15 S사가 과자류에 밀 사용량을 늘리기로 결정하였다. 라면류와 빵류에 소비되는 밀 소비량의 각각 10%씩을 과자류에 사용한다면, 과자류에는 총 몇 톤의 밀을 사용하게 되는가?

① 45톤   ② 50톤

③ 55톤   ④ 60톤

⑤ 65톤

PART 3

16 A ~ D과자 중 가장 많이 밀을 소비하는 과자와 가장 적게 소비하는 과자의 밀 소비량 차이는 몇 톤인가?(단, 제품별 밀 소비량 그래프의 과자류 밀 소비량 기준이다)

① 10.2톤   ② 11.5톤

③ 12.6톤   ④ 13톤

⑤ 14톤

17 다음은 한국·미국·일본 3국 환율에 대한 자료이다. 이를 변형한 그래프로 옳은 것은?

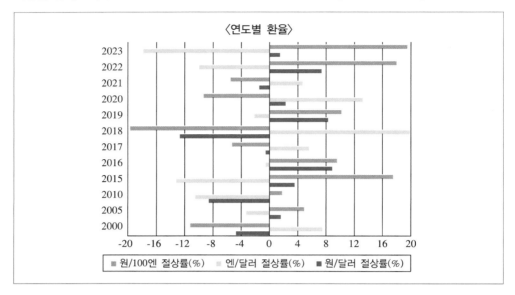

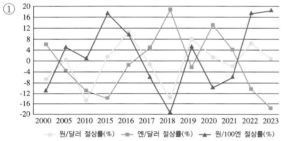

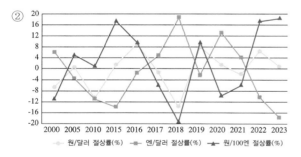

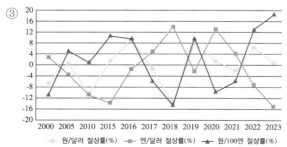

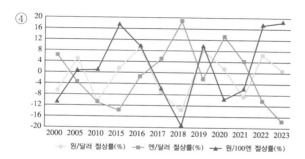

④ 원/달러 절상률(%) 엔/달러 절상률(%) 원/100엔 절상률(%)

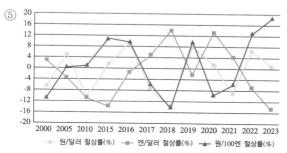

⑤ 원/달러 절상률(%) 엔/달러 절상률(%) 원/100엔 절상률(%)

18 총 640g의 미세먼지가 섞여 있는 공기를 S사 공기청정기에 한 번 통과시킬 때마다 걸러지는 미세먼지의 양은 다음과 같다. 공기를 6번 통과시킨다면 걸러지는 미세먼지의 양은?

〈S사 공기청정기 640g 미세먼지 거름 능력〉

(단위 : g)

횟수	1회	2회	3회
걸러지는 미세먼지 양	320	480	560

① 600g

② 620g

③ 630g

④ 635g

⑤ 637.5g

19. 매일 아침 50mg의 약물을 복용하는 환자의 체내 잔류 약물의 검출 양이 다음과 같은 규칙을 보일 때, 5일 차 환자의 체내 잔류 약물의 양은?

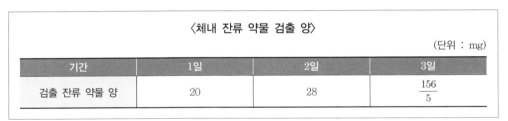

〈체내 잔류 약물 검출 양〉

(단위 : mg)

기간	1일	2일	3일
검출 잔류 약물 양	20	28	$\dfrac{156}{5}$

① $\dfrac{4,124}{5}$ mg

② $\dfrac{2,062}{5}$ mg

③ $\dfrac{4,124}{25}$ mg

④ $\dfrac{2,062}{125}$ mg

⑤ $\dfrac{4,124}{125}$ mg

20. 어느 산악지대의 기온이 높이에 따라 다음과 같이 일정한 규칙으로 감소할 때, 처음으로 0℃ 이하가 되는 곳의 높이는 몇 m인가?(단, 500m 단위로 추정한다)

〈높이에 따른 기온 변화〉

(단위 : ℃)

높이	0m	500m	1,000m	1,500m	2,000m
기온	25	22	19	16	13

① 3,500m

② 4,000m

③ 4,500m

④ 5,000m

⑤ 5,500m

※ 제시된 명제가 모두 참일 때, 빈칸에 들어갈 명제로 가장 적절한 것을 고르시오. **[1~3]**

01

> 전제1. 축구를 좋아하는 사람 중에는 기자도 있다.
> 전제2. 고등학생 중에는 축구를 좋아하는 사람도 있다.
> 결론. _____

① 기자 중에는 고등학생은 없다.
② 모든 고등학생은 기자일 수도 있다.
③ 축구를 좋아하는 모든 사람은 기자이다.
④ 축구를 좋아하지 않는 사람은 기자가 아니다.
⑤ 야구를 좋아하는 사람 중에는 고등학생도 있다.

Easy

02

> 전제1. 무거운 물건을 들기 위해서는 근력이 좋아야 한다.
> 전제2. _____
> 결론. 근육을 키우지 않으면 무거운 물건을 들 수 없다.

① 무거운 물건을 들기 위해서는 근육을 키워야 한다.
② 근력이 좋으려면 근육을 키워야 한다.
③ 근육을 키우면 무거운 물건을 들 수 없다.
④ 근육을 키우면 무거운 물건을 들 수 있다.
⑤ 근력이 좋기 위해서는 무거운 물건을 들 수 있어야 한다.

03

전제1. 환율이 오르면 어떤 사람은 X주식을 매도한다.
전제2. X주식을 매도한 모든 사람은 Y주식을 매수한다.
결론. _____

① 환율이 오르면 모든 사람은 Y주식을 매수한다.
② 환율이 오르면 어떤 사람은 Y주식을 매수한다.
③ 모든 사람이 X주식을 매도하면 환율이 오른다.
④ 모든 사람이 Y주식을 매수하면 환율이 오른다.
⑤ Y주식을 매도한 모든 사람은 X주식을 매수한다.

04 다음 명제를 바탕으로 추론할 수 있는 것은?

• 효주는 지영이보다 나이가 많다.
• 효주와 채원이는 같은 회사에 다니고, 그 회사는 나이 많은 사람이 승진을 더 빨리 한다.
• 효주는 채원이보다 승진을 빨리 했다.

① 효주는 나이가 가장 많다.
② 채원이는 지영이보다 나이가 많다.
③ 채원이는 효주보다 나이가 많다.
④ 지영이는 채원이보다 나이가 많다.
⑤ 효주와 채원이는 나이가 같다.

05 귀하가 근무하는 S사는 출근할 때 카드 또는 비밀번호를 입력하여야 한다. 오늘 귀하는 카드를 집에 두고 출근하여 비밀번호로 근무지에 출입하려고 하였으나, 비밀번호가 잘 기억이 나지 않아 현재 매우 당혹스럽다. 네 자리 숫자로 구성된 비밀번호에 대하여 다음 사실이 기억났다면, 귀하가 추론할 수 있는 내용으로 적절하지 않은 것은?

- 비밀번호를 구성하고 있는 각 숫자는 소수가 아니다.
- 6과 8 중에서 단 하나만이 비밀번호에 들어간다.
- 비밀번호는 짝수로 시작한다.
- 비밀번호의 각 숫자는 큰 수부터 차례로 나열되어 있다.
- 같은 숫자는 두 번 이상 들어가지 않는다.

① 비밀번호는 짝수이다.
② 비밀번호의 앞에서 두 번째 숫자는 4이다.
③ 주어진 정보를 모두 만족하는 비밀번호는 모두 세 개이다.
④ 비밀번호는 1을 포함하지만, 9는 포함하지 않는다.
⑤ 주어진 정보를 모두 만족하는 비밀번호 중 가장 작은 수는 6410이다.

Hard

06 S사에서는 임직원 7명을 대상으로 서비스 만족도 조사를 진행했다. 서비스 만족도 조사 결과가 다음과 같을 때, 반드시 참인 것은?

- A대리는 B사원보다 높은 점수를 받았다.
- B사원은 C과장보다 높은 점수를 받았다.
- C과장은 D사원보다 높은 점수를 받았다.
- E부장은 가장 낮은 점수를 받지 않았다.
- F대리는 B사원과 E부장보다 높은 점수를 받았지만, G사원보다는 낮은 점수를 받았다.

① E부장은 4등 안에 들었다.
② F대리가 3등이면 A대리는 1등이다.
③ C과장이 5등이라면 B사원이 4등이다.
④ B사원이 4등이면 G사원은 1등이다.
⑤ 자신의 등수를 확실히 알 수 있는 사람은 2명이다.

07 어느 모임에서 지갑 도난 사건이 일어났다. 여러 가지 증거를 근거로 혐의자는 A ~ E로 좁혀졌다. A ~ E 중 1명이 범인이고, 그들의 진술은 다음과 같다. 각각의 혐의자들이 말한 세 가지 진술 중에 두 가지는 참이지만, 한 가지는 거짓이라고 밝혀졌을 때, 지갑을 훔친 사람은?

> • A: 나는 훔치지 않았다. C도 훔치지 않았다. D가 훔쳤다.
> • B: 나는 훔치지 않았다. D도 훔치지 않았다. E가 진짜 범인을 알고 있다.
> • C: 나는 훔치지 않았다. E는 내가 모르는 사람이다. D가 훔쳤다.
> • D: 나는 훔치지 않았다. E가 훔쳤다. A가 내가 훔쳤다고 말한 것은 거짓말이다.
> • E: 나는 훔치지 않았다. B가 훔쳤다. C와 나는 오랜 친구이다.

① A   ② B
③ C   ④ D
⑤ E

08 제시된 명제가 항상 참이라고 할 때, 다음 중 반드시 참이라고 할 수 없는 것은?

> • 모든 사람은 자신에 대해서 호의적인 사람에게 호의적이다.
> • 어느 누구도 자신을 비방한 사람에게 호의적이지 않다.
> • 모든 사람 중에는 다른 사람을 절대 비방하지 않는 사람이 있다.
> • 어느 누구도 자기 자신에 대해서 호의적이지도 않고 자기 자신을 비방하지도 않는다.

① 두 사람이 서로 호의적이라면, 그 두 사람은 서로 비방한 적이 없다.
② 두 사람이 서로 비방한 적이 없다면, 그 두 사람은 서로 호의적이다.
③ 어떤 사람이 다른 모든 사람을 비방한다면, 그 사람에 대해 호의적인 사람은 없다.
④ A라는 사람이 다른 모든 사람을 비방한다면, A에게 호의적이지 않지만 A를 비방하지 않는 사람이 있다.
⑤ 모든 사람이 자신을 비방하지 않는 사람에게 호의적이라면, 모든 사람에게는 각자가 호의적으로 대하는 사람이 적어도 하나는 있다.

09 갑, 을, 병 3명의 사람이 다트게임을 하고 있다. 다트 과녁은 색깔에 따라 다음과 같이 점수가 나눠진다. 〈조건〉과 같이 세 명이 다트게임을 했을 때 점수 결과로 나올 수 있는 경우의 수는?

〈다트 과녁 점수〉

(단위 : 점)

구분	빨강	노랑	파랑	검정
점수	10	8	5	0

조건
- 모든 다트는 네 가지 색깔 중 한 가지를 맞힌다.
- 각자 다트를 5번씩 던진다.
- 을은 40점 이상을 획득하여 가장 높은 점수를 얻었다.
- 병의 점수는 5점 이상 10점 이하이고, 갑의 점수는 36점이다.
- 검정을 제외한 똑같은 색깔은 3번 이상 맞힌 적이 없다.

① 9가지　　　　　　　　　　　　② 8가지
③ 6가지　　　　　　　　　　　　④ 5가지
⑤ 4가지

Hard

10 제시된 〈조건〉에 따라 A ~ D 4명이 각각 빨간색, 파란색, 노란색, 초록색의 모자, 티셔츠, 바지를 입고 있을 때, 다음 중 옳은 것은?

조건
- 한 사람이 입고 있는 모자, 티셔츠, 바지의 색깔은 서로 겹치지 않는다.
- 네 가지 색깔의 의상들은 각각 한 벌씩밖에 없다.
- A는 빨간색을 입지 않았다.
- C는 초록색을 입지 않았다.
- D는 노란색 티셔츠를 입었다.
- C는 빨간색 바지를 입었다.

① A의 티셔츠는 노란색이다.
② B의 바지는 초록색이다.
③ D의 바지는 빨간색이다.
④ B의 모자와 D의 바지의 색상은 서로 같다.
⑤ A의 티셔츠와 C의 모자의 색상은 서로 같다.

11 S사 직원 A ~ E가 다음 〈조건〉에 따라 상여금을 받았다고 할 때, 다음 중 적절하지 않은 것은?

조건
- 지급된 상여금은 25만 원, 50만 원, 75만 원, 100만 원, 125만 원이다.
- A, B, C, D, E는 서로 다른 상여금을 받았다.
- A의 상여금은 다섯 사람 상여금의 평균이다.
- B의 상여금은 C, D보다 적다.
- C의 상여금은 어떤 사람 상여금의 두 배이다.
- D의 상여금은 E보다 적다.

① A의 상여금은 반드시 B보다 많다.
② C의 상여금은 두 번째로 많거나 두 번째로 적다.
③ A의 상여금은 A를 제외한 나머지 네 명의 평균과 같다.
④ C의 상여금이 A보다 많다면, B의 상여금은 C의 50%일 것이다.
⑤ C의 상여금이 D보다 적다면, D의 상여금은 E의 80%일 것이다.

12 A ~ D 4명이 다음 〈조건〉에 따라 구두를 샀다고 할 때, A는 주황색 구두 이외에 어떤 색의 구두를 샀는가?(단, 빨간색 – 초록색, 주황색 – 파란색, 노란색 – 남색은 보색 관계이다)

조건
- 세일하는 품목은 빨간색, 주황색, 노란색, 초록색, 파란색, 남색, 보라색으로 각 한 켤레씩 남았다.
- A는 주황색을 포함하여 두 켤레를 샀다.
- C는 빨간색 구두를 샀다.
- B, D는 파란색을 좋아하지 않는다.
- C, D는 같은 수의 구두를 샀다.
- B는 C가 산 구두와 보색 관계인 구두를 샀다.
- D는 B가 산 구두 중 한 켤레가 보색 관계인 구두를 샀다.
- 모두 한 켤레 이상씩 샀으며, 네 사람은 세일품목을 모두 샀다.

① 노란색
② 초록색
③ 파란색
④ 남색
⑤ 보라색

13 S사는 사무실 리모델링을 하면서 기획조정 1 ~ 3팀과 미래전략 1 ~ 2팀, 홍보팀, 보안팀, 인사팀의 사무실 위치를 변경하였다. 다음 〈조건〉과 같이 적용되었을 때, 변경된 사무실 위치에 대한 설명으로 옳은 것은?

1실	2실	3실	4실
복도			
5실	6실	7실	8실

조건
- 기획조정 1팀과 미래전략 2팀은 홀수실이며, 복도를 사이에 두고 마주보고 있다.
- 홍보팀은 5실이다.
- 미래전략 2팀과 인사팀은 나란히 있다.
- 보안팀은 홀수실이며, 맞은편 라인의 가장 먼 곳에는 인사팀이 있다.
- 기획조정 3팀과 2팀은 한 실을 건너 나란히 있고 2팀이 3팀보다 실 번호가 높다.

① 인사팀은 6실에 위치한다.
② 미래전략 2팀과 기획조정 3팀은 같은 라인에 위치한다.
③ 기획조정 1팀은 기획조정 2팀과 3팀 사이에 위치한다.
④ 미래전략 1팀은 7실에 위치한다.
⑤ 홍보팀이 있는 라인에서 가장 높은 번호의 사무실에 위치한 팀은 보안팀이다.

14 A, B, C 세 분야에서 연구 중인 8명의 연구원은 2개 팀으로 나누어 팀 프로젝트를 진행하려고 한다. 제시된 〈조건〉에 따라 팀을 구성한다고 할 때, 다음 중 항상 참인 것은?

조건
- 분야별 인원 구성
  - A분야 : a(남자), b(남자), c(여자)
  - B분야 : 가(남자), 나(여자)
  - C분야 : 갑(남자), 을(여자), 병(여자)
- 4명씩 나누어 총 2팀(1팀, 2팀)으로 구성한다.
- 같은 분야의 같은 성별인 사람은 같은 팀으로 구성될 수 없다.
- 각 팀에는 분야별로 적어도 한 명 이상이 포함되어야 한다.
- 한 분야의 모든 사람이 한 팀으로 구성될 수 없다.

① 갑과 을이 한 팀이 된다면, 가와 나도 한 팀이 될 수 있다.
② 4명으로 나뉜 두 팀에는 남녀가 각각 2명씩 구성된다.
③ a가 1팀에 포함된다면, c는 2팀에 포함된다.
④ 가와 나는 한 팀이 될 수 없다.
⑤ c와 갑은 한 팀이 될 수 있다.

15

①

②

③

④

⑤

16

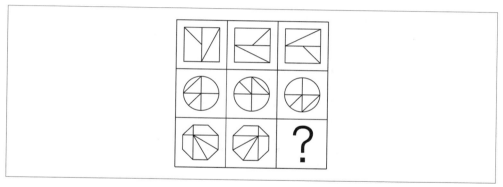

①

②

③

④

⑤

17

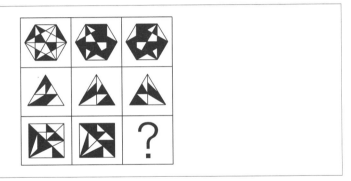

①

②

③

④

⑤

※ 다음 도식에서 기호들은 일정한 규칙에 따라 문자를 변화시킨다. 물음표에 들어갈 문자로 알맞은 것을 고르시오(단, 규칙은 가로와 세로 중 한 방향으로만 적용된다). **[18~21]**

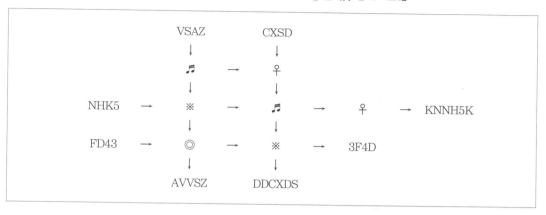

Easy

18

> VSXA → ♀ → ?

① AXSVA
② AVSXA
③ SXAVV
④ VSXAV
⑤ ESXAV

19

> V6D → ♫ → ※ → ?

① VVD6
② D6VV
③ 6DVV
④ 6VDD
⑤ VD66

20

> UYO → ◎ → ♀ → ?

① YOUY
② OUYY
③ UOOY
④ UOYY
⑤ YOOY

21

> JLP → ♫ → ※ → ◎ → ?

① JJPL
② PPLJ
③ LJJP
④ JPLL
⑤ PLJL

※ 다음 문단을 논리적 순서대로 바르게 나열한 것을 고르시오. [22~23]

22

(가) 다만 각자에게 느껴지는 감각질이 뒤집혀 있을 뿐이고 경험을 할 때 겉으로 드러난 행동과 하는 말은 똑같다. 예컨대 그 사람은 신호등이 있는 건널목에서 똑같이 초록 불일 때 건너고 빨간 불일 때는 멈추며, 초록 불을 보고 똑같이 "초록 불이네."라고 말한다. 그러나 그는 자신의 감각질이 뒤집혀 있는지 전혀 모른다. 감각질은 순전히 사적이며 다른 사람의 감각질과 같은지를 확인할 수 있는 방법이 없기 때문이다.

(나) 그래서 어떤 입력이 들어올 때 어떤 출력을 내보낸다는 기능적·인과적 역할로써 정신을 정의하는 기능론이 각광을 받게 되었다. 기능론에서는 정신이 물질에 의해 구현되므로 그 둘이 별개의 것은 아니라고 주장한다는 점에서 이원론과 다르면서도, 정신의 인과적 역할이 뇌의 신경 세포에서든 로봇의 실리콘 칩에서든 어떤 물질에서도 구현될 수 있음을 보여준다는 점에서 동일론의 문제점을 해결할 수 있기 때문이다.

(다) 심신 문제는 정신과 물질의 관계에 대해 묻는 오래된 철학적 문제이다. 정신 상태와 물질 상태는 별개의 것이라고 주장하는 이원론이 오랫동안 널리 받아들여졌으나, 신경 과학이 발달한 현대에는 그 둘은 동일하다는 동일론이 더 많은 지지를 받고 있다. 그러나 똑같은 정신 상태라고 하더라도 사람마다 그 물질 상태가 다를 수 있고, 인간과 정신 상태는 같지만 물질 상태는 다른 로봇이 등장한다면 동일론에서는 그것을 설명할 수 없다는 문제가 생긴다.

(라) 그래도 정신 상태가 물질 상태와 다른 무엇이 있다고 생각하는 이원론에서는 '나'가 어떤 주관적인 경험을 할 때 다른 사람에게 그 경험을 보여줄 수는 없지만 나는 분명히 경험하는 그 느낌에 주목한다. 잘 익은 토마토를 봤을 때의 빨간색의 느낌, 시디신 자두를 먹었을 때의 신 느낌, 꼬집힐 때의 아픈 느낌이 그런 예이다. 이런 질적이고 주관적인 감각 경험, 곧 현상적인 감각 경험을 철학자들은 '감각질'이라고 부른다. 이 감각질이 뒤집혔다고 가정하는 사고 실험을 통해 기능론에 대한 비판이 제기된다. 나에게 빨강으로 보이는 것이 어떤 사람에게는 초록으로 보이고 나에게 초록으로 보이는 것이 그에게는 빨강으로 보인다는 사고 실험이 그것이다.

① (가) - (나) - (다) - (라)
② (나) - (다) - (가) - (라)
③ (나) - (가) - (라) - (다)
④ (다) - (가) - (라) - (나)
⑤ (다) - (나) - (라) - (가)

23

(가) 베커는 "주말이나 저녁에는 회사들이 문을 닫기 때문에 활용할 수 있는 시간의 길이가 길어지고 이에 따라 특정 행동의 시간 비용이 줄어든다."라고도 지적한다. 시간의 비용이 가변적이라는 개념은, 기대수명이 늘어나서 사람들에게 더 많은 시간이 주어지는 것이 시간의 비용에 영향을 미칠 수 있다는 점에서 의미가 있다.

(나) 베커와 린더는 사람들에게 주어진 시간을 고정된 양으로 전제했다. 1965년 당시의 기대수명은 약 70세였다. 하루 24시간 중 8시간을 수면에 쓰고 나머지 시간에 활동이 가능하다면, 평생 408,800시간의 활동가능 시간이 주어지는 셈이다. 하지만 이 방정식에서 변수 하나가 바뀌면 어떻게 될까? 기대수명이 크게 늘어난다면 시간의 가치 역시 달라져서, 늘 시간에 쫓기는 조급한 마음에도 영향을 주게 되지 않을까?

(다) 시간의 비용이 가변적이라고 생각한 이는 베커만이 아니었다. 스웨덴의 경제학자 스테판 린더는 서구인들이 엄청난 경제성장을 이루고도 여유를 누리지 못하는 이유를 논증한다. 경제가 성장하면 사람들의 시간을 쓰는 방식도 달라진다. 임금이 상승하면 직장 밖 활동에 들어가는 시간의 비용이 늘어난다. 일하는 데 쓸 수 있는 시간을 영화나 책을 보는 데 소비하면 그만큼의 임금을 포기하는 것이다. 따라서 임금이 늘어난 만큼 일 이외의 활동에 들어가는 시간의 비용도 함께 늘어난다는 것이다.

(라) 1965년 노벨상 수상자 게리 베커는 '시간의 비용'이 시간을 소비하는 방식에 따라 변화한다고 주장하였다. 예를 들어 수면이나 식사 활동은 영화 관람에 비해 단위 시간당 시간의 비용이 작다. 그 이유는 수면과 식사가 생산적인 활동에 기여하기 때문이다. 잠을 못 자거나 식사를 제대로 하지 못해 체력이 떨어진다면, 생산적인 활동에 제약을 받기 때문에 수면과 식사 활동에 들어가는 시간의 비용이 영화관람에 비해 작다고 할 수 있다.

① (가) – (라) – (다) – (나)

② (나) – (가) – (다) – (라)

③ (나) – (다) – (라) – (가)

④ (다) – (가) – (나) – (라)

⑤ (라) – (가) – (다) – (나)

24

지구와 태양 사이의 거리와 지구가 태양 주위를 도는 방식은 인간의 생존에 유리한 여러 특징을 지니고 있다. 인간을 비롯한 생명이 생존하려면 행성을 액체 상태의 물을 포함하면서 너무 뜨겁거나 차갑지 않아야 한다. 이를 위해 행성은 태양과 같은 별에서 적당히 떨어져 있어야 한다. 이 적당한 영역을 '골디락스 영역'이라고 한다. 또한, 지구가 태양의 중력장 주위를 도는 타원 궤도는 충분히 원에 가깝다. 따라서 연중 태양에서 오는 열에너지가 비교적 일정하게 유지될 수 있다. 만약 태양과의 거리가 일정하지 않았다면 지구는 여름에는 바다가 모두 끓어 넘치고 겨울에는 거대한 얼음덩어리가 되는 불모의 행성이었을 것이다.

우리 우주에 작용하는 근본적인 힘의 세기나 물리법칙도 인간을 비롯한 생명의 탄생에 유리하도록 미세하게 조정되어 있다. 예를 들어 근본적인 힘인 강한 핵력이나 전기력의 크기가 현재 값에서 조금만 달랐다면, 별의 내부에서 탄소처럼 무거운 원소는 만들어질 수 없었고 행성도 만들어질 수 없었을 것이다. 최근 들어 물리학자들은 이들 힘을 지배하는 법칙이 현재와 다르다면 우주는 구체적으로 어떤 모습이 될지 컴퓨터 모형으로 계산했다. 그 결과를 보면 강한 핵력의 강도가 겨우 0.5% 다르거나 전기력의 강도가 겨우 4% 다를 경우에도 탄소나 산소는 우주에서 합성되지 않는다. 따라서 생명 탄생의 가능성도 사라진다. 결국, 강한 핵력이나 전기력을 지배하는 법칙들을 조금이라도 건드리면 우리가 존재할 가능성은 사라지는 것이다.

결론적으로 지구 주위 환경뿐만 아니라 보편적 자연법칙까지도 인류와 같은 생명이 진화해 살아가기에 알맞은 범위 안에 제한되어 있다고 할 수 있다. 만일 그러한 제한이 없었다면 태양계나 지구가 탄생할 수 없었을 뿐만 아니라 생명 또한 진화할 수 없었을 것이다. 우리가 아는 행성이나 생명이 탄생할 가능성을 열어두면서 물리법칙을 변경할 수 있는 폭은 매우 좁다.

① 탄소가 없는 상황에서도 생명은 자연적으로 진화할 수 있다.
② 중력법칙이 현재와 조금만 달라도 지구에 생명체가 존재할 수 없다.
③ 원자핵의 질량이 현재보다 조금 더 크다면 우리 몸을 이루는 원소는 합성되지 않는다.
④ 핵력의 강도가 현재와 약간만 달라도 별의 내부에서 무거운 원소가 거의 전부 사라진다.
⑤ 별 주위의 '골디락스 영역'에 행성이 위치할 확률은 매우 낮지만, 지구는 그 영역에 위치한다.

25

고대 철학자인 피타고라스는 현이 하나 달린 음향 측정 기구인 일현금을 사용하여 음정 간격과 수치 비율이 대응하는 원리를 발견하였다. 이를 바탕으로 피타고라스는 모든 것이 숫자 또는 비율에 의해 표현될 수 있다고 주장하였다.

그를 신봉한 피타고라스주의자들은 수와 기하학의 규칙이 무질서하게 보이는 자연과 불가해한 가변성의 세계에 질서를 부여한다고 믿었다. 즉, 피타고라스주의자들은 자연의 온갖 변화는 조화로운 규칙으로 환원될 수 있다고 믿었다. 이는 피타고라스주의자들이 물리적 세계가 수학적 용어로 분석될 수 있다는 현대 수학자들의 사고에 단초를 제공한 것이라고 할 수 있다.

그러나 피타고라스주의자들은 현대 수학자들과는 달리 수에 상징적이고 심지어 신비적인 의미를 부여했다. 피타고라스주의자들은 '기회', '정의', '결혼'과 같은 추상적인 개념을 특정한 수의 가상적 특징, 즉 특정한 수에 깃들어 있으리라고 추정되는 특징과 연계시켰다. 또한, 이들은 여러 물질적 대상에 수를 대응시켰다. 예를 들면 고양이를 그릴 때 다른 동물과 구별되는 고양이의 뚜렷한 특징을 드러내려면 특정한 개수의 점이 필요했다. 이때 점의 개수는 곧 고양이를 가리키는 수가 된다. 이것은 세계에 대한 일종의 원자적 관점과도 관련된다. 이 관점에서는 단위(Unity), 즉 숫자 1은 공간상의 한 물리적 점으로 간주되기 때문에 물리적 대상들은 수 형태인 단위 점들로 나타낼 수 있다. 이처럼 피타고라스주의자들은 수를 실재라고 여겼는데 여기서 수는 실재와 무관한 수가 아니라 실재를 구성하는 수를 가리킨다.

피타고라스의 사상이 수의 실재성이라는 신비주의적이고 형이상학적인 관념에 기반하고 있다는 점은 틀림없다. 그럼에도 불구하고 피타고라스주의자들은 자연을 이해하는 데 있어 수학이 중요하다는 점을 알아차린 최초의 사상가들임이 분명하다.

① 피타고라스는 음정 간격을 수치 비율로 나타낼 수 있다는 것을 발견하였다.

② 피타고라스주의자들은 자연을 이해하는 데 있어 수학의 중요성을 인식하였다.

③ 피타고라스주의자들은 물질적 대상뿐만 아니라 추상적 개념 또한 수와 연관시켰다.

④ 피타고라스주의자들은 물리적 대상을 원자적 관점에서 실재와 무관한 단위 점으로 나타낼 수 있다고 믿었다.

⑤ 피타고라스주의자들은 수와 기하학적 규칙을 통해 자연의 변화를 조화로운 규칙으로 환원할 수 있다고 믿었다.

26

경제 문제는 대개 해결이 가능하다. 대부분의 경제 문제에는 몇 개의 해결책이 있다. 그러나 모든 해결책은 누군가가 상당한 손실을 반드시 감수해야 한다는 특징을 갖고 있다. 하지만 누구도 이 손실을 자발적으로 감수하고자 하지 않으며, 우리의 정치제도는 누구에게도 이 짐을 짊어지라고 강요할 수 없다. 우리의 정치적·경제적 구조로는 실질적으로 제로섬(Zero-sum)적인 요소를 지니는 경제 문제에 전혀 대처할 수 없기 때문이다.

대개의 경제적 해결책은 대규모의 제로섬적인 요소를 갖기 때문에 큰 손실을 수반한다. 모든 제로섬 게임에는 승자가 있다면 반드시 패자가 있으며, 패자가 존재해야만 승자가 존재할 수 있다. 경제적 이득이 경제적 손실을 초과할 수도 있지만, 손실의 주체에게 손실의 의미란 상당한 크기의 경제적 이득을 부정할 수 있을 만큼 매우 중요하다. 어떤 해결책으로 인해 평균적으로 사회는 더 잘살게 될 수도 있지만, 이 평균이 훨씬 더 잘살게 된 수많은 사람과 훨씬 더 못살게 된 수많은 사람을 감춘다. 만약 당신이 더 못살게 된 사람 중 하나라면 내 수입이 줄어든 것보다 다른 누군가의 수입이 더 많이 늘었다고 해서 위안을 얻지는 않을 것이다. 결국 우리는 우리 자신의 수입을 보호하기 위해 경제적 변화가 일어나는 것을 막거나 혹은 사회가 우리에게 손해를 입히는 공공정책이 강제로 시행되는 것을 막기 위해 싸울 것이다.

① 빈부격차를 해소하는 것만큼 중요한 정책은 없다.
② 사회의 총생산량이 많아지게 하는 정책이 좋은 정책이다.
③ 경제문제에서 모두가 만족하는 해결책은 존재하지 않는다.
④ 경제적 변화에 대응하는 정치제도의 기능에는 한계가 존재한다.
⑤ 경제정책의 효율성을 높이는 방법은 일관성을 유지하는 것이다.

27

인간은 사회 속에서만 자신을 더 나은 존재로 느낄 수 있기 때문에 자신을 사회화하고자 한다. 인간은 사회 속에서만 자신의 자연적 소질을 실현할 수 있는 것이다. 그러나 인간은 자신을 개별화하거나 고립시키려는 성향도 강하다. 이는 자신의 의도에 따라서만 행위하려는 반사회적인 특성을 의미한다. 그리고 저항하려는 성향이 자신뿐만 아니라 다른 사람에게도 있다는 사실을 알기 때문에, 그 자신도 곳곳에서 저항에 부딪히게 되리라 예상한다.

이러한 저항을 통하여 인간은 모든 능력을 일깨우고, 나태해지려는 성향을 극복하며, 명예욕이나 지배욕, 소유욕 등에 따라 행동하게 된다. 그리하여 동시대인들 가운데에서 자신의 위치를 확보하게 된다. 이렇게 하여 인간은 야만의 상태에서 벗어나 문화를 이룩하기 위한 진정한 진보의 첫걸음을 내딛게 된다. 이때부터 모든 능력이 점차 계발되고 아름다움을 판정하는 능력도 형성된다. 나아가 자연적 소질에 의해 도덕성을 어렴풋하게 느끼기만 하던 상태에서 벗어나, 지속적인 계몽을 통하여 구체적인 실천 원리를 명료하게 인식할 수 있는 성숙한 단계로 접어든다. 그 결과 자연적인 감정을 기반으로 결합된 사회를 도덕적인 전체로 바꿀 수 있는 사유 방식이 확립된다.

인간에게 이러한 반사회성이 없다면, 인간의 모든 재능은 꽃피지 못하고 만족감과 사랑으로 가득 찬 목가적인 삶 속에서 영원히 묻혀 버리고 말 것이다. 그리고 양처럼 선량한 기질의 사람들은 가축 이상의 가치를 자신의 삶에 부여하기 힘들 것이다. 자연 상태에 머물지 않고 스스로의 목적을 성취하기 위해 자연적 소질을 계발하여 창조의 공백을 메울 때, 인간의 가치는 상승되기 때문이다.

① 사회성만으로도 충분히 목가적 삶을 영위할 수 있다.
② 반사회성만으로는 자신의 재능을 계발하기 어렵다.
③ 인간은 타인과의 갈등을 통해서도 사회성을 기를 수 있다.
④ 인간은 사회성만 가지고도 자신의 재능을 키워나갈 수 있다.
⑤ 인간의 자연적인 성질은 사회화를 방해한다.

PART 3

28 다음 글을 읽고 추론한 내용으로 적절하지 않은 것은?

언어는 배우는 아이들이 있어야 지속된다. 그러므로 성인들만 사용하는 언어가 있다면 그 언어의 운명은 어느 정도 정해진 셈이다. 언어학자들은 이런 방식으로 추리하여 인류 역사에 드리워진 비극에 대해 경고한다. 한 언어학자는 현존하는 북미 인디언 언어의 약 80%인 150개 정도가 빈사 상태에 있다고 추정한다. 알래스카와 시베리아 북부에서는 기존 언어의 90%인 40개 언어, 중앙아메리카와 남아메리카에서는 23%인 160개 언어, 오스트레일리아에서는 90%인 225개 언어, 그리고 전 세계적으로는 기존 언어의 50%인 3,000개의 언어들이 소멸해 가고 있다고 한다. 이 중 사용자 수가 10만 명을 넘는 약 600개의 언어들은 비교적 안전한 상태에 있지만, 그 밖의 언어는 21세기가 끝나기 전에 소멸할지도 모른다.

언어가 이처럼 대규모로 소멸하는 원인은 중첩적이다. 토착 언어 사용자들의 거주지가 파괴되고, 종족 말살과 동화(同化)교육이 이루어지며, 사용 인구가 급격히 감소하는 것 외에 '문화적 신경가스'라고 불리는 전자 매체가 확산되는 것도 그 원인이 된다. 물론 우리는 소멸을 강요하는 사회적, 정치적 움직임들을 중단시키는 한편, 토착어로 된 교육 자료나 문학작품, 텔레비전 프로그램 등을 개발함으로써 언어 소멸을 어느 정도 막을 수 있다. 나아가 소멸 위기에 처한 언어라도 20세기의 히브리어처럼 지속적으로 공식어로 사용할 의지만 있다면 그 언어를 부활시킬 수도 있다.

합리적으로 보자면, 우리가 지구상의 모든 동물이나 식물종들을 보존할 수 없는 것처럼 모든 언어를 보존할 수는 없으며, 어쩌면 그래서는 안 되는지도 모른다. 가령, 어떤 언어 공동체가 경제적 발전을 보장해 주는 주류 언어로 돌아설 것을 선택할 때, 그 어떤 외부 집단이 이들에게 토착 언어를 유지하도록 강요할 수 있겠는가? 또한, 한 공동체 내에서 이질적인 언어가 사용되면 사람들 사이에 심각한 분열을 초래할 수도 있다. 그러나 이러한 문제가 있더라도 전 세계 언어의 50% 이상이 빈사 상태에 있다면 이를 보고만 있을 수는 없다.

① 현재 소멸해 가고 있는 전 세계 언어 중 약 2,400여 개의 언어들은 사용자 수가 10만 명 이하이다.
② 소멸 위기 언어 사용자가 처한 현실적인 문제는 언어의 다양성을 보존하기 어렵게 만들 수 있다.
③ 언어 소멸은 지구상의 동물이나 식물종 수의 감소와 같이 자연스럽고 필연적인 현상이다.
④ 타의적·물리적 압력에 의해서만 언어 소멸이 이루어지는 것은 아니다.
⑤ 소멸 위기에 있는 언어라도 사용자들의 의지에 따라 유지될 수 있다.

29 다음 글을 토대로 〈보기〉를 바르게 해석한 것은?

인포그래픽은 복합적인 정보의 배열이나 정보 간의 관계를 시각적인 형태로 나타낸 것이다. 최근 인포그래픽에 대한 높은 관심은 시대의 변화와 관련이 있다. 정보가 넘쳐나고 정보에 주의를 지속하는 시간이 점차 짧아지면서, 효과적으로 정보를 전달할 수 있는 인포그래픽에 주목하게 된 것이다. 특히 소셜미디어의 등장은 정보 공유가 용이한 인포그래픽의 쓰임을 더욱 확대하였다.

비상구 표시등의 그래픽 기호처럼 시설이나 사물 등을 상징화하여 표시한 픽토그램은 인포그래픽과 유사하다. 그러나 픽토그램은 인포그래픽과 달리 복합적인 정보를 나타내기 어렵다. 예를 들어 컴퓨터를 나타낸 픽토그램은 컴퓨터 자체를 떠올리게 하지만, 인포그래픽으로는 컴퓨터의 작동 원리도 효과적으로 설명할 수 있다.

인포그래픽은 독자의 정보 처리 시간을 절감할 수 있다. 글에 드러난 정보를 파악하기 위해서는 문자 하나하나를 읽어야 하지만, 인포그래픽은 시각 이미지를 통해 한눈에 정보를 파악할 수 있다. 또한 인포그래픽은 독자의 관심을 끌 수 있다. 한 논문에 따르면, 인포그래픽은 독자들이 정보에 주목하는 정도를 높이는 효과가 있다고 한다.

시각적인 형태로 복합적인 정보를 나타냈다고 해서 다 좋은 인포그래픽은 아니다. 정보를 한눈에 파악하게 하는지, 단순한 형태와 색으로 구성됐는지, 최소한의 요소로 정보의 관계를 나타냈는지, 재미와 즐거움을 주는지를 기준으로 좋은 인포그래픽인지를 판단해 봐야 한다. 시각적 재미에만 치중한 인포그래픽은 정보 전달력을 떨어뜨릴 수 있다.

보기

S학교 학생을 대상으로 설문 조사를 실시한 결과 학생의 90%가 교내 정보 알림판을 읽어 본 적이 없다고 답하였다. 학생들 대다수는 그 이유에 대하여 '알림판에 관심이 없기 때문'이라고 답했다. 이러한 문제를 해결하기 위해 김교사는 교내 정보 알림판을 인포그래픽으로 만들 것을 건의하였다.

① 김교사는 인포그래픽의 관심 유발 효과를 고려하였다.
② 김교사는 시각적 재미보다 정보 전달력을 더 고려하였다.
③ 김교사는 인포그래픽의 빠른 정보 전달 효과를 고려하였다.
④ 김교사는 학생들의 주의 지속 시간이 짧다는 점을 고려하였다.
⑤ 김교사는 인포그래픽이 복합적인 정보를 나타낼 수 있다는 점을 고려하였다.

Hard

30 다음 글을 바탕으로 할 때, 〈보기〉의 밑줄 친 정책의 방향에 대해 추측한 내용으로 가장 적절한 것은?

동일한 환경에서 야구공과 고무공을 튕겨 보면, 고무공이 훨씬 민감하게 튀어 오르는 것을 볼 수 있다. 즉, 고무공은 야구공보다 탄력이 좋다. 일정한 가격에서 사람들이 사고자 하는 물건의 양인 수요량에도 탄력성의 개념이 적용될 수 있다. 재화의 가격이 변화할 때 수요량도 변화하게 되는 것이다. 이때 경제학에서는 가격 변화에 대한 수요량 변화의 민감도를 측정하는 표준화된 방법을 수요 탄력성이라고 한다.

수요 탄력성은 수요량의 변화 비율을 가격의 변화 비율로 나눈 값이다. 일반적으로 가격과 수요량은 반비례하므로 수요 탄력성은 음(−)의 값을 가진다. 그러나 통상적으로 음의 부호를 생략하고 절댓값만 표시한다.

가격에 따른 수요량 변화율에 따라 상품의 수요는 '단위 탄력적', '탄력적', '완전 탄력적', '비탄력적', '완전 비탄력적'으로 나눌 수 있다. 수요 탄력성이 1인 경우 수요는 '단위 탄력적'이라고 불린다. 또한, 수요 탄력성이 1보다 큰 경우 수요는 '탄력적'이라고 불린다. 한편 영(0)에 가까운 아주 작은 가격 변화에도 수요량이 매우 크게 변화하면 수요 탄력성은 무한대가 된다. 이 경우의 수요는 '완전 탄력적'이라고 불린다. 소비하지 않아도 생활에 지장이 없는 사치품이 이에 해당한다. 반면, 수요 탄력성이 1보다 작다면 수요는 '비탄력적'이라고 불린다. 만일 가격이 아무리 변해도 수요량에 어떠한 변화도 나타나지 않는다면 수요 탄력성은 영(0)이 된다. 이 경우 수요는 '완전 비탄력적'이라고 불린다. 생필품이 이에 해당한다.

수요 탄력성의 크기는 상품의 가격이 변할 때 이 상품에 대한 소비자의 지출이 어떻게 변하는지를 알려 준다. 상품에 대한 소비자의 지출액은 가격에 수요량을 곱한 것이다. 먼저 상품의 수요가 탄력적인 경우를 따져 보자. 이 경우에는 수요 탄력성이 1보다 크기 때문에, 가격이 오른 정도에 비해 수요량이 많이 감소한다. 이에 따라 가격이 상승하면 소비자의 지출액은 가격이 오르기 전보다 감소한다. 반면에 가격이 내릴 때는 가격이 내린 정도에 비해 수요량이 많아지므로 소비자의 지출액은 증가한다. 물론 수요가 비탄력적이면 위와 반대되는 현상이 일어난다. 즉, 가격이 상승하면 소비자의 지출액은 증가하며, 가격이 하락하면 소비자의 지출액은 감소하게 된다.

보기

A국가의 정부는 경제 안정화를 위해 개별 소비자들이 지출액을 줄이도록 유도하는 <u>정책</u>을 시행하기로 하였다.

---

① 생필품과 사치품의 가격을 모두 낮추려 하겠군.
② 생필품과 사치품의 가격을 모두 유지하려 하겠군.
③ 생필품의 가격은 낮추고 사치품의 가격은 높이려 하겠군.
④ 생필품의 가격은 높이고 사치품의 가격은 유지하려 하겠군.
⑤ 생필품의 가격은 유지하고 사치품의 가격은 낮추려 하겠군.

PART 4

인성검사

4 | 인성검사

01 개요

GSAT 인성검사는 타기업의 인성검사와 유사하다고 볼 수 있다. 삼성그룹에서 직무를 수행하는 데 필요한 성격, 가치관, 태도를 측정하는 테스트이다.

출제유형
제시된 세 문장에 대해 자신의 성향과 가까운 정도에 따라 '① 전혀 그렇지 않다, ② 그렇지 않다, ③ 조금 그렇지 않다, ④ 조금 그렇다, ⑤ 그렇다, ⑥ 매우 그렇다'를 선택하고, 자신의 성향과 가장 먼 것(멀다)과 가까운 것(가깝다)을 선택하는 문제

※ 계열사별로 시행 여부에 차이가 있을 수 있다.
※ 2024년도 하반기 GSAT에서는 250문항에 응답해야 했다.

02 수검요령 및 유의사항

인성검사는 특별한 수검요령이 없다. 다시 말하면 모범답안도 없고, 정답도 없다는 이야기이다. 또한 국어문제처럼 말의 뜻을 풀이하는 것도 아니다. 굳이 수검요령을 말하자면, 진실하고 솔직한 자신의 생각이 모범답안이라고 할 수 있다.

인성검사에서 가장 중요한 것은 첫째, 솔직한 답변이다. 자신이 지금까지 경험을 통해서 축적해 온 생각과 행동을 허구 없이 솔직하게 기재하는 것이다. 예를 들어, "나는 타인의 물건을 훔치고 싶은 충동을 느껴본 적이 있다."라는 질문에 피검사자들은 많은 생각을 하게 된다. 생각해 보라. 유년기에 또는 성인이 되어서 타인의 물건을 훔치는 일을 저지른 적은 없더라도, 훔치고 싶은 충동은 누구나 조금이라도 다 느껴보았을 것이다. 그런데 이 질문에 고민을 하는 사람이 간혹 있다. 이 질문에 "예"라고 대답하면 담당 검사관들이 자신을 사회적으로 문제가 있는 사람으로 여기지는 않을까 하는 생각에 "아니요"라는 답을 기재하게 된다. 이런 솔직하지 않은 답변은 답변의 신뢰와 솔직함을 나타내는 타당성 척도에 좋지 않은 점수를 주게 된다.

둘째, 일관성 있는 답변이다. 인성검사의 수많은 질문 문항 중에는 비슷한 뜻의 질문이 여러 개 숨어 있는 경우가 많이 있다. 그 질문들은 피검사자의 '솔직한 답변'과 '심리적인 상태'를 알아보기 위해 내포되어 있는 문항들이다. 가령 "나는 유년시절 타인의 물건을 훔친 적이 있다."라는 질문에 "예"라고 대답했는데, "나는 유년시절 타인의 물건을 훔쳐보고 싶은 충동을 느껴본 적이 있다."라는 질문에는 "아니요"라는 답을 기재한다면 어떻겠는가? 일관성 없이 '대충 기재하자.'라는 식의 심리적 무성의한 답변이 되거나, 정신적으로 문제가 있는 사람으로 보일 수 있다.

인성검사는 많은 문항 수를 풀어나가기 때문에 피검사자들은 지루함과 따분함을 느낄 수 있고 반복된 의미의 질문으로 의한 인내상실 등이 나타날 수 있다. 인내를 가지고 솔직하게 자신의 생각을 대답하는 것이 무엇보다 중요한 요령이다.

03 인성검사 모의연습

※ 인성검사는 정답이 따로 없는 유형의 검사이므로 결과지를 제공하지 않습니다.

※ 각 문항을 읽고 ① ~ ⑥ 중 본인의 성향과 가까운 정도에 따라 ① 전혀 그렇지 않다, ② 그렇지 않다, ③ 조금 그렇지 않다, ④ 조금 그렇다, ⑤ 그렇다, ⑥ 매우 그렇다 중 하나를 선택하시오. 그리고 세 문항 중 자신의 성향과 가장 먼 것(멀다)과 가까운 것(가깝다)을 하나씩 선택하시오. [1~100]

01

문항	답안 1						답안 2	
	①	②	③	④	⑤	⑥	멀다	가깝다
A. 시련은 있어도 좌절은 없다고 믿는다.	☐	☐	☐	☐	☐	☐	☐	☐
B. 장래를 생각하면 불안을 느낄 때가 많다.	☐	☐	☐	☐	☐	☐	☐	☐
C. 충동적으로 행동하지 않으려고 욕구와 감정을 조절하는 편이다.	☐	☐	☐	☐	☐	☐	☐	☐

02

문항	답안 1						답안 2	
	①	②	③	④	⑤	⑥	멀다	가깝다
A. 여행을 할 때 인적이 뜸한 곳을 선호한다.	☐	☐	☐	☐	☐	☐	☐	☐
B. 자신의 생각과 감정을 잘 표현하지 못한다.	☐	☐	☐	☐	☐	☐	☐	☐
C. 완전한 안전은 헛된 믿음일 뿐이며 삶은 모험의 연속이라고 생각한다.	☐	☐	☐	☐	☐	☐	☐	☐

03

문항	답안 1						답안 2	
	①	②	③	④	⑤	⑥	멀다	가깝다
A. 정치적·종교적으로 보수적인 편이다.	☐	☐	☐	☐	☐	☐	☐	☐
B. 철학 등의 본질적인 문제에 무관심하다.	☐	☐	☐	☐	☐	☐	☐	☐
C. 지혜로운 사람이 되려면 늘 변해야 한다고 생각한다.	☐	☐	☐	☐	☐	☐	☐	☐

04

문항	답안 1						답안 2	
	①	②	③	④	⑤	⑥	멀다	가깝다
A. 대인관계에서 깊은 상처를 받은 적이 있다.	☐	☐	☐	☐	☐	☐	☐	☐
B. 타인과 협력할 때 자신의 역할에 충실하게 임한다.	☐	☐	☐	☐	☐	☐	☐	☐
C. 나는 소수의 정예 엘리트 집단에 어울린다고 생각한다.	☐	☐	☐	☐	☐	☐	☐	☐

05

문항	답안 1						답안 2	
	①	②	③	④	⑤	⑥	멀다	가깝다
A. 자신에게 느슨하며 사고가 유연한 편이다.	☐	☐	☐	☐	☐	☐	☐	☐
B. 계획이나 규칙을 잘 지키지 못하는 편이다.	☐	☐	☐	☐	☐	☐	☐	☐
C. 노력하는 사람이 재능을 타고난 사람을 이긴다고 생각한다.	☐	☐	☐	☐	☐	☐	☐	☐

06

문항	답안 1						답안 2	
	①	②	③	④	⑤	⑥	멀다	가깝다
A. 내 장래는 희망적이라고 생각한다.	☐	☐	☐	☐	☐	☐	☐	☐
B. 스트레스를 받을까봐 두려워지곤 한다.	☐	☐	☐	☐	☐	☐	☐	☐
C. 시간이 지나도 괴로움이 쉽사리 사그라지지 않는다.	☐	☐	☐	☐	☐	☐	☐	☐

07

문항	답안 1						답안 2	
	①	②	③	④	⑤	⑥	멀다	가깝다
A. 내향적이고 사교성이 낮은 편이다.	☐	☐	☐	☐	☐	☐	☐	☐
B. 자극은 다다익선(多多益善)이라고 생각한다.	☐	☐	☐	☐	☐	☐	☐	☐
C. 사람들을 좋아해서 스스럼없이 대화하는 편이다.	☐	☐	☐	☐	☐	☐	☐	☐

08

문항	답안 1						답안 2	
	①	②	③	④	⑤	⑥	멀다	가깝다
A. 낯선 환경에 놓이는 것이 불쾌하다.	☐	☐	☐	☐	☐	☐	☐	☐
B. 통일성보다는 다양성이 중요하다고 여긴다.	☐	☐	☐	☐	☐	☐	☐	☐
C. 깊이 이해하려고 애쓰는 것은 과제 완수의 기본이라고 생각한다.	☐	☐	☐	☐	☐	☐	☐	☐

09

문항	답안 1						답안 2	
	①	②	③	④	⑤	⑥	멀다	가깝다
A. 너무 솔직해 남에게 이용당할 때가 많다.	☐	☐	☐	☐	☐	☐	☐	☐
B. 남의 의견에 별로 구애받지 않는 편이다.	☐	☐	☐	☐	☐	☐	☐	☐
C. 자신의 손실을 남에게 절대 전가하려 하지 않는다.	☐	☐	☐	☐	☐	☐	☐	☐

10

문항	답안 1						답안 2	
	①	②	③	④	⑤	⑥	멀다	가깝다
A. 스스로가 한 일에 책임을 지려고 노력한다.	☐	☐	☐	☐	☐	☐	☐	☐
B. 계획적이기보다는 즉흥적으로 사는 편이다.	☐	☐	☐	☐	☐	☐	☐	☐
C. 장해물이나 목표가 없다면 만족감도 없다고 생각한다.	☐	☐	☐	☐	☐	☐	☐	☐

11

문항	답안 1						답안 2	
	①	②	③	④	⑤	⑥	멀다	가깝다
A. 불만보다는 감사를 느낄 때가 많다.	☐	☐	☐	☐	☐	☐	☐	☐
B. 견디다 보면 슬픔도 익숙해질 것이다.	☐	☐	☐	☐	☐	☐	☐	☐
C. '내 삶에는 왜 이렇게 시련이 많을까?'하고 스트레스를 받곤 한다.	☐	☐	☐	☐	☐	☐	☐	☐

12

문항	답안 1						답안 2	
	①	②	③	④	⑤	⑥	멀다	가깝다
A. 나의 성격은 쾌활함과는 거리가 멀다.	☐	☐	☐	☐	☐	☐	☐	☐
B. 말수가 적으며 수줍어하는 성향이 있다.	☐	☐	☐	☐	☐	☐	☐	☐
C. 일부 부모들의 치맛바람을 극성스럽다고 생각하지 않는다.	☐	☐	☐	☐	☐	☐	☐	☐

PART 4

13

문항	답안 1						답안 2	
	①	②	③	④	⑤	⑥	멀다	가깝다
A. 정치적으로 진보당보다 보수당을 지지한다.	☐	☐	☐	☐	☐	☐	☐	☐
B. 분석적·지성적인 일에 관심이 없는 편이다.	☐	☐	☐	☐	☐	☐	☐	☐
C. 인생의 스승은 부모처럼 고귀한 존재라고 생각한다.	☐	☐	☐	☐	☐	☐	☐	☐

14

문항	답안 1						답안 2	
	①	②	③	④	⑤	⑥	멀다	가깝다
A. 기본적으로 타인을 믿지 못하는 편이다.	☐	☐	☐	☐	☐	☐	☐	☐
B. 인간미가 부족하다는 비판을 받곤 한다.	☐	☐	☐	☐	☐	☐	☐	☐
C. 남의 고통을 목격하면 그 고통이 내게 고스란히 전해지는 것 같다.	☐	☐	☐	☐	☐	☐	☐	☐

15

문항	답안 1						답안 2	
	①	②	③	④	⑤	⑥	멀다	가깝다
A. 규범은 내 행동에 큰 영향을 주지 못한다.	☐	☐	☐	☐	☐	☐	☐	☐
B. 학창 시절에는 시험 기간이 닥쳐서야 공부를 했다.	☐	☐	☐	☐	☐	☐	☐	☐
C. 기회도 그것을 찾으려 노력하는 사람에게 주어진다고 생각한다.	☐	☐	☐	☐	☐	☐	☐	☐

16

문항	답안 1						답안 2	
	①	②	③	④	⑤	⑥	멀다	가깝다
A. 안정감보다는 불안감을 느낄 때가 많다.	☐	☐	☐	☐	☐	☐	☐	☐
B. 여름철 무더위는 나를 몹시 짜증나게 한다.	☐	☐	☐	☐	☐	☐	☐	☐
C. 인생에는 괴로운 일보다 즐거운 일이 많다고 여긴다.	☐	☐	☐	☐	☐	☐	☐	☐

17

문항	답안 1						답안 2	
	①	②	③	④	⑤	⑥	멀다	가깝다
A. 맵고 짠 자극적 음식을 즐기는 편이다.	☐	☐	☐	☐	☐	☐	☐	☐
B. 한겨울의 맹추위에도 실외 활동을 즐긴다.	☐	☐	☐	☐	☐	☐	☐	☐
C. 본질을 깨우치는 것에 집중하는 미니멀 라이프를 선호한다.	☐	☐	☐	☐	☐	☐	☐	☐

18

문항	답안 1						답안 2	
	①	②	③	④	⑤	⑥	멀다	가깝다
A. 변화는 항상 나를 힘들게 한다.	☐	☐	☐	☐	☐	☐	☐	☐
B. 사람은 죽을 때까지 학생이라고 생각한다.	☐	☐	☐	☐	☐	☐	☐	☐
C. 오래된 생각을 버려야 혁신적인 아이디어를 얻을 수 있다고 생각한다.	☐	☐	☐	☐	☐	☐	☐	☐

19

문항	답안 1						답안 2	
	①	②	③	④	⑤	⑥	멀다	가깝다
A. 타산적이라는 비판을 받곤 한다.	☐	☐	☐	☐	☐	☐	☐	☐
B. 남들에게 복종하고 의존하고 싶어지곤 한다.	☐	☐	☐	☐	☐	☐	☐	☐
C. 성악설보다는 성선설이 더 타당하다고 생각한다.	☐	☐	☐	☐	☐	☐	☐	☐

20

문항	답안 1						답안 2	
	①	②	③	④	⑤	⑥	멀다	가깝다
A. 하던 일을 중간에 그만두는 것을 싫어한다.	☐	☐	☐	☐	☐	☐	☐	☐
B. 씀씀이를 단속하려고 영수증을 잘 관리한다.	☐	☐	☐	☐	☐	☐	☐	☐
C. 노력은 배신하지 않는다는 격언을 믿지 않는다.	☐	☐	☐	☐	☐	☐	☐	☐

21

문항	답안 1						답안 2	
	①	②	③	④	⑤	⑥	멀다	가깝다
A. 쉽게 흥분하지 않는 편이다.	☐	☐	☐	☐	☐	☐	☐	☐
B. 짜증날 때도 감정을 잘 조절할 수 있다.	☐	☐	☐	☐	☐	☐	☐	☐
C. 슬픔이 닥칠 때마다 새롭게 느껴져 견디기가 몹시 힘들다.	☐	☐	☐	☐	☐	☐	☐	☐

22

문항	답안 1						답안 2	
	①	②	③	④	⑤	⑥	멀다	가깝다
A. 다소 대인기피증이 있는 것 같다.	☐	☐	☐	☐	☐	☐	☐	☐
B. 느긋이 적게보다는, 급히 많이 먹으려 한다.	☐	☐	☐	☐	☐	☐	☐	☐
C. 팀원들이 장차 리더가 되도록 은밀히 돕는 팀장이 최고의 리더일 것이다.	☐	☐	☐	☐	☐	☐	☐	☐

23

문항	답안 1						답안 2	
	①	②	③	④	⑤	⑥	멀다	가깝다
A. 통찰력은 나의 주요한 특징 중 하나이다.	☐	☐	☐	☐	☐	☐	☐	☐
B. 권위나 전통적 가치에 도전하기를 꺼린다.	☐	☐	☐	☐	☐	☐	☐	☐
C. 혁신적인 생각은 전통을 익히는 데서 비롯된다고 생각한다.	☐	☐	☐	☐	☐	☐	☐	☐

24

문항	답안 1						답안 2	
	①	②	③	④	⑤	⑥	멀다	가깝다
A. 실제의 이익을 따지는 데 빠른 편이다.	☐	☐	☐	☐	☐	☐	☐	☐
B. 독선적 행동으로 남들의 비난을 받곤 한다.	☐	☐	☐	☐	☐	☐	☐	☐
C. 나의 인간관에 가장 큰 영향을 끼친 것은 정직이다.	☐	☐	☐	☐	☐	☐	☐	☐

25

문항	답안 1						답안 2	
	①	②	③	④	⑤	⑥	멀다	가깝다
A. 굳이 양심에 따라 살려고 애쓰지 않는다.	☐	☐	☐	☐	☐	☐	☐	☐
B. 계획성이나 정확성과는 거리가 먼 편이다.	☐	☐	☐	☐	☐	☐	☐	☐
C. 전적으로 믿을 수 있는 것은 계획뿐이라고 여겨 목표와 비전을 잃지 않는다.	☐	☐	☐	☐	☐	☐	☐	☐

26

문항	답안 1						답안 2	
	①	②	③	④	⑤	⑥	멀다	가깝다
A. 자신의 현재 처지에 대해 비교적 만족한다.	☐	☐	☐	☐	☐	☐	☐	☐
B. '왜 하필 나에게'라는 생각이 들 때가 많다.	☐	☐	☐	☐	☐	☐	☐	☐
C. 뜨거운 여름날의 불쾌지수에 매우 민감한 편이다.	☐	☐	☐	☐	☐	☐	☐	☐

27

문항	답안 1						답안 2	
	①	②	③	④	⑤	⑥	멀다	가깝다
A. 앞장서는 리더가 최고의 리더일 것이다.	☐	☐	☐	☐	☐	☐	☐	☐
B. 바쁜 삶 속에서 큰 열정을 느끼곤 한다.	☐	☐	☐	☐	☐	☐	☐	☐
C. 대인관계에서 긴장해 매우 조심스러울 때가 많다.	☐	☐	☐	☐	☐	☐	☐	☐

28

문항	답안 1						답안 2	
	①	②	③	④	⑤	⑥	멀다	가깝다
A. 새로운 지식을 습득하는 데 인색하지 않다.	☐	☐	☐	☐	☐	☐	☐	☐
B. 익숙지 않은 환경에서는 매우 의기소침하다.	☐	☐	☐	☐	☐	☐	☐	☐
C. 책이 아닌 것과 책 중에 하나만 살 수 있다면 책을 살 것이다.	☐	☐	☐	☐	☐	☐	☐	☐

29

문항	답안 1						답안 2	
	①	②	③	④	⑤	⑥	멀다	가깝다
A. 타인의 지지는 나에게 큰 힘이 된다.	☐	☐	☐	☐	☐	☐	☐	☐
B. 약삭빠르고 실리적이며 기민한 편이다.	☐	☐	☐	☐	☐	☐	☐	☐
C. 나는 집단이 지나치게 소수 정예화되는 것에 반대한다.	☐	☐	☐	☐	☐	☐	☐	☐

30

문항	답안 1						답안 2	
	①	②	③	④	⑤	⑥	멀다	가깝다
A. 원칙주의자는 반드시 성공할 것이다.	☐	☐	☐	☐	☐	☐	☐	☐
B. 완벽주의자를 보면 고리타분하다고 느낀다.	☐	☐	☐	☐	☐	☐	☐	☐
C. 재능은 타고나는 것이 아니라 노력의 결과라고 생각한다.	☐	☐	☐	☐	☐	☐	☐	☐

31

문항	답안 1						답안 2	
	①	②	③	④	⑤	⑥	멀다	가깝다
A. 화가 나도 타인에게 화풀이를 하지 않는다.	☐	☐	☐	☐	☐	☐	☐	☐
B. 감정을 통제하지 못해 충동적일 때가 많다.	☐	☐	☐	☐	☐	☐	☐	☐
C. 긍정적인 것보다는 부정적인 면이 눈에 먼저 들어오는 편이다.	☐	☐	☐	☐	☐	☐	☐	☐

32

문항	답안 1						답안 2	
	①	②	③	④	⑤	⑥	멀다	가깝다
A. 대인관계가 사무적·형식적일 때가 많다.	☐	☐	☐	☐	☐	☐	☐	☐
B. 용장(勇壯) 밑에 약졸 없다는 말에 동감한다.	☐	☐	☐	☐	☐	☐	☐	☐
C. 여행할 때 사람들이 많이 왕래하는 곳을 선호한다.	☐	☐	☐	☐	☐	☐	☐	☐

PART 4

33

문항	답안 1						답안 2	
	①	②	③	④	⑤	⑥	멀다	가깝다
A. 새로운 변화에서 큰 흥미를 느끼곤 한다.	☐	☐	☐	☐	☐	☐	☐	☐
B. 새로운 관점을 제시하는 비평문을 선호한다.	☐	☐	☐	☐	☐	☐	☐	☐
C. 연장자의 견해는 어떠한 경우에도 존중해야 한다고 생각한다.	☐	☐	☐	☐	☐	☐	☐	☐

34

문항	답안 1						답안 2	
	①	②	③	④	⑤	⑥	멀다	가깝다
A. 이타심과 동정심은 나의 큰 장점이다.	☐	☐	☐	☐	☐	☐	☐	☐
B. 사람을 사귈 때도 손익을 따지는 편이다.	☐	☐	☐	☐	☐	☐	☐	☐
C. 타인을 비판하기 전에 그의 입장에서 생각해 보곤 한다.	☐	☐	☐	☐	☐	☐	☐	☐

35

문항	답안 1						답안 2	
	①	②	③	④	⑤	⑥	멀다	가깝다
A. 친구들이 나의 의견을 신뢰하는 편이다.	☐	☐	☐	☐	☐	☐	☐	☐
B. 계획에 따라 움직이는 것은 따분한 일이다.	☐	☐	☐	☐	☐	☐	☐	☐
C. 성공의 원동력은 거듭된 실패의 극복이라고 생각한다.	☐	☐	☐	☐	☐	☐	☐	☐

36

문항	답안 1						답안 2	
	①	②	③	④	⑤	⑥	멀다	가깝다
A. 나는 정서적으로 매우 안정적인 편이다.	☐	☐	☐	☐	☐	☐	☐	☐
B. 미래의 일을 생각하면 두려워지곤 한다.	☐	☐	☐	☐	☐	☐	☐	☐
C. 감정보다는 이성의 영향을 더 크게 받는 편이다.	☐	☐	☐	☐	☐	☐	☐	☐

37

문항	답안 1						답안 2	
	①	②	③	④	⑤	⑥	멀다	가깝다
A. 남들과 잘 어울리는 편이다.	☐	☐	☐	☐	☐	☐	☐	☐
B. 비난을 받을까봐 주장을 잘 하지 못한다.	☐	☐	☐	☐	☐	☐	☐	☐
C. 뒤에서 묵묵히 팀원을 지원하는 리더가 최고의 리더라고 생각한다.	☐	☐	☐	☐	☐	☐	☐	☐

38

문항	답안 1						답안 2	
	①	②	③	④	⑤	⑥	멀다	가깝다
A. 기지나 위트와는 거리가 먼 편이다.	☐	☐	☐	☐	☐	☐	☐	☐
B. 관례에 따라 행동하는 때가 더 많다.	☐	☐	☐	☐	☐	☐	☐	☐
C. 때로는 연소자의 생각에서도 배울 게 있다고 생각한다.	☐	☐	☐	☐	☐	☐	☐	☐

39

문항	답안 1						답안 2	
	①	②	③	④	⑤	⑥	멀다	가깝다
A. 자기중심적이고 독립적인 편이다.	☐	☐	☐	☐	☐	☐	☐	☐
B. 남들을 배려하고 관대하게 대하는 편이다.	☐	☐	☐	☐	☐	☐	☐	☐
C. 권모술수에 능한 현실주의자가 성공할 가능성이 높다고 생각한다.	☐	☐	☐	☐	☐	☐	☐	☐

40

문항	답안 1						답안 2	
	①	②	③	④	⑤	⑥	멀다	가깝다
A. 성공을 위해 자신을 통제하는 일이 없다.	☐	☐	☐	☐	☐	☐	☐	☐
B. 규칙, 계획, 책임감과는 거리가 먼 편이다.	☐	☐	☐	☐	☐	☐	☐	☐
C. 부족한 점을 부끄러워해야 고칠 수 있다고 생각한다.	☐	☐	☐	☐	☐	☐	☐	☐

41

문항	답안 1						답안 2	
	①	②	③	④	⑤	⑥	멀다	가깝다
A. 현재 자신의 형편에 대해 불만이 많다.	☐	☐	☐	☐	☐	☐	☐	☐
B. 짜증날 때는 감정을 잘 조절하지 못한다.	☐	☐	☐	☐	☐	☐	☐	☐
C. 자신의 감정과 행동을 지극히 잘 통제하는 편이다.	☐	☐	☐	☐	☐	☐	☐	☐

42

문항	답안 1						답안 2	
	①	②	③	④	⑤	⑥	멀다	가깝다
A. 상당히 말이 적고 내성적인 편이다.	☐	☐	☐	☐	☐	☐	☐	☐
B. 대인관계에서 자신감이 있고 적극적이다.	☐	☐	☐	☐	☐	☐	☐	☐
C. 더위나 추위는 나의 실외활동에 영향을 주지 않는다.	☐	☐	☐	☐	☐	☐	☐	☐

43

문항	답안 1						답안 2	
	①	②	③	④	⑤	⑥	멀다	가깝다
A. 불치하문(不恥下問)이라는 말에 동감한다.	☐	☐	☐	☐	☐	☐	☐	☐
B. 실용성과 현실성은 나의 가장 큰 장점이다.	☐	☐	☐	☐	☐	☐	☐	☐
C. 급변하는 사회에 적응하기 위해 신기술을 적극 수용한다.	☐	☐	☐	☐	☐	☐	☐	☐

44

문항	답안 1						답안 2	
	①	②	③	④	⑤	⑥	멀다	가깝다
A. 타인과 교제할 때 손익을 따지지 않는다.	☐	☐	☐	☐	☐	☐	☐	☐
B. 상당히 자기중심적이고 독립적인 편이다.	☐	☐	☐	☐	☐	☐	☐	☐
C. 성별, 인종, 재산 등에 따라 사람을 차별하지 않는다.	☐	☐	☐	☐	☐	☐	☐	☐

45

문항	답안 1						답안 2	
	①	②	③	④	⑤	⑥	멀다	가깝다
A. 타성에 젖지 않게 자신을 조율하곤 한다.	☐	☐	☐	☐	☐	☐	☐	☐
B. 나에게 도덕과 규범은 낡은 잣대일 뿐이다.	☐	☐	☐	☐	☐	☐	☐	☐
C. 문서를 작성할 때 맞춤법에 신경 쓰지 않는 편이다.	☐	☐	☐	☐	☐	☐	☐	☐

46

문항	답안 1						답안 2	
	①	②	③	④	⑤	⑥	멀다	가깝다
A. 자신의 삶에 대해 불만이 별로 없다.	☐	☐	☐	☐	☐	☐	☐	☐
B. 자기 통제와 담대함은 나의 큰 장점이다.	☐	☐	☐	☐	☐	☐	☐	☐
C. 쉽게 낙담해 무기력해지고 위축되는 것은 나의 단점이다.	☐	☐	☐	☐	☐	☐	☐	☐

47

문항	답안 1						답안 2	
	①	②	③	④	⑤	⑥	멀다	가깝다
A. 과묵하고 언행을 삼가는 편이다.	☐	☐	☐	☐	☐	☐	☐	☐
B. 감정 표현을 억제하고 세심한 편이다.	☐	☐	☐	☐	☐	☐	☐	☐
C. '지배, 정열, 대담'은 나를 표현하는 키워드이다.	☐	☐	☐	☐	☐	☐	☐	☐

48

문항	답안 1						답안 2	
	①	②	③	④	⑤	⑥	멀다	가깝다
A. 보편적인 것과 관습에 구애받는 편이다.	☐	☐	☐	☐	☐	☐	☐	☐
B. 예술이나 여행을 거의 즐기지 않는 편이다.	☐	☐	☐	☐	☐	☐	☐	☐
C. 구호는 감수성에 호소해야 효과적이라고 생각한다.	☐	☐	☐	☐	☐	☐	☐	☐

49

문항	답안 1						답안 2	
	①	②	③	④	⑤	⑥	멀다	가깝다
A. 타인에 대한 공감이 부족한 편이다.	☐	☐	☐	☐	☐	☐	☐	☐
B. 남들과 함께 결정하고 일하기를 꺼린다.	☐	☐	☐	☐	☐	☐	☐	☐
C. 조직에서 문제가 발생했을 때 내 잘못을 솔직히 인정한다.	☐	☐	☐	☐	☐	☐	☐	☐

50

문항	답안 1						답안 2	
	①	②	③	④	⑤	⑥	멀다	가깝다
A. 자율적인 행동 기준이 엄격하지 않다.	☐	☐	☐	☐	☐	☐	☐	☐
B. 성공을 위한 자기 통제력이 별로 없다.	☐	☐	☐	☐	☐	☐	☐	☐
C. 협상할 때는 많이 듣고 적게 말하는 신중함이 필요하다.	☐	☐	☐	☐	☐	☐	☐	☐

51

문항	답안 1						답안 2	
	①	②	③	④	⑤	⑥	멀다	가깝다
A. 정서적으로 다소 불안정한 편이다.	☐	☐	☐	☐	☐	☐	☐	☐
B. 나약하고 조급하다는 평가를 받곤 한다.	☐	☐	☐	☐	☐	☐	☐	☐
C. 소신이 있기 때문에 주변의 평가에 쉽게 휘둘리지 않는다.	☐	☐	☐	☐	☐	☐	☐	☐

52

문항	답안 1						답안 2	
	①	②	③	④	⑤	⑥	멀다	가깝다
A. 자기주장을 공격적으로 하곤 한다.	☐	☐	☐	☐	☐	☐	☐	☐
B. 타인을 대할 때 지배성이 강한 편이다.	☐	☐	☐	☐	☐	☐	☐	☐
C. 활동성과 모험 정신이 부족한 것은 나의 큰 단점이다.	☐	☐	☐	☐	☐	☐	☐	☐

53

문항	답안 1						답안 2	
	①	②	③	④	⑤	⑥	멀다	가깝다
A. 상상의 세계에 거의 관심이 없다.	☐	☐	☐	☐	☐	☐	☐	☐
B. 일반적·대중적이지 않을수록 더욱 선호한다.	☐	☐	☐	☐	☐	☐	☐	☐
C. 작품이 중요한 것처럼 비평가의 견해도 중요하다고 생각한다.	☐	☐	☐	☐	☐	☐	☐	☐

54

문항	답안 1						답안 2	
	①	②	③	④	⑤	⑥	멀다	가깝다
A. 인간관계에서 이익을 논하는 것이 싫다.	☐	☐	☐	☐	☐	☐	☐	☐
B. 남의 친절과 환대는 나를 크게 고무시킨다.	☐	☐	☐	☐	☐	☐	☐	☐
C. 남에게 솔직하게 말하면 불필요한 비판을 받을 수 있다고 생각한다.	☐	☐	☐	☐	☐	☐	☐	☐

55

문항	답안 1						답안 2	
	①	②	③	④	⑤	⑥	멀다	가깝다
A. 남들은 나를 신뢰하는 편이다.	☐	☐	☐	☐	☐	☐	☐	☐
B. 성공을 위해 자신을 옥죄는 일이 거의 없다.	☐	☐	☐	☐	☐	☐	☐	☐
C. 시험이 아무리 어려워도 스스로 노력하면 반드시 합격할 것이다.	☐	☐	☐	☐	☐	☐	☐	☐

56

문항	답안 1						답안 2	
	①	②	③	④	⑤	⑥	멀다	가깝다
A. 소심하고 불안한 면이 있다.	☐	☐	☐	☐	☐	☐	☐	☐
B. 당황할 때는 몹시 화가 나기도 한다.	☐	☐	☐	☐	☐	☐	☐	☐
C. 반드시 필요한 걱정조차도 하지 않는 경우가 많다.	☐	☐	☐	☐	☐	☐	☐	☐

57

문항	답안 1						답안 2	
	①	②	③	④	⑤	⑥	멀다	가깝다
A. 대인관계에 서투른 편이다.	☐	☐	☐	☐	☐	☐	☐	☐
B. 열정적이고 매우 쾌활한 편이다.	☐	☐	☐	☐	☐	☐	☐	☐
C. 논리를 따져 나의 주장을 내세우는 것이 매우 번거롭다.	☐	☐	☐	☐	☐	☐	☐	☐

58

문항	답안 1						답안 2	
	①	②	③	④	⑤	⑥	멀다	가깝다
A. 새로운 아이디어를 구상하는 데 서툴다.	☐	☐	☐	☐	☐	☐	☐	☐
B. 매우 현실적·실제적·보수적인 편이다.	☐	☐	☐	☐	☐	☐	☐	☐
C. 동양화의 '여백의 미'에서 자유를 크게 느끼곤 한다.	☐	☐	☐	☐	☐	☐	☐	☐

59

문항	답안 1						답안 2	
	①	②	③	④	⑤	⑥	멀다	가깝다
A. 동료의 지지를 얻는 일에 무관심하다.	☐	☐	☐	☐	☐	☐	☐	☐
B. 도움을 구하느니 차라리 혼자 처리하겠다.	☐	☐	☐	☐	☐	☐	☐	☐
C. 어린이날 등 각종 기념일에 타인을 위한 선물을 꼭 준비한다.	☐	☐	☐	☐	☐	☐	☐	☐

60

문항	답안 1						답안 2	
	①	②	③	④	⑤	⑥	멀다	가깝다
A. 단기간에 큰돈을 벌고 싶은 욕심이 많다.	☐	☐	☐	☐	☐	☐	☐	☐
B. 책임이 과중한 일은 맡기가 매우 꺼려진다.	☐	☐	☐	☐	☐	☐	☐	☐
C. 어려운 일도 충분히 해낼 수 있다고 자부한다.	☐	☐	☐	☐	☐	☐	☐	☐

61

문항	답안 1						답안 2	
	①	②	③	④	⑤	⑥	멀다	가깝다
A. 감정에 휘둘리지 않는다.	☐	☐	☐	☐	☐	☐	☐	☐
B. 남들보다 근심이나 걱정이 많은 편이다.	☐	☐	☐	☐	☐	☐	☐	☐
C. 불만을 참지 못해 푸념을 할 때가 많은 편이다.	☐	☐	☐	☐	☐	☐	☐	☐

62

문항	답안 1						답안 2	
	①	②	③	④	⑤	⑥	멀다	가깝다
A. 낙천적·사교적인 편이다.	☐	☐	☐	☐	☐	☐	☐	☐
B. 타인에게 자신의 권위를 내세우곤 한다.	☐	☐	☐	☐	☐	☐	☐	☐
C. 인간관계에서 거리감을 느끼는 경우가 잦은 편이다.	☐	☐	☐	☐	☐	☐	☐	☐

PART 4

63

문항	답안 1						답안 2	
	①	②	③	④	⑤	⑥	멀다	가깝다
A. 상식적·보편적이지 않을수록 더욱 끌린다.	☐	☐	☐	☐	☐	☐	☐	☐
B. 지성과 감수성이 낮은 것은 나의 단점이다.	☐	☐	☐	☐	☐	☐	☐	☐
C. 작품은 감상자마다 다른 의미로 받아들일 수 있다고 생각한다.	☐	☐	☐	☐	☐	☐	☐	☐

64

문항	답안 1						답안 2	
	①	②	③	④	⑤	⑥	멀다	가깝다
A. 겸손과 정직은 나의 가장 큰 장점이다.	☐	☐	☐	☐	☐	☐	☐	☐
B. 남의 문제를 해결하는 일에 기꺼이 나선다.	☐	☐	☐	☐	☐	☐	☐	☐
C. 타인을 위한 나의 수고와 희생이 불필요하게 느껴질 때가 많다.	☐	☐	☐	☐	☐	☐	☐	☐

65

문항	답안 1						답안 2	
	①	②	③	④	⑤	⑥	멀다	가깝다
A. 스스로가 상당히 유능하다고 생각한다.	☐	☐	☐	☐	☐	☐	☐	☐
B. 일의 완수에 대한 강박증을 느끼지 않는다.	☐	☐	☐	☐	☐	☐	☐	☐
C. 목적 달성을 위해 매우 금욕적인 삶도 감내할 수 있다.	☐	☐	☐	☐	☐	☐	☐	☐

66

문항	답안 1						답안 2	
	①	②	③	④	⑤	⑥	멀다	가깝다
A. 걱정, 분노, 불안 등을 잘 느끼지 않는다.	☐	☐	☐	☐	☐	☐	☐	☐
B. 근심이 있어도 겉으로 잘 드러내지 않는다.	☐	☐	☐	☐	☐	☐	☐	☐
C. 차례를 기다릴 때는 초조함 때문에 속이 타는 것 같다.	☐	☐	☐	☐	☐	☐	☐	☐

67

문항	답안 1						답안 2	
	①	②	③	④	⑤	⑥	멀다	가깝다
A. 대담하고 모험적일 때가 많다.	☐	☐	☐	☐	☐	☐	☐	☐
B. 위험할 때는 결코 함부로 행동하지 않는다.	☐	☐	☐	☐	☐	☐	☐	☐
C. 사람을 만나는 것이 꺼려져 남들과 어울리지 못한다.	☐	☐	☐	☐	☐	☐	☐	☐

68

문항	답안 1						답안 2	
	①	②	③	④	⑤	⑥	멀다	가깝다
A. 창의성과 지성이 부족한 편이다.	☐	☐	☐	☐	☐	☐	☐	☐
B. 새롭고 다양한 예술 활동에 관심이 없다.	☐	☐	☐	☐	☐	☐	☐	☐
C. 개방적일수록 변화에 더 잘 적응한다고 생각한다.	☐	☐	☐	☐	☐	☐	☐	☐

69

문항	답안 1						답안 2	
	①	②	③	④	⑤	⑥	멀다	가깝다
A. 우월감으로 지나치게 자랑할 때가 많다.	☐	☐	☐	☐	☐	☐	☐	☐
B. 타인의 입장과 사정에 관심이 매우 많다.	☐	☐	☐	☐	☐	☐	☐	☐
C. '머리 검은 짐승은 구제하지 말라'는 속담을 믿는다.	☐	☐	☐	☐	☐	☐	☐	☐

70

문항	답안 1						답안 2	
	①	②	③	④	⑤	⑥	멀다	가깝다
A. 이익을 위해서라면 편법도 꺼리지 않는다.	☐	☐	☐	☐	☐	☐	☐	☐
B. 규칙과 의무를 지키는 일은 매우 번거롭다.	☐	☐	☐	☐	☐	☐	☐	☐
C. 일하는 시간, 노는 시간을 구분해 일에 방해가 되지 않게 한다.	☐	☐	☐	☐	☐	☐	☐	☐

71

문항	답안 1						답안 2	
	①	②	③	④	⑤	⑥	멀다	가깝다
A. 며칠 동안 집에만 있어도 우울하지 않다.	☐	☐	☐	☐	☐	☐	☐	☐
B. 죄책감으로 마음이 몹시 불편해지곤 한다.	☐	☐	☐	☐	☐	☐	☐	☐
C. 자신이 무용지물이라고 생각해 좌절할 때가 많다.	☐	☐	☐	☐	☐	☐	☐	☐

72

문항	답안 1						답안 2	
	①	②	③	④	⑤	⑥	멀다	가깝다
A. 매사에 적극적이며 반응이 빠른 편이다.	☐	☐	☐	☐	☐	☐	☐	☐
B. 우월감으로 독단적인 행동을 하곤 한다.	☐	☐	☐	☐	☐	☐	☐	☐
C. 남과 어울릴 때보다 혼자 있을 때 편안함을 크게 느낀다.	☐	☐	☐	☐	☐	☐	☐	☐

73

문항	답안 1						답안 2	
	①	②	③	④	⑤	⑥	멀다	가깝다
A. 참신한 예술 작품에 공감하지 못한다.	☐	☐	☐	☐	☐	☐	☐	☐
B. 통속적 작품도 예술로서 유의미할 것이다.	☐	☐	☐	☐	☐	☐	☐	☐
C. 미묘할수록 상상할 여지가 많아 좋다고 생각한다.	☐	☐	☐	☐	☐	☐	☐	☐

74

문항	답안 1						답안 2	
	①	②	③	④	⑤	⑥	멀다	가깝다
A. 봉사활동을 상당히 선호하는 편이다.	☐	☐	☐	☐	☐	☐	☐	☐
B. 갈등 상황에서 조화를 지향해 수용적이다.	☐	☐	☐	☐	☐	☐	☐	☐
C. 원하는 것이 있을 때만 타인이 나에게 친절하다고 생각한다.	☐	☐	☐	☐	☐	☐	☐	☐

75

문항	답안 1						답안 2	
	①	②	③	④	⑤	⑥	멀다	가깝다
A. 계획을 세운 것은 반드시 지킨다.	☐	☐	☐	☐	☐	☐	☐	☐
B. '될 대로 돼라'라고 생각할 때가 많다.	☐	☐	☐	☐	☐	☐	☐	☐
C. 물건을 살 때 여러 사이트를 검색해 최저가를 꼼꼼히 확인한다.	☐	☐	☐	☐	☐	☐	☐	☐

76

문항	답안 1						답안 2	
	①	②	③	④	⑤	⑥	멀다	가깝다
A. 불안과 스트레스에 매우 민감하다.	☐	☐	☐	☐	☐	☐	☐	☐
B. 수동적이며 타인의 동정을 바라는 편이다.	☐	☐	☐	☐	☐	☐	☐	☐
C. 스트레스를 받는 경우에도 결코 역정을 내지 않는다.	☐	☐	☐	☐	☐	☐	☐	☐

77

문항	답안 1						답안 2	
	①	②	③	④	⑤	⑥	멀다	가깝다
A. 사람들과 사귀는 것을 피하는 편이다.	☐	☐	☐	☐	☐	☐	☐	☐
B. 비난을 받을까봐 자기주장을 삼가는 편이다.	☐	☐	☐	☐	☐	☐	☐	☐
C. 논리 따지기를 좋아하고 주장이 매우 강한 편이다.	☐	☐	☐	☐	☐	☐	☐	☐

78

문항	답안 1						답안 2	
	①	②	③	④	⑤	⑥	멀다	가깝다
A. 참신한 시를 읽으면 기분이 상쾌해진다.	☐	☐	☐	☐	☐	☐	☐	☐
B. 지적인 자극을 찾는 일에 매우 소극적이다.	☐	☐	☐	☐	☐	☐	☐	☐
C. 유행을 타지 않을수록 명작이 되기 쉬울 것이다.	☐	☐	☐	☐	☐	☐	☐	☐

79

문항	답안 1						답안 2	
	①	②	③	④	⑤	⑥	멀다	가깝다
A. 타인보다는 자신의 만족이 더 중요하다.	☐	☐	☐	☐	☐	☐	☐	☐
B. 아랫사람에게는 존댓말을 거의 쓰지 않는다.	☐	☐	☐	☐	☐	☐	☐	☐
C. 대인관계에서 가장 중요한 것 두 가지는 신뢰와 정직일 것이다.	☐	☐	☐	☐	☐	☐	☐	☐

80

문항	답안 1						답안 2	
	①	②	③	④	⑤	⑥	멀다	가깝다
A. 자신의 유능함을 자부한다.	☐	☐	☐	☐	☐	☐	☐	☐
B. 자기를 성찰하는 일에 별로 관심이 없다.	☐	☐	☐	☐	☐	☐	☐	☐
C. 내가 한 일에 대한 책임을 회피하고 싶어지곤 한다.	☐	☐	☐	☐	☐	☐	☐	☐

81

문항	답안 1						답안 2	
	①	②	③	④	⑤	⑥	멀다	가깝다
A. 의지력이 약하고 걱정이 많은 편이다.	☐	☐	☐	☐	☐	☐	☐	☐
B. 자신에 대해 매우 비판적일 때가 많다.	☐	☐	☐	☐	☐	☐	☐	☐
C. 어떠한 경우에도 자신의 욕구를 합리적으로 통제할 수 있다.	☐	☐	☐	☐	☐	☐	☐	☐

82

문항	답안 1						답안 2	
	①	②	③	④	⑤	⑥	멀다	가깝다
A. 매우 활기차고 배짱이 있는 편이다.	☐	☐	☐	☐	☐	☐	☐	☐
B. 항상 상대방이 먼저 인사하기를 기다린다.	☐	☐	☐	☐	☐	☐	☐	☐
C. 위험한 상황에서도 매우 적극적으로 행동하곤 한다.	☐	☐	☐	☐	☐	☐	☐	☐

83

문항	답안 1						답안 2	
	①	②	③	④	⑤	⑥	멀다	가깝다
A. 호기심은 나를 이끄는 원동력이다.	☐	☐	☐	☐	☐	☐	☐	☐
B. 변화를 꿰뚫어 보는 통찰력이 있는 편이다.	☐	☐	☐	☐	☐	☐	☐	☐
C. 변화가 많은 것보다는 단순한 패턴을 선호한다.	☐	☐	☐	☐	☐	☐	☐	☐

84

문항	답안 1						답안 2	
	①	②	③	④	⑤	⑥	멀다	가깝다
A. 사랑과 평등은 내가 추구하는 가치이다.	☐	☐	☐	☐	☐	☐	☐	☐
B. 성희롱, 성차별 등의 이슈에 관심이 많다.	☐	☐	☐	☐	☐	☐	☐	☐
C. 남의 도움을 구하기보다는 혼자서 일을 처리하는 편이다.	☐	☐	☐	☐	☐	☐	☐	☐

85

문항	답안 1						답안 2	
	①	②	③	④	⑤	⑥	멀다	가깝다
A. 오늘 할 일을 결코 다음으로 미루지 않는다.	☐	☐	☐	☐	☐	☐	☐	☐
B. 자기 개발과 관련한 글이나 책에 관심이 없다.	☐	☐	☐	☐	☐	☐	☐	☐
C. 자신의 분야에서 최고 수준을 유지하기 위해 노력한다.	☐	☐	☐	☐	☐	☐	☐	☐

86

문항	답안 1						답안 2	
	①	②	③	④	⑤	⑥	멀다	가깝다
A. 위협에 민감하고 열등감을 자주 느낀다.	☐	☐	☐	☐	☐	☐	☐	☐
B. 환경이 바뀌어도 능률의 차이가 거의 없다.	☐	☐	☐	☐	☐	☐	☐	☐
C. 낙담, 슬픔 등의 감정에 별로 치우치지 않는 편이다.	☐	☐	☐	☐	☐	☐	☐	☐

87

문항	답안 1						답안 2	
	①	②	③	④	⑤	⑥	멀다	가깝다
A. 인간관계에 별로 관심이 없다.	☐	☐	☐	☐	☐	☐	☐	☐
B. 모험 정신과 활동성은 나의 큰 장점이다.	☐	☐	☐	☐	☐	☐	☐	☐
C. 윗사람에게 야단을 맞을 때 더 혼날까봐 변명을 하지 못한다.	☐	☐	☐	☐	☐	☐	☐	☐

88

문항	답안 1						답안 2	
	①	②	③	④	⑤	⑥	멀다	가깝다
A. 지적인 탐구에 몰두하기를 즐기지 못한다.	☐	☐	☐	☐	☐	☐	☐	☐
B. 어떤 문제에 대해 가능한 한 다양하게 접근한다.	☐	☐	☐	☐	☐	☐	☐	☐
C. 어떤 분야의 클래식이 된 데는 다 이유가 있다고 생각한다.	☐	☐	☐	☐	☐	☐	☐	☐

89

문항	답안 1						답안 2	
	①	②	③	④	⑤	⑥	멀다	가깝다
A. 정직하면 손해를 보기 쉽다고 생각한다.	☐	☐	☐	☐	☐	☐	☐	☐
B. SNS, 이메일 등 온라인 예절에 관심이 많다.	☐	☐	☐	☐	☐	☐	☐	☐
C. 타인에게 상처받기 전에 먼저 그에게 상처를 주곤 한다.	☐	☐	☐	☐	☐	☐	☐	☐

90

문항	답안 1						답안 2	
	①	②	③	④	⑤	⑥	멀다	가깝다
A. 과정보다는 결과가 중요하다고 생각한다.	☐	☐	☐	☐	☐	☐	☐	☐
B. 나의 능력에 대한 자부심은 나의 장점이다.	☐	☐	☐	☐	☐	☐	☐	☐
C. 성공의 비결은 유연한 융통성에 있다고 생각한다.	☐	☐	☐	☐	☐	☐	☐	☐

91

문항	답안 1						답안 2	
	①	②	③	④	⑤	⑥	멀다	가깝다
A. 불안, 초조, 긴장 등을 느낄 때가 많다.	☐	☐	☐	☐	☐	☐	☐	☐
B. 자기 확신이 강하고 대체로 평온한 편이다.	☐	☐	☐	☐	☐	☐	☐	☐
C. 열등의식 때문에 스트레스를 받는 경우가 많다.	☐	☐	☐	☐	☐	☐	☐	☐

92

문항	답안 1						답안 2	
	①	②	③	④	⑤	⑥	멀다	가깝다
A. 인맥을 넓히는 일에 관심이 거의 없다.	☐	☐	☐	☐	☐	☐	☐	☐
B. 대인관계에서 두려움을 느끼지 않는 편이다.	☐	☐	☐	☐	☐	☐	☐	☐
C. 논리를 따지길 선호하고 자기주장이 매우 강한 편이다.	☐	☐	☐	☐	☐	☐	☐	☐

PART 4

93

문항	답안 1						답안 2	
	①	②	③	④	⑤	⑥	멀다	가깝다
A. 호기심은 인간의 지극한 본능이다.	☐	☐	☐	☐	☐	☐	☐	☐
B. 능률, 안전 등에 큰 가치를 두는 편이다.	☐	☐	☐	☐	☐	☐	☐	☐
C. 오케스트라를 구성하는 악기의 수는 많을수록 좋을 것이다.	☐	☐	☐	☐	☐	☐	☐	☐

94

문항	답안 1						답안 2	
	①	②	③	④	⑤	⑥	멀다	가깝다
A. 나의 이익이 타인의 행복보다 중요하다.	☐	☐	☐	☐	☐	☐	☐	☐
B. 남들로부터 상냥하다는 평가를 받곤 한다.	☐	☐	☐	☐	☐	☐	☐	☐
C. 인간의 존엄성은 어떠한 경우에도 최우선의 가치이다.	☐	☐	☐	☐	☐	☐	☐	☐

95

문항	답안 1						답안 2	
	①	②	③	④	⑤	⑥	멀다	가깝다
A. 목적을 위해 현재의 유혹을 잘 참는다.	☐	☐	☐	☐	☐	☐	☐	☐
B. '어떻게든 되겠지'라고 생각할 때가 많다.	☐	☐	☐	☐	☐	☐	☐	☐
C. 책임을 다하려면 자신의 능력에 자부심을 가져야 한다.	☐	☐	☐	☐	☐	☐	☐	☐

96

문항	답안 1						답안 2	
	①	②	③	④	⑤	⑥	멀다	가깝다
A. 감정의 균형을 꾸준히 유지할 수 있다.	☐	☐	☐	☐	☐	☐	☐	☐
B. 일상에서 스트레스를 받는 일이 거의 없다.	☐	☐	☐	☐	☐	☐	☐	☐
C. 별것 아닌 일 때문에 자신감을 잃는 경우가 많은 편이다.	☐	☐	☐	☐	☐	☐	☐	☐

97

문항	답안 1						답안 2	
	①	②	③	④	⑤	⑥	멀다	가깝다
A. 폭넓은 인간관계는 거추장스러울 뿐이다.	☐	☐	☐	☐	☐	☐	☐	☐
B. 타인이 리더 역할을 잘하도록 돕는 편이다.	☐	☐	☐	☐	☐	☐	☐	☐
C. 대인관계에서 자신의 느낌과 생각을 적극적으로 표현한다.	☐	☐	☐	☐	☐	☐	☐	☐

98

문항	답안 1						답안 2	
	①	②	③	④	⑤	⑥	멀다	가깝다
A. 창의적 사고에 능숙하지 못하다.	☐	☐	☐	☐	☐	☐	☐	☐
B. 자신이 남들과 차별화되는 것이 싫다.	☐	☐	☐	☐	☐	☐	☐	☐
C. 구성원의 수가 많을수록 창의적 아이디어 개발에 효율적일 것이다.	☐	☐	☐	☐	☐	☐	☐	☐

99

문항	답안 1						답안 2	
	①	②	③	④	⑤	⑥	멀다	가깝다
A. 정직보다는 이익이 더 중요하다고 여긴다.	☐	☐	☐	☐	☐	☐	☐	☐
B. 상대가 누구이건 항상 높임말을 사용한다.	☐	☐	☐	☐	☐	☐	☐	☐
C. 남의 의도를 부정적으로 해석해 공격적일 때가 많다.	☐	☐	☐	☐	☐	☐	☐	☐

100

문항	답안 1						답안 2	
	①	②	③	④	⑤	⑥	멀다	가깝다
A. 성취감은 나에게 별로 중요하지 않다.	☐	☐	☐	☐	☐	☐	☐	☐
B. 장기적인 청사진을 만드는 일은 버겁다.	☐	☐	☐	☐	☐	☐	☐	☐
C. 사회적 규범을 나름대로 지키면서 살아왔다고 자부한다.	☐	☐	☐	☐	☐	☐	☐	☐

남에게 이기는 방법의 하나는 예의범절로 이기는 것이다.

- 조쉬 빌링스 -

PART 5

합격의 공식 시대에듀 www.sdedu.co.kr

면접

01 │ 면접 유형 및 실전 대책

01 면접 주요사항

면접의 사전적 정의는 면접관이 지원자를 직접 만나보고 인품(人品)이나 언행(言行) 따위를 시험하는 일로, 흔히 필기시험 후에 최종적으로 심사하는 방법이다.

최근 주요 기업의 인사담당자들을 대상으로 채용 시 면접이 차지하는 비중을 설문조사했을 때, 50 ~ 80% 이상이라고 답한 사람이 전체 응답자의 80%를 넘었다. 이와 대조적으로 지원자들을 대상으로 취업 시험에서 면접을 준비하는 기간을 물었을 때, 대부분의 응답자가 2 ~ 3일 정도라고 대답했다.

지원자가 일정 수준의 스펙을 갖추기 위해 자격증 시험과 토익을 치르고 이력서와 자기소개서까지 쓰다 보면 면접까지 챙길 여유가 없는 것이 사실이다. 그리고 서류전형과 인적성검사를 통과해야만 면접을 볼 수 있기 때문에 자연스럽게 면접은 취업시험 과정에서 그 비중이 작아질 수밖에 없다. 하지만 아이러니하게도 실제 채용 과정에서 면접이 차지하는 비중은 절대적이라고 해도 과언이 아니다.

기업들은 채용 과정에서 토론 면접, 인성 면접, 프레젠테이션 면접, 역량 면접 등의 다양한 면접을 실시한다. 1차 커트라인이라고 할 수 있는 서류전형을 통과한 지원자들의 스펙이나 능력은 서로 엇비슷하다고 판단되기 때문에 서류상 보이는 자격증이나 토익 성적보다는 지원자의 인성을 파악하기 위해 면접을 더욱 강화하는 것이다. 일부 기업은 의도적으로 압박 면접을 실시하기도 한다. 지원자가 당황할 수 있는 질문을 던져서 그것에 대한 지원자의 반응을 살펴보는 것이다.

면접은 다르게 생각한다면 '나는 누구인가?'에 대한 물음에 해답을 줄 수 있는 가장 현실적이고 미래적인 경험이 될 수 있다. 취업난 속에서 자격증을 취득하고 토익 성적을 올리기 위해 앞만 보고 달려온 지원자들은 자신에 대해서 고민하고 탐구할 수 있는 시간을 평소 쉽게 가질 수 없었을 것이다. 자신을 잘 알고 있어야 자신에 대해서 자신감 있게 말할 수 있다. 대체로 사람들은 자신에게 관대한 편이기 때문에 자신에 대해서 어떤 기대와 환상을 가지고 있는 경우가 많다. 하지만 면접은 제삼자에 의해 개인의 능력을 객관적으로 평가받는 시험이다. 어떤 지원자들은 다른 사람에게 자신을 표현하는 것을 어려워한다. 평소에 잘 사용하지 않는 용어를 내뱉으면서 거창하게 자신을 포장하는 지원자도 많다. 면접에서 가장 기본은 자기 자신을 면접관에게 알기 쉽게 표현하는 것이다.

이러한 표현을 바탕으로 자신이 앞으로 하고자 하는 것과 그에 대한 이유를 설명해야 한다. 최근에는 자신감을 향상시키거나 말하는 능력을 높이는 학원도 많기 때문에 얼마든지 자신의 단점을 극복할 수 있다.

1. 자기소개의 기술

자기소개를 시키는 이유는 면접자가 지원자의 자기소개서를 압축해서 듣고, 지원자의 첫인상을 평가할 시간을 가질 수 있기 때문이다. 면접을 위한 워밍업이라고 할 수 있으며, 첫인상을 결정하는 과정이므로 매우 중요한 순간이다.

(1) 정해진 시간에 자기소개를 마쳐야 한다.

쉬워 보이지만 의외로 지원자들이 정해진 시간을 넘기거나 혹은 빨리 끝내서 면접관에게 지적을 받는 경우가 많다. 본인이 면접을 받는 마지막 지원자가 아닌 이상, 정해진 시간을 지키지 않는 것은 수많은 지원자를 상대하기에 바쁜 면접관과 대기 시간에 지친 다른 지원자들에게 불쾌감을 줄 수 있다.

또한 회사에서 시간관념은 절대적인 것이므로 반드시 자기소개 시간을 지켜야 한다. 말하기는 1분에 200자 원고지 2장 분량의 글을 읽는 만큼의 속도가 가장 적당하다. 이를 A4 용지에 10point 글자 크기로 작성하면 반 장 분량이 된다.

(2) 간단하지만 신선한 문구로 자기소개를 시작하자.

요즈음 많은 지원자가 이 방법을 사용하고 있기 때문에 웬만한 소재의 문구가 아니면 면접관의 관심을 받을 수 없다. 이러한 문구는 시대적으로 유행하는 광고 카피를 패러디하는 경우와 격언 등을 인용하는 경우, 그리고 지원한 회사의 IC나 경영이념, 인재상 등을 사용하는 경우 등이 있다. 지원자는 이러한 여러 문구 중에 자신의 첫인상을 북돋아 줄 수 있는 것을 선택해서 말해야 한다. 자신의 이름을 문구 속에 적절하게 넣어서 말한다면 좀 더 효과적인 자기소개가 될 것이다.

(3) 무엇을 먼저 말할 것인지 고민하자.

면접관이 많이 던지는 질문 중 하나가 지원동기이다. 그래서 성장기를 바로 건너뛰고, 지원한 회사에 들어오기 위해 대학에서 어떻게 준비했는지를 설명하는 자기소개가 대세이다.

(4) 면접관의 호기심을 자극해 관심을 불러일으킬 수 있게 말하라.

면접관에게 질문을 많이 받는 지원자의 합격률이 반드시 높은 것은 아니지만, 질문을 전혀 안 받는 것보다는 좋은 평가를 기대할 수 있다.

지원한 분야와 관련된 수상 경력이나 프로젝트 등을 말하는 것도 좋다. 이는 지원자의 업무 능력과 직접 연결되는 것이므로 효과적인 자기 홍보가 될 수 있다. 일부 지원자들은 자신만의 특별한 경험을 이야기하는데, 이때는 그 경험이 보편적으로 사람들의 공감대를 얻을 수 있는 것인지 다시 생각해봐야 한다.

(5) 마지막 고개를 넘기가 가장 힘들다.

첫 단추도 중요하지만, 마지막 단추도 중요하다. 하지만 왠지 격식을 따지는 인사말은 지나가는 인사말 같고, 다르게 하자니 예의에 어긋나는 것 같은 기분이 든다. 이때는 처음에 했던 자신만의 문구를 다시 한 번 말하는 것도 좋은 방법이다. 자연스러운 끝맺음이 될 수 있도록 적절한 연습이 필요하다.

2. 1분 자기소개 시 주의사항

(1) 자기소개서와 자기소개가 똑같다면 감점일까?

아무리 자기소개서를 외워서 말한다 해도 자기소개가 자기소개서와 완전히 똑같을 수는 없다. 자기소개서의 분량이 더 많고 회사마다 요구하는 필수 항목들이 있기 때문에 굳이 고민할 필요는 없다. 오히려 자기소개서의 내용을 잘 정리한 자기소개가 더 좋은 결과를 만들 수 있다. 하지만 자기소개서와 상반된 내용을 말하는 것은 적절하지 않다. 지원자의 신뢰성이 떨어진다는 것은 곧 불합격을 의미하기 때문이다.

(2) 말하는 자세를 바르게 익혀라.

지원자가 자기소개를 하는 동안 면접관은 지원자의 동작 하나하나를 관찰한다. 그렇기 때문에 바른 자세가 중요하다는 것은 우리가 익히 알고 있다. 하지만 문제는 무의식적으로 나오는 습관 때문에 자세가 흐트러져 나쁜 인상을 줄 수 있다는 것이다. 이러한 습관을 고칠 수 있는 가장 좋은 방법은 캠코더 등으로 자신의 모습을 담는 것이다. 거울을 사용할 경우에는 시선이 자꾸 자기 눈과 마주치기 때문에 집중하기 힘들다. 하지만 촬영된 동영상은 제삼자의 입장에서 자신을 볼 수 있기 때문에 많은 도움이 된다.

(3) 정확한 발음과 억양으로 자신 있게 말하라.

지원자의 모양새가 아무리 뛰어나도, 목소리가 작고 발음이 부정확하면 큰 감점을 받는다. 이러한 모습은 지원자의 좋은 점에까지 악영향을 끼칠 수 있다. 직장을 흔히 사회생활의 시작이라고 말하는 시대적 정서에서 사람들과 의사소통을 하는 데 문제가 있다고 판단되는 지원자는 부적절한 인재로 평가될 수밖에 없다.

3. 대화법

전문가들이 말하는 대화법의 핵심은 '상대방을 배려하면서 이야기하라.'는 것이다. 대화는 나와 다른 사람의 소통이다. 내용에 대한 공감이나 이해가 없다면 대화는 더 진전되지 않는다.

『카네기 인간관계론』이라는 베스트셀러의 작가인 철학자 카네기가 말하는 최상의 대화법은 자신의 경험을 토대로 이야기하는 것이다. 즉, 살아오면서 직접 겪은 경험이 상대방의 관심을 끌 수 있는 가장 좋은 이야깃거리인 것이다. 특히, 어떤 일을 이루기 위해 노력하는 과정에서 겪은 실패나 희망에 대해 진솔하게 얘기한다면 상대방은 어느새 당신의 편에 서서 그 이야기에 동조할 것이다.

독일의 사업가이자, 동기부여 트레이너인 위르겐 힐러의 연설법 중 가장 유명한 것은 '시즐(Sizzle)'을 잡는 것이다. 시즐이란, 새우튀김이나 돈가스가 기름에서 지글지글 튀겨질 때 나는 소리이다. 즉, 자신의 말을 듣고 시즐처럼 반응하는 상대방의 감정에 적절하게 대응하라는 것이다.

말을 시작한 지 10 ~ 15초 안에 상대방의 '시즐'을 알아차려야 한다. 자신의 이야기에 대한 상대방의 첫 반응에 따라 말하기 전략도 달라져야 한다. 첫 이야기의 반응이 미지근하다면 가능한 한 그 이야기를 빨리 마무리하고 새로운 이야깃거리를 생각해내야 한다. 길지 않은 면접 시간 내에 몇 번 오지 않는 대답의 기회를 살리기 위해서 보다 전략적이고 냉철해야 하는 것이다.

4. 차림새

(1) 구두

면접에 어떤 옷을 입어야 할지를 며칠 동안 고민하면서 정작 구두는 면접 보는 날 현관을 나서면서 즉흥적으로 신고 가는 지원자들이 많다. 특히, 남자 지원자들이 이러한 실수를 많이 한다. 구두를 보면 그 사람의 됨됨이를 알 수 있다고 한다. 면접관 역시 이러한 것을 놓치지 않기 때문에 지원자는 자신의 구두에 더욱 신경을 써야 한다. 스타일의 마무리는 발끝에서 이루어지는 것이다. 아무리 멋진 옷을 입고 있어도 구두가 어울리지 않는다면 전체 스타일이 흐트러지기 때문이다.

정장용 구두는 디자인이 깔끔하고, 에나멜 가공처리를 하여 광택이 도는 페이턴트 가죽 소재 제품이 무난하다. 검정 계열 구두는 회색과 감색 정장에, 브라운 계열의 구두는 베이지나 갈색 정장에 어울린다. 참고로 구두는 오전에 사는 것보다 발이 충분히 부은 상태인 저녁에 사는 것이 좋다. 마지막으로 당연한 일이지만 반드시 면접을 보는 전날 구두 뒤축이 닳지는 않았는지 확인하고 구두에 광을 내 둔다.

(2) 양말

양말은 정장과 구두의 색상을 비교해서 골라야 한다. 특히 검정이나 감색의 진한 색상의 바지에 흰 양말을 신는 것은 시대에 뒤처지는 일이다. 일반적으로 양말의 색깔은 바지의 색깔과 같아야 한다. 또한 양말의 길이도 신경 써야 한다. 바지를 입은 경우에 의자에 바르게 앉거나 다리를 꼬아서 앉을 때 다리털이 보여서는 안 된다. 반드시 긴 정장 양말을 신어야 한다.

(3) 정장

지원자는 평소에 정장을 입을 기회가 많지 않기 때문에 면접을 볼 때 본인 스스로도 옷을 어색하게 느끼는 경우가 많다. 옷을 불편하게 느끼기 때문에 자세마저 불안정한 지원자도 볼 수 있다. 그러므로 면접 전에 정장을 입고 생활해 보는 것도 나쁘지는 않다.

일반적으로 면접을 볼 때는 상대방에게 신뢰감을 줄 수 있는 남색 계열의 옷이나 어떤 계절이든 무난하고 깔끔해 보이는 회색 계열의 정장을 많이 입는다. 정장은 유행에 따라서 재킷의 디자인이나 버튼의 개수가 바뀌기 때문에 너무 오래된 옷을 입어서 다른 사람의 옷을 빌려 입고 나온 듯한 인상을 주어서는 안 된다.

(4) 헤어스타일과 메이크업

헤어스타일에 자신이 없다면 미용실에 다녀오는 것도 좋은 방법이다. 또한 자신에게 어울리는 메이크업을 하는 것도 괜찮다. 메이크업은 상대에 대한 예의를 갖추는 것이므로 지나치게 화려한 메이크업이 아니라면 보다 준비된 지원자처럼 보일 수 있다.

5. 첫인상

취업을 위해 성형수술을 받는 사람들에 대한 이야기는 더 이상 뉴스거리가 되지 않는다. 그만큼 많은 사람이 좁은 취업문을 뚫기 위해 이미지 향상에 신경을 쓰고 있다. 이는 면접관에게 좋은 첫인상을 주기 위한 것으로, 지원서에 올리는 증명사진을 이미지 프로그램을 통해 수정하는 이른바 '사이버 성형'이 유행하는 것과 같은 맥락이다. 실제로 외모가 채용 과정에서 영향을 끼치는가에 대한 설문조사에서도 60% 이상의 인사담당자들이 그렇다고 답변했다.

하지만 외모와 첫인상을 절대적인 관계로 이해하는 것은 잘못된 판단이다. 외모가 첫인상에서 많은 부분을 차지하지만, 외모 외에 다른 결점이 발견된다면 그로 인해 장점들이 가려질 수도 있다. 이러한 현상은 아래에서 다시 논하겠다.

첫인상은 말 그대로 한 번밖에 기회가 주어지지 않으며 몇 초 안에 결정된다. 첫인상을 결정짓는 요소 중 시각적인 요소가 80% 이상을 차지한다. 첫눈에 들어오는 생김새나 복장, 표정 등에 의해서 결정되는 것이다. 면접을 시작할 때 자기소개를 시키는 것도 지원자별로 첫인상을 평가하기 위해서이다. 첫인상이 중요한 이유는 만약 첫인상이 부정적으로 인지될 경우, 지원자의 다른 좋은 면까지 거부당하기 때문이다. 이러한 현상을 심리학에서는 초두효과(Primacy Effect)라고 한다. 그래서 한 번 형성된 첫인상은 여간해서 바꾸기 힘들다. 이는 첫인상이 나중에 들어오는 정보까지 영향을 주기 때문이다. 첫인상의 정보가 나중에 들어오는 정보 처리의 지침이 되는 것을 심리학에서는 맥락효과(Context Effect)라고 한다. 따라서 평소에 첫인상을 좋게 만들기 위한 노력을 꾸준히 해야만 하는 것이다.

좋은 첫인상이 반드시 외모에만 집중되는 것은 아니다. 오히려 깔끔한 옷차림과 부드러운 표정 그리고 말과 행동 등에 의해 전반적인 이미지가 만들어진다. 누구나 이러한 것 중에 한두 가지 단점을 가지고 있다. 요즈음은 이미지 컨설팅을 통해서 자신의 단점들을 보완하는 지원자도 있다. 특히, 표정이 밝지 않은 지원자는 평소 웃는 연습을 의식적으로 하여 면접을 받는 동안 계속해서 여유 있는 표정을 짓는 것이 중요하다.

1. 면접의 유형

과거 천편일률적인 일대일 면접과 달리 면접에는 다양한 유형이 도입되어 현재는 "면접은 이렇게 보는 것이다."라고 말할 수 있는 정해진 유형이 없어졌다. 그러나 삼성그룹 면접에서는 현재까지는 집단 면접과 다대일 면접이 진행되고 있으므로 어느 정도 유형을 파악하여 사전에 대비가 가능하다. 면접의 기본인 단독 면접부터, 다대일 면접, 집단 면접의 유형과 그 대책에 대해 알아보자.

(1) 단독 면접

단독 면접이란 응시자와 면접관이 1대1로 마주하는 형식을 말한다. 면접위원 한 사람과 응시자 한 사람이 마주 앉아 자유로운 화제를 가지고 질의응답을 되풀이하는 방식이다. 이 방식은 면접의 가장 기본적인 방법으로 소요시간은 10 ~ 20분 정도가 일반적이다.

① 장점

필기시험 등으로 판단할 수 없는 성품이나 능력을 알아내는 데 가장 적합하다고 평가받아 온 면접방식으로 응시자 한 사람 한 사람에 대해 여러 면에서 비교적 폭넓게 파악할 수 있다. 응시자의 입장에서는 한 사람의 면접관만을 대하는 것이므로 상대방에게 집중할 수 있으며, 긴장감도 다른 면접방식에 비해서는 적은 편이다.

② 단점

면접관의 주관이 강하게 작용해 객관성을 저해할 소지가 있으며, 면접 평가표를 활용한다 하더라도 일면적인 평가에 그칠 가능성을 배제할 수 없다. 또한 시간이 많이 소요되는 것도 단점이다.

> **단독 면접 준비 Point**
>
> 단독 면접에 대비하기 위해서는 평소 1대1로 논리 정연하게 대화를 나눌 수 있는 능력을 기르는 것이 중요하다. 그리고 면접장에서는 면접관을 선배나 선생님 혹은 아버지를 대하는 기분으로 면접에 임하는 것이 부담도 훨씬 적고 실력을 발휘할 수 있는 방법이 될 것이다.

(2) 다대일 면접

다대일 면접은 일반적으로 가장 많이 사용되는 면접방법으로 보통 2 ~ 5명의 면접관이 1명의 응시자에게 질문하는 형태의 면접방법이다. 면접관이 여러 명이므로 다각도에서 질문을 하여 응시자에 대한 정보를 많이 알아낼 수 있다는 점 때문에 선호하는 면접방법이다.

하지만 응시자의 입장에서는 질문도 면접관에 따라 각양각색이고 동료 응시자가 없으므로 숨 돌릴 틈도 없게 느껴진다. 또한 관찰하는 눈도 많아서 조그만 실수라도 지나치는 법이 없기 때문에 정신적 압박과 긴장감이 높은 면접방법이다. 따라서 응시자는 긴장을 풀고 한 시험관이 묻더라도 면접관 전원을 향해 대답한다는 기분으로 또박또박 대답하는 자세가 필요하다.

PART 5

① 장점

면접관이 집중적인 질문과 다양한 관찰을 통해 응시자가 과연 조직에 필요한 인물인가를 완벽히 검증할 수 있다.

② 단점

면접시간이 보통 10 ~ 30분 정도로 좀 긴 편이고 응시자에게 지나친 긴장감을 조성하는 면접방법이다.

다대일 면접 준비 Point

질문을 들을 때 시선은 면접위원을 향하고 다른 데로 돌리지 말아야 하며, 대답할 때에도 고개를 숙이거나 입속에서 우물거리는 소극적인 태도는 피하도록 한다. 면접위원과 대등하다는 마음가짐으로 편안한 태도를 유지하면 대답도 자연스러운 상태에서 좀 더 충실히 할 수 있고, 이에 따라 면접위원이 받는 인상도 달라진다.

(3) 집단 면접

집단 면접은 다수의 면접관이 여러 명의 응시자를 한꺼번에 평가하는 방식으로 짧은 시간에 능률적으로 면접을 진행할 수 있다. 각 응시자에 대한 질문내용, 질문횟수, 시간배분이 똑같지는 않으며, 모두에게 같은 질문이 주어지기도 하고, 각각 다른 질문을 받기도 한다.

또한 어떤 응시자가 한 대답에 대한 의견을 묻는 등 그때그때의 분위기나 면접관의 의향에 따라 변수가 많다. 집단 면접은 응시자의 입장에서는 개별 면접에 비해 긴장감은 다소 덜한 반면에 다른 응시자들과의 비교가 확실하게 나타나므로 응시자는 몸가짐이나 표현력·논리성 등이 결여되지 않도록 자신의 생각이나 의견을 솔직하게 발표하여 집단 속에 묻히거나 밀려나지 않도록 주의해야 한다.

① 장점

집단 면접의 장점은 면접관이 응시자 한 사람에 대한 관찰시간이 상대적으로 길고, 비교 평가가 가능하기 때문에 결과적으로 평가의 객관성과 신뢰성을 높일 수 있다는 점이며, 응시자는 동료들과 함께 면접을 받기 때문에 긴장감이 다소 덜하다는 것을 들 수 있다. 또한 동료가 답변하는 것을 들으며, 자신의 답변 방식이나 자세를 조정할 수 있다는 것도 큰 이점이다.

② 단점

응답하는 순서에 따라 응시자마다 유리하고 불리한 점이 있고, 면접위원의 입장에서는 각각의 개인적인 문제를 깊게 다루기가 곤란하다는 것이 단점이다.

집단 면접 준비 Point

너무 자기 과시를 하지 않는 것이 좋다. 대답은 자신이 말하고 싶은 내용을 간단명료하게 말해야 한다. 내용이 없는 발언을 한다거나 대답을 질질 끄는 태도는 좋지 않다. 또 말하는 중에 내용이 주제에서 벗어나거나 자기중심적으로만 말하는 것도 피해야 한다. 집단 면접에 대비하기 위해서는 평소에 설득력을 지닌 자신의 논리력을 계발하는 데 힘써야 하며, 다른 사람 앞에서 자신의 의견을 조리 있게 개진할 수 있는 발표력을 갖추는 데에도 많은 노력을 기울여야 한다.

• 실력에는 큰 차이가 없다는 것을 기억하라.
• 동료 응시자들과 서로 협조하라.
• 답변하지 않을 때의 자세가 중요하다.
• 개성 표현은 좋지만 튀는 것은 위험하다.

(4) 집단 토론식 면접

집단 토론식 면접은 집단 면접과 형태는 유사하지만 질의응답이 아니라 응시자들끼리의 토론이 중심이 되는 면접방법으로 최근 들어 급증세를 보이고 있다. 이는 공통의 주제에 대해 다양한 견해들이 개진되고 결론을 도출하는 과정, 즉 토론을 통해 응시자의 다양한 면에 대한 평가가 가능하다는 집단 토론식 면접의 장점이 널리 확산된 데 따른 것으로 보인다. 사실 집단 토론식 면접을 활용하면 주제와 관련된 지식 정도와 이해력, 판단력, 설득력, 협동성은 물론 리더십, 조직 적응력, 적극성과 대인관계 능력 등을 쉽게 파악할 수 있다.

토론식 면접에서는 자신의 의견을 명확히 제시하면서도 상대방의 의견을 경청하는 토론의 기본자세가 필수적이며, 지나친 경쟁심이나 자기 과시욕은 접어두는 것이 좋다. 또한 집단 토론의 목적이 결론을 도출해 나가는 과정에 있다는 것을 감안하여 무리하게 자신의 주장을 관철시키기보다 오히려 토론의 질을 높이는 데 기여하는 것이 좋은 인상을 줄 수 있다는 점을 알아야 한다. 취업 희망자들은 토론식 면접이 급속도로 확산되는 추세임을 감안해 특히 철저한 준비를 해야 한다. 평소에 신문의 사설이나 매스컴 등의 토론 프로그램을 주의 깊게 보면서 논리 전개방식을 비롯한 토론 과정을 익히도록 하고, 친구들과 함께 간단한 주제를 놓고 토론을 진행해 볼 필요가 있다. 또한 사회・시사문제에 대해 자기 나름대로의 관점을 정립해두는 것도 꼭 필요하다.

(5) PT 면접

PT 면접, 즉 프레젠테이션 면접은 최근 들어 집단 토론 면접과 더불어 그 활용도가 점차 커지고 있다. PT 면접은 기업마다 특성이 다르고 인재상이 다른 만큼 인성 면접만으로는 알 수 없는 지원자의 문제해결 능력, 전문성, 창의성, 기본 실무능력, 논리성 등을 관찰하는 데 중점을 두는 면접으로, 지원자 간의 변별력이 높아 대부분의 기업에서 적용하고 있으며, 확산되는 추세이다.

면접 시간은 기업별로 차이가 있지만, 전문지식, 시사성 관련 주제를 제시한 다음, 보통 20 ~ 50분 정도 준비하여 5분가량 발표할 시간을 준다. 면접관과 지원자의 단순한 질의응답식이 아닌, 주제에 대해 일정 시간 동안 지원자의 발언과 발표하는 모습 등을 관찰하게 된다. 정확한 답이나 지식보다는 논리적 사고와 의사표현력이 더 중시되기 때문에 자신의 생각을 어떻게 설명하느냐가 매우 중요하다.

PT 면접에서 같은 주제라도 직무별로 평가요소가 달리 나타난다. 예를 들어, 영업직은 설득력과 의사소통 능력에 중점을 둘 수 있겠고, 관리직은 신뢰성과 창의성 등을 더 중요하게 평가한다.

PT 면접 준비 Point

- 면접관의 관심과 주의를 집중시키고, 발표 태도에 유의한다.
- 모의 면접이나 거울 면접을 통해 미리 점검한다.
- PT 내용은 세 가지 정도로 정리해서 말한다.
- PT 내용에는 자신의 생각이 담겨 있어야 한다.
- 중간에 자문자답 방식을 활용한다.
- 평소 지원하는 업계의 동향이나 직무에 대한 전문지식을 쌓아둔다.
- 부적절한 용어 사용이나 무리한 주장 등은 하지 않는다.

(6) 합숙 면접

합숙 면접은 대체로 1박 2일이나 2박 3일 동안 해당 기업의 연수원이나 수련원 등에서 이루어지는 면접으로, 평가 항목으로는 PT 면접, 토론 면접, 인성 면접 등을 기본으로 새벽등산, 레크리에이션, 게임 등 다양한 형태로 진행된다. 경쟁자들과 함께 생활하고 협동해야 하는 만큼 스트레스도 많이 받는 경우가 허다하다.

모든 지원자를 하루 동안 평가하게 되므로 지원자 1명을 평가하는 데 걸리는 시간은 짧게는 5분에서 길게는 1시간 이상 정도인데, 이 시간으로는 지원자를 제대로 평가하기에는 한계가 있다. 합숙 면접은 24시간 이상을 지원자와 면접관이 함께 생활하면서 다양한 프로그램을 통해 지원자의 역량을 폭넓게 평가할 수 있기 때문에 기업에서는 합숙 면접을 선호한다. 대체로 은행, 증권 등 금융권에서 합숙 면접을 통해 지원자의 의도되고 꾸며진 모습 외에 창의력, 의사소통 능력, 협동심, 책임감, 리더십 등 다양한 모습을 평가하였지만, 최근에는 기업에서도 많이 실시되고 있다.

합숙 면접에서 좋은 점수를 얻기 위해서는 무엇보다 팀워크를 중시하는 모습을 보여야 한다. 합숙 면접은 일반 면접과는 달리 개인보다는 그룹별로 과제가 주어지고 해결해야 하므로 조원 또는 동료와 얼마나 잘 어울리느냐가 중요한 평가기준이 된다. 장시간에 걸쳐 평가하기 때문에 힘든 부분도 있지만, 지원자들이 지쳐 있거나 당황하고 있는 사이에도 면접관들은 지원자들의 조직 적응력, 적극성, 사회성, 친화력 등을 꼼꼼하게 체크하기 때문에 잠시도 긴장을 늦춰서는 안 된다.

2. 면접의 실전 대책

(1) 면접 대비사항

① 지원 회사에 대한 사전지식을 충분히 준비한다.

필기시험에서 합격 또는 서류전형에서의 합격통지가 온 후 면접시험 날짜가 정해지는 것이 보통이다. 이때 수험자는 면접시험을 대비해 사전에 자기가 지원한 계열사 또는 부서에 대해 폭넓은 지식을 준비할 필요가 있다.

지원 회사에 대해 알아두어야 할 사항

- 회사의 연혁
- 회장 또는 사장의 이름, 출신학교, 관심사
- 회장 또는 사장이 요구하는 신입사원의 인재상
- 회사의 사훈, 사시, 경영이념, 창업정신
- 회사의 대표적 상품, 특색
- 업종별 계열회사의 수
- 해외지사의 수와 그 위치
- 신 개발품에 대한 기획 여부
- 자기가 생각하는 회사의 장단점
- 회사의 잠재적 능력개발에 대한 제언

② 충분한 수면을 취한다.

충분한 수면으로 안정감을 유지하고 첫 출발의 상쾌한 마음가짐을 갖는다.

③ 얼굴을 생기 있게 한다.

첫인상은 면접에 있어서 가장 결정적인 당락요인이다. 면접관에게 좋은 인상을 줄 수 있도록 화장하는 것도 필요하다. 면접관들이 가장 좋아하는 인상은 얼굴에 생기가 있고 눈동자가 살아 있는 사람, 즉 기가 살아 있는 사람이다.

④ 아침에 인터넷 뉴스를 읽고 간다.

그날의 뉴스가 질문 대상에 오를 수가 있다. 특히 경제면, 정치면, 문화면 등을 유의해서 볼 필요가 있다.

출발 전 확인할 사항

이력서, 자기소개서, 지갑, 신분증(주민등록증), 손수건, 휴지, 볼펜, 메모지 등을 준비하자.

(2) 면접 시 옷차림

면접에서 옷차림은 간결하고 단정한 느낌을 주는 것이 가장 중요하다. 색상과 디자인 면에서 지나치게 화려한 색상이나, 노출이 심한 디자인은 자칫 면접관의 눈살을 찌푸리게 할 수 있다. 단정한 차림을 유지하면서 자신만의 독특한 멋을 연출하는 것, 지원하는 회사의 분위기를 파악했다는 센스를 보여주는 것 또한 코디네이션의 포인트이다.

복장 점검

• 구두는 잘 닦여 있는가?
• 옷은 깨끗이 다려져 있으며 스커트 길이는 적당한가?
• 손톱은 길지 않고 깨끗한가?
• 머리는 흐트러짐 없이 단정한가?

(3) 면접 요령

① 첫인상을 중요시한다.

상대에게 인상을 좋게 주지 않으면 어떠한 얘기를 해도 이쪽의 기분이 충분히 전달되지 않을 수 있다. 예를 들어, '저 친구는 표정이 없고 무엇을 생각하고 있는지 전혀 알 길이 없다.'처럼 생각되면 최악의 상태이다. 우선 청결한 복장, 바른 자세로 침착하게 들어가야 한다. 건강하고 신선한 이미지를 주어야 하기 때문이다.

② 좋은 표정을 짓는다.

얘기를 할 때의 표정은 중요한 사항의 하나다. 거울 앞에서 웃는 연습을 해본다. 웃는 얼굴은 상대를 편안하게 하고, 특히 면접 등 긴박한 분위기에서는 천금의 값이 있다 할 것이다. 그렇다고 하여 항상 웃고만 있어서는 안 된다. 자기의 할 얘기를 진정으로 전하고 싶을 때는 진지한 얼굴로 상대의 눈을 바라보며 얘기한다. 면접을 볼 때 눈을 감고 있으면 마이너스 이미지를 주게 된다.

③ 결론부터 이야기한다.

자기의 의사나 생각을 상대에게 정확하게 전달하기 위해서 먼저 무엇을 말하고자 하는가를 명확히 결정해 두어야 한다. 대답을 할 경우에는 결론을 먼저 이야기하고 나서 그에 따른 설명과 이유를 덧붙이면 논지(論旨)가 명확해지고 이야기가 깔끔하게 정리된다.

한 가지 사실을 이야기하거나 설명하는 데는 3분이면 충분하다. 복잡한 이야기라도 어느 정도의 길이로 요약해서 이야기하면 상대도 이해하기 쉽고 자기도 정리할 수 있다. 긴 이야기는 오히려 상대를 불쾌하게 할 수가 있다.

④ 질문의 요지를 파악한다.

면접 때의 이야기는 간결성만으로는 부족하다. 상대의 질문이나 이야기에 대해 적절하고 필요한 대답을 하지 않으면 대화는 끊어지고 자기의 생각도 제대로 표현하지 못하여 면접자로 하여금 수험생의 인품이나 사고방식 등을 명확히 파악할 수 없게 한다. 무엇을 묻고 있는지, 무슨 이야기를 하고 있는지 그 요점을 정확히 알아내야 한다.

면접에서 고득점을 받을 수 있는 성공요령

1. 자기 자신을 겸허하게 판단하라.
2. 지원한 회사에 대해 100% 이해하라.
3. 실전과 같은 연습으로 감각을 익히라.
4. 단답형 답변보다는 구체적으로 이야기를 풀어나가라.
5. 거짓말을 하지 말아라.
6. 면접하는 동안 대화의 흐름을 유지하라.
7. 친밀감과 신뢰를 구축하라.
8. 상대방의 말을 성실하게 들으라.
9. 근로조건에 대한 이야기를 풀어나갈 준비를 하라.
10. 끝까지 긴장을 풀지 말아라.

CHAPTER

02 | 삼성그룹 실제 면접

삼성그룹은 '창의·열정·소통의 가치창조인(열정과 몰입으로 미래에 도전하는 인재, 학습과 창의로 세상을 변화시키는 인재, 열린 마음으로 소통하고 협업하는 인재)'을 인재상으로 내세우며, 이에 적합한 인재를 채용하기 위하여 면접전형을 시행하고 있다.

2019년 이전에는 '인성검사 – 직무면접 – 창의성 면접 – 임원면접' 순서로 시행되었지만, 2020년부터 코로나19로 인해 화상으로 진행되었으며 직무역량 면접은 프레젠테이션(PT) 방식에서 질의응답 형식으로 대체되었다.

현재 삼성그룹 면접은 전 계열사 공통으로 '약식 GSAT – 인성검사 – 직무 / 임원 면접' 순서로 시행되고 있다. 기존의 창의성 면접을 진행하지 않는 대신 수리와 추리 2영역을 평가하는 약식 GSAT를 30분간 실시한다.

1. 약식 GSAT

구분	문항 수	제한시간
수리	10문항	30분
추리	15문항	

2. 직무 면접

구분	인원수	면접 시간
면접관	3명	30분 내외
지원자	1명	

기출질문
- 1분 자기소개
- 해당 직무 지원동기
- 직무와 관련한 자신의 역량
- 전공관련 용어
- 마지막으로 하고 싶은 말
- ESG 경영의 중요성

3. 임원 면접

구분	인원수	면접 시간
면접관	3명	30분 내외
지원자	1명	

기출질문

- 퇴사한 이유와 공백기 동안에 한 일을 말해 보시오.
- 팀으로 프로젝트를 진행하는데 한 사람의 퍼포먼스가 낮아 진행에 어려움을 있을 경우 어떻게 하겠는가?
- 퇴근시간 후에도 상사가 퇴근하지 않으면서 그대로 자리를 지키는 경우에 대해서 어떻게 생각하는가?
- 친구를 사귈 때 가장 우선시 하는 것은 무엇인지 말해 보시오.
- 가장 도전적으로 임했던 경험이 무엇인지 말해 보시오.
- 가족과 직장 중 무엇을 우선시 할 것인지 말해 보시오.
- 졸업은 언제 하였는가?
- 졸업하고 취업 준비는 어떻게 하고 있는지 말해 보시오.
- 경쟁력을 쌓기 위해 어떤 것들을 준비했는지 말해 보시오.
- 학점이 낮은데 이유가 무엇인가?
- 면접 준비는 어떻게 했는지 말해 보시오.
- 다른 지원자와 차별되는 자신만의 강점이 무엇인가?
- 살면서 가장 치열하게, 미친 듯이 몰두하거나 노력했던 경험을 말해 보시오.
- 자신이 리더이고, 모든 것을 책임지는 자리에 있다. 본인은 A프로젝트가 맞다고 생각하고 다른 모든 팀원은 B프로젝트가 맞다고 생각할 때 어떻게 할 것인가?
- 마지막으로 하고 싶은 말은 무엇인가?
- 자신의 약점은 무엇이며, 그것을 극복하기 위해 어떤 노력을 했는가?
- 삼성을 제외하고 좋은 회사와 나쁜 회사의 예를 들어 말하시오.
- 우리 사회가 정의롭다고 생각하는가?
- 존경하는 인물은 누구인가?
- 삼성전자의 사회공헌활동에 대해 알고 있는가?
- 삼성전자의 경제적 이슈에 대해 말하시오.
- 삼성화재 지점 관리자에게 가장 필요한 역량은 무엇이라 생각하는가?
- 가장 열심히 했던 학교 활동은 무엇인가?
- 다른 직무로 배정된다면 어떻게 하겠는가?
- 기업의 사회적 역할에 대해 말하시오.
- 자기소개
- 대외활동 경험
- 직무 수행에 있어서 자신의 강점은 무엇인가?
- 지원동기
- 출신 학교 및 학과를 지원한 이유는 무엇인가?
- (대학 재학 중 이수한 비전공 과목을 보고) 해당 과목을 이수한 이유는 무엇인가?
- (인턴경험이 있는 지원자에게) 인턴 기간 동안 무엇을 배웠는가?
- 회사에 어떤 식으로 기여할 수 있는가?
- 목 놓아 울어본 적이 있는가?
- 선의의 거짓말을 해본 적이 있는가?
- 학점이 낮은 이유가 무엇인가?

- 자신의 성격에 대해 말해 보시오.
- 지원한 부서와 다른 부서로 배치될 경우 어떻게 하겠는가?
- 상사가 본인이 싫어하는 업무를 지속적으로 지시한다면 어떻게 하겠는가?
- (해병대 출신 지원자에게) 해병대에 지원한 이유는 무엇인가?
- 친구들은 본인에 대해 어떻게 이야기하는가?
- 좌우명이 있는가? 있다면 그것이 좌우명인 이유는 무엇인가?
- 대학생활을 열심히 한 것 같은데 그 이유가 무엇인가?
- 회사에 대한 가치관
- 과외 경험이 없는데 잘 할 수 있는가?
- 전역을 아직 못 했는데 이후 일정에 다 참여할 수 있겠는가?
- 자동차 회사를 가도 될 것 같은데 왜 삼성SDI 면접에 오게 되었나?
- Backlash를 줄이는 방법에 대해 설명해 보시오.
- 전공에 대해서 말해 보시오.
- 취미가 노래 부르기인데 정말 노래를 잘 하는가?
- 가족 구성원이 어떻게 되는가?
- 동생과 싸우지는 않는가?
- 학점이 낮은데 왜 그런가?
- 학교를 8년 다녔는데 왜 이렇게 오래 다녔는가?
- 영어 점수가 토익은 괜찮은데 오픽이 낮다. 우리 회사는 영어를 많이 쓰는데 어떻게 할 것인가?
- 우리 회사에 대해 아는 것을 말해 보시오.
- 우리 회사에서 하고 싶은 일은 무엇인가?
- 프로젝트를 진행 중 의견충돌 시 어떻게 대처할 것인가?
- 지원한 직무와 관련해서 준비해온 것을 말해 보시오.
- 지원자가 현재 부족한 점은 무엇이고 어떻게 채워나갈 것인가?
- 회사와 관련하여 관심 있는 기술이 있으면 설명해 보시오.
- 우리 회사가 지원자를 뽑아야 하는 이유를 말해 보시오.
- 간단히 1분간 자기소개를 해 보시오.
- 성격의 장단점을 말해 보시오.
- 자격증 등 취업을 위해 준비한 사항이 있다면 말해 보시오.
- 입사하게 되면 일하고 싶은 분야는 어디인지 말해 보시오.
- 여행하면서 가장 인상 깊었던 곳은?
- 입사 희망 동기를 말해 보시오.
- 교환학생으로 다른 학교를 가서 어떤 수업을 들었는지 말해 보시오.
- 본인이 최근에 이룬 버킷리스트는 무엇이고 가장 하고 싶은 버킷리스트는 무엇인가?
- 좋아하는 삼성 브랜드는 무엇인가?
- 스트레스는 어떻게 푸는가?
- 회사에서 나이 많은 어른들과 함께 일해야 하는데 잘할 수 있겠는가?
- 다른 회사에 지원 하였다면 어떤 직무로 지원하였는가?
- 일탈을 해본 적이 있는가?
- 인생에서 실패한 경험이 있는가?
- 회사에서는 실패의 연속일텐데 잘 할 수 있겠는가?
- 이름이 유명한 사람과 동일해서 좋은 점과 나쁜 점이 있었을 것 같은데 무엇이 있었는지 말해 보시오.
- 봉사활동은 어떻게 시작하게 된 건지 말해 보시오.
- 스마트폰에 관심이 많은데 어떻게 관심을 가지게 된 건지 말해 보시오.

4. PT 면접

- 실리콘
- 포토고정
- 집적도
- 자율주행차의 경쟁력에 대해 설명하시오.
- 공진주파수와 임피던스의 개념에 대해 설명하시오.
- 보의 처짐을 고려했을 때 유리한 단면형상을 설계하시오.
- Object Orientation Programming에 대해 설명하시오.
- DRAM과 NAND의 구조원리와 미세공정한계에 대해 설명하시오.
- 공정(8대공정 및 관심있는 공정)에 대해 설명하시오.
- LCD, 광학소재, 광학필름의 활용 방법을 다양하게 제시하시오.
- 특정 제품의 마케팅 방안에 대해 설명하시오.
- 갤럭시 S8과 관련한 이슈
- 반도체의 개념과 원리
- 다이오드
- MOSFET
- 알고리즘
- NAND FLASH 메모리와 관련된 이슈
- 공정에 대한 기본적인 지식, 공정과 연관된 factor, 현재 공정 수준으로 문제점을 해결할 수 있는 방안
- 현재 반도체 기술의 방향, 문제점 및 해결방안
- TV 두께를 얇게 하는 방안

5. 창의성 면접

- 창의적인 생각을 평소에 하고 사는가?
- 창의성을 발휘해 본 작품이 있는가?
- 감성마케팅
- 폐수 재이용에 대한 자신의 견해를 말하시오.
- 기업의 사회적 책임
- 본인이 작성한 글과 주제에 대한 질문 및 응용, 그리고 발전 방향에 대한 질문
- 본인의 경험 중 가장 창의적이었던 것에 대해 말해 보시오.
- 존경하는 인물이 있는가?
- 트렌드 기술에 대해 설명
- 공유 경제 서비스에 대한 문제와 솔루션 제시(제시어 : 책임, 공유, 스마트폰 등)

우리는 삶의 모든 측면에서 항상 '내가 가치있는 사람일까?'
'내가 무슨 가치가 있을까?'라는 질문을 끊임없이 던지곤 합니다.
하지만 저는 우리가 날 때부터 가치있다 생각합니다.

– 오프라 윈프리 –

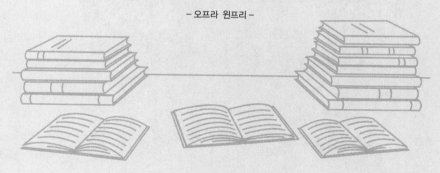

아이들이 답이 있는 질문을 하기 시작하면 그들이 성장하고 있음을 알 수 있다.

- 존 J. 플롬프 -

앞선 정보 제공! 도서 업데이트

언제, 왜 업데이트될까?

도서의 학습 효율을 높이기 위해 자료를 추가로 제공할 때!
공기업 · 대기업 필기시험에 변동사항 발생 시 정보 공유를 위해!
공기업 · 대기업 채용 및 시험 관련 중요 이슈가 생겼을 때!

01 시대에듀 도서
www.sdedu.co.kr/book
홈페이지 접속

02 상단 카테고리
「도서업데이트」
클릭

03 해당
기업명으로
검색

참고자료, 시험 개정사항 등 정보 제공으로 학습효율을 높여 드립니다.

시대에듀
대기업 인적성검사
시리즈

신뢰와 책임의 마음으로 수험생 여러분에게 다가갑니다.

대기업 인적성 "기본서" 시리즈

대기업 취업 기초부터 합격까지! 취업의 문을 여는
Master Key!

※도서의 이미지 및 구성은 변동될 수 있습니다.

S

2025
전면개정판

GSAT
온라인 삼성직무적성검사

정답 및 해설

최신기출유형＋모의고사 6회
＋무료삼성특강

편저 | SDC(Sidae Data Center)

유형분석 및 모의고사로
최종합격까지
한 권으로
마무리!

SDC
SDC는 시대에듀 데이터 센터의 약자로
약 30만 개의 NCS·적성 문제 데이터풀
바탕으로 최신 출제경향을 반영하여
문제를 출제합니다.

D

시대에듀

PART **1**

합격의 공식 시대에듀 www.sdedu.co.kr

3개년 기출복원문제

01 수리

01	02	03	04	05	06	07	08	09	10
③	④	④	④	③	④	①	④	②	⑤

01 　　　정답 ③

먼저 전체 경우의 수를 구하면 A ~ D 4명이 3가지 색의 깃발 중 1개씩 중복되게 고를 수 있으므로 $3^4=81$이다.
다음으로 빨간색 깃발을 1명만 선택하는 경우의 수를 구하면, 먼저 1명이 빨간색 깃발을 고르고 나머지 3명이 다른 2가지 색의 깃발을 고르므로 $4 \times 2^3=32$이다.
따라서 모든 경우의 수에서 빨간색 깃발을 1명만 선택하는 확률은 $\dfrac{32}{81}$이다.

02 　　　정답 ④

작년보다 제주도 숙박권은 20%, 여행용 파우치는 10%를 더 준비했다고 했으므로 제주도 숙박권은 $10 \times 0.2=2$명, 여행용 파우치는 $20 \times 0.1=2$명이 경품을 더 받는다.
따라서 작년보다 총 4명이 경품을 더 받을 수 있다.

03 　　　정답 ④

2023년 A씨의 주거비는 전체 지출 2,500만 원의 30%이므로 2,500만$\times 0.3=750$만 원이다. 또한 2024년 A씨의 전체 지출은 2023년보다 10% 증가했으므로 2,500만$\times 1.1=2,750$만 원이고, 2024년의 주거비는 전체 지출의 40%이므로 2,750만$\times 0.4=1,100$만 원이다.
따라서 2024년과 2023년의 주거비의 차는 $1,100-750=350$만 원이다.

04 　　　정답 ④

6월의 관광객 수는 전월 대비 $\dfrac{5,000-800}{5,000} \times 100=84\%$ 감소하였다.

오답분석

① 5월의 관광객 수는 5,000명으로 관광객 수가 가장 많다.

② 2월의 전월 대비 관광객 수는 $4,500-4,000=500$명 감소하여 전월 대비 관광객 수가 가장 적게 감소하였다.

③ $3,500>1,500 \times 2$이므로 4월의 관광객 수는 3월 관광객 수의 2배 이상이다.

⑤ 1 ~ 6월의 전체 관광객 수는 $4,500+4,000+1,500+3,500+5,000+800=19,300$명으로 20,000명 미만이다.

05 　　　정답 ③

1월의 1kg당 배추 가격은 650원이고, 9월의 1kg당 배추 가격은 1,850원이다. 따라서 $650 \times 3=1,950>1,850$원이므로 9월의 배추 가격은 1월 대비 3배 미만이다.

오답분석

①·② 2 ~ 9월 1kg당 배추 가격의 전월 대비 증감폭은 다음과 같다.

(단위 : 원)

월	2월	3월	4월	5월
가격	$800-650$ $=150$	$1,100-$ $800=300$	$1,400-$ $1,100=300$	$900-1,400$ $=-500$
월	6월	7월	8월	9월
가격	$700-900$ $=-200$	$900-700$ $=200$	$1,400-$ $900=500$	$1,850-$ $1,400=450$

따라서 1kg당 배추 가격이 전월 대비 가장 크게 상승한 때는 8월이고, 가장 크게 하락한 때는 5월이다.

④ 1분기의 3개월 동안 1kg당 배추 가격의 합은 $650+800+1,100=2,550$원, 2분기의 3개월 동안 1kg당 배추 가격의 합은 $1,400+900+700=3,000$원, 3분기의 3개월 동안 1kg당 배추 가격의 합은 $900+1,400+1,850=4,150$원이다. 그러므로 평균 1kg당 배추 가격은 3분기가 가장 크다.

⑤ 변량의 개수는 9개로 홀수 개이므로 5번째로 큰 값이 중앙값이다. 그러므로 월별 1kg당 배추 가격을 값이 큰 순서대로 나열할 때, 5번째로 큰 값은 900원이기 때문에 중앙값은 900원이다.

06

ㄱ. 2024년 2월에 가장 많이 낮아졌다.
ㄴ. 제시된 수치는 전년 동월, 즉 2023년 6월보다 325건 높아졌다는 뜻이므로, 실제 심사건수는 알 수 없다.
ㄷ. 2023년 5월에 비해 3.3% 증가했다는 뜻이므로, 실제 등록률은 알 수 없다.

[오답분석]

ㄹ. 전년 동월 대비 125건이 증가했으므로, $100+125=225$건이다.

07

정답 ①

교내 장학금 전체 수혜 인원은 유형별 수혜 인원의 합인 $30+70+20+180=300$명이다.
따라서 성적 우수 장학금 수혜 인원은 교내 장학금 수혜 인원의 $\frac{30}{300}\times100=10\%$이다.

08

정답 ④

학자금대출만 신청한 학생이 추가로 교내 장학금을 수혜받는다면 교내 장학금을 수혜받고 동시에 학자금대출을 신청한 학생 수는 $100+50=150$명이 된다.
따라서 학자금대출을 신청하거나 교내 장학금을 수혜받은 학생 수는 변하지 않으므로 구하고자 하는 비율은 $\frac{150}{750}\times100$ $=20\%$이다.

09

정답 ②

해수면은 매년 3mm씩 증가하고 있다.
2028년의 예상 해수면의 높이를 구하는 식은 다음과 같다.
$85+(3\times5)=100$mm
따라서 2028년 예상 해수면의 높이는 100mm이다.

10

정답 ⑤

S사의 매년 입사하는 신입사원 수는 매년 30명씩 증가하고 있으므로 2020년으로부터 n년 후 입사하는 신입사원 수를 a_n명이라 하면, $a_n=(50+30n)$명이다.
따라서 2030년은 2020년으로부터 10년 후이므로, 2030년의 S사의 신입사원 수는 $50+(30\times10)=350$명이다.

02 추리

01	02	03	04	05	06	07	08	09	10
③	④	②	④	②	①	②	②	③	④
11	12	13	14	15	16	17	18	19	20
⑤	④	①	②	②	⑤	④	④	④	⑤

01

정답 ③

'날씨가 좋다.'를 A, '야외 활동을 한다.'를 B, '행복하다.'를 C라고 하면 전제1은 A → B, 전제2는 ~A → ~C이다. 전제2의 대우는 C → A이므로 C → A → B가 성립하여 결론은 C → B나 ~B → ~C이다. 따라서 빈칸에 들어갈 명제는 '야외 활동을 하지 않으면 행복하지 않다.'이다.

02

정답 ④

'책상을 정리한다.'를 A, '업무 효율이 높아진다.'를 B, '지각을 한다.'를 C라고 하면 전제1은 A → B, 전제2는 ~C → A이므로 ~C → A → B가 성립하여 결론은 ~C → B나 ~B → C이다. 따라서 빈칸에 들어갈 명제는 '지각을 하지 않으면 업무 효율이 높아진다.'이다.

03

정답 ②

'생명체'를 A, '물이 있어야 살 수 있다.'를 B, '동물'을 C라 하면 전제1은 A → B, 전제2는 C → A이므로 C → A → B가 성립하여 결론은 C → B이다. 따라서 빈칸에 들어갈 명제는 '동물들은 물이 있어야 살 수 있다.'이다.

04

정답 ④

주어진 조건에 따라 좌석을 입구와 가까운 순서대로 나열하면 '현수 – 형호 – 재현 – 지연 – 주현'이므로 형호는 현수와 재현 사이의 좌석을 예매했음을 알 수 있다. 그러나 제시된 조건만으로 정확한 좌석의 위치를 알 수 없으므로 서로의 좌석이 바로 뒤 또는 바로 앞의 좌석인지는 추론할 수 없다.

05

A ~ E의 진술에 따르면 B와 D의 진술은 반드시 동시에 진실 또는 거짓이 되어야 하며, B와 E의 진술은 동시에 진실이나 거짓이 될 수 없다.

i) B와 D의 진술이 거짓인 경우
참이어야 하는 A와 C의 진술이 서로 모순되므로 성립하지 않는다. 따라서 B와 D는 모두 진실이다.

ii) B와 D의 진술이 참인 경우
A, C, E 중에서 1명의 진술은 참, 2명의 진술은 거짓인데, 만약 E가 진실이면 C도 진실이 되어 거짓을 말하는 사람이 1명이 되므로 성립하지 않는다. 따라서 C와 E는 거짓을 말하고, A는 진실을 말한다.

A ~ E의 진술에 따라 정리하면 다음과 같다.

구분	필기구	의자	복사용지	사무용 전자제품
신청 사원	A, D	C		D

의자를 신청한 사원의 수는 3명이므로 필기구와 사무용 전자제품 2개의 항목을 신청한 D와 의자를 신청하지 않은 B를 제외한 A, E가 의자를 신청했음을 알 수 있다. 또한, 복사용지를 신청했다는 E의 진술이 거짓이므로 E가 신청한 나머지 항목은 사무용 전자제품이 된다. 이와 함께 남은 항목의 개수에 따라 신청 사원을 배치하면 다음과 같이 정리할 수 있다.

구분	필기구	의자	복사용지	사무용 전자제품
신청 사원	A, D	A, C, E	B, C	B, D, E

따라서 신청 사원과 신청 물품이 바르게 연결된 것은 ②이다.

06

네 번째 조건에 따라 일식을 먹은 전날은 반드시 한식을 먹으므로 일식은 월요일에 먹을 수 없다. 또한 다섯 번째 조건에 따라 일식은 금요일에도 먹을 수 없으므로 세 번째 조건과 더불어 일식을 화요일, 수요일에 먹거나, 수요일, 목요일에 먹게 된다.

i) 일식을 화요일, 수요일에 먹은 경우
월요일과 금요일에 한식을 먹으므로 남은 목요일은 중식을 먹게 된다.

ii) 일식을 수요일, 목요일에 먹은 경우
화요일과 금요일에 한식을 먹으므로 남은 월요일은 중식을 먹게 된다.

주어진 조건에 따른 경우를 정리하면 다음과 같다.

구분	월요일	화요일	수요일	목요일	금요일
경우 1	한식	일식	일식	중식	한식
경우 2	중식	한식	일식	일식	한식

따라서 중식은 월요일이나 목요일 중 한 번만 먹으므로 '중식은 한 주에 두 번 먹는다.'는 항상 거짓이다.

07

세 번째 조건과 네 번째 조건에 따라 A, C가 같은 음료를 선택하며, B, E가 같은 음료를 선택한다. 또한 두 그룹은 서로 다른 음료를 선택하게 된다. 그러므로 첫 번째 조건과 다섯 번째 조건에 따라 아메리카노 2잔, 카페라테 2잔, 콜드브루 1잔을 주문하게 되고, 같은 음료를 선택한 사람이 없는 D가 콜드브루를 주문하게 된다. 또한 두 번째 조건에 따라 A, C는 카페라테를 고르지 않으므로 A와 C는 아메리카노를 주문하고, 나머지 B, E가 카페라테를 주문하게 된다. 따라서 항상 거짓은 ②이다.

08

규칙은 세로로 적용된다.
첫 번째와 두 번째 도형을 겹쳐서 중복된 면을 흰색으로 변경한 것이 세 번째 도형이 된다.

09

규칙은 세로로 적용된다.
첫 번째 도형을 45° 방향 대각선으로 자른 후 윗부분을 시계 방향으로 45° 회전하면 두 번째 도형이 되고, 두 번째 도형을 수직으로 자른 오른쪽 부분이 세 번째 도형이다.

10

규칙은 가로로 적용된다.
첫 번째 도형을 시계 방향으로 90° 회전시키고 수평으로 자른 윗부분이 두 번째 도형이고, 두 번째 도형을 수직으로 자른 후 오른쪽 부분을 y축 대칭시키면 세 번째 도형이다.

[11~14]

- ▲ : 1234 → 4321
- ◇ : 각 자릿수 +1, +2, +1, +2
- ■ : 1234 → 3412
- ○ : 각 자릿수 −2, +1, −2, +1

11

OAIS　　→　　MBGT　　→　　GTMB
　　　　　○　　　　　■

12

14KV　　→　　VK41　　→　　WM53
　　　　　▲　　　　　◇

13

G4C7   →   C7G4   →   4G7C

      ■   ▲

14

T346 → R427 → 724R → 4R72

    ○   ▲   ■

15

첫 번째 문단은 최근 행동주의펀드가 기업의 주가에 영향을 미치고 있다는 내용을 담고 있으므로 이어지는 내용은 행동주의펀드가 어떻게 기업에 그 영향을 미치는지에 대해 서술하는 (나) 문단이고, 다음에는 이에 대한 대표적인 사례를 서술하는 (가) 문단이 이어지는 것이 적절하다. 다음 (다) 문단의 내용을 살펴보면 일부 은행에서는 A자산운용의 제안을 수락했고, 특정 은행에서는 이를 거부했다는 내용을 언급하고 있으므로 해당 제안에 대한 구체적인 내용을 다루고 있는 (라) 문단이 먼저 이어지는 것이 더 자연스럽다. 따라서 (나) – (가) – (라) – (다) 순으로 나열하는 것이 적절하다.

16

제시문은 HBM에 대한 소개와 함께, 특징 및 장점을 설명하고, 단점 및 개선 방안을 설명하는 글이므로 글의 첫 번째 문단은 HBM에 대한 간략한 소개를 하는 (다) 문단이 적절하다. 다음으로는 HBM의 특성을 설명하는 (마) 문단이 이어져야 하며, (가) 문단의 처음 부분이 '이러한 특성으로 인해'로 시작하여 HBM의 특성에 이어지는 문단이므로 (가) 문단이 이어져야 한다. 남은 (나) 문단과 (라) 문단 중 (나) 문단이 (가) 문단의 내용과 달리 HBM의 단점에 대해 설명하고, (라) 문단이 단점을 극복하기 위한 방법에 대해 설명하고 있으므로 (나) 문단 이후에 (라) 문단이 이어져야 한다. 따라서 (다) – (마) – (가) – (나) – (라) 순으로 나열하는 것이 적절하다.

17

바이오 하이드로겔은 천연 고분자 기반 하이드로겔과 합성 고분자 기반 하이드로겔로 나눌 수 있고, 이를 혼합한 하이브리드형도 있다. 그러나 두 번째 문단에 의하면 이러한 바이오 하이드로겔은 모두 높은 함수율, 생체적합성, 기계적 강도, 다공성 구조, 조직접착력, 생분해성, 세포친화성을 가진다. 따라서 합성 고분자 기반 하이드로겔 또한 천연 고분자 기반 하이드로겔과 마찬가지로 생분해성을 가지므로 분해가 쉬운 특성을 지닌다.

① · ② 높은 생체적합성 및 세포친화성으로 인해 바이오 하이드로겔은 인체의 다양한 부분에서 적은 거부반응으로 사용될 것이다. 따라서 하이드로겔의 발전은 의학, 생명공학 등에서 많은 혜택을 기대할 수 있을 것이다.

③ 다섯 번째 문단에서 밝히는 바이오 하이드로겔의 연구과제는 기계적 강도를 높이는 것과 생분해 속도를 정밀하게 조절하는 것이다. 따라서 차후 연구가 진행되면 바이오 하이드로겔의 생분해 속도를 목적에 따라 정밀하게 조정할 수 있을 것이다.

⑤ 바이오 하이드로겔은 3차원 구조를 가진 친수성 고분자 물질이므로 높은 함수율을 가진다. 따라서 수분이나 약물을 다량으로 함유하기 적합한 구조임을 알 수 있다.

18

제시문에 따르면 질량 요소들의 회전 관성은 질량 요소가 회전축에서 떨어져 있는 거리와 멀수록 커진다. 따라서 지름의 크기가 큰 공의 질량 요소가 상대적으로 회전축에서 더 멀리 떨어져 있기 때문에 회전 관성 역시 더 크다는 것을 추론할 수 있다.

19

감각으로 검증할 수 없는 존재에 대한 관념은 그것의 실체를 확인할 수 없기 때문에 거짓으로 보아야 하는 문제가 발생한다는 진리론은 대응설이다.

20

ㄴ. 두 번째 문단에 따르면 전자기파가 어떤 물체에 닿아 진동으로 간섭함으로써 결과적으로 물질의 온도를 높이므로 전자기파를 방출하는 물질이라면 다른 물체를 데울 수 있음을 추론할 수 있다.

ㄷ. 첫 번째 문단에서 소리처럼 물질이 실제로 떨리는 역학적 파동과 달리 전자기파는 매질 없이도 전파된다고 하였으므로 소리는 매질이 있어야만 전파될 수 있음을 추론할 수 있다.

ㄱ. 두 번째 문단에 따르면 태양에서 오는 것은 열의 입자가 아닌 전자기파이며, 전자기파가 진동으로 간섭함으로써 물질의 온도를 높이는 것이므로 옳지 않다.

02 | 2024년 상반기 기출복원문제

01 수리

01	02	03	04	05	06	07	08	09	10
②	③	④	②	③	④	④	④	④	⑤

01 정답 ②

3인실, 2인실, 1인실로 배정되는 인원을 정리하면 다음과 같다.
- (3, 2, 0) : $_5C_3 \times _2C_2 = 10$가지
- (3, 1, 1) : $_5C_3 \times _2C_1 \times _1C_1 = 20$가지
- (2, 2, 1) : $_5C_2 \times _3C_2 \times _1C_1 = 30$가지
∴ $10 + 20 + 30 = 60$가지
따라서 방에 배정되는 경우의 수는 총 60가지이다.

02 정답 ③

작년 남학생 수와 여학생 수를 각각 a, b명이라 하면 다음과 같다.
- 작년 전체 학생 수 : $a + b = 820$ ⋯ ㉠
- 올해 전체 학생 수 : $1.08a + 0.9b = 810$ ⋯ ㉡
㉠과 ㉡을 연립하면 다음과 같다.
∴ $a = 400$, $b = 420$
따라서 작년 여학생의 수는 420명이다.

03 정답 ④

수도권에서 각 과일의 판매량은 다음과 같다.
- 배 : $800,000 + 1,500,000 + 200,000 = 2,500,000$개
- 귤 : $7,500,000 + 3,000,000 + 4,500,000 = 15,000,000$개
- 사과 : $300,000 + 450,000 + 750,000 = 1,500,000$개
∴ $a = \dfrac{800,000}{2,500,000} = 0.32$, $b = \dfrac{3,000,000}{15,000,000} = 0.2$,

$c = \dfrac{750,000}{1,500,000} = 0.5$

따라서 $a + b + c = 1.02$이다.

04 정답 ②

2021년 상위 100대 기업까지 48.7%이고, 200대 기업까지 54.5%이다. 따라서 101 ~ 200대 기업이 차지하고 있는 비율은 $54.5 - 48.7 = 5.8$%이다.

오답분석
① · ③ 자료를 통해 쉽게 확인할 수 있다.
④ 자료를 통해 0.2%p 감소했음을 알 수 있다.
⑤ 등락률이 상승과 하락의 경향을 보이므로 옳은 설명이다.

05 정답 ③

2022년 전년 대비 A ~ D사의 판매 수익 감소율을 구하면 다음과 같다.
- A사 : $\dfrac{18 - 9}{18} \times 100 = 50$%
- B사 : $\dfrac{6 - (-2)}{6} \times 100 ≒ 133$%
- C사 : $\dfrac{7 - (-6)}{7} \times 100 ≒ 186$%
- D사 : $\dfrac{-5 - (-8)}{-5} \times 100 = -60$%이지만, 전년 대비 감소하였으므로 감소율은 60%이다.

따라서 2022년의 판매 수익은 A ~ D사 모두 전년 대비 50% 이상 감소하였다.

오답분석
① 2021 ~ 2023년의 전년 대비 판매 수익 증감 추이는 A ~ D사 모두 '감소 – 감소 – 증가'이다.
② 2022년 판매 수익 총합은 $9 + (-2) + (-6) + (-8) = -7$조 원으로 적자를 기록하였다.
④ B사와 D사의 2020년 대비 2023년의 판매 수익은 각각 $10 - 8 = 2$조 원, $-2 - (-4) = 2$조 원으로 두 곳 모두 2조 원 감소하였다.
⑤ 2020년 대비 2023년의 판매 수익은 A사만 증가하였고, 나머지는 모두 감소하였다.

06

남성의 전체 인원은 $75+180+15+30=300$명이고, 여성의 전체 인원은 $52+143+39+26=260$명이다. 따라서 전체 남성 인원엔 대한 자녀 계획이 없는 남성 인원의 비율은 남성이 $\frac{75}{300}\times100=25\%$, 전체 여성 인원에 대한 자녀 계획이 없는 여성 인원의 비율은 $\frac{52}{260}\times100=20\%$로 남성이 여성보다 $25-20=5\%$p 더 크다.

오답분석

① 전체 조사 인원은 $300+260=560$명으로 600명 미만이다.
② 전체 여성 인원에 대한 희망 자녀수가 1명인 여성 인원의 비율은 $\frac{143}{260}\times100=55\%$이다.
③ 전체 여성 인원에 대한 희망 자녀수가 2명인 여성 인원의 비율은 $\frac{39}{260}\times100=15\%$, 전체 남성 인원에 대한 희망 자녀수가 2명인 남성 인원의 비율은 $\frac{15}{300}\times100=5\%$로 여성이 남성의 3배이다.
⑤ 남성의 각 항목을 인원수가 많은 순서대로 나열하면 '1명 – 계획 없음 – 3명 이상 – 2명'이고, 여성의 각 항목을 인원수가 많은 순서대로 나열하면 '1명 – 계획 없음 – 2명 – 3명' 이상이므로 남성과 여성의 항목별 순위는 서로 다르다.

07

정답 ④

신입사원의 수를 x명이라고 하자.
1인당 지급하는 국문 명함은 150장이므로 1인 기준 국문 명함 제작비용은 $10,000(\because 100$장$)+3,000(\because$ 추가 50장$)=13,000$원이다.
즉, $13,000x=195,000$
$\therefore x=15$
따라서 신입사원의 수는 15명이다.

08

정답 ④

1인당 지급하는 영문 명함은 200장이므로 1인 기준 영문 명함 제작비용(일반 종이 기준)은 $15,000(\because 100$장$)+10,000(\because$ 추가 100장$)=25,000$원이다.
이때 고급 종이로 영문 명함을 제작하므로 해외영업부 사원들의 1인 기준 영문 명함 제작비용은 $25,000\left(1+\frac{1}{10}\right)=27,500$원이다.
따라서 8명의 영문 명함 제작비용은 $27,500\times8=220,000$원이다.

09

정답 ④

책의 수는 매월 25권씩 늘어난다. 따라서 2023년 5월에 보유하는 책의 수는 $500+25\times11=775$권이다.

10

정답 ⑤

전월에 제조되는 초콜릿의 개수와 금월에 제조되는 초콜릿의 개수의 합이 명월에 제조되는 초콜릿의 개수이다.
• 2023년 7월 초콜릿의 개수 : $80+130=210$개
• 2023년 8월 초콜릿의 개수 : $130+210=340$개
• 2023년 9월 초콜릿의 개수 : $210+340=550$개
• 2023년 10월 초콜릿의 개수 : $340+550=890$개
• 2023년 11월 초콜릿의 개수 : $550+890=1,440$개
따라서 2023년 11월에는 1,440개의 초콜릿이 제조될 것이다.

01	02	03	04	05	06	07	08	09	10
②	②	④	⑤	②	③	⑤	⑤	③	①
11	12	13	14	15	16	17	18	19	20
①	⑤	①	③	⑤	⑤	③	①	②	②

01

정답 ②

'하루에 두 끼를 먹는 어떤 사람도 뚱뚱하지 않다.'를 다르게 표현하면 '하루에 두 끼를 먹는 모든 사람은 뚱뚱하지 않다.' 이다. 따라서 전제2와 연결하면 '아침을 먹는 모든 사람은 하루에 두 끼를 먹고, 하루에 두 끼를 먹는 사람은 뚱뚱하지 않다.'이고, 이를 정리하면 ②가 된다.

02

정답 ②

전제1과 전제3을 연결하면 '명랑한 사람 → 마라톤을 좋아하는 사람 → 체력이 좋고, 인내심 있는 사람'이고 전제2는 '몸무게가 무거운 사람 → 체력이 좋은 사람'이다. 따라서 '명랑한 사람은 인내심이 있다.'가 참이여서 그 대우도 참이므로 결론으로 ②가 적절하다.

03

정답 ④

제시된 명제들을 순서대로 논리기호화 하면 다음과 같다.
• 전제1 : 재고
• 전제2 : ~설비투자 → ~재고
• 전제3 : 건설투자 → 설비투자('~때에만'이라는 한정 조건이 들어가면 논리기호의 방향이 바뀐다)
전제1이 참이므로 전제2의 대우(재고 → 설비투자)에 따라 설비를 투자한다. 전제3은 건설투자를 늘릴 때에만 이라는 한정조건이 들어갔으므로 역(설비투자 → 건설투자) 또한 참이다. 따라서 이를 토대로 공장을 짓는다는 결론을 얻기 위해서는 '건설투자를 늘린다면, 공장을 짓는다(건설투자 → 공장건설).'라는 명제가 필요하다.

04

정답 ⑤

영래의 맞은편이 현석이고 현석이의 바로 옆자리가 수민이므로, 이를 기준으로 주어진 조건에 따라 자리를 배치해야 한다.
영래의 왼쪽・수민이의 오른쪽이 비어있을 때 또는 영래의 오른쪽・수민이의 왼쪽이 비어있을 때는 성표와 진모가 마주보면서 앉을 수 없으므로 성립하지 않는다. 그러므로 영래의 왼쪽・수민이의 왼쪽이 비어있을 때와 영래의 오른쪽・수민이의 오른쪽이 비어있을 때를 정리하면 다음과 같다.

ⅰ) 영래의 왼쪽, 수민이의 왼쪽이 비어있을 때

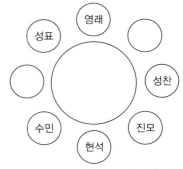

ⅱ) 영래의 오른쪽, 수민이의 오른쪽이 비어있을 때

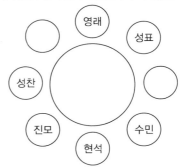

따라서 어느 상황에서든 진모와 수민이는 1명을 사이에 두고 앉는다.

05

정답 ②

먼저 첫 번째 조건에 따라 A가 출장을 간다고 하면 다음의 2가지 경우로 나뉜다.

A출장○	B출장○, C출장×
	B출장× C출장○

또한 두 번째 조건에 따라 C가 출장을 가면 D와 E 중 한 명이 출장을 가지 않거나 두 명 모두 가지 않는 3가지 경우가 생기고, C가 출장을 가지 않으면 D와 E의 출장 여부를 정확히 알 수 없으므로 4가지 경우가 된다. 그리고 세 번째 조건에 따라 B가 출장을 가지 않으면 F는 출장을 가므로 이를 정리하면 다음과 같다.

A출장○	B출장○, C출장×	D출장○, E출장×	F출장○ 또는 출장×
		D출장×, E출장○	
		D출장×, E출장×	
		D출장○, E출장○	
	B출장×, C출장○	D출장○, E출장×	F출장○
		D출장×, E출장○	
		D출장×, E출장×	

따라서 A가 출장을 간다면 같이 출장을 가는 최소 인원이 되는 경우는 B와 둘이서 출장을 가는 것이다.

06
정답 ③

D가 런던을 고른 경우, A는 뉴욕만 고를 수 있으므로 B는 파리를 고른다.

오답분석
① A가 뉴욕을 고를 경우, D가 런던을 고르면 E는 방콕 또는 베를린을 고른다.
② B가 베를린을 고를 경우, F는 파리를 고른다.
④ E가 뉴욕을 고를 경우, A는 런던을 고르므로 D는 방콕을 고른다.
⑤ A가 런던을 고르고 B가 파리를 고를 경우, F는 뉴욕을 고를 수 있다.

07
정답 ⑤

먼저 D의 주문 금액은 4,000원, E의 주문 금액은 2,000원임을 알 수 있다. 그리고 C의 최대 주문 금액은 3,500원이고, B의 최대 주문 금액은 이보다 적은 3,000원이므로 A의 최대 주문 금액 또한 3,000원이다. 따라서 5명이 주문한 금액은 최대 3,000+3,000+3,500+4,000+2,000=15,500원이다.

오답분석
① A와 B의 주문 가격은 같고, B는 커피류를 마실 수 없으므로 A가 주문 가능한 최소 가격은 B가 주문 가능한 음료류의 최소 가격인 2,000원이다.
② 허브티는 음료류 중 가격이 최대이므로 B가 허브티를 주문할 경우 C는 이보다 비싼 음료류를 주문할 수 없다.
③ 핫초코는 음료류 중 가격이 최소이므로 C가 핫초코를 주문할 경우 B는 이보다 저렴한 음료류를 주문할 수 없다.
④ S카페에서 가장 비싼 것은 아포카토이고, 이는 커피류이다.

08
정답 ⑤

규칙은 가로로 적용된다.
첫 번째 도형을 90° 회전한 것이 두 번째 도형이고, 두 번째 도형의 색을 반전시킨 것이 세 번째 도형이다.

09
정답 ③

규칙은 가로로 적용된다.
첫 번째 도형에서 색칠된 칸이 오른쪽으로 2칸씩 이동한 것이 두 번째 도형이고, 두 번째 도형에서 색칠된 칸이 아래쪽으로 2칸씩 이동한 것이 세 번째 도형이다.

10
정답 ①

규칙은 가로로 적용된다.
첫 번째 도형 안쪽의 선을 좌우 반전하여 합친 것이 두 번째 도형이고, 두 번째 도형을 상하 반전하여 합친 것이 세 번째 도형이다.

[11 ~ 14]
- ❶ : 각 자릿수 +1
- ❹ : 12345 → 31245
- ❻ : 12345 → 52341

11
정답 ①

ㅏㅓㅋㅛㄷ → ㅋㅏㅓㅛㄷ → ㅌㅑㅕㅠㄹ
　　　　❹　　　　　　　❶

12
정답 ⑤

4ㅑㄴdㅛ → ㅛㅑㄴd4 → ㄴㅛㅑd4
　　　　❻　　　　　❹

13
정답 ①

ㅍㅇapㅓ → aㅍㅇpㅓ → bㅎㅈqㅕ → cㄱㅊrㅗ
　　　　❹　　　　❶　　　　　❶

14
정답 ③

Uㅜㅎㅊㅍ → ㅍㅜㅎㅊU → ㅎㅍㅜㅊU → Uㅍㅜㅊㅎ
　　　　❻　　　　　❹　　　　　❻

15
정답 ⑤

제시문은 비휘발성 메모리인 NAND 플래시 메모리에 대해 먼저 소개하고, NAND 플래시 메모리에 데이터가 저장되는 과정을 설명한 후 반대로 지워지는 과정을 설명하고 있다. 따라서 (라) NAND 플래시 메모리의 정의 – (나) 컨트롤 게이트와 기저 상태 사이에 전위차 발생 – (가) 전자 터널링 현상으로 전자가 플로팅 게이트로 이동하며 데이터 저장 – (다) 전위차를 반대로 가할 때 전자 터널링 현상으로 전자가 기저상태로 되돌아가며 데이터 삭제 순으로 나열하는 것이 적절하다.

16
정답 ⑤

제시문은 스페인의 건축가 가우디의 건축물에 대해 설명하는 글이다. 따라서 (나) 가우디 건축물의 특징인 곡선과 대표 건축물인 카사 밀라 – (라) 카사 밀라에 대한 설명 – (다) 가우디 건축의 또 다른 특징인 자연과의 조화 – (가) 이를 뒷받침하는 건축물인 구엘 공원의 순서로 나열하는 것이 적절하다.

PART 1

17

세 번째 문단에 따르면 치료용 항체는 암세포가 스스로 사멸되도록 암세포에 항체를 직접 투여하는 항암제라고 언급되어 있다.

오답분석

① 첫 번째 문단에서 면역 세포는 T세포와 B세포가 있다고 언급되어 있다.
② 두 번째 문단에서 암세포가 면역 시스템을 피하여 성장하면서 다른 곳으로 전이되어 암이 발병할 수 있음을 알 수 있다.
④ 네 번째 문단에서 CAR-T 치료제는 환자의 T세포를 추출하여 암세포를 공격하는 기능을 강화 후 재투여한다고 언급되어 있다.
⑤ 다섯 번째 문단에서 면역 활성물질이 과도하게 분비될 때, 환자에게 치명적인 사이토카인 폭풍을 일으키는 등 신체 이상 증상을 보일 수 있다고 언급되어 있다.

18

레이저 절단 가공은 고밀도, 고열원의 레이저를 쏘아 절단 부위를 녹이고 증발시켜 소재를 절단하는 작업이지만, 다른 열 절단 가공에 비해 열변형의 우려가 적다고 언급되어 있다.

오답분석

② 고밀도, 고열원의 레이저를 쏘아 소재를 녹이고 증발시켜 소재를 절단한다 하였으므로 절단 작업 중에는 기체가 발생함을 알 수 있다.
③ 레이저 절단 가공은 물리적 변형이 적어 깨지기 쉬운 소재도 다룰 수 있다고 언급되어 있다.
④ 반도체 소자가 나날이 작아지고 정교해졌다고 언급되어 있으므로 과거 반도체 소자는 현재 반도체 소자보다 덜 정교함을 추측할 수 있다.
⑤ 반도체 소자는 나날이 작아지며 정교해지고 있으므로 현재 기술력으로는 레이저 절단 가공 외의 가공법으로는 반도체 소자를 다루기 쉽지 않음을 추측할 수 있다.

19

제시문은 윤리적 상대주의가 참이라는 결론을 내리기 위한 논증이다. 어떤 행위에 대한 문화 간의 지속적인 시비 논란(윤리적 판단)은 사람들의 윤리적 기준 차이에 의하여 한 문화 안에서 시대마다 다르기도 하고, 동일한 문화와 시대 안에서도 다를 수 있다. 따라서 올바른 윤리적 기준은 그것을 적용하는 사람에 따라 상대적이고 이것이 윤리적 상대주의가 참이라는 논증이므로 이 논증의 반박은 '절대적 기준에 의한 보편적 윤리 판단은 존재한다.'가 되어야 한다. 그러나 ②는 '윤리적 판단이 항상 서로 다른 것은 아니다.'라는 내용으로, 제시문에서도 윤리적 판단이 '~ 다르기도 하다.', '다른 윤리적 판단을 하는 경우를 볼 수 있다.'고 했지 '항상 다르다.'고는 하지 않았다. 그러므로 ②는 제시문의 주장을 반박하는 내용으로 적절하지 않다.

20

아리스토텔레스는 관객과 극중 인물의 감정 교류를 강조하지만 브레히트는 관객이 거리를 두고 극을 보는 것을 강조하고 있다. 브레히트는 관객이 극에 지나치게 몰입하게 되면 극과의 거리두기가 어려워져 사건을 객관적으로 바라볼 수 없게 된다고 보았다. 따라서 브레히트가 아리스토텔레스에게 제기할 만한 의문으로 가장 적절한 것은 ②이다.

03 | 2023년 하반기 기출복원문제

01 수리

01	02	03	04	05	06	07	08	09	10
③	①	④	③	④	②	③	①	⑤	⑤

01 　　정답 ③

- 전년 대비 2022년 데스크탑 PC의 판매량 증감률 :
$$\frac{4,700-5,000}{5,000} \times 100 = \frac{-300}{5,000} \times 100 = -6\%$$
- 전년 대비 2022년 노트북의 판매량 증감률 :
$$\frac{2,400-2,000}{2,000} \times 100 = \frac{400}{2,000} \times 100 = 20\%$$

02 　　정답 ①

- 8명의 선수 중 4명을 뽑는 경우의 수 : $_8C_4 = \frac{8 \times 7 \times 6 \times 5}{4 \times 3 \times 2 \times 1} = 70$가지
- A, B, C를 포함하여 4명을 뽑는 경우의 수 : A, B, C를 제외한 5명 중 1명을 뽑으면 되므로 $_5C_1 = 5$가지

따라서 구하고자 하는 확률은 $\frac{5}{70} = \frac{1}{14}$ 이다.

03 　　정답 ④

2018년의 부품 수가 2017년보다 $170-120=50$개 늘었을 때, 불량품 수는 $30-10=20$개 늘었고, 2019년의 부품 수가 2018년보다 $270-170=100$개 늘었을 때, 불량품 수는 $70-30=40$개 늘었다. 그러므로 전년 대비 부품 수의 차이와 불량품 수의 차이 사이에는 5 : 2의 비례관계가 성립한다.
2022년 부품 수(A)를 x개, 2020년 불량품 수(B)를 y개라고 하면 2022년의 부품 수가 2021년보다 $(x-620)$개 늘었을 때, 불량품 수는 $310-210=100$개 늘었다.
즉, $(x-620) : 100 = 5 : 2 \to x-620=250$
$\therefore x=870$
2020년의 부품 수가 2019년보다 $420-270=150$개 늘었을 때, 불량품 수는 $(y-70)$개 늘었다.
즉, $150 : (y-70) = 5 : 2 \to y-70=60$
$\therefore y=130$
따라서 2022년 부품 수는 870개, 2020년 불량품 수는 130개이다.

04 　　정답 ③

남자가 소설을 대여한 횟수는 60회이고, 여자가 소설을 대여한 횟수는 80회이므로 $\frac{60}{80} \times 100 = 75\%$이다.

오답분석

① 소설 전체 대여 횟수는 140회, 비소설 전체 대여 횟수는 80회이므로 옳다.
② 40세 미만의 전체 대여 횟수는 120회, 40세 이상의 전체 대여 횟수는 100회이므로 옳다.
④ 40세 미만의 전체 대여 횟수는 120회이고, 그중 비소설 대여는 30회이므로 $\frac{30}{120} \times 100 = 25\%$이다.
⑤ 40세 이상의 전체 대여 횟수는 100회이고, 그중 소설 대여는 50회이므로 $\frac{50}{100} \times 100 = 50\%$이다.

05 　　정답 ④

ㄱ. 자료를 통해 대도시 간 예상 최대 소요시간은 모든 구간에서 주중이 주말보다 적게 걸림을 알 수 있다.
ㄴ. 주중 전국 교통량 중 수도권에서 지방으로 가는 교통량의 비율은 $\frac{4}{40} \times 100 = 10\%$이다.
ㄹ. 서울 – 광주 구간 주중 소요시간과 서울 – 강릉 구간 주말 소요시간은 3시간으로 같다.

오답분석

ㄷ. 지방에서 수도권으로 가는 주말 예상 교통량은 주중 교통량의 $\frac{3}{2} = 1.5$배이다.

06

정답 ②

ㄴ. 전년 대비 2021년 대형 자동차 판매량의 감소율은

$\frac{150-200}{200}\times100=-25\%$로 판매량은 전년 대비 30%

미만으로 감소하였다.

ㄷ. 2020 ~ 2022년 동안 SUV 자동차의 총판매량은 300+ 400+200=900천 대이고, 대형 자동차의 총판매량은 200+150+100=450천 대이다.

따라서 2020 ~ 2022년 동안 SUV 자동차의 총판매량은

대형 자동차 총판매량의 $\frac{900}{450}=2$배이다.

오답분석

ㄱ. 2020 ~ 2022년 동안 판매량이 지속적으로 감소하는 차종은 '대형' 1종류이다.

ㄹ. 2021년 대비 2022년에 판매량이 증가한 차종은 '준중형' 과 '중형'이다. 두 차종의 증가율을 비교하면 준중형은

$\frac{180-150}{150}\times100=20\%$, 중형은 $\frac{250-200}{200}\times100=25\%$

로 중형 자동차가 더 높은 증가율을 나타낸다.

07

정답 ③

• 2018년 대비 2019년 사고 척수의 증가율 :

$\frac{2,400-1,500}{1,500}\times100=60\%$

• 2018년 대비 2019년 사고 건수의 증가율 :

$\frac{2,100-1,400}{1,400}\times100=50\%$

08

정답 ①

연도별 사고 건수당 인명피해의 인원수를 구하면 다음과 같다.

• 2018년 : $\frac{700}{1,400}=0.5$명/건

• 2019년 : $\frac{420}{2,100}=0.2$명/건

• 2020년 : $\frac{460}{2,300}=0.2$명/건

• 2021년 : $\frac{750}{2,500}=0.3$명/건

• 2022년 : $\frac{260}{2,600}=0.1$명/건

따라서 사고 건수당 인명피해의 인원수가 가장 많은 연도는 2018년이다.

09

정답 ⑤

A제품을 n개 이어 붙일 때 필요한 시간이 a_n분일 때, 제품 $(n+1)$개를 이어 붙이는데 필요한 시간은 $(2a_n+n)$분이다. 그러므로 제품 n개를 이어 붙이는 데 필요한 시간은 다음과 같다.

• 6개 : $2\times42+5=89$분

• 7개 : $2\times89+6=184$분

• 8개 : $2\times184+7=375$분

따라서 제품 8개를 이어 붙이는 데 필요한 시간은 375분이다.

10

정답 ⑤

A규칙은 계차수열로 앞의 항에 +5를 하여 항과 항 사이에 +20, +25, +30, +35, +40, +45, …을 적용하는 수열 이고, B규칙은 앞의 항에 +30을 적용하는 수열이다.

따라서 빈칸에 들어갈 a와 b의 총합이 처음으로 800억 원을 넘는 수는 a=410, b=420이다.

02 추리

01	02	03	04	05	06	07	08	09	10
④	②	④	③	③	⑤	②	④	③	⑤
11	12	13	14	15	16	17	18	19	20
④	②	①	⑤	③	④	⑤	④	②	④

01
정답 ④

'눈을 자주 깜빡인다.'를 A, '눈이 건조해진다.'를 B, '스마트폰을 이용할 때'를 C라 하면, 전제1과 전제2는 각각 ~A → B, C → ~A이므로 C → ~A → B가 성립한다. 따라서 빈칸에 들어갈 명제는 C → B인 '스마트폰을 이용할 때는 눈이 건조해진다.'이다.

02
정답 ②

'밤에 잠을 잘 잔다.'를 A, '낮에 피곤하다.'를 B, '업무효율이 오른다.'를 C, '성과급을 받는다.'를 D라고 하면, 전제1은 ~A → B, 전제3은 ~C → ~D, 결론은 ~A → ~D이다. 따라서 ~A → B → ~C → ~D가 성립하기 위해서 필요한 전제2는 B → ~C이므로 '낮에 피곤하면 업무효율이 떨어진다.'이다.

03
정답 ④

'전기가 통하는 물질'을 A, '금속'을 B, '광택이 있는 물질'을 C라고 하면, 전제1에 따라 모든 금속은 전기가 통하므로 B는 A에 포함되며, 전제2에 따라 C는 B의 일부에 포함된다. 이를 벤 다이어그램으로 표현하면 다음과 같다.

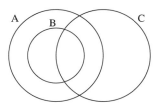

따라서 C에서 A부분을 제외한 부분이 존재하므로 '전기가 통하지 않으면서 광택이 있는 물질이 있다.'가 결론으로 적절하다.

04
정답 ③

A와 D의 진술이 모순되므로, A의 진술이 참인 경우와 거짓인 경우를 구한다.
 i) A의 진술이 참인 경우
    A의 진술에 따라 D가 부정행위를 하였으며, 거짓을 말하고 있다. B는 A의 진술이 참이므로 B의 진술도 참이며, B의 진술이 참이므로 C의 진술은 거짓이 되고, E의 진술은 참이 된다. 그러므로 부정행위를 한 사람은 C, D이다.
 ii) A의 진술이 거짓인 경우
    A의 진술에 따라 D는 참을 말하고 있고, B는 A의 진술이 거짓이므로 B의 진술도 거짓이 된다. B의 진술이 거짓이므로 C의 진술은 참이 되고, E의 진술은 거짓이 된다. 그러면 거짓을 말한 사람은 A, B, E이지만 조건에서 부정행위를 한 사람은 2명이므로 모순이 되어 옳지 않다.
따라서 A의 진술이 참인 경우에 의해 부정행위를 한 사람은 C, D이다.

05
정답 ③

주어진 조건을 정리하면 다음과 같다.
• 첫 번째 조건 : 삼선짬뽕
• 마지막 조건의 대우 : 삼선짬뽕 → 팔보채
• 다섯 번째 조건의 대우 : 팔보채 → 양장피
세 번째, 네 번째 조건의 경우 자장면에 대한 단서가 없으므로 전건 및 후건의 참과 거짓을 판단할 수 없다. 그러므로 탕수육과 만두도 주문 여부를 알 수 없다. 따라서 반드시 주문할 메뉴는 삼선짬뽕, 팔보채, 양장피이다.

06
정답 ⑤

두 번째 조건에 따라, B는 항상 1과 5 사이에 앉는다. E가 4와 5 사이에 앉으면 2와 3 사이에는 A, C, D 중 누구나 앉을 수 있다.

오답분석
① A가 1과 2 사이에 앉으면 네 번째 조건에 따라, E는 4와 5 사이에 앉는다. 그러면 C와 D는 3 옆에 앉게 되는데 이는 세 번째 조건과 모순이 된다.
② D가 4와 5 사이에 앉으면 네 번째 조건에 따라, E는 1과 2 사이에 앉는다. 그러면 C와 D는 3 옆에 앉게 되는데 이는 세 번째 조건과 모순이 된다.
③ C가 2와 3 사이에 앉으면 세 번째 조건에 따라, D는 1과 2 사이에 앉는다. 또한 네 번째 조건에 따라, E는 3과 4 사이에 앉을 수 없다. 따라서 A는 반드시 3과 4 사이에 앉는다.
④ E가 1과 2 사이에 앉으면 세 번째 조건의 대우에 따라, C는 반드시 4와 5 사이에 앉는다.

07

정답 ②

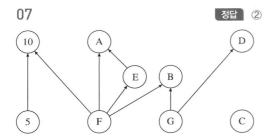

A, B, C를 제외한 빈칸에 적힌 수를 각각 D, E, F, G라고 하자.

F는 10의 약수이고 원 안에는 2에서 10까지의 자연수가 적혀 있으므로 F는 2이다.

10을 제외한 2의 배수는 4, 6, 8이고, A는 E와 F의 공배수이다. 즉, A는 8, E는 4이고, B는 6이다.

6의 약수는 1, 2, 3, 6이므로 G는 3이고 D는 3의 배수이므로 9이며, 남은 7은 C이다.

따라서 A, B, C에 해당하는 수의 합은 8+6+7=21이다.

08

정답 ④

규칙은 가로로 적용된다.

첫 번째 도형을 180° 회전시킨 도형이 두 번째 도형이고, 두 번째 도형을 색 반전시킨 도형이 세 번째 도형이다.

09

정답 ③

규칙은 가로로 적용된다.

첫 번째 도형을 반으로 나눴을 때 왼쪽이 두 번째 도형이고, 첫 번째 도형의 오른쪽을 y축 대칭하고 시계 방향으로 90° 회전한 것이 세 번째 도형이다.

10

정답 ⑤

규칙은 가로로 적용된다.

16칸 안에 있는 도형들이 모두 오른쪽으로 한 칸씩 움직인다.

[11 ~ 14]

• 문자표

1	2	3	4	5	6	7	8	9
A	B	C	D	E	F	G	H	I
10	11	12	13	14	15	16	17	18
J	K	L	M	N	O	P	Q	R
19	20	21	22	23	24	25	26	
S	T	U	V	W	X	Y	Z	

• 규칙

☆ : 각 자릿수 +4, +3, +2, +1

♡ : 1234 → 4321

□ : 1234 → 4231

△ : 각 자릿수 +1, -1, +1, -1

11

정답 ④

US24 → 4S2U → 8V4V
　　　□　　　　☆

12

정답 ②

KB52 → OE73 → 37EO
　　　☆　　　　♡

13

정답 ①

1839 → 2748 → 8472 → 9381
　　　△　　　　♡　　　　△

14

정답 ⑤

J7H8 → 87HJ → 96II
　　　□　　　　△

15

정답 ③

제시문은 2,500년 전 인간과 현대의 인간의 공통점을 언급하며 2,500년 전에 쓰인 『논어』가 현대에서 지니는 가치에 대하여 설명하고 있다. 따라서 (가) 『논어』가 쓰인 2,500년 전 과거와 현대의 차이점 - (마) 2,500년 전의 책인 『논어』가 폐기되지 않고 현대에서도 읽히는 이유에 대한 의문 - (나) 인간이라는 공통점을 지닌 2,500년 전 공자와 우리들 - (다) 2,500년의 시간이 흐르는 동안 인간의 달라진 부분과 달라지지 않은 부분에 대한 설명 - (라) 시대가 흐름에 따라 폐기될 부분을 제외하더라도 여전히 오래된 미래로서의 가치를 지니는 『논어』 순으로 나열하는 것이 적절하다.

16

정답 ④

먼저 다문화정책의 두 가지 핵심을 밝히고 있는 (다)가 가장 처음에 온 뒤 (다)의 내용을 뒷받침하기 위해 프랑스를 사례로 든 (가)를 그 뒤에 배치하는 것이 자연스럽다. 그 다음으로는 이민자에 대한 지원 촉구 및 다문화정책의 개선 등에 대한 내용이 이어지는 것이 글의 흐름상 적절하므로, 이민자에 대한 배려의 필요성을 주장하는 (라), 다문화정책의 패러다임 전환을 주장하는 (나) 순으로 나열하는 것이 적절하다.

17

면허를 발급하는 것은 면허 발급 방식이며, 보조금을 지급받는 것은 보조금 지급 방식으로 둘 사이의 연관성은 없다. 따라서 ⑤가 거짓이다.

오답분석

① 과거에는 공공 서비스가 경합성과 배제성이 모두 약한 사회 기반 시설 공급을 중심으로 제공되었다. 이런 경우 서비스 제공에 드는 비용은 주로 세금을 비롯한 공적 재원으로 충당을 하였다.
② 공공 서비스의 다양화와 양적 확대가 이루어지면서 행정 업무의 전문성 및 효율성이 떨어지는 문제점이 나타나기도 하였다.
③ 정부는 위탁 제도를 도입함으로써 정부 조직의 규모를 확대하지 않으면서 서비스의 전문성을 강화할 수 있었다.
④ 경쟁 입찰 방식의 경우 정부가 직접 공공 서비스를 제공할 때보다 서비스의 생산 비용이 절감될 수 있고, 정부의 재정 부담도 경감될 수 있었다.

18

정답 ④

㉠의 '고속도로'는 그래핀이 사용된 선로를 의미하며, ㉢의 '코팅'은 비정질 탄소로 그래핀을 둘러싼 것을 의미한다. ㉠의 그래핀은 전자의 이동속도가 빠른 대신 저항이 높고 전하 농도가 낮다. 연구팀은 이러한 그래핀의 단점을 해결하기 위해, 그래핀에 비정질 탄소를 얇게 덮어 저항을 감소시키고 전하 농도를 증가시키는 방법을 생각해냈다.

오답분석

① ㉡의 '도로'는 기존 금속 재질의 선로를 의미한다. 연구팀은 기존의 금속 재질(㉡) 대신 그래핀(㉠)을 반도체 회로에 사용하였다.
② 반도체 내에 많은 소자가 집적되면서 금속 재질의 선로(㉡)에 저항이 기하급수적으로 증가하였다.
③ 그래핀(㉠)은 구리보다 전기 전달 능력이 뛰어나고 전자 이동속도가 100배 이상 빠르다.
⑤ ㉠의 '고속도로'는 그래핀, ㉡의 '도로'는 금속 재질, ㉢의 '코팅'은 비정질 탄소를 의미한다.

19

정답 ②

제시문에서 필자는 3R 원칙을 강조하며 가장 필수적이고 최저한의 동물실험이 필요악임을 주장하고 있다. 특히 '보다 안전한 결과를 도출해내기 위한 동물실험은 필요악이며, 이러한 필수적인 의약실험조차 금지하려 한다는 것은 기술 발전 속도를 늦춰 약이 필요한 누군가의 고통을 감수하자는 이기적인 주장'이라는 대목을 통해 약이 필요한 이들을 위한 의약실험에 초점을 맞추고 있음을 확인할 수 있다. 따라서 ②의 주장처럼 생명과 큰 관련이 없는 동물실험을 비판의 근거로 삼는 것은 적절하지 않다.

20

정답 ④

포지티브 방식은 PR 코팅, 즉 감광액이 빛에 노출되었을 때 현상액에 녹기 쉽게 화학구조가 변하며, 네거티브 방식은 반대로 감광액이 빛에 노출되면 현상액에 녹기 어렵게 변한다.

오답분석

① 포토리소그래피는 PR층이 덮이지 않은 증착 물질을 제거하는 식각 과정 이후 PR층을 마저 제거한다. 이후 일련의 과정을 다시 반복하여 증착 물질을 원하는 형태로 패터닝하는 것이다.
② PR 코팅은 노광 과정 이후 현상액에 접촉했을 때 반응하여 사라지거나 남게 된다. 따라서 식각 과정 이전에 자신의 실수를 알아차렸을 것이다.
③ 포지티브 방식의 PR 코팅을 사용한 창우의 디스플레이 회로의 PR층과 증착 물질이 모두 사라졌다면, 증착 및 코팅 불량이나 PR 제거 실수와 같은 근본적인 오류를 제외할 경우 노광 과정에서 마스크가 빛을 가리지 못해 PR층 전부가 빛에 노출되었을 가능성이 높다.
⑤ 광수가 원래 의도대로 디스플레이 회로를 완성시키기 위해서는 최소 PR 코팅 이전까지 공정을 되돌릴 필요가 있다.

04 | 2023년 상반기
기출복원문제

01 수리

01	02	03	04	05	06	07	08	09	10
⑤	③	④	②	②	③	③	④	③	③

01

정답 ⑤

작년 사원 수에서 줄어든 인원은 올해 진급한 사원(12%)과 퇴사한 사원(20%)이므로 이를 합하면 $400 \times (0.12 + 0.2) = 128$명이며, 작년 사원에서 올해도 사원인 사람은 $400 - 128 = 272$명이다. 올해 사원 수는 작년 사원 수에서 6% 증가했으므로 $400 \times 1.06 = 424$명이 된다.

따라서 올해 채용한 신입사원은 $424 - 272 = 152$명임을 알 수 있다.

02

정답 ③

ⅰ) 7명의 학생이 원탁에 앉는 경우의 수 : $(7-1)! = 6!$가지

ⅱ) 7명의 학생 중 여학생 3명이 원탁에 이웃해서 앉는 경우의 수 : $[(5-1)! \times 3!]$가지

따라서 7명의 학생 중 여학생 3명이 원탁에 이웃해서 앉는 확률은 $\dfrac{4! \times 3!}{6!} = \dfrac{1}{5}$이다.

03

정답 ④

ㄷ. 2020 ~ 2022년에 사망자 수는 1,850명 → 1,817명 → 1,558명으로 감소하고 있고, 부상자 수는 11,840명 → 12,956명 → 13,940명으로 증가하고 있다.

ㄹ. 각 연도의 검거율을 구하면 다음과 같다.

- 2019년 : $\dfrac{12,606}{15,280} \times 100 = 82.5\%$
- 2020년 : $\dfrac{12,728}{14,800} \times 100 = 86\%$
- 2021년 : $\dfrac{13,667}{15,800} \times 100 = 86.5\%$
- 2022년 : $\dfrac{14,350}{16,400} \times 100 = 87.5\%$

따라서 검거율은 매년 높아지고 있다.

오답분석

ㄱ. 사고 건수는 2020년까지 감소하다가 2021년부터 증가하고 있고, 검거 수는 매년 증가하고 있다.

ㄴ. 2020년과 2021년의 사망률 및 부상률은 다음과 같다.

- 2020년 사망률 : $\dfrac{1,850}{14,800} \times 100 = 12.5\%$
- 2020년 부상률 : $\dfrac{11,840}{14,800} \times 100 = 80\%$
- 2021년 사망률 : $\dfrac{1,817}{15,800} \times 100 = 11.5\%$
- 2021년 부상률 : $\dfrac{12,956}{15,800} \times 100 = 82\%$

따라서 사망률은 2020년이 더 높지만 부상률은 2021년이 더 높다.

04

정답 ②

26 ~ 30세 응답자는 총 51명이다. 그중 4회 이상 방문한 응답자는 $5 + 2 = 7$명이고, 비율은 $\dfrac{7}{51} \times 100 = 13.72\%$이므로 10% 이상이다.

오답분석

① 전체 응답자 수는 113명이다. 그중 20 ~ 25세 응답자는 53명이므로, 비율은 $\dfrac{53}{113} \times 100 = 46.90\%$가 된다.

③ 주어진 자료만으로는 31 ~ 35세 응답자의 1인당 평균 방문 횟수를 정확히 구할 수 없다. 그 이유는 방문 횟수를 '1회', '2 ~ 3회', '4 ~ 5회', '6회 이상' 등 구간으로 구분했기 때문이다. 다만 구간별 최솟값으로 평균을 냈을 때, 평균 방문 횟수가 2회 이상이라는 점을 통해 2회 미만이라는 것은 옳지 않음을 알 수 있다.

$\{1,\ 1,\ 1,\ 2,\ 2,\ 2,\ 2,\ 4,\ 4\}$ → 평균 $= \dfrac{19}{9} = 2.11$회

④ 응답자의 직업에서 학생과 공무원 응답자의 수는 51명이다. 즉, 전체 113명의 절반에 미치지 못하므로 비율은 50% 미만이다.

⑤ 주어진 자료만으로 판단할 때, 전문직 응답자 7명 모두 20 ~ 25세일 수 있으므로 비율은 $\dfrac{7}{113} = 6.19\%$이 되어 5% 이상이 될 수 있다.

05

정답 ②

제시된 자료에 의하여 2020년부터 세계 전문 서비스용 로봇 시장의 규모가 증가함을 알 수 있지만, 2022년에 세계 전문 서비스용 로봇 시장 규모가 전체 세계 로봇 시장 규모에서 차지하는 비중을 구하면 $\frac{4,600}{17,949} \times 100 \fallingdotseq 25.63\%$이다.

따라서 2022년 전체 세계 로봇 시장 규모에서 세계 전문 서비스용 로봇 시장 규모가 차지하는 비중은 27% 미만이므로 옳지 않은 설명이다.

오답분석

① 2022년 세계 개인 서비스용 로봇 시장 규모의 전년 대비 증가율은 $\frac{2,216 - 2,134}{2,134} \times 100 \fallingdotseq 3.8\%$이다.

③ 2022년 세계 제조용 로봇 시장 규모의 전년 대비 증가율은 $\frac{11,133 - 10,193}{10,193} \times 100 \fallingdotseq 9.2\%$이고, 제시된 자료에 의하여 2022년의 세계 제조용 로봇 시장의 규모가 세계 로봇 시장에서 가장 큰 규모를 차지하고 있음을 확인할 수 있다.

④ • 전년 대비 2022년의 국내 전문 서비스용 로봇 시장 생산 규모 증가율 : $\frac{2,629 - 1,377}{1,377} \times 100 \fallingdotseq 91.0\%$
 • 2021년의 전체 서비스용 로봇 시장 생산 규모 : $3,247 + 1,377 = 4,624$억 원
 • 2022년의 전체 서비스용 로봇 시장 생산 규모 : $3,256 + 2,629 = 5,885$억 원
 • 전년 대비 2022년의 전체 서비스용 로봇 시장 생산 규모 증가율 : $\frac{5,885 - 4,624}{4,624} \times 100 \fallingdotseq 27.3\%$

⑤ • 전년 대비 2022년의 개인 서비스용 로봇 시장 수출 규모 감소율 : $\frac{944 - 726}{944} \times 100 \fallingdotseq 23.1\%$
 • 2021년의 전체 서비스용 로봇 시장 수출 규모 : $944 + 154 = 1,098$억 원
 • 2022년의 전체 서비스용 로봇 시장 수출 규모 : $726 + 320 = 1,046$억 원
 • 전년 대비 2022년의 전체 서비스용 로봇 시장 수출 규모 감소율 : $\frac{1,098 - 1,046}{1,098} \times 100 \fallingdotseq 4.7\%$

06

정답 ③

ㄱ. 한국, 독일, 영국, 미국 총 4곳이 전년 대비 2021년 연구개발비가 감소했다.

ㄷ. 전년 대비 2019년 한국, 중국, 독일의 연구개발비 증가율을 각각 구하면 다음과 같다.
 • 한국 : $\frac{33,684 - 28,641}{28,641} \times 100 \fallingdotseq 17.6\%$
 • 중국 : $\frac{48,771 - 37,664}{37,664} \times 100 \fallingdotseq 29.5\%$

 • 독일 : $\frac{84,148 - 73,737}{73,737} \times 100 \fallingdotseq 14.1\%$
 따라서 중국 - 한국 - 독일 순서로 증가율이 높다.

오답분석

ㄴ. 증가율을 계산해보는 방법도 있지만 연구개발비가 2배 이상 증가한 국가는 중국뿐이므로 중국의 증가율이 가장 높은 것을 알 수 있다.
 따라서 증가율이 가장 높은 국가는 중국이고, 영국이 $\frac{40,291 - 39,421}{39,421} \times 100 \fallingdotseq 2.2\%$로 가장 낮다.

07

정답 ③

• 한국의 응용연구비 : $29,703 \times 0.2 = 5,940.6$백만 달러
• 미국의 개발연구비 : $401,576 \times 0.6 = 240,945.6$백만 달러
따라서 2021년 미국의 개발연구비는 한국의 응용연구비의 $240,945.6 \div 5,940.6 \fallingdotseq 40$배이다.

08

정답 ④

제시된 표를 통해 메모리 개발 용량은 1년마다 2배씩 증가함을 알 수 있다.
• 2004년 : $4,096 \times 2 = 8,192$MB
• 2005년 : $8,192 \times 2 = 16,384$MB
• 2006년 : $16,384 \times 2 = 32,768$MB
• 2007년 : $32,768 \times 2 = 65,536$MB
따라서 2007년에 개발한 반도체 메모리의 용량은 65,536MB 이다.

09

정답 ③

제시된 표를 통해 석순의 길이가 10년 단위로 2cm, 1cm가 반복되면서 자라는 것을 알 수 있다.
• 2010년 : $16 + 2 = 18$cm
• 2020년 : $18 + 1 = 19$cm
• 2030년 : $19 + 2 = 21$cm
• 2040년 : $21 + 1 = 22$cm
• 2050년 : $22 + 2 = 24$cm
따라서 2050년에 석순의 길이를 측정한다면 24cm일 것이다.

10

정답 ③

1997년부터 차례대로 3을 더하여 만든 수열은 1997, 2000, 2003, 2006, 2009, …이다.
따라서 제10회 세계 물 포럼은 제1회 세계 물 포럼으로부터 9번째 후에 개최되므로 $1997 + 3 \times 9 = 2024$년에 개최된다.

01	02	03	04	05	06	07	08	09	10
②	①	④	②	⑤	②	③	③	⑤	④

11	12	13	14	15	16	17	18	19	20
①	④	③	④	⑤	②	②	④	③	②

01

정답 ②

'스테이크를 먹는다.'를 A, '지갑이 없다.'를 B, '쿠폰을 받는다.'를 C라 하면, 전제1과 결론은 각각 A → B, ~B → C이다. 이때, 전제1의 대우는 ~B → ~A이므로 결론이 참이 되려면 ~A → C가 필요하다. 따라서 빈칸에 들어갈 명제는 '스테이크를 먹지 않는 사람은 쿠폰을 받는다.'이다.

02

정답 ①

다이아몬드는 광물이고, 광물은 매우 규칙적인 원자 배열을 가지고 있다. 따라서 다이아몬드는 매우 규칙적인 원자 배열을 가지고 있다.

03

정답 ④

'음악을 좋아하다.'를 p, '상상력이 풍부하다.'를 q, '노란색을 좋아하다.'를 r이라고 하면, 전제1은 $p → q$, 전제2는 $~p → ~r$이다. 이때, 전제2의 대우 $r → p$에 따라 $r → p → q$가 성립한다. 따라서 $r → q$이므로 빈칸에 들어갈 명제는 '노란색을 좋아하는 사람은 상상력이 풍부하다.'이다.

04

정답 ②

i) A의 진술이 참인 경우
A가 1위, C가 2위이다. 그러면 B의 진술은 참이다. 따라서 B가 3위, D가 4위이다. 그러나 D가 C보다 순위가 낮음에도 C의 진술은 거짓이다. 이는 제시된 조건에 위배된다.

ii) A의 진술이 거짓인 경우
제시된 조건에 따라 A의 진술이 거짓이라면 C는 3위 또는 4위일 것인데, 자신보다 높은 순위의 사람에 대한 진술이 거짓이므로 C는 3위, A는 4위이다. 따라서 B의 진술은 거짓이므로 D가 1위, B가 2위이다.

05

정답 ⑤

B와 D는 동시에 참말 혹은 거짓말을 한다. A와 C의 장소에 대한 진술이 모순되기 때문에 B와 D는 참말을 하고 있음이 틀림없다. 따라서 B, D와 진술 내용이 다른 E는 무조건 거짓말을 하고 있는 것이고, 거짓말을 하고 있는 사람은 두 명이므로 A와 C 중 한 명은 거짓말을 하고 있다. A가 거짓말을 하는 경우 A ~ C 모두 부산에 있었고, D는 참말을 하였으므로 범인은 E가 된다. C가 거짓말을 하는 경우 A ~ C는 모두 학교에 있었고, D는 참말을 하였으므로 범인은 역시 E가 된다.

06

정답 ②

주어진 조건을 정리하면 다음과 같다.

구분	A	B	C	D
꽃꽂이	×		○	
댄스	×	×	×	
축구			×	
농구		×	×	

A, B, C는 댄스 활동을 하지 않으므로 댄스 활동은 D의 취미임을 알 수 있다. 또한 B, C, D는 농구 활동을 하지 않으므로 A가 농구 활동을 취미로 한다는 것을 알 수 있다. 이를 정리하면 다음과 같다.

구분	A	B	C	D
꽃꽂이	×	×	○	×
댄스	×	×	×	○
축구	×	○	×	×
농구	○	×	×	×

오답분석
① B가 축구 활동을 하는 것은 맞지만, D는 댄스 활동을 한다.
③ A는 농구 활동을, B는 축구 활동을 한다.
④ B는 축구 활동을 하며, D는 댄스 활동을 한다.
⑤ A는 농구 활동을 하며, D는 댄스 활동을 한다.

07

정답 ③

B는 오전 10시에 출근하여 오후 3시에 퇴근하였으므로 처리한 업무는 4개이다. D는 B보다 업무가 1개 더 많았으므로 D의 업무는 5개이고, 오후 3시에 퇴근했으므로 출근한 시각은 오전 9시이다. K팀에서 가장 늦게 출근한 사람은 C이고 가장 늦게 출근한 사람을 기준으로 오전 11시에 모두 출근하였으므로 C는 오전 11시에 출근하였다. K팀에서 가장 늦게 퇴근한 사람은 A이고 가장 늦게 퇴근한 사람을 기준으로 오후 4시에 모두 퇴근하였다고 했으므로 A는 오후 4시에 퇴근했다. A는 C보다 업무가 3개 더 많았으므로 C의 업무는 2개이다. 이를 정리하면 다음과 같다.

구분	A	B	C	D
업무 개수	5개	4개	2개	5개
출근 시각	오전 10시	오전 10시	오전 11시	오전 9시
퇴근 시각	오후 4시	오후 3시	오후 2시	오후 3시

따라서 C는 오후 2시에 퇴근했다.

오답분석

① A는 5개의 업무를 하고 퇴근했다.
② B의 업무는 A의 업무보다 적었다.
④ 팀에서 가장 빨리 출근한 사람은 D이다.
⑤ C가 D의 업무 중 1개를 대신 했다면 D가 C보다 빨리 퇴근했을 것이다.

08 정답 ③

B는 두 번째, F는 여섯 번째로 도착하였고, A가 도착하고 바로 뒤에 C가 도착하였으므로 A는 세 번째 또는 네 번째로 도착하였다. 그런데 D는 C보다 먼저 도착하였고 E보다 늦게 도착하였으므로 A는 네 번째로 도착하였음을 알 수 있다.
따라서 도착한 순서는 E − B − D − A − C − F이고, A는 네 번째로 도착하였으므로 토너먼트 배치표에 따라 최대 3번까지 경기를 하게 된다.

09 정답 ⑤

규칙은 가로로 적용된다.
첫 번째 도형의 색칠된 부분과 두 번째 도형의 색칠된 부분을 합치면 세 번째 도형이다.

10 정답 ④

규칙은 세로로 적용된다.
첫 번째 도형과 두 번째 도형을 합쳤을 때, 색이 변하지 않고 동일한 부분만을 나타낸 도형이 세 번째 도형이다.

[11 ~ 14]

• ○ : 1234 → 2341
• □ : 각 자릿수 +2, +2, +2, +2
• ☆ : 1234 → 4321
• △ : 각 자릿수 −1, +1, −1, +1

11 정답 ①

JLMP → LMPJ → NORL
         ○   □

12 정답 ④

DRFT → FTHV → VHTF
         □   ☆

13 정답 ③

8TK1 → 7UJ2 → UJ27
        △   ○

14 정답 ④

F752 → 257F → 479H → 388I
        ☆   □   △

15 정답 ⑤

제시문은 가격을 결정하는 요인과 이를 통해 도출할 수 있는 예상을 언급한다. 하지만 현실적인 여러 요인으로 인해 '거품 현상'이 나타나기도 하며 거품 현상이란 구체적으로 무엇인지를 설명하는 글이다. 따라서 (가) 수요와 공급에 의해 결정되는 가격 − (마) 상품의 가격에 대한 일반적인 예상 − (다) 현실적인 가격 결정 요인 − (나) 이로 인해 예상치 못하게 나타나는 거품 현상 − (라) 거품 현상에 대한 구체적인 설명 순으로 나열하는 것이 적절하다.

16 정답 ②

제시문은 조각보에 대한 설명으로 (나) 조각보의 정의, 클레와 몬드리안의 비교가 잘못된 이유 − (가) 조각보는 클레와 몬드리안보다 100여 년 이상 앞서 제작된 작품이며 독특한 예술성을 지니고 있음 − (다) 조각보가 아름답게 느껴지는 이유 순으로 나열하는 것이 적절하다.

17 정답 ②

제시문은 코젤렉의 '개념사'에 대한 정의와 특징에 대한 글이다. 따라서 (라) 개념에 대한 논란과 논쟁 속에서 등장한 코젤렉의 개념사 − (가) 코젤렉의 개념사와 개념에 대한 분석 − (나) 개념에 대한 추가적인 분석 − (마) 개념사에 대한 추가적인 분석 − (다) 개념사의 목적과 코젤렉의 주장 순으로 나열하는 것이 적절하다.

18

신경교 세포가 전체 뉴런을 조정하면서 기억력과 사고력을 향상시킨다는 가설하에, 인간의 신경교 세포를 갓 태어난 생쥐의 두뇌에 주입하는 실험을 하였다. 그리고 그 실험결과는 이같은 가설을 뒷받침해주는 결과를 가져왔으므로 추론한 내용으로 적절하다.

오답분석

① 인간의 신경교 세포를 생쥐의 두뇌에 주입하였더니 쥐가 자라면서 주입된 인간의 신경교 세포도 성장했고, 이 세포들이 주위의 뉴런들과 완벽하게 결합되어 쥐의 두뇌 전체에 걸쳐 퍼지게 되었다고 하였다. 그러나 이 과정에서 쥐의 뉴런에 어떠한 영향을 주는지에 대해서는 언급하고 있지 않다.

②·③ 제시문의 실험은 인간의 신경교 세포를 쥐의 두뇌에 주입했을 때의 변화를 살펴본 것이지 인간의 뉴런 세포를 주입한 것이 아니므로 추론할 수 없는 내용이다.

⑤ 쥐에 주입된 인간의 신경교 세포는 그 기능을 그대로 간직한다고 하였으므로 적절하지 않은 내용이다.

19

레일리 산란의 세기는 보랏빛이 가장 강하지만 우리 눈은 보랏빛보다 파란빛을 더 잘 감지하기 때문에 하늘이 파랗게 보이는 것이다.

오답분석

①·②는 첫 번째 문단, ⑤는 마지막 문단의 내용을 통해 추론할 수 있다.

④ 빛의 진동수는 파장과 반비례하고, 레일리 산란의 세기는 파장의 네제곱에 반비례한다. 따라서 빛의 진동수가 2배가 되면 파장은 1/2배가 되고, 레일리 산란의 세기는 2^4 =16배가 된다.

20

르네상스의 야만인 담론은 이전과는 달리 현실적 구체성을 띠고 있지만 전통 야만인관에 의해 각색되는 것은 여전하다.

05 │ 2022년 하반기 기출복원문제

01 수리

01	02	03	04	05	06	07	08	09	10
④	②	②	③	③	③	③	②	①	②

01
정답 ④

첫 번째 날 또는 일곱 번째 날에 총무부 소속 팀이 봉사활동을 하게 될 확률은 1에서 마케팅 소속 팀이 첫 번째 날과 일곱 번째 날에 봉사활동을 반드시 하는 확률을 제외한 것과 같다. 마케팅부의 5팀 중 첫 번째 날과 일곱 번째 날에 봉사활동할 팀을 배치하는 순서의 경우의 수는 $_5P_2=5\times4=20$가지이고, 총무부 2팀을 포함한 5팀을 배치하는 경우의 수는 5!가지이므로 총 $20\times5!$가지이다.

첫 번째 날과 일곱 번째 날에 마케팅부 소속 팀이 봉사활동을 하는 확률은 $\dfrac{20\times5!}{7!}=\dfrac{20\times5\times4\times3\times2\times1}{7\times6\times5\times4\times3\times2\times1}=\dfrac{10}{21}$

이므로 첫 번째 날 또는 일곱 번째 날에 총무부 소속 팀이 봉사활동을 하는 확률은 $1-\dfrac{10}{21}=\dfrac{11}{21}$이다.

따라서 $a-b=21-11=10$이다.

02
정답 ②

7회 말까지 B팀이 얻은 점수를 x점이라고 하자.

8, 9회에서 A팀이 얻은 점수는 $(12-x)$점, B팀은 $(9-x)$점이라고 하면 다음과 같은 식이 성립한다.

$2(9-x)=12-x$

$\therefore\ x=6$

따라서 8, 9회에서 B팀은 $9-6=3$점을 획득하였다.

03
정답 ②

전 직원의 주 평균 야간 근무 빈도는 직급별 사원 수를 알아야 구할 수 있는 값이다. 따라서 단순히 직급별 주 평균 야간 근무 빈도를 모두 더하여 평균을 구하는 것은 옳지 않다.

오답분석

① 자료를 통해 확인할 수 있다.
③ 0.2시간은 60분×0.2=12분이다. 따라서 4.2시간은 4시간 12분이다.
④ 대리는 주 평균 1.8일, 6.3시간의 야간 근무를 한다. 야근 1회 시 평균 6.3÷1.8=3.5시간 근무로 가장 긴 시간 동안 일한다.
⑤ 과장은 60분×4.8=288분(4시간 48분) 야간 근무를 하는데 60분의 3분의 2(40분) 이상 채울 시 1시간으로 야간 근무수당을 계산한다. 즉, 5시간으로 계산하여 주 평균 50,000원을 받는다.

04
정답 ③

• A기업
 – 화물자동차 : 200,000+(1,000×5×100)+(100×5×100)=750,000원
 – 철도 : 150,000+(900×5×100)+(300×5×100)=750,000원
 – 연안해송 : 100,000+(800×5×100)+(500×5×100)=750,000원
• B기업
 – 화물자동차 : 200,000+(1,000×1×200)+(100×1×200)=420,000원
 – 철도 : 150,000+(900×1×200)+(300×1×200)=390,000원
 – 연안해송 : 100,000+(800×1×200)+(500×1×200)=360,000원

따라서 A는 모든 수단의 운임이 같고, B는 연안해송이 가장 저렴하다.

05

미혼모 가구 수는 2019년까지 감소하다가 2020년부터 증가하였고, 미혼부 가구 수는 2018년까지 감소하다가 2019년부터 증가하였으므로 증감 추이가 바뀌는 연도는 같지 않다.

오답분석

① 한부모 가구 중 모자 가구 수의 전년 대비 증가율은 다음과 같다.
- 2018년 : $2,000 \div 1,600 = 1.25$배
- 2019년 : $2,500 \div 2,000 = 1.25$배
- 2020년 : $3,600 \div 2,500 = 1.44$배
- 2021년 : $4,500 \div 3,600 = 1.25$배

따라서 2020년을 제외하고 1.25배씩 증가하였다.

② 한부모 가구 중 모자 가구 수의 20%를 구하면 다음과 같다.
- 2017년 : $1,600 \times 0.2 = 320$천 명
- 2018년 : $2,000 \times 0.2 = 400$천 명
- 2019년 : $2,500 \times 0.2 = 500$천 명
- 2020년 : $3,600 \times 0.2 = 720$천 명
- 2021년 : $4,500 \times 0.2 = 900$천 명

따라서 부자 가구가 20%를 초과 해는 2020년(810천 명), 2021년(990천 명)이다.

④ 2020년 미혼모 가구 수는 모자 가구 수의 $\frac{72}{3,600} \times 100 = 2\%$이다.

⑤ 2018년 부자 가구 수는 미혼부 가구 수의 $340 \div 17 = 20$배이다.

06

ㄱ. 2018 ~ 2020년까지 전년 대비 세관 물품 신고 수가 증가와 감소를 반복한 것은 '증가 – 감소 – 증가'인 B와 D이다. 따라서 가전류와 주류는 B와 D 중 하나에 해당한다.

ㄴ. A ~ D의 전년 대비 2021년 세관 물품 신고 수의 증가량은 다음과 같다.
- A : $5,109 - 5,026 = 83$만 건
- B : $3,568 - 3,410 = 158$만 건
- C : $4,875 - 4,522 = 353$만 건
- D : $2,647 - 2,135 = 512$만 건

C가 두 번째로 증가량이 많으므로 담배류에 해당한다.

ㄷ. B, C, D를 제외하면 잡화류는 A임을 바로 알 수 있지만, 자료의 수치를 통해 A가 2018 ~ 2021년 동안 매년 세관 물품 신고 수가 가장 많음을 알 수 있다.

ㄹ. 2020년도 세관 물품 신고 수의 전년 대비 증가율을 구하면 다음과 같다.
- A : $\frac{5,026 - 4,388}{4,388} \times 100 = 14.5\%$
- B : $\frac{3,410 - 3,216}{3,216} \times 100 = 6.0\%$
- C : $\frac{4,522 - 4,037}{4,037} \times 100 = 12.0\%$
- D : $\frac{2,135 - 2,002}{2,002} \times 100 = 6.6\%$

D의 증가율이 세 번째로 높으므로 주류에 해당하고, ㄱ에 따라 B가 가전류가 된다.

따라서 A는 잡화류, B는 가전류, C는 담배류, D는 주류이다.

07

월평균 매출액이 35억 원이므로 연매출액은 $35 \times 12 = 420$억 원이며, 연매출액은 상반기와 하반기 매출액을 합한 금액이다. 상반기의 월평균 매출액은 26억 원이므로 상반기 총매출액은 $26 \times 6 = 156$억 원이고, 하반기 총매출액은 $420 - 156 = 264$억 원이다.

따라서 하반기 평균 매출액은 $264 \div 6 = 44$억 원이며, 상반기 때보다 $44 - 26 = 18$억 원 증가하였다.

08

2021년 4/4분기의 생활물가지수가 95.9포인트라면, 총합은 407포인트이므로 이를 4분기로 나누면 101.75포인트이다. 따라서 2020년 생활물가지수는 100.175포인트이므로 상승지수는 2포인트 미만이다.

오답분석

① 2020년 소비자물가지수 분기 총합이 401.4로, 1분기당 평균 100.35이므로 2018년 지수 100과 거의 같다고 할 수 있다.

③ 2018년 이후 분기마다 소비자물가지수와 생활물가지수가 약간씩 상승하고 있으므로 매년 상승했다.

④ 2020년에는 소비자물가지수가 생활물가지수보다 약 0.7포인트 높으므로 옳은 설명이다.

⑤ 전년 동기와 비교하여 상승 폭이 가장 클 때는 2018년 4/4분기 소비자물가지수(4.2%)이고, 가장 낮을 때는 2019년 2/4분기 생활물가지수(2.4%)와 2019년 3/4분기 소비자물가지수(2.4%)이다.

09

정답 ①

- X조건에서 Z세균은 피보나치 수열의 계차로 번식한다.

구분	1일차	2일차	3일차	4일차	5일차	6일차	7일차	8일차	9일차	10일차
X조건에서의 Z세균	10	30	50	90	150	250	410	670	1,090	(A)
계차		20	20	40	60	100	160	260	420	680

따라서 (A)=1,090+680=1,770이다.

- Y조건에서 Z세균은 전날의 2배로 번식한다.

구분	1일차	2일차	3일차	4일차	5일차	6일차	7일차	8일차	9일차	10일차
Y조건에서의 Z세균	1	1×2^1	1×2^2	1×2^3	1×2^4	1×2^5	1×2^6	1×2^7	1×2^8	(B)

따라서 (B)=1×2^9=5120이다.

10

정답 ②

최초 투입한 원유의 양을 aL라 하자.
- LPG를 생산하고 남은 원유의 양 : $(1-0.05a)=0.95a$L
- 휘발유를 생산하고 남은 원유의 양 : $0.95a(1-0.2)=0.76a$L
- 등유를 생산하고 남은 원유의 양 : $0.76a(1-0.5)=0.38a$L
- 경유를 생산하고 남은 원유의 양 : $0.38a(1-0.1)=0.342a$L

따라서 아스팔트의 생산량은 $0.342a\times0.04=0.01368a$L이고, 아스팔트는 최초 투입한 원유량의 $0.01368\times100=1.368\%$가 생산된다.

02　추리

01	02	03	04	05	06	07	08	09	10
③	②	①	④	④	④	⑤	①	②	②
11	**12**	**13**	**14**	**15**	**16**	**17**	**18**	**19**	**20**
④	⑤	⑤	②	①	②	③	③	③	⑤

01

정답 ③

'환율이 하락하다.'를 A, '수출이 감소한다.'를 B, 'GDP가 감소한다.'를 C, '국가 경쟁력이 떨어진다.'를 D라고 했을 때, 전제1은 A → D, 전제3은 B → C, 결론은 B → D이므로 결론이 참이 되려면 C → A라는 전제가 필요하다. 따라서 C → A의 대우 명제인 ③이 답이 된다.

02

정답 ②

'공부를 열심히 한다.'를 A, '지식을 함양하지 않는다.'를 B, '아는 것이 적다.'를 C, '인생에 나쁜 영향이 생긴다.'를 D로 놓고 보면 전제1은 C → D, 전제3은 B → C, 결론은 ~A → D이므로 결론이 도출되기 위해서는 ~A → B가 필요하다. 따라서 대우 명제인 ②가 답이 된다.

03

정답 ①

주어진 조건에 따라 시험 과목의 순서를 배치해보면 다음과 같다.

첫 번째	두 번째	세 번째	네 번째	다섯 번째	여섯 번째
ㅁ	ㄹ	ㄱ	ㄴ	ㅅ 또는 ㅂ	ㅂ 또는 ㅅ

따라서 S가 네 번째로 보게 될 시험 과목은 ㄴ이다.

04

정답 ④

먼저 첫 번째 조건과 두 번째 조건에 따라 6명의 신입 사원을 부서별로 1명, 2명, 3명으로 나누어 배치한다. 이때, 세 번째 조건에 따라 기획부에 3명, 구매부에 1명이 배치되므로 인사부에는 2명의 신입 사원이 배치된다. 또한 1명이 배치되는 구매부에는 마지막 조건에 따라 여자 신입 사원이 배치될 수 없으므로 반드시 1명의 남자 신입 사원이 배치된다. 남은 5명의 신입 사원을 기획부와 인사부에 배치하는 방법은 다음과 같다.

구분	기획부(3명)	인사부(2명)	구매부(1명)
경우 1	남자 1명, 여자 2명	남자 2명	남자 1명
경우 2	남자 2명, 여자 1명	남자 1명, 여자 1명	

따라서 경우 1에서는 인사부에 남자 신입 사원만 배치되므로
'인사부에는 반드시 여자 신입 사원이 배치된다.'의 ④는 옳지
않다.

05
정답 ④

B와 C의 말이 모순되므로 B와 C 중 한 명은 반드시 진실을
말하고 다른 한 명은 거짓을 말한다.
ⅰ) B가 거짓, C가 진실을 말하는 경우
  B가 거짓을 말한다면 E의 말 역시 거짓이 되어 롤러코스
  터를 타지 않은 사람은 E가 된다. 그러나 A는 E와 함께
  롤러코스터를 탔다고 했으므로 A의 말 또한 거짓이 된다.
  이때, 조건에서 5명 중 2명만 거짓을 말한다고 했으므로
  이는 성립하지 않는다.
ⅱ) C가 거짓, B가 진실을 말하는 경우
  B가 진실을 말한다면 롤러코스터를 타지 않은 사람은 D
  가 되며, E의 말은 진실이 된다. 이때, D는 B가 회전목마
  를 탔다고 했으므로 D가 거짓을 말하는 것을 알 수 있다.
  따라서 거짓을 말하는 사람은 C와 D이며, 롤러코스터를
  타지 않은 사람은 D이다.

06
정답 ④

A는 엘리베이터보다 계단이 더 가까운 곳에 살고 있으므로
1001호나 1002호에 살고 있다. C와 D는 계단보다 엘리베이
터에 더 가까운 곳에 살고 있다고 하였으므로 1003호와 1004
호에 살고 있다. D는 A 바로 옆에 살고 있으므로, D는 1003
호에 살고 있고, A는 1002호에 살고 있음을 알 수 있다. 이를
정리하면 다음과 같다.

계단	1001호	1002호	1003호	1004호	엘리베이터
	B	A	D	C	

따라서 B가 살고 있는 곳에서 엘리베이터 쪽으로는 3명이 살
고 있으므로 ④는 항상 거짓이다.

07
정답 ⑤

제시된 단어는 유의 관계이다.
'간섭'은 '다른 사람의 일에 참견함'을 뜻하고, '참견'은 '자기
와 별로 관계없는 일이나 말 따위에 끼어들어 쓸데없이 아는
체하거나 이래라저래라 함'을 뜻한다. 따라서 '간절히 바라고
구함'의 뜻인 '갈구'와 유의 관계인 단어는 '열렬하게 바람'의
뜻인 '열망'이다.

오답분석
① 관여 : 어떤 일에 관계하여 참여함
② 개입 : 자신과 직접적인 관계가 없는 일에 끼어 듦
③ 경외 : 공경하면서 두려워함
④ 관조 : 고요한 마음으로 사물이나 현상을 관찰하거나 비
  추어 봄

08
정답 ①

제시된 단어는 반의 관계이다.
'호평'은 '좋게 평함. 또는 그런 평판이나 평가'를 뜻하고, '악
평'은 '나쁘게 평함. 또는 그런 평판이나 평가'를 뜻한다. 따라
서 '보통 있는 일'의 뜻인 '예사'와 반의 관계인 단어는 '보통
수준보다 훨씬 뛰어나게'의 뜻인 '비범'이다.

오답분석
② 통상 : 특별하지 아니하고 예사임
③ 보통 : 특별하지 아니하고 흔히 볼 수 있음. 또는 뛰어나
  지도 열등하지도 아니한 중간 정도
④ 험구 : 남의 흠을 들추어 헐뜯거나 험상궂은 욕을 함
⑤ 인기 : 어떤 대상에 쏠리는 대중의 높은 관심이나 좋아하
  는 기운

09
정답 ②

아리스토텔레스에게는 물체의 정지 상태가 물체의 운동 상태
와는 아무런 상관이 없었으며, 물체에 변화가 있어야만 운동
한다고 이해했다.

오답분석
ㄱ. 이론적인 선입견을 배제한다면 일상적인 경험에 의거해
  아리스토텔레스의 논리가 더 그럴듯하게 보일 수는 있다
  고 했지만, 뉴턴 역학이 적절하지 않다고 언급하지는 않
  았다.
ㄴ. 제시문의 두 번째 줄에서 '아리스토텔레스에 의하면 물체
  가 똑같은 운동 상태를 유지하기 위해서는 외부에서 끝없
  이 힘이 제공되어야만 한다.'고 하였다. 그러므로 아리스
  토텔레스의 주장과 반대되는 내용이다.
ㄷ. 제시문만으로는 당시에 뉴턴이나 갈릴레오가 아리스토
  텔레스의 논리를 옳다고 판단했는지는 알 수 없다.

10
정답 ②

기계화 · 정보화의 긍정적인 측면보다는 부정적인 측면을 부각
시키고 있는 제시문의 내용을 통해 기계화 · 정보화가 인간의
삶의 질 개선에 기여하고 있음을 경시한다고 지적할 수 있다.

11

정답 ④

제시문은 소음의 규제에 대한 이야기를 하고 있다. 따라서 소리가 시공간적 다양성을 담아내는 문화 구성 요소라는 주장을 통해 단순 소음 규제에 반박할 수 있다.

오답분석
① 관현악단 연주 사례를 통해 알 수 있는 사실이다.
②·③·⑤ 제시문의 내용에 부합하는 것으로 반론으로 적절하지 않다.

12

정답 ⑤

자기 공명 방식이 상용화되기 위해서는 현재 사용되는 코일 크기로는 일반 가전제품에 적용할 수 없으므로 코일을 소형화해야 할 필요가 있다고 언급하였다.

오답분석
① 자기 유도 방식은 유도 전력을 이용하지만, 무선 전력 전송을 하기 때문에 철심을 이용하지 않는다.
② 자기 유도 방식은 전력 전송율이 높으나 1차 코일에 해당하는 송신부와 2차 코일에 해당하는 수신부가 수 센티미터 이상 떨어지거나 송신부와 수신부의 중심이 일치하지 않게 되면 전력 전송 효율이 급격히 저하된다.
③ 자기 유도 방식의 2차 코일은 교류 전류 방식이다.
④ 자기 공명 방식에서 2차 코일은 공진 주파수를 전달 받고, 1차 코일에서 공진 주파수를 만든다.

13

정답 ⑤

프리드먼의 항상소득가설은 일시적인 소득을 임시소득으로 보며, 소비에 직접적인 영향을 주지 않는다고 보았다.

오답분석
①·② 프리드먼의 항상소득가설에 대한 설명이다.
③ 프리드먼의 항상소득가설에 따르면 재난지원금은 임시소득으로 소비에 고려되지 않는다.
④ 케인스의 절대소득가설에 대한 설명이다.

14

정답 ②

규칙은 가로로 적용된다.
첫 번째 도형을 데칼코마니처럼 좌우로 펼친 도형이 두 번째 도형이고, 두 번째 도형을 수평으로 반을 잘랐을 때의 아래쪽 도형이 세 번째 도형이다.

15

정답 ①

규칙은 세로로 적용된다.
첫 번째 도형과 두 번째 도형을 겹쳤을 때, 생기는 면에 색을 칠한 도형이 세 번째 도형이다.

16

정답 ②

규칙은 가로로 적용된다.
첫 번째 도형을 시계 방향으로 90° 돌려서 두 번째 도형의 하단 중앙에 맞춰서 빼면 나오는 도형이 세 번째 도형이다.

[17~20]

- ♨ : 각 자릿수 +2, +1, +2, +1
- ◀ : 각 자릿수 −4, −3, −2, −1
- ◈ : 1234 → 4231

17

정답 ③

S4X8　→　U5Z9　→　95ZU
　　　♨　　　　◈

18

정답 ③

W53M　→　S21L　→　L21S
　　　◀　　　　◈

19

정답 ③

T83I　→　V95J　→　R63I
　　　♨　　　　◀

20

정답 ⑤

6SD2　→　2PB1　→　1PB2　→　3QD3
　　　◀　　　　◈　　　　♨

06 | 2022년 상반기 기출복원문제

01 수리

01	02	03	04	05	06	07	08	09	10
④	②	①	⑤	③	④	④	③	⑤	②

01　　정답 ④

네 사람이 모두 한 번씩 출장을 가고 그중 한 사람이 출장을 한 번 더 가면 된다. 네 사람을 A, B, C, D라고 하고 두 번 출장 가는 사람을 A라 하면 경우의 수는 $\frac{5!}{2}=60$가지이다.

따라서 네 사람이 적어도 한 번 이상씩 출장 갈 경우의 수는 $60 \times 4 = 240$가지이다.

02　　정답 ②

작년 B부서의 신입사원 수를 x명이라고 하면 올해 A부서와 B부서의 신입사원 수는 각각 $55+5=60$명, $(x+4)$명이다.
올해 B부서의 신입사원 수의 1.2배가 A부서의 신입사원 수와 같으므로 다음과 같은 식이 성립한다.
$(x+4) \times 1.2 = 60 \rightarrow x+4 = 50$
$\therefore x = 46$
따라서 작년 B부서의 신입사원 수는 46명이다.

03　　정답 ①

6개의 팀을 배치할 경우의 수는 $6 \times 5 \times 4 \times 3 \times 2 \times 1 = 720$가지이고, A팀과 B팀이 2층에 들어갈 경우의 수는 $4 \times 3 \times 2 \times 1 \times 2 = 48$가지이다.

따라서 A팀과 B팀이 2층에 들어갈 확률은 $\frac{48}{720} = \frac{1}{15}$이다.

04　　정답 ⑤

두 제품 A와 B의 원가를 각각 a원, b원이라고 하면 다음과 같다.
- $a+b=50,000$
- $(a \times 0.1 + b \times 0.12) \times 5 = 28,200$
이를 정리하면 다음과 같다.

- $a+b=50,000$
- $5a+6b=282,000$
따라서 b는 $282,000-50,000 \times 5 = 32,000$원이다.

05　　정답 ③

인사이동 전 A부서와 B부서의 인원을 각각 a명, b명이라고 하면 $a \times \frac{15}{100} = 6$, $b \times \frac{12}{100} = 6$이므로 a=40, b=50이다.
따라서 인사이동 전 두 부서의 인원 차이는 10명이다.

06　　정답 ④

8명 중 3명을 선택하는 경우의 수는 $_8C_3 = 56$가지이고, 각 팀에서 1명씩 선택하는 경우의 수는 $4 \times 2 \times 2 = 16$가지이다.
따라서 이번 주 청소 당번이 각 팀에서 1명씩 뽑힐 확률은 $\frac{16}{56} = \frac{2}{7}$이다.

07　　정답 ④

ㄱ. 휴대폰 A ~ D의 항목별 기본점수를 계산하면 다음과 같다.

(단위 : 점)

구분	A	B	C	D
디자인	5	4	2	3
가격	2	3	4	5
해상도	3	4	5	2
음량	4	2	5	3
화면크기 · 두께	4	5	2	3
내장 · 외장 메모리	2	3	4	5
합계	20	21	22	21

따라서 기본점수가 가장 높은 휴대폰은 22점인 휴대폰 C이다.

ㄷ. 휴대폰 A ~ D의 항목별 고객평가 점수를 단순 합산하면 다음과 같다.

(단위 : 점)

구분	A	B	C	D
디자인	8	7	4	6
가격	4	6	7	8
해상도	5	6	8	4
음량	6	4	7	5
화면크기・두께	7	8	3	4
내장・외장 메모리	5	6	7	8
합계	35	37	36	35

따라서 각 항목의 점수를 단순 합산한 점수가 가장 높은 휴대폰은 B이다.

ㄹ. 성능점수인 해상도, 음량, 내장・외장메모리 항목의 점수를 제외한 디자인, 가격, 화면크기・두께 항목의 점수만을 단순 합산한 점수를 계산하면 다음과 같다.

(단위 : 점)

구분	A	B	C	D
디자인	8	7	4	6
가격	4	6	7	8
화면크기・두께	7	8	3	4
합계	19	21	14	18

따라서 휴대폰 B의 점수는 휴대폰 C 점수의 $\frac{21}{14}=1.5$배이다.

오답분석

ㄴ. 휴대폰 A ~ D의 성능점수를 계산하면 다음과 같다.

(단위 : 점)

구분	A	B	C	D
해상도	3	4	5	2
음량	4	2	5	3
내장・외장 메모리	2	3	4	5
합계	9	9	14	10

따라서 성능점수가 가장 높은 휴대폰은 14점인 휴대폰 C이다.

08
정답 ③

먼저 표의 빈칸을 구하면 다음과 같다.

- A의 서류 점수 : $\frac{\text{㉠}+66+65+80}{4}=70.75$점

  ∴ ㉠$=72$

- A의 평균 점수 : $\frac{72+85+68}{3}=75$점

  ∴ ㉡$=75$

- C의 필기 점수 : $\frac{85+71+\text{㉢}+88}{4}=80.75$점

  ∴ ㉢$=79$

- C의 평균 점수 : $\frac{65+79+84}{3}=76$점

  ∴ ㉣$=76$

이에 따라 각 부서에 배치할 인원은 다음과 같다.

- 홍보팀 : 면접 점수가 85점으로 가장 높은 B
- 총무팀 : 평균 점수가 76점으로 가장 높은 C
- 인사팀 : A와 D의 서류 점수와 필기 점수의 평균을 구하면 A가 $\frac{72+85}{2}=78.5$점, D가 $\frac{80+88}{2}=84$점이므로, 인사팀에는 D가 적절하다.
- 기획팀 : 배치순서가 가장 마지막이므로 A가 배치될 것이다.

09
정답 ⑤

2019 ~ 2021년 국가채무는 아래와 같다.

- 2019년 : $334.7+247.2+68.5+24.2+48.6=723.2$조 원
- 2020년 : $437.5+256.4+77.5+27.5+47.7=846.6$조 원
- 2021년 : $538.9+263.5+92.5+27.5+42.9=965.3$조 원

ㄷ. 2020년 공적자금 등으로 인한 국가채무는 47.7조 원으로, 27.5조 원인 지방정부 순채무의 $\frac{47.7}{27.5}\times100$≒173%이므로 60% 이상 많음을 알 수 있다.

ㄹ. 한 해의 GDP는 'GDP$\times\left(\frac{\text{GDP 대비 국가채무 비율}}{100}\right)$=국가채무'이므로 국가채무와 GDP 대비 비율을 이용하여 도출할 수 있다.

2019년 GDP를 미지수 x라고 하자. 위 식에 각 항목을 대입하면 $x\times\frac{37.6}{100}=723.2$조 원이므로 2019년 GDP는 약 $1,923.4$조 원이 된다.

그리고 이렇게 도출한 GDP에서 외환시장안정용 국가채무가 차지하는 비율은 $\left(\frac{\text{외환시장안정용 국가채무}}{\text{(GDP)}}\right)\times100=\frac{247.2}{1,923.4}\times100$≒$12.9$%이다.

동일한 방식으로 2020년 GDP를 y라 하였을 때 $y \times$ $\dfrac{43.8}{100} = 846.6$조 원이므로 2020년 GDP는 약 1,932.9조 원이 된다. 그중 2020년 외환시장안정용 국가채무가 차지하는 비율은 $\dfrac{256.4}{1,932.9} \times 100 ≒ 13.3\%$로 2019년의 12.9%보다 높으므로 옳은 설명이다.

오답분석

ㄱ. 2020년에 서민주거안정용 국가채무가 국가채무에서 차지하는 비중은 $\dfrac{77.5}{846.6} \times 100 ≒ 9.2\%$이며, 2021년에 서민주거안정용 국가채무가 국가채무에서 차지하는 비중은 $\dfrac{92.5}{965.3} \times 100 ≒ 9.6\%$이다. 따라서 2021년에 전년 대비 증가하였으므로 옳지 않은 설명임을 알 수 있다.

ㄴ. GDP 대비 국가채무 비율은 2020년과 2021년 모두 증가하였지만, 지방정부 순채무의 경우 2020년에는 전년 대비 증가하고, 2021년에는 전년과 불변이다.

10
정답 ②

환경 A에서 배양하는 세균은 1부터 $+2^1$, $+2^2$, $+2^3$, ⋯ 규칙으로 증가하고, 환경 B에서 배양하는 세균은 10부터 +10, +20, +30, ⋯ 규칙으로 증가한다.
환경 A의 세균이 더 많아질 때까지 정리하면 다음과 같다.

구분	1시간	2시간	3시간	4시간	5시간	6시간	7시간	8시간	9시간
환경 A	1	3	7	15	31	63	127	255	511
환경 B	10	20	40	70	110	160	220	290	370

따라서 9시간 후에 환경 A의 세균이 환경 B의 세균보다 더 많아진다.

01	02	03	04	05	06	07	08	09	10
④	②	②	④	②	⑤	③	①	⑤	③

01
정답 ④

'수학을 좋아한다.'를 '수', '과학을 잘한다.'를 '과', '호기심이 많다.'를 '호'라고 하자.

구분	명제	대우
전제1	수 → 과	과× → 수×
전제2	호× → 과×	과 → 호

전제1과 전제2의 대우에 의해 수 → 과 → 호이다. 따라서 수 → 호 또는 호× → 수×이므로 빈칸에 들어갈 명제는 '호기심이 적은 사람은 수학을 좋아하지 않는다.'이다.

02
정답 ②

'물에 잘 번진다.'를 '물', '수성 펜이다.'를 '수', '뚜껑이 있다.'를 '뚜', '잉크 찌꺼기가 생긴다.'를 '잉'이라고 하자.

구분	명제	대우
전제1	물 → 수	수× → 물×
전제2	수 → 뚜	뚜× → 수×
전제3	물× → 잉	잉× → 물

전제1, 전제2의 대우와 전제3에 의해 뚜× → 수× → 물× → 잉이다. 따라서 뚜× → 잉이므로 빈칸에 들어갈 명제는 '뚜껑이 없는 펜은 잉크 찌꺼기가 생긴다.'이다.

03
정답 ②

각각의 명제를 벤 다이어그램으로 나타내면 다음과 같다.
전제1.

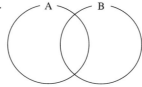

결론.

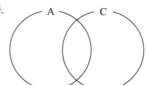

마지막 명제가 참이 되기 위해서는 A와 공통되는 부분의 B와 C가 연결되어야 하므로 B를 C에 모두 포함시켜야 한다. 따라서 빈칸에 들어갈 명제는 'B를 구매한 모든 사람은 C를 구매했다.'이다.

오답분석
다음과 같은 경우 성립하지 않는다.
①·③

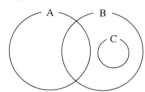

④

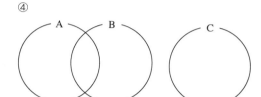

⑤

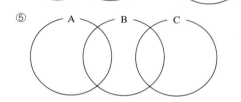

04
정답 ④

단 1명이 거짓말을 하고 있으므로 C와 D 중 한 명은 반드시 거짓을 말하고 있다. 즉, C의 말이 거짓일 경우 D의 말은 참이 되며, D의 말이 참일 경우 C의 말은 거짓이 된다.
ⅰ) D의 말이 거짓일 경우
　C와 B의 말이 참이므로, A와 D가 모두 신발 교환권 당첨자가 되어 모순이 된다.
ⅱ) C의 말이 거짓일 경우
　A는 신발 교환권 당첨자가 되지 않으며, 나머지 진술에 따라 D가 신발 교환권 당첨자가 된다.
따라서 C가 거짓을 말하고 있으며, 신발 교환권 당첨자는 D이다.

05
정답 ②

주어진 조건을 정리하면 다음과 같다.

구분	아메리카노	카페라테	카푸치노	에스프레소
A	○	×	×	×
B				○
C				×

오답분석
①·⑤ 주어진 조건만으로는 C가 좋아하는 커피를 알 수 없다.
③ B는 에스프레소를 좋아하지만, C는 에스프레소를 좋아하지 않는다.
④ A와 B는 좋아하는 커피가 다르다고 했으므로, A는 에스프레소를 좋아하지 않는다. 또한 주어진 조건에서 A는 카페라테와 카푸치노도 좋아하지 않는다고 했으므로 A가 좋아하는 커피는 아메리카노이다.

06
정답 ⑤

조건에 따라 사용할 수 있는 숫자는 1, 5, 6을 제외한 나머지 2, 3, 4, 7, 8, 9의 총 6개이다. (한 자리 수)×(두 자리 수)= 156이 되는 수를 알기 위해서는 156의 소인수를 구해보면 된다. $156=2^2 \times 3 \times 13$이고, 156이 되는 수의 곱 중에 조건을 만족하는 것은 2×78과 4×39이다. 따라서 선택지 중에 A팀 또는 B팀에 들어갈 수 있는 암호배열은 39밖에 없으므로 답은 ⑤이다.

07

A ~ D 4명의 진술을 정리하면 다음과 같다.

구분	진술 1	진술 2
A	C는 B를 이길 수 있는 것을 냈다.	B는 가위를 냈다.
B	A는 C와 같은 것을 냈다.	A가 편 손가락의 수는 B보다 적다.
C	B는 바위를 냈다.	A ~ D는 같은 것을 내지 않았다.
D	A, B, C 모두 참 또는 거짓을 말한 순서가 동일하다.	이 판은 승자가 나온 판이었다.

먼저 A ~ D는 반드시 가위, 바위, 보 세 가지 중 하나를 내야 하므로 그 누구도 같은 것을 내지 않았다는 C의 진술 2는 거짓이 된다. 따라서 C의 진술 중 진술 1은 참이 되므로 B가 바위를 냈다는 것을 알 수 있다. 이때, B가 가위를 냈다는 A의 진술 2는 참인 C의 진술 1과 모순되므로 A의 진술 중 진술 2가 거짓이 되는 것을 알 수 있다. 결국 A의 진술 중 진술 1이 참이 되므로 C는 바위를 낸 B를 이길 수 있는 보를 냈다는 것을 알 수 있다.

한편, 바위를 낸 B는 손가락을 펴지 않으므로 A가 편 손가락의 수가 자신보다 적었다는 B의 진술 2는 거짓이 된다. 그러므로 B의 진술 중 진술 1이 참이 되어 A는 C와 같은 보를 냈다는 것을 알 수 있다. 이를 바탕으로 A ~ C의 진술에 대한 참, 거짓 여부와 가위바위보를 정리하면 다음과 같다.

구분	진술 1	진술 2	가위바위보
A	참	거짓	보
B	참	거짓	바위
C	참	거짓	보

따라서 참 또는 거짓에 대한 A ~ C의 진술 순서가 동일하므로 D의 진술 1은 참이 되고, 진술 2는 거짓이 되어야 한다. 이때, 승자가 나오지 않으려면 D는 반드시 A ~ C와 다른 것을 내야 하므로 D가 혼자 가위를 낸 것을 알 수 있다.

오답분석
① B와 같은 것을 낸 사람은 없다.
② 보를 낸 사람은 2명이다.
④ B가 기권했다면 가위를 낸 D가 이기게 된다.
⑤ 바위를 낸 사람은 1명이다.

08

제시된 단어는 반의 관계이다.
'근면'은 부지런히 일하며 힘쓰는 것이고, '태만'은 열심히 하려는 마음이 없고 게으른 것이다. 따라서 '긴장'의 반의어는 '완화'이다.
• 긴장(緊張) : 마음을 조이고 정신을 바짝 차림
• 완화(緩和) : 긴장된 상태나 급박한 것을 느슨하게 함

오답분석
② 경직(硬直) : 몸 따위가 굳어서 뻣뻣하게 됨
③ 수축(收縮) : 부피나 규모가 줄어듦
④ 압축(壓縮) : 일정한 범위나 테두리를 줄임
⑤ 팽창(膨脹) : 부풀어서 부피가 커짐

09

제시된 단어는 유의 관계이다.
'고집'은 자기의 의견을 바꾸거나 고치지 않고 굳게 버티는 것이고, '집념'은 한 가지 일에 매달려 마음을 쏟는 것이다. 따라서 '정점'의 유의어는 '절정'이다.
• 정점(頂點) : 사물의 진행이나 발전이 최고의 경지에 달한 상태
• 절정(絕頂) : 사물의 진행이나 발전이 최고의 경지에 달한 상태

오답분석
① 제한(制限) : 일정한 한도를 정하거나 그 한도를 넘지 못하게 막음
② 경계(境界) : 사물이 어떠한 기준에 의하여 분간되는 한계
③ 한도(限度) : 한정된 정도
④ 절경(絕景) : 더할 나위 없이 훌륭한 경치

10

가해자의 징벌을 위해 부과되는 것은 벌금이다.

오답분석
① 불법 행위를 감행하기 쉬운 상황일수록 이를 억제하는 데에는 금전적 제재 수단이 효과적이다.
② 벌금은 형사적 제재이고, 과징금은 행정적 제재이다. 두 제재는 서로 목적이 다르므로 한 가지 행위에 대해 동시 적용이 가능하다.
④ 우리나라에서는 기업의 불법 행위에 대해 손해 배상 소송이 제기되거나 벌금이 부과되는 경우는 드물며, 과징금 등 행정적 제재 수단이 억제 기능을 수행하는 경우가 많다.
⑤ 행정적 제재인 과징금은 국가에 귀속되므로 피해자에게 직접적인 도움이 되지는 못한다.

PART **2**

대표기출유형

01 | 수리

대표기출유형 01 | 기출응용문제

01

장난감 A, B기차가 터널을 완전히 지났을 때의 이동 거리는 터널의 길이에 기차의 길이를 더한 값이다. A, B기차의 길이를 각각 $a$cm, $b$cm로 가정하고, 터널을 나오는 데 걸리는 시간에 대한 식을 세우면 다음과 같다.

- A기차 : $12 \times 4 = 30 + a \rightarrow 48 = 30 + a \rightarrow a = 18$
- B기차 : $15 \times 4 = 30 + b \rightarrow 60 = 30 + b \rightarrow b = 30$

따라서 A, B기차의 길이는 각각 18cm, 30cm이므로 합은 48cm이다.

02

경주용 차 B의 속도를 $x$km/h라 하면 2시간 만에 경주용 차 A와 한 바퀴 차이가 나므로, 다음과 같은 식이 성립한다.

$2x - 400 = 6$

$\therefore x = 203$

따라서 경주용 차 B의 속도는 203km/h이다.

03

열차의 이동 거리는 $200 + 40 = 240$m이므로, 열차의 속력은 $\dfrac{240}{10} = 24$m/s이다.

길이가 320m인 터널을 통과한다고 하였으므로 총 이동 거리는 $320 + 40 = 360$m이고, 속력은 24m/s로 일정하다.

따라서 걸리는 시간은 $\dfrac{360}{24} = 15$초이다.

01

증발한 물의 양을 xg이라 하자.

$$\frac{3}{100} \times 400 = \frac{5}{100} \times (400-x)$$

$\rightarrow 1,200 = 2,000 - 5x$

$\therefore x = 160$

따라서 증발한 물의 양이 160g이므로, 남아있는 설탕물의 양은 $400-160=240$g이다.

02

물의 양을 xg이라고 하자.

$$\frac{75}{75+x} \times 100 = 15$$

$\rightarrow x+75 = \frac{75}{15} \times 100$

$\therefore x = 425$

따라서 425g의 물을 더 넣어야 15%의 소금물이 된다.

03

더 넣어야 하는 녹차가루의 양을 xg이라 하자.

$$\frac{30+x}{120+30+x} \times 100 \geq 40$$

$\rightarrow 3,000 + 100x \geq 6,000 + 40x$

$\rightarrow 60x \geq 3,000$

$\therefore x \geq 50$

따라서 더 넣어야 하는 녹차가루의 양은 최소 50g이다.

01

정답 ②

A장치가 1시간당 공급하는 물의 양을 xL, B장치를 통해 1시간당 배출되는 물의 양은 yL라고 하면, 다음 식이 성립한다.

$4 \times x = 6 \times (x - y)$

$\rightarrow 2x = 6y$

$\therefore x = 3y$

A장치가 1시간당 공급하는 물의 양은 B장치를 통해 1시간당 배출되는 물의 양의 3배이다.

따라서 $4x$L가 수영장 전체 물의 양이므로, B장치를 작동시켜 전체 물이 배출되는 데 걸리는 시간은 $4 \times 3 = 12$시간이다.

02

정답 ③

갑, 을, 병 사원 세 사람이 함께 업무를 진행하는 데 걸리는 기간을 x일이라고 하고 전체 일의 양을 1이라고 하면,

갑, 을, 병 사원이 하루에 할 수 있는 업무량은 각각 $\dfrac{1}{12}$, $\dfrac{1}{18}$, $\dfrac{1}{36}$이다.

$\left(\dfrac{1}{12} + \dfrac{1}{18} + \dfrac{1}{36} \right) x = 1 \rightarrow \dfrac{1}{6} x = 1$이다.

따라서 3명의 사원이 함께 업무를 진행한다고 할 때 걸리는 기간은 6일이다.

03

정답 ④

A제품의 생산 개수를 x개라 하면, B제품의 생산 개수는 $(40 - x)$개이다.

• 재료비 : $3,600 \times x + 1,200 \times (40 - x) \leq 120,000 \rightarrow x \leq 30$

• 인건비 : $1,600 \times x + 2,000 \times (40 - x) \leq 70,000 \rightarrow x \geq 25$

$\therefore 25 \leq x \leq 30$

따라서 A제품은 최대 30개까지 생산할 수 있다.

01

정답 ②

치킨 1마리 값을 x원, 오리구이 100g당 가격을 y원이라고 하면 다음과 같은 식이 성립한다.

$4y+x=22,000 \cdots \bigcirc$

$2x+2y=35,000 \cdots \bigcirc$

$\bigcirc$과 $\bigcirc$을 연립하면 $x=16,000$, $y=1,500$이다.

따라서 오리구이 100g당 가격은 1,500원이다.

02

정답 ③

5명이 입장할 때 추가 1명이 무료이기 때문에 6명씩 팀으로 계산하면 $6 \times 8=48$명으로 총 8팀이 구성되고, 53명 중 팀을 이루지 못한 5명은 할인을 받을 수 없다.

따라서 A씨는 $5,000 \times 8=40,000$원을 할인받을 수 있게 된다.

03

정답 ④

과일의 가격을 사과 x, 배 y, 딸기 z원으로 가정하여 식을 세워보면 다음과 같다.

$x=10,000$, $y=2z$, $x+z=y-20,000$

$\rightarrow 10,000+z=2z-20,000$

$\rightarrow z=30,000$

$\therefore x+y+z=x+3z=10,000+90,000=100,000$

따라서 10명의 동네 주민들에게 선물을 준다고 하였으므로 지불해야 하는 총금액은 $100,000 \times 10=1,000,000$원이다.

01

정답 ①

화분의 개수를 n개라고 하자.

화분을 앞문과 뒷문에 각각 한 개씩 배치한다고 하였으므로 배치하는 경우의 수는 $_n\mathrm{P}_2=30$이다.

$_n\mathrm{P}_2=n \times (n-1)=30 \rightarrow (n+5)(n-6)=0$

$\therefore n=6$

따라서 화분의 개수는 6개이다.

02

정답 ②

2명씩 짝을 지어 한 그룹으로 보고 원탁에 앉는 방법은 원순열 공식 $(n-1)!$를 이용한다.

2명씩 3그룹이므로 $(3-1)!=2 \times 1=2$가지이며, 그룹 내에서 2명이 자리를 바꿔 앉을 수 있는 경우는 2가지씩이다.

따라서 6명이 원탁에 앉을 수 있는 방법은 $2 \times 2 \times 2 \times 2=16$가지이다.

03

정답 ③

반장과 부반장을 서로 다른 팀에 배치하는 경우는 2가지이다. 2명을 제외한 인원을 2명, 4명으로 나누는 경우는 먼저 6명 중 2명을 뽑는 방법과 같으므로 $_6\mathrm{C}_2=\dfrac{6 \times 5}{2}=15$가지이다. 따라서 래프팅을 두 팀으로 나눠 타는 경우의 수는 $2 \times 15=30$가지이다.

01

- 두 개의 주사위를 던지는 경우의 수 : 6×6=36가지
- 나온 눈의 곱이 홀수인 경우(홀수×홀수)의 수 : 3×3=9가지

따라서 주사위의 눈의 곱이 홀수일 확률은 $\dfrac{9}{36}=\dfrac{1}{4}$ 이다.

02

ⅰ) 두 사원이 1~9층에 내리는 경우의 수 : 9×9=81가지
ⅱ) A가 1~9층에 내리는 경우의 수 : 9가지
ⅲ) B는 A가 내리지 않은 층에서 내려야 하므로 B가 내리는 경우의 수 : 8가지

따라서 서로 다른 층에 내릴 확률은 $\dfrac{9\times8}{81}=\dfrac{8}{9}$ 이다.

03

전체 당원을 120명이라고 가정하고 조건부 확률을 표로 정리하면 다음과 같다.

전체 당원 중 여당이 뽑힐 확률은 $\dfrac{2}{3}$ 이므로 여당은 80명이고, 전체 당원 중 여자가 뽑힐 확률은 $\dfrac{3}{10}$ 이므로 여자는 총 36명이 된다.

(단위 : 명)

구분	야당	여당	합계
남자			84
여자			36
합계	40	80	120

여당에서 뽑혔을 때 남자일 확률이 $\dfrac{3}{4}$ 이므로 80명 중 60명이 남자임을 알 수 있다.

(단위 : 명)

구분	야당	여당	합계
남자	24	60	84
여자	16	20	36
합계	40	80	120

따라서 남자가 의장으로 뽑혔을 때, 의장이 야당일 확률은 84명 중 24명이므로 $\dfrac{24}{84}=\dfrac{2}{7}$ 이다.

01

전체 조사 대상 인원은 200명이므로 의사 또는 운동선수를 희망하는 초등학생의 비율은 $\frac{40+30}{200} \times 100 = 35\%$로 절반 이하이다.

오답분석

① 전체 조사 대상 초등학생 수는 30+20+40+20+90=200명이다.
② 의사를 희망하는 초등학생 수는 40명으로 기타를 제외한 항목 중 희망하는 초등학생 수가 가장 많다.
③ 연예인을 희망하는 초등학생 수와 크리에이터를 희망하는 초등학생 수는 20명으로 같다.
④ 전체 조사 대상 인원은 200명이므로 연예인 또는 크리에이터를 희망하는 초등학생의 비율은 $\frac{20+20}{200} \times 100 = 20\%$로 절반 이하이다.

02

일본, 미국만 해당하므로 절반이 넘지 않으므로 옳지 않다.

오답분석

① 2022년에만 프랑스의 자국 영화 점유율이 한국보다 높았다.
② 제시된 자료를 통해 쉽게 확인할 수 있다.
③ 2021년 대비 2024년 자국 영화 점유율이 하락한 국가는 한국, 영국, 프랑스이고, 이 중 한국이 4%p로, 가장 많이 하락했다.
⑤ 2022년을 제외하고 프랑스, 영국은 각각 4, 5순위를 차지하고 있다.

03

ㄴ. 무료급식소 봉사자 중 40·50대는 274+381=655명으로 전체 1,115명의 절반 이상이다.
ㄹ. 노숙자쉼터 봉사자는 800명이고 이 중 30대는 118명이다. 따라서 노숙자쉼터 봉사자 중 30대가 차지하는 비율은 $\frac{118}{800} \times 100$ =14.75%이다.

오답분석

ㄱ. 전체 보육원 봉사자는 총 2,000명으로 이 중 30대 이하 봉사자는 148+197+405=750명이다. 따라서 전체 보육원 봉사자 중 30대 이하가 차지하는 비율은 $\frac{750}{2,000} \times 100 = 37.5\%$이다.

ㄷ. 전체 봉사자 중 50대의 비율은 $\frac{1,600}{5,000} \times 100 = 32\%$이고, 20대의 비율은 $\frac{650}{5,000} \times 100 = 13\%$이다. 따라서 전체 봉사자 중 50대의 비율은 20대의 $\frac{32}{13} \fallingdotseq 2.5$배이다.

04

ㄴ. B작업장은 생물학적 요인에 해당하는 바이러스의 사례 수가 가장 많다.
ㄷ. 화학적 요인에 해당하는 분진은 집진 장치를 설치하여 예방할 수 있다.

오답분석

ㄱ. A작업장은 물리적 요인(소음, 진동)에 해당하는 사례 수가 6건으로 가장 많다.

01

정답 ②

5월 10 ~ 16일의 평균기온은 $\dfrac{15+13+12+10+11+12+11}{7}=12℃$이다.

5월 10 ~ 16일 기온을 낮은 순서대로 나열하면 10℃, 11℃, 11℃, 12℃, 12℃, 13℃, 15℃이고, 변량의 개수는 홀수 개이므로 네 번째로 낮은 기온의 평균이 중앙값이 된다.
따라서 네 번째로 낮은 기온은 12℃이므로 중앙값은 12℃이다.

02

정답 ④

A ~ C기계를 모두 하루 동안 가동시켰을 때 전체 불량률은 $\dfrac{(전체\ 불량품\ 수)}{(전체\ 생산량)}\times100$이다.

기계에 따른 하루 생산량과 불량품 수를 구하면 다음과 같다.

(단위 : 개)

구분	하루 생산량	불량품 수
A기계	500	500×0.05=25
B기계	500×1.1=550	550×0.02=11
C기계	550+50=600	600×0.05=30
합계	1,650	66

따라서 3대를 모두 하루 동안 가동할 경우 전체 불량률은 $\dfrac{66}{1,650}\times100=4\%$이다.

03

정답 ⑤

4개 종목 모두 2020년부터 2024년까지 전년 대비 경기 수 추이가 '증가 – 감소 – 증가 – 감소 – 증가'를 반복하고 있으므로 빈칸에 들어갈 수치로 알맞은 수는 420보다 큰 425이다.

04

정답 ②

매년 A ~ C 각 학과의 입학자와 졸업자의 차이는 13명으로 일정하다. 따라서 빈칸에 들어갈 값은 58−13=45이다.

01

정답 ①

ㄱ. 연도별 층간소음 분쟁은 2021년 430건, 2022년 520건, 2023년 860건, 2024년 1,280건이다.

ㄴ. 2022년 전체 분쟁 신고에서 각 항목이 차지하는 비중을 구하면 다음과 같다.

- 2022년 전체 분쟁 신고 건수 : $280+60+20+10+110+520=1,000$건

- 관리비 회계 분쟁 : $\frac{280}{1,000} \times 100 = 28\%$

- 입주자대표회의 운영 분쟁 : $\frac{60}{1,000} \times 100 = 6\%$

- 정보공개 분쟁 : $\frac{20}{1,000} \times 100 = 2\%$

- 하자처리 분쟁 : $\frac{10}{1,000} \times 100 = 1\%$

- 여름철 누수 분쟁 : $\frac{110}{1,000} \times 100 = 11\%$

- 층간소음 분쟁 : $\frac{520}{1,000} \times 100 = 52\%$

[오답분석]

ㄷ. 연도별 분쟁 건수를 구하면 다음과 같다.

- 2021년 : $220+40+10+20+80+430=800$건
- 2022년 : $280+60+20+10+110+520=1,000$건
- 2023년 : $340+100+10+10+180+860=1,500$건
- 2024년 : $350+120+30+20+200+1,280=2,000$건

전년 대비 아파트 분쟁 신고 증가율이 잘못 입력되어 있어, 바르게 구하면 다음과 같다.

- 2022년 : $\frac{1,000-800}{800} \times 100 = 25\%$

- 2023년 : $\frac{1,500-1,000}{1,000} \times 100 = 50\%$

- 2024년 : $\frac{2,000-1,500}{1,500} \times 100 = 33\%$

ㄹ. 2022년 값이 2021년 값으로 잘못 입력되어 있다.

02

정답 ②

광주, 울산, 제주지역마다 초등학교 수와 중학교 수의 수치가 바뀌었다.

01

가맹점 수는 매년 2배씩 증가하고 있다.
따라서 가맹점 수는 2019년에 72÷2＝36개, 2018년에 36÷2＝18개이므로 2018년의 가맹점 수는 18개이다.

02

순이익은 1백만 원, 3백만 원, 5백만 원, 7백만 원 , …씩 늘어난다.
n개월 후 S음식점의 순이익은 다음과 같다.
• 6개월 후 : 15＋9＝24백만 원
• 7개월 후 : 24＋11＝35백만 원
• 8개월 후 : 35＋13＝48백만 원
• 9개월 후 : 48＋15＝63백만 원
• 10개월 후 : 63＋17＝80백만 원
따라서 10개월 후 S식당의 순이익은 80백만 원이다.

03

고양이의 수는 매월 3마리씩 늘어난다.
n개월 후 고양이의 수는 $8＋3×(n－1)＝3n＋5$이다.
따라서 9개월 후 고양이의 수는 $3×9＋5＝32$마리이다.

04

카페의 회원 수는 매월 5명, 15명, 25명, …씩 증가하고 있다. 따라서 5월 회원의 수는 40＋5＋15＋25＋35＋45＋55＝220명이다.

02 | 추리

대표기출유형 01 | 기출응용문제

01

정답 ②

'로맨스를 좋아한다.'를 A, '액션을 좋아한다.'를 B, '코미디를 좋아한다.'를 C라고 하면 다음과 같다.

구분	명제	대우
전제1	A → ~B	B → ~A
결론	A → C	~C → ~A

전제1이 결론으로 연결되려면, 전제2는 ~B → C가 되어야 한다.
따라서 전제2는 '액션을 싫어하면 코미디를 좋아한다.'가 적절하다.

02

정답 ②

'봄이 온다.'를 A, '꽃이 핀다.'를 B, '제비가 돌아온다.'를 C라고 하면 다음과 같다.

구분	명제	대우
전제1	A → B	~B → ~A
결론	A → C	~C → ~A

전제1이 결론으로 연결되려면, 전제2는 B → C나 ~C → ~B가 되어야 한다.
따라서 전제2는 '제비가 돌아오지 않으면 꽃이 피지 않는다.'가 적절하다.

03

정답 ③

'운동을 한다.'를 A, '기초대사량이 증가한다.'를 B, '체력이 좋아진다.'를 C라고 하면 다음과 같다.

구분	명제	대우
전제1	A → B	~B → ~A
결론	A → C	~C → ~A

전제1이 결론으로 연결되려면, 전제2는 B → C가 되어야 한다.
따라서 전제2는 '기초대사량이 증가하면 체력이 좋아진다.'가 적절하다.

01

정답　③

'회사원은 회의에 참석한다.'를 A, '회사원은 결근을 한다.'를 B, '회사원은 출장을 간다.'를 C라 하면 전제1과 결론은 다음과 같은 벤 다이어그램으로 나타낼 수 있다.

1) 전제1

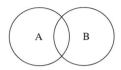

2) 결론

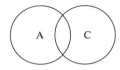

이때, 결론이 참이 되기 위해서는 B가 C에 모두 속해야 하므로 이를 벤 다이어그램으로 나타내면 다음과 같다.

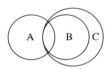

따라서 빈칸에 들어갈 명제는 '결근을 하는 회사원은 출장을 간다.'의 ③이 적절하다.

02

정답　④

'영양제를 먹는 사람'을 A, '빈혈이 없는 사람'을 B, '운동을 하는 사람'을 C라고 하면, 전제1과 결론은 다음과 같은 벤 다이어그램으로 나타낼 수 있다.

1) 전제1

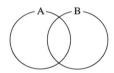

2) 결론

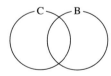

이때, 결론이 참이 되기 위해서는 B와 공통되는 부분의 A와 C가 연결되어야 하므로 A를 C에 모두 포함시켜야 한다. 즉, 다음과 같은 벤 다이어그램이 성립할 때 마지막 명제가 참이 될 수 있다.

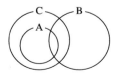

따라서 빈칸에 들어갈 명제는 '영양제를 먹는 사람은 모두 운동을 한다.'의 ④이다.

① 다음과 같은 경우 성립하지 않는다.

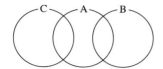

③ 다음과 같은 경우 성립하지 않는다.

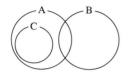

03

'회계를 하는 사람'을 A, 'X분야의 취미 활동을 하는 사람'을 B, 'Y분야의 취미 활동을 하는 사람'을 C라고 하면, 전제1과 전제2는 다음과 같은 벤 다이어그램으로 나타낼 수 있다.

1) 전제1

2) 전제2

이를 정리하면 다음과 같은 벤 다이어그램이 성립한다.

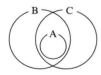

따라서 'Y분야의 취미 활동을 하는 어떤 사람은 X분야의 취미 활동을 한다.'라는 결론이 도출된다.

01

홍보팀은 1 : 0으로 승리하였으므로 골을 넣은 사람은 1명임을 알 수 있다.

ⅰ) A의 진술이 참인 경우 : 골을 넣은 사람이 C와 D 2명이 되므로 성립하지 않는다.

ⅱ) B의 진술이 참인 경우 : B, C, D 3명의 진술이 참이 되므로 성립하지 않는다.

ⅲ) C의 진술이 참인 경우 : 골을 넣은 사람은 D이다.

ⅳ) D의 진술이 참인 경우 : A와 D 또는 C와 D 2명의 진술이 참이 되므로 성립하지 않는다.

따라서 C의 진술이 참이며, 골을 넣은 사람은 D이다.

02

A와 E의 진술이 상반되므로 둘 중 1명이 거짓을 말하고 있음을 알 수 있다.

ⅰ) E의 진술이 거짓인 경우 : 지각한 사람이 D와 E 2명이 되므로 성립하지 않는다.

ⅱ) A의 진술이 거짓인 경우 : B, C, D, E의 진술이 모두 참이 되며, 지각한 사람은 D이다.

따라서 거짓을 말하는 사람은 A이며, 지각한 사람은 D이다.

03

B와 E의 말이 서로 모순되므로 둘 중 한 명은 반드시 거짓을 말하고 있다.

ⅰ) B의 말이 거짓인 경우

　E의 말이 참이 되므로 D의 말에 따라 아이스크림을 사야 할 사람은 A가 된다. 또한 나머지 A, C, D의 말 역시 모두 참이
　된다.

ⅱ) E의 말이 거짓인 경우

　B의 말이 참이 되므로 아이스크림을 사야 할 사람은 C가 된다. 그러나 B의 말이 참이라면 참인 C의 말에 따라 D의 말은 거짓이
　된다. 결국 D와 E 2명이 거짓을 말하게 되므로 한 명만 거짓말을 한다는 조건이 성립하지 않으며, A의 말과도 모순된다.

따라서 거짓말을 하는 사람은 B이며, 아이스크림을 사야 할 사람은 A이다.

04

E사원의 진술에 따라 C사원과 E사원의 진술은 동시에 참이 되거나 거짓이 된다.

ⅰ) C사원과 E사원이 모두 거짓말을 한 경우

　참인 B사원의 진술에 따라 D사원이 금요일에 열리는 세미나에 참석한다. 그러나 이때 C와 E 중 1명이 참석한다는 D사원의
　진술과 모순되므로 성립하지 않는다.

ⅱ) C사원과 E사원이 모두 진실을 말했을 경우

　C사원과 E사원의 진술에 따라 C, D, E사원은 세미나에 참석할 수 없다. 따라서 D사원이 세미나에 참석한다는 B사원의 진술은
　거짓이 되며, C와 E사원 중 1명이 참석한다는 D사원의 진술도 거짓이 된다. 또한 A사원은 세미나에 참석하지 않으므로 결국
　금요일 세미나에 참석하는 사람은 B사원이 된다.

따라서 B사원과 D사원이 거짓말을 하고 있으며, 이번 주 금요일 세미나에 참석하는 사람은 B사원이다.

01

정답 ⑤

8인이 앉을 수 있는 원탁의 각 자리에 임의로 다음 그림과 같이 번호를 붙여보자.

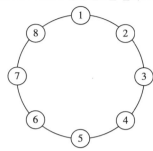

원탁은 회전하여도 배치가 바뀌지 않으므로, 1번에 B대리가 앉는다고 가정하면, 두 번째 조건에 따라 5번과 8번에는 대리가 앉을 수 없고, 세 번째 조건에 따라 2번에는 D과장이 앉게 된다. 네 번째 조건에 따라 F팀장은 대리 직급과 마주 보고 앉아야 하나, 5번과, 8번에는 대리 직급이 앉을 수 없으므로 맞은편 자리인 4번에 앉지 못한다. 또한 6번은 대리 직급이 아닌 D과장과 마주보고 있으므로 앉을 수 없으며, 다섯 번째 조건에 따라 3번에도 앉을 수 없으므로 F팀장은 남은 7번 자리에 앉는다. 네 번째 조건에 따라 3번에는 무조건 대리가 앉게 되므로, 3번과 6번에는 A대리 또는 C대리가 앉아야 하므로 마지막 조건에 따라 8번은 E과장이 앉는다. 마지막으로 여섯 번째 조건에 따라, A대리는 왼쪽 자리가 비어있는 3번에 앉고, G팀장은 그 왼쪽인 4번에 앉게 된다. 따라서 H부장은 남은 자리인 5번에 앉으므로 H부장의 오른쪽에 앉은 사람은 G팀장이다.

02

정답 ②

조건에 따라 A ~ D의 사무실 위치를 정리하면 다음과 같다.

구분	2층	3층	4층	5층
경우 1	부장	B과장	대리	A부장
경우 2	B과장	대리	부장	A부장
경우 3	B과장	부장	대리	A부장

B가 과장이므로 대리가 아닌 A는 부장의 직책을 가진다.

[오답분석]
① A부장 외의 또 다른 부장은 2층, 3층 또는 4층에 근무한다.
③ 대리는 3층 또는 4층에 근무한다.
④ B는 2층 또는 3층에 근무한다.
⑤ 주어진 조건만으로는 C의 직책은 알 수 없다.

03

정답 ③

주어진 조건에 따라 A ~ D업체가 유통하는 재료를 정리하면 다음과 같다.

구분	A업체	B업체	C업체	D업체
커피 원두	○	○	○	
우유	○	○	×	×
아이스크림	×	×	○	
팥	○	×	○	○
딸기	×	○	×	○

위 표처럼 D업체가 유통하는 재료가 전부 정해지지 않았어도, 모든 업체가 유통하는 재료는 커피 원두임을 알 수 있다.

그러므로 D업체는 커피 원두를 유통하고, 아이스크림을 유통하지 않는다.

이를 바탕으로 A ~ D업체가 담당할 수 있는 메뉴는 다음과 같다.

• A업체 : 카페라테
• B업체 : 카페라테, 딸기라테
• C업체 : 아포카토, 팥빙수
• D업체 : 없음

따라서 서로 다른 메뉴를 담당하면서 4가지 메뉴의 재료를 유통할 수 있는 업체는 B업체와 C업체뿐이므로 S씨는 B업체와 C업체를 선정한다.

대표기출유형 05   기출응용문제

01

정답 ⑤

제시된 단어의 관계는 사물과 사물을 세는 단위의 관계이다.

'강다리'는 쪼갠 장작을 묶어 세는 단위이고, '축'은 오징어를 묶어 세는 단위이다.

오답분석

① 김을 묶어 세는 단위는 '톳'으로, 한 톳은 김 100장을 나타냄
② 국수의 뭉치를 세는 단위는 '사리'임
③ 북어를 묶어 세는 단위는 '쾌'로, 한 쾌는 북어 20마리를 나타냄
④ 바늘을 묶어 세는 단위는 '쌈'으로, 한 쌈은 바늘 24개를 나타냄

02

정답 ⑤

제시된 단어는 반의 관계이다.

'이단'은 '전통이나 권위에 반항하는 주장이나 이론'을 뜻하고, '정통'은 '바른 계통'을 뜻한다. 따라서 '다른 것을 본뜨거나 본받음'의 뜻인 '모방'과 반의 관계인 단어는 '어떤 방안, 물건 따위를 처음으로 생각하여 냄'의 뜻인 '창안'이다.

오답분석

① 사설 : 신문이나 잡지에서, 글쓴이의 주장이나 의견을 써내는 논설
② 종가 : 족보로 보아 한 문중에서 맏이로만 이어 온 큰집
③ 모의 : 실제의 것을 흉내 내어 그대로 해 봄
④ 답습 : 예로부터 해 오던 방식이나 수법을 좇아 그대로 행함

03

정답 ②

제시된 단어는 유의 관계이다.

'준거'와 '표준'은 '사물의 정도나 성격 따위를 알기 위한 근거나 기준'을 뜻한다. 따라서 '어떤 것이 남긴 표시나 자리'의 뜻을 가진 '자취'와 유의 관계인 단어는 '어떤 현상이나 실체가 없어졌거나 지나간 뒤에 남은 자국이나 자취'의 뜻의 '흔적'이다.

오답분석

① 척도 : 평가하거나 측정할 때 의거할 기준
③ 주관 : 어떤 일을 책임을 지고 맡아 관리함
④ 반영 : 다른 것에 영향을 받아 어떤 현상이 나타남
⑤ 보증 : 어떤 사물이나 사람에 대하여 책임지고 틀림이 없음을 증명함

01

정답 ③

규칙은 세로로 적용된다.
세 번째 도형과 두 번째 도형을 합치면 첫 번째 도형이 된다.

02

정답 ③

규칙은 세로로 적용된다.
첫 번째 도형을 y축 기준으로 대칭한 것이 두 번째 도형, 이를 시계 반대 방향으로 $60°$ 회전한 것이 세 번째 도형이다.

03

정답 ②

규칙은 가로로 적용된다.
첫 번째 도형을 시계 반대 방향으로 $45°$ 회전한 것이 두 번째 도형, 이를 y축 기준으로 대칭 이동한 것이 세 번째 도형이다.

04

정답 ③

규칙은 가로로 적용된다.
첫 번째 도형을 시계 반대 방향으로 $90°$ 회전한 것이 두 번째 도형, 이를 색 반전한 것이 세 번째 도형이다.

[01 ~ 04]
- □ : 각 자릿수 $+2$, -2, $+2$, -2
- ▓ : 1234 → 1243
- ▣ : 1234 → 3412
- ■ : 각 자릿수 $+3$, $+2$, $+1$, $+0$

01

정답 ③

VEN8 → N8VE → N8EV
　　　▣　　　　▓

02

정답 ④

OK15 → RM25 → TK43
　　　■　　　　□

03

BS37 → DQ55 → 55DQ
　　　 □　　 　 ▣

04

KZEM → MXGK → PZHK
　　　 □　　　 ■

대표기출유형 08   기출응용문제

01

정답 ③

제시문은 음악을 쉽게 복제할 수 있는 환경을 비판하는 시각에 대하여 반박하며 미래에 대한 기대를 나타내는 내용을 담고 있다. 따라서 (다) 음악을 쉽게 변모시킬 수 있게 된 환경의 도래 – (가) 음악 복제에 대한 비판적인 시선의 등장 – (라) 이를 반박하는 복제품 음악의 의의 – (나) 복제품으로 새롭게 등장한 전통에 대한 기대 순으로 나열하는 것이 적절하다.

02

정답 ④

제시문은 교과서에서 많은 오류가 발견된 사실을 제시하고 오류의 유형과 예시를 차례로 언급하며 문제 해결에 대한 요구를 제시하고 있는 글이다. 따라서 (다) 교과서에서 많은 오류가 발견 – (가) 교과서에서 나타나는 오류의 유형과 예시 – (라) 편향된 내용을 담은 교과서의 또 다른 예시 – (나) 교과서의 문제 지적과 해결 촉구 순으로 나열하는 것이 적절하다.

03

정답 ②

제시문은 현대 건축가 르 코르뷔지에의 업적에 대해 설명하고 있다. 먼저 현대 건축의 거장으로 불리는 르 코르뷔지에를 소개하는 (라) 문단이 나오고, 르 코르뷔지에가 만든 도미노 이론의 정의를 설명하는 (가) 문단이 나와야 한다. 다음으로 도미노 이론을 설명하는 (다) 문단이 나오고 마지막으로 도미노 이론의 연구와 적용되고 있는 다양한 건물을 설명하는 (나) 문단 순으로 나열하는 것이 적절하다.

04

정답 ⑤

제시문은 효율적 제품 생산을 위한 한 방법인 제품별 배치 방법의 장단점에 대한 내용의 글이다. 따라서 (다) 효율적 제품 생산을 위해 필요한 생산 설비의 효율적 배치 – (라) 효율적 배치의 한 방법인 제품별 배치 방식 – (가) 제품별 배치 방식의 장점 – (나) 제품별 배치 방식의 단점의 순으로 나열하는 것이 적절하다.

대표기출유형 09 기출응용문제

01
정답 ①

사카린은 설탕보다 당도가 약 500배 정도 높고, 아스파탐의 당도는 설탕보다 약 200배 이상 높다. 따라서 사카린과 아스파탐 모두 설탕보다 당도가 높고, 사카린은 아스파탐보다 당도가 높으므로 참인 내용이다.

[오답분석]

② 사카린은 화학 물질의 산화 반응을 연구하던 중에, 아스파탐은 위궤양 치료제를 개발하던 중에 우연히 발견되었다.

③ 사카린은 무해성이 입증되어 미국 FDA의 인증을 받았고, 현재도 설탕의 대체재로 사용되고 있다.

④ 2009년 미국의 설탕, 옥수수 시럽, 기타 천연당의 1인당 연평균 소비량인 140파운드는 중국보다 9배 많은 수치이므로, 2009년 중국의 소비량은 약 15파운드였을 것이다.

⑤ 아스파탐은 미국 암협회가 안전하다고 발표했지만, 이탈리아의 과학자가 쥐를 대상으로 한 실험에서 암을 유발한다고 내린 결론 때문에 논란이 끊이지 않고 있다.

02
정답 ②

제시문에 따르면 자제력이 있는 사람은 합리적 선택에 따라 행위를 하고, 합리적 선택에 따르는 행위는 모두 자발적 행위라고 했다. 따라서 자제력이 있는 사람은 자발적으로 행위를 한다고 하였으므로 ②는 참인 내용이다.

03
정답 ①

라투르가 제시한 '새로운 행위자'라는 개념은 기술결정론과 사회결정론 모두를 비판하기 위해 등장한 것으로 잡종 행위자를 막기 위해 총기 사용을 규제해야 한다고 하는 것은 그의 주장과는 거리가 멀다. 따라서 ①은 거짓인 내용이다.

[오답분석]

② 라투르는 서양의 학문이 자연, 사회, 인간만을 다루었고 기술과 같은 '비인간'을 학문의 대상에서 제외했다고 하였으므로 참인 내용이다.

③ 라투르는 행위자로서 기술의 능동적 역할에 주목하면서 서구의 근대적 과학과 철학이 범했던 자연 / 사회, 주체 / 객체의 이분법을 극복하고자 하였으므로 참인 내용이다.

④ · ⑤ 라투르는 과속방지용 둔덕을 '잠자는 경찰'이라고 부르면서 인간이 했던 역할을 기술이 대신 수행함으로써 우리 사회의 훌륭한 행위자가 된다고 하였으므로 참인 내용이다.

04
정답 ①

A가 산업 민주주의를 옹호한 이유는 노동자들의 소득을 증진시키기 때문이 아니라 자치에 적합한 시민역량을 증진시키기 때문이라고 하였으므로 거짓인 내용이다.

[오답분석]

② B는 민주주의가 성공하기 위해서는 거대 기업에 대응할 만한 전국 단위의 정치권력과 시민 정신이 필요하다고 하였고 이를 위해 연방 정부의 역량을 증가시켜 독점자본을 통제하는 노선을 택했으므로 참인 내용이다.

③ A와 B의 정책에는 차이가 있지만 자치에 적합한 시민 도덕을 장려하는 것을 중시했다고 하였으므로 참인 내용이다.

④ 1930년대 대공황 이후 미국의 경제 회복은 A나 B가 주장한 것과 같은 시민의 자치 역량과 시민 도덕을 육성하는 경제 구조 개혁보다는 케인스 경제학에 입각한 중앙정부의 지출 증가에서 시작되었고, 이에 따라 미국은 자치에 적합한 시민 도덕을 강조할 필요가 없는 경제 정책을 펼쳐나갔다고 하였으므로 참인 내용이다.

⑤ 케인스 경제학에 기초한 정책은 시민들을 자치하는 자, 즉 스스로 통치하는 자가 되기보다 공정한 분배를 받는 수혜자로 전락시켰다고 하였으므로 참인 내용이다.

01

정답 ②

제시문에서 정보화 사회의 문제점으로 다루고 있는 것은 '정보 격차'로, 지식과 정보에 접근할 수 없는 사람들이 소득을 얻는 데 불리할 수밖에 없다고 주장한다. 또한 정보가 상품화됨에 따라 정보를 둘러싼 불평등은 더욱 심화될 것이라고 전망하고 있다. 따라서 인터넷이나 컴퓨터 유지비 측면에서의 격차 발생은 글의 주장을 강화시키는 것으로, 이 문제에 대한 반대 입장이 될 수 없다.

02

정답 ⑤

제시문은 투표 이론 중 합리적 선택 모델에 대해 설명하는데, 합리적 선택 모델은 유권자들이 개인의 목적을 위해 투표를 한다고 본다. 따라서 이에 대해 투표 행위가 사회적인 배경을 무시할 수 없다는 반박을 제시할 수 있다.

[오답분석]
①·②·③·④ 제시문의 내용으로 적절하지 않은 주장이다.

03

정답 ③

헤겔은 국가를 사회 문제를 해결하고 공적 질서를 확립할 최종 주체로 설정했고, 뒤르켐은 사익을 조정하고 공익과 공동체적 연대를 실현할 도덕적 개인주의의 규범에 주목하면서, 이를 수행할 주체로서 직업 단체의 역할을 강조하였다. 즉, 직업 단체가 정치적 중간 집단으로서 구성원의 이해관계를 국가에 전달하는 한편 국가를 견제해야 한다고 보았다.

[오답분석]
① 뒤르켐이 주장하는 직업 단체는 정치적 중간집단의 역할로 빈곤과 계급 갈등의 해결을 수행할 주체이다.
②·④ 헤겔의 주장이다.
⑤ 헤겔 역시 공리주의는 시민 사회 내에서 개인들의 무한한 사익 추구가 일으키는 빈부 격차나 계급 갈등을 해결할 수는 없다고 보았다.

01

제시문은 알렉산더가 기원전 331년 페르시아와의 전쟁에서 승리한 후 왕도(王都)를 불태운 사건에 대한 아리아누스와 디오도루스의 기록을 소개하고 있는 글이다.

ㄱ. 방화의 발단이 된 타이스에 대한 기록이 있는 디오도루스의 것이 더 상세하기는 하지만 그것이 신빙성의 기준이 되지는 못한다.

ㄴ. 역사가의 생존 시기가 사건 시기와 가까움이 신빙성의 기준이 되지는 못한다.

ㄷ. 아리아누스의 기록에는 볼 수 없는 디오도루스만의 기록이므로 타당하지 않다.

02

가모프와 앨퍼는 대폭발 이론을 제안했으며 슈미트와 크리슈너는 초신성 관측을 통해 우주의 팽창 속도가 빨라지고 있다는 사실을 밝혔다. 즉, 슈미트와 크리슈너의 관측은 가모프와 앨퍼의 이론을 바탕으로 한걸음 더 나아가 구체화한 것이지 그들의 이론을 수정한 것은 아니므로 ⑤는 적절하지 않다.

03

물가 상승으로 인해 화폐가치는 급락하지만, 풍년으로 인해 쌀값이 하락하면 오히려 화폐가치가 상승하는 결과를 낳는다. 따라서 쌀값이 하락할 때, 화폐가치가 떨어진다는 내용인 ②는 독자의 반응으로 적절하지 않다.

04

두 번째 문단에 따르면 현대인은 타인의 고통을 대부분 그 사람의 잘못된 행위에서 비롯된 필연적 결과로 보며, 자신은 그러한 불행을 예방할 수 있다고 생각한다. 보기에 나타난 '영주' 또한 이러한 경향을 드러내고 있다. '영주'는 '할머니'의 불행이 예방 가능하다고 생각하지만 '할머니'에 대해 연민을 느끼고 있다. 따라서 ⑤는 보기를 바르게 해석한 것으로 적절하지 않다.

행운이란 100%의 노력 뒤에 남는 것이다.

- 랭스턴 콜만 -

PART 3

최종점검 모의고사

최종점검 모의고사

01	02	03	04	05	06	07	08	09	10	11	12	13	14	15	16	17	18	19	20
③	②	③	③	②	⑤	①	②	④	④	⑤	④	②	③	④	⑤	⑤	③	①	②

01

정답 ③

신입사원 10명 중 5명을 뽑는 경우의 수를 구하는 식은 다음과 같다.

$$_{10}C_5 = \frac{10 \times 9 \times 8 \times 7 \times 6}{5 \times 4 \times 3 \times 2 \times 1} = 252 가지$$

따라서 구하고자 하는 경우의 수는 252가지이다.

02

정답 ②

전체 구슬의 개수는 3+4+5=12개이고, 3가지 색의 구슬 2개를 꺼내는 확률은 다음과 같다.

ⅰ) 빨강색 구슬 2개를 꺼낼 확률 : $\frac{_3C_2}{_{12}C_2} = \frac{1}{22}$

ⅱ) 초록색 구슬 2개를 꺼낼 확률 : $\frac{_4C_2}{_{12}C_2} = \frac{1}{11}$

ⅲ) 파랑색 구슬 2개를 꺼낼 확률 : $\frac{_5C_2}{_{12}C_2} = \frac{5}{33}$

따라서 구슬 2개를 꺼낼 때, 모두 빨간색이거나 모두 초록색이거나 모두 파란색일 확률은 $\frac{1}{22} + \frac{1}{11} + \frac{5}{33} = \frac{19}{66}$ 이다.

03

정답 ③

제시된 그래프에서 매년 기초학력이 미달인 학생 수가 가장 많은 과목은 수학 과목이다. 과목별 2020년 대비 2024년 기초학력이 미달인 학생의 증가량을 구하면 다음과 같다.

• 국어 : 60−21=39명
• 영어 : 45−15=30명
• 수학 : 75−45=30명

그러므로 2020년 대비 2024년 기초학력 미달 학생 수가 가장 많이 증가한 과목은 국어이다.

따라서 빈칸에 들어갈 과목이 바르게 짝지어진 것은 ③이다.

04

정답 ③

2016 ～ 2024년까지 전년 대비 사기와 폭행의 범죄 건수 증감 추이는 다음과 같이 서로 반대이므로 옳다.

구분	2016년	2017년	2018년	2019년	2020년	2021년	2022년	2023년	2024년
사기	감소	감소	감소	감소	감소	감소	증가	증가	감소
폭행	증가	증가	증가	증가	증가	증가	감소	감소	증가

오답분석

① 2016 ～ 2024년 범죄별 발생 건수의 1 ～ 5위는 '절도 – 사기 – 폭행 – 살인 – 방화'순이나 2015년의 경우 '절도 – 사기 – 폭행 – 방화 – 살인'순으로 동일하지 않다.

② 2015 ～ 2024년 동안 발생한 방화의 총 발생 건수는 $5+4+2+1+2+5+2+4+5+3=33$천 건으로 3만 건 이상이다.

④ 2017년 전체 범죄 발생 건수는 $270+371+148+2+12=803$천 건이며, 이 중 절도의 범죄 건수가 차지하는 비율은 $\frac{371}{803} \times 100 ≒ 46.2\%$로 50% 미만이다.

⑤ 2015년 전체 범죄 발생 건수는 $282+366+139+5+3=795$천 건이고, 2024년에는 $239+359+156+3+14=771$천 건이다. 2015년 대비 2024년 전체 범죄 발생 건수 감소율은 $\frac{771-795}{795} \times 100 ≒ -3\%$로 5% 미만이다.

05

정답 ②

ㄱ. 응답자 2,000명 중 남성을 x명, 여성을 y명이라고 하면, 주유 할인을 선택한 응답자는 $2,000 \times 0.2=400$명이므로 $0.18x+0.22y=400$으로 나타낼 수 있다.

$x+y=2,000 \cdots \bigcirc$

$0.18x+0.22y=400 \cdots \bigcirc\bigcirc$

$\bigcirc$과 $\bigcirc\bigcirc$을 연립하면 $x=1,000$, $y=1,000$으로 남성과 여성의 비율이 동일함을 알 수 있다.

ㄹ. 가장 많은 남성 응답자(24%)가 영화관 할인을 선택하였으며, 여성 역시 가장 많은 응답자(23%)가 영화관 할인을 선택하였다.

오답분석

ㄴ. 남성의 경우 응답자의 18%인 180명이 편의점 할인을 선택하였고, 여성의 경우 7%인 70명이 편의점 할인을 선택하였다. 따라서 편의점 할인 서비스는 여성보다 남성 응답자가 더 선호하는 것을 알 수 있다.

ㄷ. 남성 응답자 수는 1,000명이므로 온라인 쇼핑 할인을 선택한 남성은 $1,000 \times 0.1=100$명이다.

06

정답 ⑤

여자 흡연율의 전년도와의 차이를 정리하면 다음과 같다.

구분	2020년	2021년	2022년	2023년	2024년
여자 흡연율(%)	7.4	7.1	6.8	6.9	7.3
전년도 대비 차이(%p)		−0.3	−0.3	+0.1	+0.4

따라서 가장 많은 차이를 보이는 해는 2024년이다.

오답분석

① 2020 ～ 2024년까지 계속 감소하고 있다.

② 2022년까지 감소하다가 이후 증가하고 있다.

③ 남자와 여자의 흡연율 차이를 정리하면 다음과 같다.

구분	2020년	2021년	2022년	2023년	2024년
남자 흡연율(%)	48.7	46.2	44.3	42.2	40.7
여자 흡연율(%)	7.4	7.1	6.8	6.9	7.3
남자·여자 흡연율 차이(%p)	41.3	39.1	37.5	35.3	33.4

따라서 남자와 여자의 흡연율 차이는 감소하고 있다.

④ 남자 흡연율의 전년도와의 차이를 정리하면 다음과 같다.

구분	2020년	2021년	2022년	2023년	2024년
남자 흡연율(%)	48.7	46.2	44.3	42.2	40.7
전년도 대비 차이(%p)		−2.5	−1.9	−2.1	−1.5

따라서 가장 많은 차이를 보이는 해는 2021년이다.

07
정답 ①

화재 피해액은 매년 증가하지만, 화재 발생 건수는 감소도 하고 증가도 하기 때문에 ①은 적절하지 않다.

[오답분석]
② 화재 피해액은 매년 증가한다.
③ 화재 발생 건수는 2023년이 4.9만 건으로 가장 높다.
④ 화재 피해액은 2022년까지는 2.8천억 원이었지만, 2023년에 4.3천억 원으로 4천억 원을 넘어섰다.
⑤ 화재 발생 건수는 2023년이 가장 높지만, 화재 피해액은 2024년이 가장 높다.

08
정답 ②

첫 번째 조건에서 2023년 11월 요가 회원은 $a=50\times1.2=60$명이고, 세 번째 조건에서 2024년 1월 필라테스 예상 회원 수는 2023년 4분기 월평균 회원 수가 되어야 하므로 2024년 1월 필라테스 예상 회원 수는 $d=\dfrac{106+110+126}{3}=\dfrac{342}{3}=114$명이다.

두 번째 조건에 따라 2023년 12월 G.X 회원 수 c를 구하면 $(90+98+c)+37=106+110+126 \rightarrow c=342-225=117$명이다.
b를 구하기 위해 방정식 $2a+b=c+d$에 a, c, d에 해당하는 수를 대입하면 $b+2\times60=117+114 \rightarrow b=231-120=111$이다.
따라서 2023년 12월의 요가 회원 수는 $b=111$명이다.

09
정답 ④

10대의 인터넷 공유활동을 참여율이 큰 순서대로 나열하면 '커뮤니티 이용 → 퍼나르기 → 블로그 운영 → UCC 게시 → 댓글 달기'이다. 반면 30대는 '커뮤니티 이용 → 퍼나르기 → 블로그 운영 → 댓글 달기 → UCC 게시'이다.
따라서 활동 순위가 서로 동일하지 않으므로 바르게 이해하지 못한 사람은 D사원이다.

[오답분석]
① 20대가 다른 연령에 비해 참여율이 비교적 높은 편임을 제시된 자료를 통해 쉽게 확인할 수 있다.
② 남성이 여성보다 참여율이 대부분의 활동에서 높지만, 블로그 운영에서는 여성의 참여율이 더 높다.
③ 남녀 간의 참여율 격차가 가장 큰 활동은 14%p로 댓글 달기이며, 격차가 가장 작은 활동은 3%p로 커뮤니티 이용이다.
⑤ 40대는 다른 영역과 달리 댓글 달기 활동에서는 다른 연령대보다 높은 참여율을 보이고 있다.

10
정답 ④

A, B, E구의 1인당 소비량을 각각 a, b, e라고 하자.
제시된 조건을 식으로 나타내면 다음과 같다.
• 첫 번째 조건 : $a+b=30$ … ㉠
• 두 번째 조건 : $a+12=2e$ … ㉡
• 세 번째 조건 : $e=b+6$ … ㉢
㉢을 ㉡에 대입하여 식을 정리하면, $a+12=2(b+6) \rightarrow a-2b=0$ … ㉣
㉠−㉣을 하면 $3b=30$이므로
∴ $b=10$, $a=20$, $e=16$

A ~ E구의 변동계수를 구하면 다음과 같다.

- A구 : $\frac{5}{20} \times 100 = 25\%$

- B구 : $\frac{4}{10} \times 100 = 40\%$

- C구 : $\frac{6}{30} \times 100 = 20\%$

- D구 : $\frac{4}{12} \times 100 ≒ 33.33\%$

- E구 : $\frac{8}{16} \times 100 = 50\%$

따라서 변동계수가 3번째로 큰 구는 D구이다.

11

정답 ⑤

선택지에 해당되는 연도의 고용률과 실업률의 차이는 다음과 같다.
- 2017년 : 40.4-7.6=32.8%p
- 2018년 : 40.3-7.5=32.8%p
- 2021년 : 41.2-9.1=32.1%p
- 2023년 : 42.1-9.8=32.3%p
- 2024년 : 42.7-9.5=33.2%p

따라서 2024년이 고용률과 실업률의 차이가 가장 크다.

12

정답 ④

지환 : 2021년부터 2024년까지 방송수신료 매출액은 전년 대비 '증가 – 감소 – 감소 – 증가'의 추이를, 프로그램 판매 매출액은 전년 대비 '감소 – 증가 – 증가 – 감소'의 추이를 보이고 있다. 따라서 방송수신료 매출액의 증감 추이와 반대되는 추이를 보이는 항목이 존재한다.

동현 : 각 항목의 매출액 순위는 '광고 – 방송수신료 – 기타 사업 – 협찬 – 기타 방송사업 – 프로그램 판매' 순서이며, 2020년부터 2024년까지 이 순위는 계속 유지된다.

세미 : 2020년 대비 2024년에 매출액이 상승하지 않은 항목은 방송수신료, 광고로 총 2개이다.

오답분석

소영 : 항목별로 최대 매출액과 최소 매출액의 차를 구하면 다음과 같다.
- 방송수신료 : 57-53=4십억 원
- 광고 : 232-210=22십억 원
- 협찬 : 33-30=3십억 원
- 프로그램 판매 : 13-10=3십억 원
- 기타 방송사업 : 22-18=4십억 원
- 기타 사업 : 42-40=2십억 원

기타 사업의 매출액 변동폭은 2십억 원이므로, 모든 항목의 매출액이 3십억 원 이상의 변동폭을 보인 것은 아니다.

13

정답 ②

모든 부서의 직원 수는 8+10+9+13=40명이며, 그중 컴퓨터활용을 신청한 직원은 2+4+2+3=11명이다.

따라서 '컴퓨터활용'을 신청한 직원은 전체에서 $\frac{11}{40} \times 100 = 27.5\%$를 차지한다.

14

정답 ③

한 달 수업일수 및 시간 그래프에서 각 수업의 한 달 동안 받는 수업 시간을 계산하면 다음과 같다.

- 영어회화 : $6 \times 1 = 6$시간
- 컴퓨터활용 : $8 \times 1.5 = 12$시간
- 회계이론 : $5 \times 2 = 10$시간
- 영어문서 작성 : $6 \times 2 = 12$시간

따라서 한 달에 가장 적은 시간을 수업하는 프로그램은 '영어회화'이며, 한 달 수강료는 10만 원이다.

15

정답 ④

그래프에서 주택부문 시장규모의 비율은 거의 비슷하나, 네 번째 자료에서 시장규모가 E국이 가장 큰 액수로 주어져 있기 때문에 주택부문 시장규모가 가장 큰 국가는 E국이다. 다음으로 2024년 각국의 주택부문 16층 이상 시장규모를 구하면 다음과 같다.

- A국의 16층 이상 시장규모 : $50 \times 0.28 \times 0.45 = 6.3$조 원
- B국의 16층 이상 시장규모 : $150 \times 0.29 \times 0.25 = 10.875$조 원
- C국의 16층 이상 시장규모 : $100 \times 0.23 \times 0.09 = 2.07$조 원
- D국의 16층 이상 시장규모 : $200 \times 0.28 \times 0.51 = 28.56$조 원
- E국의 16층 이상 시장규모 : $250 \times 0.26 \times 0.30 = 19.5$조 원

따라서 16층 이상 시장규모가 두 번째로 작은 국가는 A국이다.

16

정답 ⑤

ㄴ. 첫 번째, 세 번째 자료를 통해서 확인할 수 있다.

ㄷ. 2020 ~ 2024년에 건설시장의 주택부문에서 16층 이상 시장규모 비율이 매년 증가한 국가는 A국과 D국 2개국이다.

ㄹ. • A국의 3 ~ 10층 시장규모 : $50 \times 0.28 \times 0.22 = 3.08$조 원
- B국의 3 ~ 10층 시장규모 : $150 \times 0.29 \times 0.40 = 17.4$조 원
- C국의 3 ~ 10층 시장규모 : $100 \times 0.23 \times 0.45 = 10.35$조 원
- D국의 3 ~ 10층 시장규모 : $200 \times 0.28 \times 0.11 = 6.16$조 원
- E국의 3 ~ 10층 시장규모 : $250 \times 0.26 \times 0.24 = 15.6$조
  따라서 3 ~ 10층 시장규모가 가장 큰 국가는 B국이다.

오답분석

ㄱ. A국은 비주택부문 시장규모 비율이 가장 낮으므로 옳지 않은 설명이다. 주택부문 시장규모 비율이 가장 낮은 국가는 C국이다.

17

정답 ⑤

2019년 30 ~ 99인 사업체 근로시간은 187.2시간이므로 ⑤는 옳지 않다.

18

정답 ③

n년 후 저장된 파일의 수를 a_n 천 개일 때, $(n+1)$년 후 저장된 파일의 수는 $(2a_n + 1)$천 개이므로 n년 후 저장된 파일의 수는 다음과 같다.

- 6년 후 : $2 \times 31 + 1 = 63$천 개
- 7년 후 : $2 \times 63 + 1 = 127$천 개
- 8년 후 : $2 \times 127 + 1 = 255$천 개
- 9년 후 : $2 \times 255 + 1 = 511$천 개
- 10년 후 : $2 \times 511 + 1 = 1,023$천 개

따라서 10년 후 저장된 파일의 수는 1,023천 개이다.

19

n번째 주에 잡은 물고기의 양을 a_n이라 할 때, $a_{n+2}=a_{n+1}+a_n$이다.

6번째 주에 잡은 물고기의 양은 $a_6=a_5+a_4=15+24=39$마리이다.

따라서 7번째 주에 잡은 물고기의 양은 $a_7=a_6+a_5=39+24=63$마리이다.

20

일용근로자의 하루치 임금은 1명당 15만 원이다.

따라서 일용근로자 15명의 하루치 임금 총액은 $15\times15=225$만 원이다.

02 추리

01	02	03	04	05	06	07	08	09	10	11	12	13	14	15	16	17	18	19	20
③	④	③	③	①	④	①	①	④	⑤	⑤	④	②	②	③	①	②	①	③	⑤

21	22	23	24	25	26	27	28	29	30
①	⑤	②	⑤	⑤	①	②	④	④	③

01

'자차가 있다.'를 A, '대중교통을 이용한다.'를 B, '출퇴근 비용을 줄인다.'를 C라고 하면, 전제1은 ~A → B, 결론은 ~A → C이다. 따라서 ~A → B → C가 성립하기 위해서 필요한 전제2는 B → C이므로 '대중교통을 이용하면 출퇴근 비용이 줄어든다.'가 적절하다.

02

'연예인이 모델이다.'를 '연', '매출액이 증가한다.'를 '매', '브랜드 인지도가 높아진다.'를 '브'라고 하자.

구분	명제	대우
전제1	연 → 매	매× → 연×
결론	연 → 브	브× → 연×

전제1이 결론으로 연결되려면, 전제2는 '매 → 브'가 되어야 한다.

따라서 전제2는 '매출액이 증가하면 브랜드 인지도가 높아진다.'가 적절하다.

03

성준이는 볼펜을 좋아하고, 볼펜을 좋아하는 사람은 수정테이프를 좋아한다.

따라서 '성준이는 수정테이프를 좋아한다.'가 결론으로 와야 한다.

04

한 명만 거짓말을 하고 있기 때문에 모두의 말을 참이라고 가정하고, 모순이 어디서 발생하는지 생각해 본다.

다섯 명의 말에 따르면, 1등을 할 수 있는 사람은 C밖에 없는데, E의 진술과 모순이 생기는 것을 알 수 있다.

만약 C의 진술이 거짓이라고 가정하면 1등을 할 수 있는 사람이 없게 되므로 모순이다.

따라서 E의 진술이 거짓이므로 나올 수 있는 순위는 C－A－E－B－D, C－A－B－D－E, C－E－B－A－D임을 알 수 있다.

05

ⅰ) C가 참이면 D도 참이므로 C, D는 모두 참을 말하거나 모두 거짓을 말한다. 그런데 A와 E의 진술이 서로 모순되고 있으므로 둘 중에 한 명은 참이고 다른 1명은 거짓인데, 만약 C, D가 모두 참이면 참을 말한 사람이 적어도 3명이 되므로 2명만 참을 말한다는 조건에 맞지 않는다. 따라서 C, D는 모두 거짓을 말한다.

ⅱ) ⅰ)에서 C와 D가 모두 거짓을 말하고, A와 E 중 1명은 참, 다른 1명은 거짓을 말한다. 따라서 B는 참을 말한다.

ⅲ) ⅱ)에 따라 A와 B가 참이거나 B와 E가 참이다. 그런데 A는 '나와 E만 범행 현장에 있었다.'라고 했으므로 B의 진술(참)인 '목격자는 2명이다.'와 모순된다(목격자가 2명이면 범인을 포함해서 3명이 범행 현장에 있어야 하므로). 또한 A가 참일 경우, A의 진술 중 '나와 E만 범행 현장에 있었다.'는 참이면서 E의 '나는 범행 현장에 있었다.'는 거짓이 되므로 모순이 된다.

따라서 B와 E가 참이므로, E의 진술에 따라 A가 범인이다.

06

제시된 조건을 정리하면 두 가지 경우로 구분되며, 이를 정리하면 다음과 같다.

구분	첫 번째 공휴일	두 번째 공휴일	세 번째 공휴일	네 번째 공휴일	다섯 번째 공휴일
경우 1	A약국 D약국	D약국 E약국	A약국 C약국	B약국 C약국	B약국 E약국
경우 2	D약국 E약국	A약국 D약국	A약국 C약국	B약국 C약국	B약국 E약국

따라서 네 번째 공휴일에 영업하는 약국은 B약국과 C약국이다.

오답분석

① A약국은 이번 달 공휴일에 연달아 영업할 수도 그렇지 않을 수도 있다.
② 다섯 번째 공휴일에는 B약국과 E약국이 같이 영업한다.
③ B약국은 네 번째, 다섯 번째 공휴일에 영업을 한다.
⑤ E약국은 두 번째 공휴일, 다섯 번째 공휴일에 영업을 할 수 있다.

07

어떤 남자는 경제학을 좋아하고, 경제학을 좋아하는 남자는 국문학을 좋아하고, 국문학을 좋아하는 남자는 영문학을 좋아한다. 따라서 어떤 남자는 영문학을 좋아한다.

08

화요일은 재무팀 소속인 C의 출장이 불가하며, 수요일은 영업팀의 정기 일정인 팀 회의로 A, B의 출장이 불가하다. 또한 목요일은 B가 휴가 예정이므로 금요일 및 주말을 제외하고 세 사람이 동시에 출장을 갈 수 있는 날은 월요일뿐이다.

오답분석

② 회계감사로 인해 재무팀 소속인 C는 본사에 머물러야 한다.
③ 수요일에는 영업팀의 정기 회의가 있다.
④ B가 휴가 예정이므로 세 사람이 함께 출장을 갈 수 없다.
⑤ 금요일에는 출장을 갈 수 없다.

09

라팀은 파란색을 선택하였으므로 보라색을 사용하지 않고, 나와 다팀도 보라색을 사용한 적이 있으므로 가팀은 보라색을 선택한다. 나팀은 빨간색을 사용한 적이 있고, 파란색과 보라색은 사용할 수 없으므로 노란색을 선택한다. 다팀은 나머지 빨간색을 선택한다.

가	나	다	라
보라색	노란색	빨간색	파란색

따라서 항상 참인 것은 ④이다.

① · ③ · ⑤ 제시된 정보만으로는 판단하기 힘들다.
② 가팀의 상징색은 보라색이다.

10

정답 ⑤

라는 1분단에 배정되었으므로 가, 나, 다는 1분단에 앉을 수 없다. 나는 1분단에 앉을 수 없고, 2, 3분단에 앉은 적이 있으므로 4분단에 배정된다. 다는 1분단에 앉을 수 없고, 2분단과 4분단에 앉은 적이 있으므로 3분단에 배정된다. 가는 나머지 2분단에 배정된다.

가	나	다	라
2분단	4분단	3분단	1분단

따라서 항상 참인 것은 ⑤이다.

11

정답 ⑤

B팀은 1층에 배정되었고, E팀은 5층에 배정되었으므로 2층과 4층을 사용한 적이 있는 D팀은 3층에 배정된다. 나머지 2층과 4층에는 A팀과 C팀이 배정된다. 이를 표로 정리하면 다음과 같다.

구분	1층	2층	3층	4층	5층
경우 1	B팀	A팀	D팀	C팀	E팀
경우 2	B팀	C팀	D팀	A팀	E팀

따라서 항상 참인 것은 ⑤이다.

① 제시된 정보만으로는 판단하기 힘들다.
② A팀은 2층 또는 4층에 배정되므로 2층에 배정되는지는 알 수 없다.
③ E팀은 5층을 사용한 적이 없다.
④ 2층을 쓰게 될 가능성이 있는 팀은 A팀과 C팀 총 두 팀이다.

12

정답 ④

제시된 조건을 정리하면 다음과 같은 순서로 위치한다.
초밥가게 - × - 카페 - × - 편의점 - 약국 - 옷가게 - 신발가게 - × - ×

① 카페와 옷가게 사이에 3개의 건물이 있다.
② 초밥가게와 약국 사이에 4개의 건물이 있다.
③ 편의점은 다섯 번째 건물에 있다.
⑤ 옷가게는 일곱 번째 건물에 있다.

13

정답 ②

제시된 조건을 고려하면 C - K - A - B 또는 K - C - A - B 순서로 대기하고 있다는 것을 알 수 있다. 그중 K - C - A - B의 경우에는 마지막 조건을 만족시킬 수 없으므로 대기자 5명은 C - K - A - B - D 순서로 대기하고 있다.
따라서 K씨는 두 번째로 진찰을 받을 수 있다.

14

정답 ②

네 번째 조건에 따르면 A ~ E 중 공터와 이웃한 곳은 D로, 학원은 D에 위치하고 있음을 알 수 있다.

다섯 번째 조건에 따르면, 공원은 A ~ E 중 유일하게 13번 도로와 이웃하고 있는 B에 위치하고 있다.

마지막 조건에 따르면, 학원이 이웃하고 있는 7번 도로, 12번 도로와 이웃하고 있는 곳은 A ~ E 중 E로, 놀이터는 E에 위치하고 있음을 알 수 있다.

이를 지도에 나타내면 다음과 같다.

7번 도로				7번 도로	
대형마트	E놀이터	주차장	9	공터	D학원
12번 도로			번	12번 도로	
미술관	A학교	교회	도	C병원	영화관
공터	카페	B공원	로	식료품점	공터
13번 도로				13번 도로	

따라서 남아있는 A, C 중 주차장으로부터 직선거리가 더 가까운 곳은 A이므로, 학교는 A에, 병원은 C에 위치하고 있음을 알 수 있다.

15

정답 ③

규칙은 가로로 적용된다.

첫 번째 도형을 시계 반대 방향으로 45° 회전시킨 것이 두 번째 도형, 이를 좌우 반전시킨 것이 세 번째 도형이다.

16

정답 ①

규칙은 세로로 적용된다.

첫 번째 도형을 색 반전한 것이 두 번째 도형, 이를 y축 기준으로 대칭한 것이 세 번째 도형이다.

17

정답 ②

규칙은 가로로 적용된다.

첫 번째 도형을 좌우 대칭하여 합친 것이 두 번째 도형, 이를 시계 반대 방향으로 45° 회전한 것이 세 번째 도형이다.

[18 ~ 21]

- ⊙ : 1234 → 1324
- ♧ : 각 자릿수 −1, 0, +1, +2
- ■ : 1234 → 4321
- ♤ : 각 자릿수 +2, +1, −1, −1

18

정답 ①

7ㅅ3ㄷ → ㄷ3ㅅ7 → ㄷㅅ37
　　　■　　　　　⊙

19

정답 ③

PㄹㅎU → OㄹㄱW → QㅁㅎV
　　　♤　　　　　♤

62 · 삼성 온라인 GSAT

20

정답 ⑤

126ㅊ → 162ㅊ → 371ㅈ → 317ㅈ → ㅈ713
　　◉　　　　　　♤　　　　　　◉　　　　　　■

21

정답 ①

CㅁㅎA → EㅂㅍZ → EㅍㅂZ
　　　　♤　　　　　　◉

22

정답 ⑤

제시문은 정부가 제공하는 공공 데이터를 활용한 앱 개발에 대해 설명하는 글이다. 먼저 다양한 앱을 개발하려는 사람들을 통해 화제를 제시한 (라) 문단이 오는 것이 적절하며, 이러한 앱 개발에 있어 부딪히는 문제들을 제시한 (가) 문단이 그 뒤에 오는 것이 적절하다. 다음으로 이러한 문제들을 해결하기 위한 방법으로 공공 데이터를 제시하는 (나) 문단이 오고, 공공 데이터에 대한 추가 설명으로 공공 데이터를 위한 정부의 노력인 (다) 문단이 마지막으로 오는 것이 적절하다.

23

정답 ②

제시문은 세종대왕이 한글을 창제하고 반포하는 과정을 설명하고 있다. (가) 세종대왕이 글을 읽고 쓰지 못하는 백성들을 안타깝게 여김 – (라) 훈민정음을 만들었지만 신하들의 반대에 부딪힘 – (다) 훈민정음을 세상에 알림 – (나) 훈민정음의 해설서인 『훈민정음해례본』과 『용비어천가』를 펴냄 순서로 연결되어야 한다.

24

정답 ⑤

주로 보통 활동을 하는 성인 남성의 하루 기초대사량이 1,728kcal라면 하루에 필요로 하는 총 칼로리는 $1,728 \times (1+0.4) = 2,419.2$kcal가 된다. 이때, 지방은 전체 필요 칼로리 중 20% 이하로 섭취해야 하므로 하루 $2,419.2 \times 0.2 = 483.84$g 이하로 섭취하는 것이 좋다.

[오답분석]
① 신장 178cm인 성인 남성의 표준 체중은 $1.78^2 \times 22 \fallingdotseq 69.7$kg이 된다.
② 표준 체중이 73kg인 성인의 기초대사량은 $1 \times 73 \times 24 = 1,752$kcal이며, 정적 활동을 하는 경우 활동대사량은 $1,752 \times 0.2 = 350.4$kcal이므로 하루에 필요로 하는 총 칼로리는 $1,752 + 350.4 = 2,102.4$kcal이다.
③ 표준 체중이 55kg인 성인 여성의 경우 하루 평균 $55 \times 1.13 = 62.15$g의 단백질을 섭취해야 한다.
④ 탄수화물의 경우 섭취량이 부족하면 케톤산증을 유발할 수 있으므로 반드시 하루에 최소 100g 정도의 탄수화물을 섭취해야 한다.

25

정답 ⑤

주주총회가 아닌 이사회의 결의만으로 발행 가능하다.

[오답분석]
① 주식은 주식시장에서 자유롭게 양도된다.
② 주식회사의 자본금은 주식 발행을 통해 조달되며, 주식회사는 다른 유형의 회사보다 뛰어난 자본 조달력을 갖고 있다.
③ 수권주식총수를 통해 자본금의 최대한도인 수권자본금을 알 수 있다.
④ 주식을 인수한다는 것은 출자자를 누구로 하는지, 그 출자자가 인수하려는 주식이 몇 주인지를 확정하는 것을 말한다.

26

정답 ①

최초진입기업이 후발진입기업이 진입하는 것을 어렵게 하기 위해 마케팅 활동을 한다고는 하였지만 이를 위한 마케팅 비용이 후발진입기업보다 많아야 하는지는 언급되어 있지 않다.

오답분석

② 후발진입기업의 모방 비용은 최초진입기업이 신제품 개발에 투자한 비용 대비 65% 수준이라고 하였다.
③ 기업이 시장에 최초로 진입하여 무형 및 유형의 이익을 얻는 것을 A효과라 하는데 시장에 최초로 진입하여 후발기업에 비해 소비자에게 우선적으로 인지되는 것은 무형의 이익 중 하나라고 볼 수 있다.
④ 후발진입기업의 경우, 절감된 비용을 마케팅 등에 효과적으로 투자하여 최초진입기업의 시장 점유율을 단기간에 빼앗아 와야 한다고 하였다.
⑤ B효과는 후발진입기업이 최초진입기업과 동등한 수준의 기술 및 제품을 보다 낮은 비용으로 개발할 수 있을 때만 가능하다고 하였다.

27

정답 ②

제시문에서는 저작권 소유자 중심의 저작권 논리를 비판하며 저작권의 의의를 가지려면 저작물이 사회적으로 공유되어야 한다고 주장하고 있다. 따라서 이 주장에 대한 비판으로 ②가 가장 적절하다.

28

정답 ④

제시문은 유명인의 중복 광고 출연으로 인한 부정적인 효과를 설명하고 있다. 따라서 사람들은 유명인과 브랜드 이미지를 연관지어 선택한다는 주장을 반박으로 내세울 수 있다.

오답분석

① · ⑤ 제시문의 내용과 일치한다.
② · ③ 유명인의 중복 출연으로 인한 부정적인 효과를 말하고 있다.

29

정답 ④

미래주의 회화는 비례, 통일, 조화 등을 강조한 기존의 서양 회화와 달리 움직이는 대상의 속도와 운동이라는 미적 가치에 주목하여 새로운 미의식을 제시하였다. 따라서 인간과 동물의 조화를 강조하였다는 내용의 ④는 미래주의 회화 작품에 대한 설명으로 적절하지 않다.

오답분석

① 미래주의 화가들은 활기찬 움직임을 보여주는 모습을 주요 소재로 삼아 산업 사회의 역동적인 모습을 표현하였다.
② 미래주의 화가들은 움직이는 대상의 잔상을 바탕으로 시간의 흐름에 따른 대상의 움직임을 겹쳐서 나타내는 이미지 겹침을 통해 대상의 연속적인 움직임을 효과적으로 표현하였다.
③ 미래주의 화가들은 사물이 각기 특징적인 움직임을 갖고 있다고 보고, 움직임의 궤적을 여러 개의 선으로 구현하는 역선을 통해 표현하였다.
⑤ 미래주의 화가들은 대상이 다른 대상이나 배경과 구분이 모호해지는 상호 침투를 통해 움직이는 대상의 속도와 운동을 효과적으로 나타내었다.

30

정답 ③

보기의 내용은 독립신문이 일반 민중들을 위해 순 한글로 작성되어 배포됐고, 상하귀천 없이 누구나 새로운 소식을 전달해 준다는 내용이다. 따라서 ③이 가장 적절하다.

01　수리

01	02	03	04	05	06	07	08	09	10	11	12	13	14	15	16	17	18	19	20
②	②	①	②	①	③	③	①	④	①	③	③	③	④	④	②	⑤	④	④	②

01

정답　②

S사의 사원 수를 x명이라 하면 다음과 같은 식이 성립한다.

$50x + 100 = 60x - 500$

$\rightarrow 10x = 600$

$\therefore x = 60$

따라서 사원 수는 60명이다.

02

정답　②

먼저 어른들이 원탁에 앉는 경우의 수는 $(3-1)! = 2$가지이고, 어른들 사이에 아이들이 앉는 경우의 수는 $3! = 6$가지이다. 따라서 원탁에 앉을 수 있는 모든 경우의 수는 $2 \times 6 = 12$가지이다.

03

정답　①

영화의 매출액은 매년 전체 매출액의 약 50%를 차지함을 알 수 있다.

풀이 꿀팁

영화 매출액이 전체 매출액의 30% 이상임을 확인하려면 $\frac{(영화 \ 매출액)}{(전체 \ 매출액)} \times 100$을 계산해봐야 한다. 하지만 모두 직접적으로 계산해 볼 수 없으므로 영화 매출액이 전체의 30%라고 생각하고 전체 매출액을 대략적으로 계산해본다. 2017년의 영화 매출액은 371억 원이므로 대략 300억 원이라 하면 전체 매출액은 $300 \times \frac{100}{30} = 3,000$억 원 이상이어야 한다. 이런 식으로 대략적인 계산을 하여 빠르게 풀이할 수 있다.

오답분석

② 2018 ~ 2019년 전년 대비 매출액의 증감 추이는 게임의 경우 '감소 - 증가'이고, 음원은 '증가 - 증가'이다.

③ 2022년과 2024년 음원 매출액은 SNS 매출액의 2배 미만이다.

④ 2019년에 SNS의 매출액은 전년에 비해 감소하였다.

⑤ 영화와 음원의 경우 2022년 매출액이 2021년 매출액의 2배 미만이지만, SNS의 경우 2022년 매출액이 전년 매출액의 5배 이상이다.

04

- 김대리 : 자료의 전 산업생산지수의 기준인 2024년 1월에 비해 2024년 7월에 부가가치가 감소한 산업분야는 2024년 7월 생산지수가 100 미만이어야 한다. 이러한 산업은 공공행정뿐이므로 옳은 설명이다.
- 한사원 : 공공행정 생산지수는 2024년 9월에 비해 2024년 11월에 $\frac{103.9-100.0}{100.0} \times 100 = 3.9\%$ 상승하였으므로 옳은 설명이다.

[오답분석]
- 이주임 : 2024년 7월부터 2024년 12월까지의 전 산업생산지수는 공통적으로 2024년 1월을 기준으로 한다. 따라서 2024년 7월 대비 2024년 12월에 부가가치가 증가한 산업은 생산지수가 2024년 7월보다 2024년 12월에 더 크다. 이러한 산업은 광공업, 건설업, 서비스업, 공공행정이므로 옳지 않은 설명이다.
- 최주임 : 서비스업 생산지수는 2024년 8월에 비해 2024년 10월에 $\frac{107.1-105}{105} \times 100 = 2\%$ 상승하였으므로 옳지 않은 설명이다.

05

2023년 대비 2024년 자동차 수출액의 감소율은 $\frac{713-650}{713} \times 100 = 8.8\%$ 이다.

[오답분석]
ㄱ. 연도별 전년 대비 자동차 생산량의 증가량을 구하면 다음과 같다.
- 2018년 : 4,272−3,513＝759천 대
- 2019년 : 4,657−4,272＝385천 대
- 2020년 : 4,562−4,657＝−95천 대
- 2021년 : 4,521−4,562＝−41천 대
- 2022년 : 4,524−4,521＝3천 대
- 2023년 : 4,556−4,524＝32천 대
- 2024년 : 4,229−4,556＝−327천 대

따라서 전년 대비 자동차 생산량의 증가량이 가장 큰 해는 2018년이다.
ㄷ. 제시된 자료를 통해 자동차 수입액은 지속적으로 증가했음을 알 수 있다.
ㄹ. 2024년의 자동차 생산량 대비 내수량의 비율은 $\frac{1,600}{4,229} \times 100 = 37.8\%$ 이다.

06

X고등학교가 Y고등학교에 비해 진학률이 낮은 대학은 C대학과 D대학이다.

[오답분석]
① X고등학교와 Y고등학교의 진학률 1위 대학은 C대학으로 동일하다.
② X고등학교와 Y고등학교의 진학률 5위 대학은 각각 D대학과 B대학으로 다르다.
④ X고등학교와 Y고등학교의 E대학교 진학률 차이는 26−20＝6%p이다.
⑤ Y고등학교 대학 진학률 중 가장 높은 대학의 진학률은 41%, 가장 낮은 대학의 진학률은 9%로 그 차이는 32%p이다.

07

2020 ~ 2024년 동안 여성 육아휴직 신청자 수의 합은 280+300+280+250+100=1,210명으로 1,000명 이상이다.

오답분석

① 자료를 통해 남성 육아휴직 신청자 수는 매년 증가하였음을 알 수 있다.

② 2020 ~ 2024년 동안 전체 육아휴직 신청자 수의 평균은 $\frac{400+500+500+500+400}{5}$=460명으로 450명 이상이다.

④ 매년 전체 육아휴직 신청자 수에 대한 남성 육아휴직 신청자 수의 비율은 다음과 같다.

- 2020년 : $\frac{120}{400}\times100$=30%
- 2021년 : $\frac{200}{500}\times100$=40%
- 2022년 : $\frac{220}{500}\times100$=44%
- 2023년 : $\frac{250}{500}\times100$=50%
- 2024년 : $\frac{300}{400}\times100$=75%

따라서 매년 전체 육아휴직 신청자 수에 대한 남성 육아휴직 신청자 수의 비율이 가장 작은 해는 2020년이다.

⑤ 매년 전체 육아휴직 신청자 수에 대한 여성 육아휴직 신청자 수의 비율은 다음과 같다.

- 2020년 : $\frac{280}{400}\times100$=70%
- 2021년 : $\frac{300}{500}\times100$=60%
- 2022년 : $\frac{280}{500}\times100$=56%
- 2023년 : $\frac{250}{500}\times100$=50%
- 2024년 : $\frac{100}{400}\times100$=25%

따라서 매년 전체 육아휴직 신청자 수에 대한 여성 육아휴직 신청자 수의 비율이 가장 작은 해는 2024년이다.

08

설문에 응한 총 고객 수를 x명이라고 하면, 연비를 장점으로 선택한 260명의 고객은 전체의 13%이므로 다음과 같은 식이 성립한다.

$\frac{13}{100}x=260 \rightarrow x=2,000$

따라서 설문에 응한 총 고객 수는 2,000명이다.

09

아이스크림의 개수를 최소화해야 하므로 아이스크림 소비자 판매가를 최대로 하여 이윤 또한 최대가 되도록 해야 한다. 공장 판매가의 5배가 최대 판매가이므로 모든 아이스크림을 5배 높은 가격으로 팔아야 한다. 또한, 가격이 높은 아이스크림부터 팔아야 최소 개수로 최대 이익을 볼 수 있다.

- A아이스크림
  - 가격 : 500원, 개당 이윤 : 500원-100원=400원
  - 총 이윤 : 400원×250개=10만 원
- B아이스크림
  - 가격 : 750원, 개당 이윤 : 750원-150원=600원
  - 총 이윤 : 600원×300개=18만 원
- C아이스크림
  - 가격 : 1,000원, 개당 이윤 : 1,000원-200원=800원
  - 총 이윤 : 800원×400개=32만 원

따라서 총 60만 원의 이윤을 볼 수 있다.

10

정답 ①

A ~ E운전자 차량의 공회전 발생률과 공회전 시 연료 소모량, 그에 따라 받을 수 있는 탄소 포인트의 총합을 정리하면 다음과 같다.

구분	공회전 발생률(%)	공회전 시 연료 소모량(cc)	탄소 포인트의 총합(P)
A	$\frac{20}{200}\times100=10$	$20\times20=400$	$100+0=100$
B	$\frac{15}{30}\times100=50$	$15\times20=300$	$50+25=75$
C	$\frac{10}{50}\times100=20$	$10\times20=200$	$80+50=130$
D	$\frac{5}{25}\times100=20$	$5\times20=100$	$80+75=155$
E	$\frac{25}{50}\times100=50$	$25\times20=500$	$50+0=50$

따라서 탄소 포인트의 총합이 큰 순서대로 나열하면 D>C>A>B>E이다.

11

정답 ③

2015년 대비 2023년 장르별 공연 건수의 증가율은 다음과 같다.

- 양악 : $\frac{4,628-2,658}{2,658}\times100 ≒ 74\%$
- 국악 : $\frac{2,192-617}{617}\times100 ≒ 255\%$
- 무용 : $\frac{1,521-660}{660}\times100 ≒ 130\%$
- 연극 : $\frac{1,794-610}{610}\times100 ≒ 194\%$

따라서 2015년 대비 2023년 공연 건수의 증가율이 가장 높은 장르는 국악이다.

오답분석

① 2021년의 무용 공연 건수가 제시되어 있지 않으므로 연극 공연 건수가 무용 공연 건수보다 많아진 것이 2022년부터인지 판단할 수 없다.
② 2019년과 2022년에는 연극 공연 건수가 국악 공연 건수보다 더 많았다.
④ 2022년에 비해 2023년에 공연 건수가 가장 많이 증가한 장르는 양악이다.
⑤ 2018년까지는 양악 공연 건수가 국악, 무용, 연극 공연 건수의 합보다 더 많았지만, 2019년 이후에는 국악, 무용, 연극 공연 건수의 합보다 더 적다. 또한, 2021년에는 무용 공연 건수 자료가 집계되지 않아 양악의 공연 건수가 다른 공연 건수의 합보다 많은지 적은지 판단할 수 없다.

12

정답 ③

ㄱ. 대형마트의 종이봉투 사용자 수는 $2,000\times0.05=100$명으로, 중형마트의 종이봉투 사용자 수인 $800\times0.02=16$명의 $\frac{100}{16}=6.25$배이다.
ㄷ. 비닐봉투 사용자 수를 정리하면 다음과 같다.
  - 대형마트 : $2,000\times0.07=140$명
  - 중형마트 : $800\times0.18=144$명
  - 개인마트 : $300\times0.21=63$명
  - 편의점 : $200\times0.78=156$명
  따라서 비닐봉투 사용률이 가장 높은 곳은 78%로 편의점이며, 비닐봉투 사용자 수가 가장 많은 곳도 156명으로 편의점이다.
ㄹ. 마트 규모별 개인 장바구니의 사용률을 살펴보면, 대형마트가 44%, 중형마트가 36%, 개인마트가 29%이다.
  따라서 마트의 규모가 커질수록 개인 장바구니 사용률이 커짐을 알 수 있다.

ㄴ. 전체 종량제봉투 사용자 수를 구하면 다음과 같다.

- 대형마트 : $2,000 \times 0.28 = 560$명
- 중형마트 : $800 \times 0.37 = 296$명
- 개인마트 : $300 \times 0.43 = 129$명
- 편의점 : $200 \times 0.13 = 26$명
- 전체 종량제봉투 사용자 수 : $560 + 296 + 129 + 26 = 1,011$명

따라서 대형마트의 종량제봉투 사용자 수인 560명은 전체 종량제봉투 사용자 수인 1,011명의 절반을 넘는다.

13

정답 ③

전년 대비 2024년의 축구 동호회 인원 증가율은 $\dfrac{120-100}{100} \times 100 = 20\%$이다.

따라서 2025년 축구 동호회 인원은 $120 \times 1.2 = 144$명일 것이다.

14

정답 ④

2022년 전체 동호회의 평균 인원은 $\dfrac{420}{7} = 60$명이다. 따라서 2022년 족구 동호회 인원이 65명이므로 전체 동호회의 평균 인원보다 많다.

① 2022년 배구와 족구 동호회의 순위가 다른 연도들과 다르다.
② 2021 ~ 2024년 동호인 인원 전체에서 등산이 차지하는 비중은 다음과 같다.

- 2021년 : $\dfrac{18}{360} \times 100 = 5\%$

- 2022년 : $\dfrac{42}{420} \times 100 = 10\%$

- 2023년 : $\dfrac{44}{550} \times 100 = 8\%$

- 2024년 : $\dfrac{77}{700} \times 100 = 11\%$

따라서 동호인 인원 전체에서 등산이 차지하는 비중은 2022년과 2024년에는 전년 대비 증가하였으나 2023년에는 전년 대비 감소하였다.
③ 2021 ~ 2024년 동호인 인원 전체에서 배구가 차지하는 비중은 다음과 같다.

- 2021년 : $\dfrac{72}{360} \times 100 = 20\%$

- 2022년 : $\dfrac{63}{420} \times 100 = 15\%$

- 2023년 : $\dfrac{88}{550} \times 100 = 16\%$

- 2024년 : $\dfrac{105}{700} \times 100 = 15\%$

따라서 동호인 인원 전체에서 배구가 차지하는 비중은 2022년과 2024년에는 전년 대비 감소하였으나 2023년에는 전년 대비 증가하였다.
⑤ 2021 ~ 2024년 등산과 여행 동호회 인원의 합을 축구 동호회 인원과 비교하면 다음과 같다.

- 2021년 : $18 + 10 = 28 < 77$
- 2022년 : $42 + 21 = 63 < 92$
- 2023년 : $44 + 40 = 84 < 100$
- 2024년 : $77 + 65 = 142 > 120$

따라서 2024년 등산과 여행 동호회 인원의 합은 같은 해의 축구 동호회 인원보다 많으므로 옳지 않은 설명이다.

15

농업에 종사하는 고령근로자 수는 600×0.2=120명이고, 교육 서비스업은 48,000×0.11=5,280명, 공공기관은 92,000×0.2=18,400명이다. 따라서 총 120+5,280+18,400=23,800명으로, 과학 및 기술업에 종사하는 고령근로자 수인 160,000×0.125=20,000명보다 많다.

오답분석

① 건설업에 종사하는 고령근로자 수는 97,000×0.1=9,700명으로 외국기업에 종사하는 고령근로자 수의 3배인 12,000×0.35×3=12,600명보다 적다.

② 국가별 65세 이상 경제활동 조사 인구가 같을 경우 그래프에 나와 있는 비율로 비교하면 된다. 따라서 미국의 고령근로자 참가율 17.4%는 영국의 참가율의 2배인 8.6×2=17.2%보다 높다.

③ 모든 업종의 전체 근로자 수에서 제조업에 종사하는 전체 근로자 비율은 $\dfrac{1,080}{(0.6+1,080+97+180+125+160+48+92+12)}$×100≒60.2%로 80% 미만이다.

⑤ 독일, 네덜란드와 아이슬란드의 65세 이상 경제활동 참가율의 합은 4.0+5.9+15.2=25.1%이고, 한국은 29.4%이다. 따라서 세 국가의 참가율 합이 한국의 참가율 합의 $\dfrac{25.1}{29.4}$×100≒85.4%로 90% 미만이다.

16

자료의 두 번째 그래프에 나온 비율을 전체 조사인구와 곱하여 고령근로자 수를 구하면 다음과 같다.
- 한국 경제활동 고령근로자 수 : 750×0.294=220.5만 명
- 스웨덴 경제활동 고령근로자 수 : 5,600×0.32=1,792만 명

17

4월의 전월 대비 수출액은 감소했고, 5월의 전월 대비 수출액은 증가했는데, 반대로 나타나 있다.

18

1. 규칙 파악
   - A지역

   $87 \rightarrow 85 \rightarrow 82 \rightarrow 78 \rightarrow 73 \rightarrow 67 \rightarrow 60$
   　　-2　　-3　　-4　　-5　　-6　　-7

   ∴ A지역의 지진 발생 건수는 감소하고 있으며, 감소량은 첫째 항이 2이고 공차가 1인 등차수열이다.
   - B지역

   $2 \rightarrow 3 \rightarrow 4 \rightarrow 6 \rightarrow 9 \rightarrow 14 \rightarrow 22$
   　　$+1$　$\rightarrow$　$+1$　$\rightarrow$　$+2$　$\rightarrow$　$+3$　$\rightarrow$　$+5$　$\rightarrow$　$+8$
   　　　　　　$+(1+1)$　　$+(1+2)$　　$+(2+3)$　　$+(3+5)$

   ∴ B지역의 지진 발생 건수는 증가하고 있으며, 증가량은 처음 두 항이 1이고 세 번째 항부터는 바로 앞 두 항의 합인 피보나치수열이다.
2. 계산
   ㉠ 직접 계산하기
   - A지역

   2023년　　2024년　　2025년　　2026년　　2027년　　2028년
   　60　$\rightarrow$　52　$\rightarrow$　43　$\rightarrow$　33　$\rightarrow$　22　$\rightarrow$　10
   　　　-8　　-9　　-10　　-11　　-12

• B지역

2023년		2024년		2025년		2026년		2027년		2028년
22	→	35	→	56	→	90	→	145	→	234
	+13		+21		+34		+55		+89	

ⓒ 식 세워 계산하기
• A지역

구분	2017년	2018년	...	2028년
n번째 항	1번째 항	2번째 항	...	12번째 항
A지역	87	85	...	?

2017년의 지진 발생 건수를 첫 항이라 하면 $a_1=87$이다. 감소량은 2017년 대비 2018년에 감소한 지진 발생 건수를 첫

항이라 하면 $b_1=2$이고 공비 $d=1$이므로 $b_n=2+1\times(n-1)=n+1$이다. 따라서 $a_n=a_1-\sum_{k=1}^{n-1}(k+1)$이고, 2028년은

12번째 항이므로 $a_{12}=87-\sum_{k=1}^{11}(k+1)=87-\left(\dfrac{12\times13}{2}-1\right)=100$이다.

19
정답 ④

구슬의 수는 4, 7, 10, ⋯ +3씩 늘어나고 있다.
따라서 일곱 번째 주머니에 들어갈 구슬의 수는 $1+4+7+10+13+16+19=70$개이다.

20
정답 ②

S연구소의 정부보조금은 매년 3천만 원씩 증가한다.
따라서 2025년일 때 $13+3=16$천만 원, 2026년일 때 $16+3=19$천만 원, 2027년일 때 $19+3=22$천만 원=2억 2천만 원이므로
정부보조금이 처음으로 2억 원 이상이 되는 해는 2027년이다.

---

02 추리

01	02	03	04	05	06	07	08	09	10	11	12	13	14	15	16	17	18	19	20
⑤	①	③	④	②	⑤	④	③	④	③	②	③	①	②	①	①	④	④	①	③
21	22	23	24	25	26	27	28	29	30										
④	②	②	③	④	⑤	⑤	④	②	⑤										

01
정답 ⑤

내구성을 따지지 않는 사람 → 속도에 관심이 없는 사람 → 디자인에 관심 없는 사람
따라서 빈칸에 들어갈 명제는 '내구성을 따지지 않는 사람은 디자인에도 관심이 없다.'이다.

02
정답 ①

'복습을 하다.'를 A, '배운 내용을 잊는다.'를 B, '시험 점수가 높게 나오다.'를 C라고 하면, 전제1은 ~A → B, 결론은 C → A이다.
전제1의 대우는 ~B → A이므로 C → ~B → A가 성립하기 위한 전제2는 C → ~B이다. 따라서 빈칸에 들어갈 명제는 '시험
점수가 높게 나오려면 배운 내용을 잊지 않아야 한다.'이다.

03

정답 ③

'환경 보호 단체'를 A, '일회용품을 사용하는 단체'를 B, '에너지 절약 캠페인에 참여하는 단체'를 C라고 하면, 전제1과 전제2를 다음과 같은 벤 다이어그램으로 나타낼 수 있다.

1) 전제1

2) 전제2

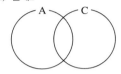

이를 정리하면 다음과 같은 벤 다이어그램이 성립한다.

따라서 빈칸에 들어갈 명제는 '일회용품을 사용하지 않는 어떤 단체는 에너지 절약 캠페인에 참여한다.'이다.

04

정답 ④

단 한 명이 거짓말을 하고 있으므로 C와 D 중 한 명은 반드시 거짓을 말하고 있다. 즉, C의 말이 거짓일 경우 D의 말은 참이 되며, D의 말이 참일 경우 C의 말은 거짓이 된다.
ⅰ) D의 말이 거짓일 경우
   C와 B의 말이 참이므로 A와 D가 모두 1등이 되므로 모순이다.
ⅱ) C의 말이 거짓일 경우
   A는 1등 당첨자가 되지 않으며, 나머지 진술에 따라 D가 1등 당첨자가 된다.
따라서 C가 거짓을 말하고 있으며, 1등 당첨자는 D이다.

05

정답 ②

첫 번째, 네 번째 결과를 보면 미국 – 일본 – 캐나다 순서로 여행한 사람의 수가 많음을 알 수 있다. 또한 두 번째 결과에 따라 일본을 여행한 사람은 미국 또는 캐나다 여행을 했다. 따라서 일본을 여행했지만 미국을 여행하지 않은 사람은 캐나다 여행을 했고, 세 번째 결과에 따라 중국을 여행하지 않았다.

오답분석
①·④·⑤ 제시된 결과만으로는 알 수 없다.
③ 미국을 여행한 사람이 가장 많지만 일본과 중국을 여행한 사람을 합한 수보다 많은지는 알 수 없다.

06

정답 ⑤

은진이가 예상한 '브라질, 불가리아, 이탈리아, 루마니아'는 서로 대결할 수 없다.
수린이가 예상한 팀은 은진이가 예상한 팀과 비교했을 때, '스웨덴과 독일'이 다르다.
그러므로 '불가리아와 스웨덴' 또는 '불가리아와 독일', '루마니아와 스웨덴' 또는 '루마니아와 독일'이 대결함을 알 수 있다.
여기서 민수가 예상한 팀에 루마니아와 독일이 함께 있으므로, '루마니아와 스웨덴', '불가리아와 독일'이 대결함을 알 수 있다.
또한 수린이가 예상한 팀과 비교했을 때, 이탈리아 대신에 스페인이 있으므로 '이탈리아와 스페인'이 대결함을 알 수 있다.
따라서 네덜란드와 상대할 팀은 브라질이다.

07

정답 ④

B를 주문한 손님들만 D를 추가로 주문할 수 있으므로 A를 주문한 사람은 D를 주문할 수 없다. 따라서 이와 같은 진술인 ④가 올바른 추론이다.

08

정답 ③

네 번째, 다섯 번째 조건에 따라, A와 C는 각각 2종류의 동물을 키운다. 또한 두 번째, 세 번째 조건에 따라, A는 토끼를 키우지 않는다. 이를 정리하면 다음과 같다.

구분	개	고양이	닭	토끼
A	○	×	○	×
B	○		○	×
C	×	○	×	○
D			○	

따라서 A는 개와 닭, C는 고양이와 토끼를 키운다.

오답분석
① 세 번째 조건에 따라, B는 개를 키운다.
② B는 고양이를 키울 수도 아닐 수도 있다.
④ A, B, D 또는 B, C, D가 같은 동물을 키울 수 있다.
⑤ B 또는 D는 3종류의 동물을 키울 수 있다.

09

정답 ④

A의 진술과 C의 진술이 서로 모순되므로 둘 중 한명은 진실을 말하고 있다.
ⅰ) A가 참일 경우
    범인은 B가 된다. 그러나 이 경우 B, C, D 모두 거짓을 말하는 것이나, D의 진술이 거짓일 경우 A와 B는 범인이 아니므로 모순이다.
ⅱ) C가 참일 경우
    B와 C는 범인이 아니며 A, B, D의 진술은 모두 거짓이다. A의 진술이 거짓이므로 B는 범인이 아니고, B의 진술이 거짓이므로 C와 D 2명 중 범인이 있다. 마지막으로 D의 진술도 거짓이므로 A와 B는 범인이 아니다.
따라서 물건을 훔친 범인은 D이다.

10

정답 ③

조건에 따라 가능한 경우를 정리하면 다음과 같다.

구분	A	B	C	D
한국어	○	×	○	×
영어	○	○	×	×
독일어	×	○	×	×
프랑스어	×	×	○	○
중국어	×	×	×	○

따라서 B는 영어 · 독어만, D는 중국어 · 프랑스어만 하기 때문에 서로 언어가 통하지 않는다.

11

정답 ②

다섯 번째 조건에 따라 F는 점검받는 순서가 네 번째부터 가능하다. 또한 네 번째, 여섯 번째 조건에 따라 F가 네 번째로 점검받음을 알 수 있다. 주어진 조건을 이용하여 가능한 경우를 나타내면 다음과 같다.
- G – C – E – F – B – A – D
- G – C – E – F – D – A – B

따라서 두 번째, 세 번째, 다섯 번째 조건에 따라 G, E는 귀금속점이고, C는 은행이다.

12

정답 ③

ⅰ) 월요일에 진료를 하는 경우
　 첫 번째 조건에 따라, 수요일에 진료를 하지 않는다. 그러면 네 번째 조건에 따라, 금요일에 진료를 한다. 또한 세 번째 조건의 대우에 따라, 화요일에 진료를 하지 않는다. 따라서 월요일, 금요일에 진료를 한다.

ⅱ) 월요일에 진료를 하지 않는 경우
　 두 번째 조건에 따라, 화요일에 진료를 한다. 그러면 세 번째 조건에 따라, 금요일에 진료를 하지 않는다. 또한 네 번째 조건의 대우에 따라, 수요일에 진료를 한다. 따라서 화요일, 수요일에 진료를 한다.

13

정답 ①

ⅰ) F영화가 3일에 상영되는 경우
　 C영화와 D영화는 이틀 차이로 봐야 하고, 이보다 앞서 B영화를 봐야 하므로 C영화와 D영화를 2일과 4일에 보는 경우와 4일과 6일에 보는 경우 두 가지로 나눌 수 있다. C영화를 2일에 보는 경우 B영화는 1일에 보고, C영화를 4일에 보는 경우 B영화는 1일에 보거나 2일에 본다.

ⅱ) F영화가 4일에 상영되는 경우
　 C영화와 D영화는 3일과 5일에 보고, 그보다 앞서 봐야 하는 B영화는 1일 또는 2일에 본다.

F영화가 3일이나 4일에 상영될 경우의 수는 다음과 같다.

1일	2일	3일	4일	5일	6일
B	C	F	D	A 또는 E	A 또는 E
B	A 또는 E	F	C	A 또는 E	D
A 또는 E	B	F	C	A 또는 E	D
B	A 또는 E	C	F	D	A 또는 E
A 또는 E	B	C	F	D	A 또는 E

네 번째 조건에 따라 1일에 A, E영화보다는 B영화를 볼 가능성이 높으므로 정리하면 다음과 같다.

1일	2일	3일	4일	5일	6일
B	C	F	D	A	E
B	E	F	C	A	D
E	B	F	C	A	D

따라서 5일에 A영화를 보게 되므로 A영화는 C영화보다 먼저 상영될 수 없다.

14

조건에 따라 배정된 객실을 정리하면 다음과 같다.

301호	302호	303호	304호
C, D, F사원(영업팀) / H사원(홍보팀)			
201호	202호	203호	204호
	사용 불가		
101호	102호	103호	104호
I사원		A사원(영업팀) / B, E사원(홍보팀)	

※ 홍보팀 G사원은 201, 203, 204호 중 한 곳에 묵음

먼저 주어진 조건에 따르면 A, C, D, F사원은 영업팀이며, B, E, G, H사원은 홍보팀임을 알 수 있다.
2층에 A, B, E사원이 묵으면 첫 번째와 네 번째 조건에 맞지 않기 때문에 A, B, E사원은 1층에 묵는다.
따라서 네 번째 조건에 의해 H사원은 3층에 묵어야 하고 홍보팀 G사원은 2층에 묵는다.

오답분석
① 주어진 조건만으로는 I사원의 소속팀을 확인할 수 없으므로 워크숍에 참석한 영업팀의 직원 수는 정확히 알 수 없다.
③ 주어진 조건만으로는 C사원이 사용하는 객실 호수와 2층 객실을 사용하는 G사원의 객실 호수를 정확히 알 수 없으므로 항상 참이 될 수 없다.
④ 1층 객실을 사용하는 A, B, E, I사원을 제외한 C, D, F, G, H사원은 객실에 가기 위해 반드시 엘리베이터를 이용해야 한다. 이들 중 C, D, F사원은 영업팀이므로 영업팀의 수가 더 많다.
⑤ E사원은 1층의 숙소를 사용하므로 엘리베이터를 이용할 필요가 없다.

15

규칙은 세로로 적용된다.
첫 번째 도형과 두 번째 도형을 겹치면 세 번째 도형이 된다.

16

규칙은 가로로 적용된다.
첫 번째 도형과 두 번째 도형을 겹쳤을 때, 검은색이 안 들어가면 줄이 안 들어간 마름모, 한 번 들어가면 가로세로 줄이 들어간 마름모, 두 번 들어가면 세로 줄이 들어간 마름모로 형태가 변경되어 세 번째 도형이 된다.

17

규칙은 세로로 적용된다.
첫 번째 도형을 색 반전시킨 도형이 두 번째 도형이고, 두 번째 도형을 x축 대칭시킨 도형이 세 번째 도형이다.

[18 ~ 21]

- ▲ : 1234 → 2143
- △ : 각 자릿수 +2
- ⊙ : 1234 → 3214
- ■ : 각 자릿수 -4, +3, -2, +1

18

정답 ④

NㄷㄱT → ㄷNTㄱ → ㅁPVㄷ
　　　　▲　　　　　　△

19

정답 ①

ㅍIMㄹ → MIㅍㄹ → ILㅋㅁ
　　　　⊙　　　　　　■

20

정답 ③

HㅊGㅁ → DㅍEㅂ → ㅍDㅂE
　　　　■　　　　　　▲

21

정답 ④

waqp → ycsr → ufqs
　　　△　　　　　■

22

정답 ②

세조의 집권과 추락한 왕권 회복을 위한 세조의 정책을 설명하는 (나) 문단이 첫 번째 문단으로 적절하며, 다음으로 세조의 왕권 강화 정책 중 특히 주목되는 술자리 모습을 소개하는 (라) 문단이 와야 한다. 이후 당시 기록을 통해 세조의 술자리 모습을 설명하는 (가) 문단이 적절하며, 마지막으로 세조의 술자리가 가지는 의미를 설명하는 (다) 문단 순으로 나열하는 것이 적절하다.

23

정답 ②

제시문은 문화재 가운데 가장 가치 있는 것으로 평가받는 국보에 대하여 설명하는 글이다. 따라서 (가) 문화재의 종류와 국보에 대한 설명 – (다) 국보의 선정 기준 – (나) 국보 선정 기준으로 선발된 문화재의 종류 – (라) 국보 선정 기준으로 선발된 문화재가 지니는 의미의 순으로 나열하는 것이 적절하다.

24

개정 무한계설은 법 규범이 가지는 실질적인 규범력의 차이는 외면한 채 헌법 개정에 있어서 형식적 합법성만을 절대시한다는 비판을 받는다.

오답분석

① 개정 한계설에서는 헌법 제정 권력과 헌법 개정 권력을 다른 것으로 본다.
② 개정 무한계설은 헌법에 규정된 개정 절차를 밟으면, 어떠한 조항이나 사항이더라도 개정할 수 있다는 입장이다.
④ 개정 무한계설에서는 헌법 규범과 헌법 현실 사이의 틈을 해소할 수 있는 유일한 방법은 헌법 개정을 무제한 허용하는 것이라고 주장한다.
⑤ 개정 한계설은 헌법 위에 존재하는 자연법의 원리에 어긋나는 헌법 개정은 허용되지 않는다고 본다.

25

정답 ④

북극성은 자기 나침반보다 더 정확하게 천구의 북극점을 가리킨다고 하였으므로 거짓인 내용이다.

오답분석

① 고대에는 별이 뜨고 지는 것을 통해 방위를 파악하였는데, 최근까지 서태평양 캐롤라인 제도의 주민은 이 방법을 통해 현대식 항해 장치 없이도 방위를 파악하였다고 하였으므로 참인 내용이다.
② 캐롤라인 제도의 주민은 남극점 자체를 볼 수 없으나 남십자성이 천구의 남극점 주위를 돌고 있으므로 남쪽을 파악하는 데 큰 어려움이 없다고 하였으므로 참인 내용이다.
③ 천구의 북극점은 지구 자전축의 북쪽 연장선상에 있기 때문에 천구의 북극점에 있는 별은 공전을 하지 않고 정지된 것처럼 보인다고 하였으므로 참인 내용이다.
⑤ 천구의 북극점에 있는 별을 제외하고 북극성을 포함한 별이 천구의 북극점을 중심으로 공전하는 것처럼 보이는 것은 지구가 자전하기 때문이라고 하였으므로 참인 내용이다.

26

정답 ⑤

일반적으로 다의어의 중심 의미는 주변 의미보다 사용 빈도가 높다. 다만, '사회생활에서의 관계나 인연'의 의미와 '길이로 죽 벌이거나 늘여 있는 것'의 의미는 모두 '줄'의 주변 의미에 해당하므로 이 둘의 사용 빈도는 서로 비교하기 어렵다.

오답분석

① 문법적 제약이나 의미의 추상성·관련성 등은 제시문에서 설명하는 다의어의 특징이므로 이를 통해 동음이의어와 다의어를 구분할 수 있음을 추론할 수 있다.
② '손'이 '노동력'의 의미로 쓰일 때는 '부족하다, 남다' 등의 용언과만 함께 쓰일 수 있으므로 '넣다'와는 사용될 수 없다.
③ 다의어의 문법적 제약은 주변 의미로 사용될 때 나타나며, 중심 의미로 사용된다면 '물을 먹이다.' '물이 먹히다.'와 같이 사용될 수 있다.
④ 일반적으로 중심 의미는 주변 의미보다 언어의 습득 시기가 빠르므로 아이들은 '앞'의 중심 의미인 '향하고 있는 쪽이나 곳'의 의미를 주변 의미인 '장차 올 시간'보다 먼저 배울 것이다.

27

정답 ⑤

에피쿠로스의 주장에 따르면 신은 인간사에 개입하지 않으며, 육체와 영혼은 함께 소멸되므로 사후에 신의 심판도 받지 않는다. 그러므로 인간은 사후의 심판을 두려워할 필요가 없고, 이로 인해 죽음에 대한 모든 두려움에서 벗어날 수 있다고 주장한다. 따라서 이러한 주장에 대한 반박으로 ⑤가 가장 적절하다.

28

정답 ④

제시문에서는 드론이 개인의 정보 수집과 활용에 대한 사전 동의 없이도 개인 정보를 저장할 수 있어 사생활 침해 위험이 높으므로 '사전 규제' 방식을 적용해야 한다고 주장한다. 따라서 이러한 주장에 대한 반박으로는 개인 정보의 복제, 유포, 위조에 대해 엄격한 책임을 묻는다면 사전 규제 없이도 개인 정보를 보호할 수 있다는 ④가 가장 적절하다.

29

정답 ②

보기에 따르면 피카소의 그림 「게르니카」는 1937년 게르니카에서 발생한 비극적 사건의 참상을 그린 작품으로, 보기는 그림 「게르니카」가 창작된 당시의 역사적 정보를 바탕으로 작품이 사회에 미친 효과를 평가하고 있다. 따라서 보기는 예술 작품이 창작된 사회적·역사적 배경을 중요시하는 맥락주의 비평의 관점에 따라 비평한 내용임을 알 수 있다.

오답분석
① · ④ · ⑤ 형식주의 비평
③ 인상주의 비평

30

정답 ⑤

제도론에 따르면 일정한 절차와 관례를 거쳐 감상의 후보 자격을 수여받은 인공물은 모두 예술 작품으로 볼 수 있다. 따라서 제도론자는 뒤샹이 전시한 「샘」을 예술 작품으로 인정할 것이며, 일반적인 변기 역시 절차를 거친다면 예술 작품으로 인정할 것이다.

오답분석
① 모방론자는 대상을 그대로 모방한 작품을 예술로 인정하는 입장이지만, 뒤샹의 「샘」은 변기를 모방한 것이 아닌 변기 그 자체의 작품이므로 적절하지 않다.
② 작가의 내면보다 작품 자체의 고유 형식을 중시한 형식론자의 입장에 해당하므로 적절하지 않다.
③ 예술가의 마음을 예술의 조건으로 규정한 표현론자의 입장에 해당하므로 적절하지 않다.
④ 예술 정의 불가론에 따르면 예술의 정의에 대한 논의 자체가 불필요하며, 예술 감각이 있는 비평가들만이 예술 작품을 식별할 수 있다는 것은 형식론자의 입장에 해당한다.

01 수리

01	02	03	04	05	06	07	08	09	10	11	12	13	14	15	16	17	18	19	20
④	②	⑤	①	⑤	④	⑤	②	①	②	③	③	③	②	②	①	②	④	⑤	③

01

정답 ④

전체 80명의 학생 중에서 뮤지컬을 좋아하는 학생과 뮤지컬을 좋아하지 않는 학생의 인원을 정리하면 다음과 같다.

(단위 : 명)

구분	뮤지컬 좋아함	뮤지컬 안 좋아함	합계
남학생	24	26	50
여학생	16	14	30
합계	40	40	80

따라서 뮤지컬을 안 좋아하는 사람을 골랐을 때, 그 사람이 여학생일 확률은 $\frac{14}{40}=\frac{7}{20}$ 이다.

02

정답 ②

혼자 일을 할 경우 A과장이 4일, B대리가 6일이 걸린다. 전체 일의 양을 1이라고 할 때, 하루에 할 수 있는 일의 양은 A과장은 $\frac{1}{4}$, B대리는 $\frac{1}{6}$ 이다. A과장이 2일 일을 한 후, B대리가 혼자 마무리하는 날을 x일로 가정하면 다음 식이 성립한다.

$2 \times \frac{1}{4} + x \times \frac{1}{6} = 1$

$\rightarrow \frac{1}{2} + \frac{x}{6} = 1 \rightarrow 3 + x = 6$

$\therefore x = 3$

따라서 B대리가 일을 마무리하는 데 걸린 시간은 3일이다.

03

정답 ⑤

이온음료는 7월에서 8월로 넘어가면서 판매량이 줄어드는 모습을 보이고 있다.

오답분석

① 맥주의 판매량은 매월 커피 판매량의 2배 이상임을 알 수 있다.
② 3~5월 판매현황과 6~8월 판매현황을 비교해볼 때, 모든 캔 음료는 봄보다 여름에 더 잘 팔린다.
③ 3~5월 판매현황을 보면, 이온음료는 탄산음료보다 더 잘 팔리는 것을 알 수 있다.
④ 맥주가 매월 다른 캔 음료보다 많은 판매량을 보이고 있음을 볼 때, 가장 큰 판매 비중을 보임을 알 수 있다.

04

회화(영어・중국어) 중 1과목을 수강하고, 지르박을 수강하면 2과목 수강이 가능하고 지르박을 수강하지 않고, 차차차와 자이브를 수강하면 최대 3과목 수강이 가능하다.

오답분석

② 자이브의 강좌시간이 3시간 30분으로 가장 길다.
③ 중국어 회화의 한 달 수강료는 60,000÷3=20,000원이고, 차차차의 한 달 수강료는 150,000÷3=50,000원이므로 한 달 수강료는 70,000원이다.
④ 차차차의 강좌시간은 12:30 ～ 14:30이고 자이브의 강좌시간은 14:30 ～ 18:00이므로 둘 다 수강할 수 있다.
⑤ ①의 해설에 따라 회화 중 1과목을 들으면 최소 2과목을 들을 수 있다.

05

2018 ～ 2023년 평균 지진 발생 횟수는 (42+52+56+93+49+44)÷6=56회이다. 2024년에 발생한 지진은 492회로 2018 ～ 2023년 평균 지진 발생 횟수에 비해 492÷56≒8.8배 증가했다.

오답분석

① 2021년부터 2년간 지진 횟수는 감소했다.
② 2021년의 지진 발생 횟수는 93회이고 2020년의 지진 발생 횟수는 56회이다. 2021년에는 2020년보다 지진이 93-56=37회 더 발생했다.
③ 2024년에 일어난 규모 5.8의 지진이 2018년 이후 우리나라에서 발생한 지진 중 가장 강력한 규모이다.
④ 2019년보다 2020년에 지진 횟수는 증가했지만 최고 규모는 감소했다.

06

ㄹ. 농가 소득 중 농업 이외 소득이 차지하는 비율을 계산하면 다음과 같다.

- 2019년 : $\frac{22,023}{32,121} \times 100 ≒ 68.56\%$

- 2020년 : $\frac{21,395}{30,148} \times 100 ≒ 70.97\%$

- 2021년 : $\frac{21,904}{31,031} \times 100 ≒ 70.59\%$

- 2022년 : $\frac{24,489}{34,524} \times 100 ≒ 70.93\%$

- 2023년 : $\frac{24,647}{34,950} \times 100 ≒ 70.52\%$

- 2024년 : $\frac{25,959}{37,216} \times 100 ≒ 69.75\%$

따라서 매년 증가하지 않는다.

ㅁ. 2024년 농가의 농업 소득의 전년 대비 증가율은 $\frac{11,257-10,303}{10,303} \times 100 ≒ 9.26\%$이므로 10% 미만이다.

오답분석

ㄱ. 그래프를 통해 쉽게 확인할 수 있다.
ㄴ. 농가 수 그래프에서 감소폭이 큰 것은 2023년과 2024년인데, 2023년에는 21천 호가 줄고, 2024년에는 41천 호가 줄었으므로 전년 대비 농가 수가 가장 많이 감소한 해는 2024년이다.
ㄷ. 2019년 대비 2024년 농가 인구수의 감소율은 $\frac{3,063-2,569}{3,063} \times 100 ≒ 16.13\%p$이다.

07

정답 ⑤

전산업생산지수 원지수와 전년동월비 추이에서 2023년 3월에는 전사업생산지수가 100 이상이므로 옳지 않다.

[오답분석]
① 전산업생산지수 원지수와 전년비 추이에서 전산업생산지수는 지속적으로 증가하고 있다.
② 전산업생산지수 원지수와 전년비 추이에서 전년비가 가장 큰 값은 2016년이다.
③ 전산업생산지수 원지수와 전년동월비 추이에서 2023년 9월에는 2022년 9월보다 약 5% 산업생산능력이 감소하였다.
④ 전산업생산지수 원지수와 전년동월비 추이에서 2023년 2월 전사업생산지수값이 100 이하이므로 옳은 내용이다.

08

정답 ②

2020 ~ 2024년 신입사원 경쟁률을 구하면 다음과 같다.

- 2020년 : $\dfrac{2,100}{300}=7$

- 2021년 : $\dfrac{3,600}{450}=8$

- 2022년 : $\dfrac{4,200}{600}=7$

- 2023년 : $\dfrac{3,500}{500}=7$

- 2024년 : $\dfrac{3,200}{800}=4$

따라서 채용 인원 대비 지원자 수가 가장 큰 연도의 경쟁률이 가장 크므로 2021년의 경쟁률이 가장 높다.

09

정답 ①

- 1 ~ 4월까지의 총반품금액에 대한 4월 반품금액의 비율

  2월 반품금액은 $1,700,000-$(2월 반품금액)$-160,000-30,000=1,360,000$원이므로, 2월 반품금액은 150,000원이다. 다음으로 4월 반품금액을 구하면 $300,000+150,000+180,000+$(4월 반품금액)$=900,000$원이므로, 4월 반품금액은 270,000원이며, 1 ~ 4월까지의 총반품금액에 대한 4월 반품금액의 비율은 $\dfrac{270,000}{900,000}\times100=30\%$이다.

- 1 ~ 4월까지의 총배송비에 대한 1월 배송비의 비율

  3월 배송비는 $2,200,000-180,000-140,000-$(3월 배송비)$=1,840,000$원이므로, 3월 배송비는 40,000원이다.
  다음으로 1월 배송비를 구하면 (1월 배송비)$+30,000+40,000+60,000=150,000$원이므로, 1월 배송비는 30,000원이다.

  그러므로 1 ~ 4월까지의 총배송비에 대한 1월 배송비의 비율은 $\dfrac{30,000}{150,000}\times100=20\%$이다.

따라서 1 ~ 4월까지의 총반품금액에 대한 4월 반품금액의 비율에서 총배송비에 대한 1월 배송비의 비율을 뺀 값은 $30-20=10\%$p이다.

10

정답 ②

비사업용 특수차를 보면, 4년 이하인 경우부터 순서대로 소수점 첫째 자리는 '6', '2'가 반복되고, 자연수 부분은 연수가 4년 이하인 경우부터 순서대로 $+6$, -4가 번갈아 적용된다.
따라서 빈칸에 들어갈 수의 자연수 부분은 $17-4=13$이고, 소수점 첫째 자릿수는 6이므로 13.6이다.

11

10대 품목 수출액을 총 수출액 대비 비중으로 나누고 100을 곱하여 총 수출액을 구하면 다음과 같다.

- 2019년 : $\dfrac{336}{56} \times 100 = 600$십억 달러

- 2020년 : $\dfrac{330}{60} \times 100 = 550$십억 달러

- 2021년 : $\dfrac{290}{58} \times 100 = 500$십억 달러

- 2022년 : $\dfrac{252}{56} \times 100 = 450$십억 달러

- 2023년 : $\dfrac{330}{60} \times 100 = 550$십억 달러

따라서 총 수출액이 두 번째로 적은 연도는 2021년이다.

12

ㄱ. 2022년 서울 단독 멸실 수는 8,151호로 2021년 단독 멸실 수에서 5% 증가한 $6,970 \times 1.05 ≒ 7,319$호보다 많다. 한편, 2023년 서울 단독 멸실 수는 8,235호로 2022년 단독 멸실 수에서 5% 증가한 $8,151 \times 1.05 ≒ 8,559$호보다 적다.
ㄴ. 2021년에 아파트 멸실 수가 네 번째로 많았던 지역은 대구이지만 2023년에도 아파트 멸실 수가 네 번째로 많은 지역은 부산이다.
ㄷ. 2022년 서울의 연립 멸실 수는 1,746호로 경기의 연립 밀실 수의 4배인 1,872호보다 작다.

[오답분석]
ㄹ. 전국의 단독 멸실 수와 충남의 단독 멸실 수는 '증가 – 감소'로 증감 추이가 동일하다.

13

멸실된 연립 주택의 경우, 2021년에는 1,000호 이상 멸실된 지역은 없었으며, 2023년에는 서울 1곳이었다.

[오답분석]
① 2021년부터 2023년까지 전국의 아파트 멸실 주택 수는 계속하여 증가하였다.
② 단독 주택의 멸실 주택은 서울의 경우, 2023년에 2021년 대비 약 18% 증가하였으며, 대전의 경우 2021년의 2분의 1인 888.5호 이하로 감소하였다.
④ 2023년에 멸실된 아파트가 없는 지역은 총 7곳이다.
⑤ 2023년에 멸실된 연립 주택은 전년 대비 $\dfrac{2,495 - 2,660}{2,660} \times 100 ≒ -6.2\%$, 즉 6% 감소한 것으로 나타났다.

14

학생들의 음악 수행평가 평균점수를 구하기 위해 반 전체 학생 수와 점수의 총합을 먼저 알아야 한다.
전체 학생 수는 $5+9+12+9+5=40$명이며, 40명이 받은 점수 총합은 $40 \times 5 + 50 \times 9 + 60 \times 12 + 70 \times 9 + 80 \times 5 = 2,400$점이다.
따라서 평균점수는 $\dfrac{2,400}{40} = 60$점이다.

15

2023 ~ 2024년 동안 농업 분야와 긴급구호 분야의 지원금 합은 다음과 같다.
- 농업 : $1,275 + 147.28 = 1,422.28$억 원
- 긴급구호 : $951 + 275.52 = 1,226.52$억 원
따라서 농업 분야가 더 많다.

① 제시된 자료를 통해 알 수 있다.
③ 2023 ~ 2024년 동안 가장 많은 금액을 지원한 분야는 보건의료 분야로 동일하다.
④ 2023년의 산림분야 지원금은 100억 원이고, 2024년은 73.58억 원이다. 따라서 $100-73.58=26.42$억 원 감소했으므로 25억 원 이상 감소했다.

16

2023년에 가장 많은 금액을 지원한 세 가지 분야는 보건의료, 식량차관, 농업 분야이고 지원금의 합은 $2,134+1,505+1,275=$ 4,914억 원이다. 2024년에 가장 많은 금액을 지원한 세 가지 분야는 보건의료, 사회복지, 긴급구호 분야이고 지원금의 합은 $1,655.96+745.69+275.52=2,677.17$억 원이다.
따라서 지원금의 차는 $4,914-2,677.17 = 2,237$억 원이다.

17

전년 대비 난민 인정자 증감률을 구하면 다음과 같다.
• 2022년
 – 남자 : $\frac{35-39}{39} \times 100 = -10.3\%$
 – 여자 : $\frac{22-21}{21} \times 100 = 4.8\%$
• 2023년
 – 남자 : $\frac{62-35}{35} \times 100 = 77.1\%$
 – 여자 : $\frac{32-22}{22} \times 100 = 45.5\%$
• 2024년
 – 남자 : $\frac{54-62}{62} \times 100 = 12.9\%$
 – 여자 : $\frac{51-32}{32} \times 100 = 59.4\%$
따라서 2023년의 남자와 2024년의 남자, 여자 수치가 옳지 않다.

18

에어컨 판매량은 매년 9대씩 증가하고 있다.
따라서 에어컨 판매량은 2023년 8월에 $38+9=47$대, 2024년 8월에 $47+9=56$대, 2025년 8월에 $56+9=65$대이다.

19

판매량이 매 상반기마다 10,100봉지씩 증가하고 있다.
따라서 2025년 상반기에는 $79,630+10,100 \times 10=180,630$봉지를 판매할 것이다.

20

작업 완료한 땅의 넓이는 매일 3m^2씩 증가하고 있다. n일 차까지 작업이 끝난 땅의 넓이를 a_n이라 하면 $a_n=1+3n$이다.
따라서 9일 차에 작업이 끝난 땅의 넓이는 $1+3 \times 9=28\text{m}^2$이다.

01	02	03	04	05	06	07	08	09	10	11	12	13	14	15	16	17	18	19	20
⑤	④	④	⑤	⑤	④	①	⑤	②	④	④	①	④	③	②	④	⑤	④	④	①

21	22	23	24	25	26	27	28	29	30										
②	③	⑤	④	①	④	①	⑤	⑤	②										

01
정답 ⑤

'세미나에 참여한 사람'을 A, '봉사활동 지원자'를 B, '신입사원'을 C라고 하면, 전제1에 따라 A는 B에 포함되며, 전제2에 따라 C는 A와 겹치지 않지만 B와는 겹칠 가능성이 있다. 이를 벤 다이어그램으로 표현하면 다음과 같다.

• 경우 1

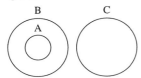

• 경우 2

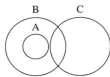

따라서 빈칸에 들어갈 명제로 '신입사원은 봉사활동에 지원하였을 수도, 하지 않았을 수도 있다.'가 적절하다.

02
정답 ④

'에어컨을 과도하게 쓰다.'를 A, '프레온 가스가 나온다.'를 B, '오존층이 파괴된다.'를 C, '지구 온난화가 진행된다.'를 D라고 하면 첫 번째 명제는 ~C → ~B, 세 번째 명제는 ~D → ~C, 네 번째 명제는 ~D → ~A이므로 네 번째 명제가 도출되기 위해서는 빈칸에 ~B → ~A가 필요하다. 따라서 그 대우 명제인 ④가 빈칸에 들어가야 한다.

03
정답 ④

'환경정화 봉사활동에 참여하는 사람'을 A, '재난복구 봉사활동에 참여하는 사람'을 B, '유기동물 봉사활동에 참여하는 사람'을 C라고 하면, 전제1과 결론을 다음과 같은 벤 다이어그램으로 나타낼 수 있다.

1) 전제1

2) 결론

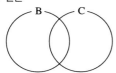

결론이 참이 되기 위해서는 아래의 벤 다이어그램처럼 B와 공통되는 부분의 A와 C가 연결되어야 한다.

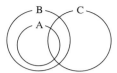

따라서 전제2에 들어갈 명제는 '환경정화 봉사활동에 참여하는 어떤 사람은 유기동물 봉사활동에 참여한다.'이다.

04

정답 ⑤

작품상을 p, 감독상을 q, 각본상을 r, 편집상을 s라고 한다면 심사위원의 진술은 다음과 같이 도식화할 수 있다.
• A : $\sim$s → $\sim$q and $\sim$s → r
• B : p → q
• C : $\sim$q → $\sim$s
• D : $\sim$s and $\sim$r

이때, D의 진술에 따라 편집상과 각본상을 모두 받지 못한다면, 편집상을 받지 못한다면 대신 각본상을 받을 것이라는 A의 진술이 성립하지 않으므로 A와 D의 진술 중 하나는 반드시 거짓임을 알 수 있다.

ⅰ) D의 진술이 참인 경우
    편집상과 각본상을 모두 받지 못하며, 최대 개수를 구하기 위해 작품상을 받는다고 가정하면 B의 진술에 따라 감독상도 받을 수 있다. 따라서 최대 2개의 상을 수상할 수 있다.

ⅱ) D의 진술이 거짓인 경우
    편집상과 각본상을 모두 받으며, 최대 개수를 구하기 위해 작품상을 받는다고 가정하면 감독상도 받을 수 있다. 따라서 최대 4개의 상을 수상할 수 있다.

따라서 해당 작품이 수상할 수 있는 상의 최대 개수는 4개이다.

05

정답 ⑤

E는 교양 수업을 신청한 A보다 나중에 수강한다고 하였으므로 목요일 또는 금요일에 강의를 들을 수 있다. 이때, 목요일과 금요일에는 교양 수업이 진행되므로 'E는 반드시 교양 수업을 듣는다.'의 ⑤는 항상 참이 된다.

오답분석
① A가 수요일에 강의를 듣는다면 E는 교양2 또는 교양3 강의를 들을 수 있다.
② B가 수강하는 전공 수업의 정확한 요일을 알 수 없으므로 C는 전공1 또는 전공2 강의를 들을 수 있다.
③ C가 화요일에 강의를 듣는다면 D는 교양 강의를 듣는다. 이때, 교양 수업을 듣는 A는 E보다 앞선 요일에 수강하므로 E는 교양2 또는 교양3 강의를 들을 수 있다.

구분	월(전공1)	화(전공2)	수(교양1)	목(교양2)	금(교양3)
경우 1	B	C	D	A	E
경우 2	B	C	A	D	E
경우 3	B	C	A	E	D

④ D는 전공 수업을 신청한 C보다 나중에 수강하므로 전공 또는 교양 수업을 들을 수 있다.

06

지원자 4의 진술이 거짓이면 지원자 5의 진술도 거짓이고, 지원자 4의 진술이 참이면 지원자 5의 진술도 참이다. 1명의 진술만 거짓이므로 지원자 4, 5의 진술은 참이다.

다음으로 지원자 1과 지원자 2의 진술이 모순이므로 둘 중 한 명은 거짓이다.

ⅰ) 지원자 1의 진술이 참인 경우

지원자 2는 A부서에 선발되었고, 지원자 3은 B 또는 C부서에 선발되었다. 이때, 지원자 3의 진술에 따라 지원자 4가 B부서, 지원자 3이 C부서에 선발되었다.

∴ A – 지원자 2, B – 지원자 4, C – 지원자 3, D – 지원자 5

ⅱ) 지원자 2의 진술이 참인 경우

지원자 3은 A부서에 선발되었고, 지원자 2는 B 또는 C부서에 선발되었다. 이때, 지원자 3의 진술에 따라, 지원자 4가 B부서, 지원자 2가 C부서에 선발되었다.

∴ A – 지원자 3, B – 지원자 4, C – 지원자 2, D – 지원자 5

따라서 올바른 추론은 '지원자 4는 B부서에 선발되었다.'이다.

07

첫 번째 조건에서 원탁 의자에 임의로 번호를 적고 회의 참석자들을 앉혀 본다.

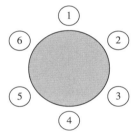

네 번째 조건에서 A와 B 사이에 2명이 앉으므로 임의로 1번 자리에 A가 앉으면 4번 자리에 B가 앉는다. 그리고 B자리 바로 왼쪽에 F가 앉기 때문에 F는 5번 자리에 앉는다. 만약 6번 자리에 C 또는 E가 앉게 되면 2번과 3번 자리에 D와 E 또는 D와 C가 나란히 앉게 되어 세 번째 조건에 부합하지 않는다. 그러므로 아래 그림과 같이 6번 자리에 D가 앉아야 하고 두 번째 조건에서 C가 A 옆자리에 앉아야 하므로 2번 자리에 C가, 나머지 3번 자리에는 E가 앉게 된다.

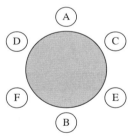

따라서 선택지 중 나란히 앉게 되는 참석자들은 A와 D이다.

08

A와 B는 하나가 참이면 하나가 거짓인 명제이다. 문제에서 1명이 거짓말을 한다고 하였으므로, A와 B 중 1명이 거짓말을 하였다.

ⅰ) A가 거짓말을 했을 경우

1층	2층	3층	4층	5층
C	D	B	A	E

ii) B가 거짓말을 했을 경우

1층	2층	3층	4층	5층
B	D	C	A	E

따라서 A는 항상 D보다 높은 층에서 내린다.

09

정답 ②

동주는 관수보다, 관수는 보람보다, 보람이는 창호보다 크다. 따라서 동주 – 관수 – 보람 – 창호 순서로 크다.

[오답분석]

①·③·④ 인성이가 보람이보다 작지 않은 것은 알 수 있지만, 다른 사람과의 관계는 알 수 없다.
⑤ 창호는 키가 가장 작다.

10

정답 ④

제시된 조건에 따라 서울 대표를 기준으로 하여 시계 방향으로 아래 그림과 같이 '서울 – 대구 – 춘천 – 경인 – 부산 – 광주 – 대전 – 속초' 순서로 앉아 있다.

따라서 경인 대표의 맞은편에 앉은 사람은 속초 대표이다.

11

정답 ④

조건을 충족하는 경우를 정리하면 다음과 같다.

구분	첫 번째	두 번째	세 번째	네 번째	다섯 번째	여섯 번째
경우 1	교육	보건	농림	행정	국방	외교
경우 2	교육	보건	농림	국방	행정	외교
경우 3	보건	교육	농림	행정	국방	외교
경우 4	보건	교육	농림	국방	행정	외교

따라서 항상 옳은 것은 '교육부는 첫 번째 또는 두 번째에 감사를 시작한다.'이다.

12

정답 ①

제시된 조건을 기호화하여 나타내면 다음과 같다.

• A → ~ F & B
• C → ~ D
• ~ E → C
• B or E
• D

다섯 번째 조건에 의해 D가 참여하므로 두 번째 조건의 대우인 D → ~ C에 의해 C는 참여하지 않고, 세 번째 조건의 대우인 ~ C → E에 의해 E는 참여한다. E가 참여하므로 네 번째 조건에 의해 B는 참여하지 않는다. 또한 첫 번째 조건의 대우인 F or ~ B → ~ A에 의해 A는 참여하지 않는다. 그리고 F는 제시된 조건으로는 반드시 참여하는지 알 수 없다.
따라서 반드시 체육대회에 참여하는 직원은 D, E 2명이다.

13

제시된 조건에 따라 부서별 위치를 정리하면 다음과 같다.

구분	경우 1	경우 2
1층	해외사업부	해외사업부
2층	인사 교육부	인사 교육부
3층	기획부	기획부
4층	디자인부	서비스 개선부
5층	서비스 개선부	디자인부
6층	연구·개발부	연구·개발부

따라서 3층에 위치한 기획부의 직원은 출근 시 반드시 계단을 이용해야 하므로 ④는 항상 옳다.

[오답분석]

① 경우 1일 때 김대리는 출근 시 엘리베이터를 타고 4층에서 내린다.
② 경우 2일 때 디자인부의 김대리는 서비스 개선부의 조대리보다 엘리베이터에서 나중에 내린다.
③ 커피숍과 같은 층에 위치한 부서는 해외사업부이다.
⑤ 엘리베이터 이용에만 제한이 있을 뿐 계단 이용에는 층별 이용 제한이 없다.

14

두 번째 조건에 따라 회장실의 위치를 기준으로 각 팀의 위치를 정리하면 다음과 같다.
ⅰ) A에 회장실이 있을 때
  세 번째 조건에 의해 회장실 맞은편인 E는 응접실이다. 네 번째 조건에 의해 B는 재무회계팀이고, F는 홍보팀이다. 다섯 번째 조건에 의해 G는 법무팀이고 일곱 번째 조건에 의해 C는 탕비실이다. 여섯 번째 조건에 의해 H는 연구개발팀이므로 남은 D가 인사팀이다.
ⅱ) E에 회장실이 있을 때
  세 번째 조건에 의해 회장실 맞은편인 A는 응접실이다. 네 번째 조건에 의해 F는 재무회계팀이고, B는 홍보팀이다. 다섯 번째 조건에 의해 C는 법무팀이고 일곱 번째 조건에 의해 G는 탕비실이다. 여섯 번째 조건에 의해 H는 연구개발팀이므로 남은 D가 인사팀이다.
따라서 인사팀의 위치는 D이다.

15

규칙은 세로로 적용된다.
첫 번째 도형을 시계 방향으로 90° 회전시킨 도형이 두 번째 도형이고, 두 번째 도형을 시계 방향으로 90° 회전시킨 도형이 세 번째 도형이다.

16

규칙은 세로로 적용된다.
첫 번째 도형을 180° 회전시킨 도형이 두 번째 도형이고, 두 번째 도형을 색 반전시킨 도형이 세 번째 도형이다.

17

규칙은 가로로 적용된다.
첫 번째 도형을 색 반전시킨 도형이 두 번째 도형이고, 두 번째 도형을 시계 방향으로 90° 회전시킨 도형이 세 번째 도형이다.

[18 ~ 21]

- ◇ : 맨 앞의 문자를 맨 뒤로 보낸다.
- ※ : 맨 뒤의 문자를 맨 뒤에 하나 더 만든다.
- ♡ : 맨 앞의 문자와 맨 뒤의 문자의 순서를 바꾼다.

18

정답 ④

5KD → DK5 → DK55
    ♡   ※

19

정답 ④

WBS → BSW → WSB
    ◇   ♡

20

정답 ①

LG25 → LG255 → G255L
    ※   ◇

21

정답 ②

LFD → DFL → FLD
    ♡   ◇

22

정답 ③

제시문은 신앙 미술에 나타난 동물의 상징적 의미와 사례, 변화와 그 원인, 그리고 동물의 상징적 의미가 지닌 문화적 가치에 대하여 설명하는 글이다. 따라서 (나) 신앙 미술에 나타난 동물의 상징적 의미와 그 사례 – (다) 동물의 상징적 의미의 변화 – (라) 동물의 상징적 의미가 변화하는 원인 – (가) 동물의 상징적 의미가 지닌 문화적 가치의 순서대로 나열하는 것이 적절하다.

23

정답 ⑤

먼저 '빅뱅 이전에는 아무것도 없었다.'는 '영겁의 시간 동안 우주는 단지 진공이었을 것이다.'를 의미한다는 (라) 문단이 오는 것이 적절하며, 다음으로 '이런 식으로 사고하려면', 즉 우주가 단지 진공이었다면 왜 우주가 탄생하게 되었는지를 설명할 수 없다는 (다) 문단이 오는 것이 적절하다. 그 뒤를 이어 우주 탄생 원인을 설명할 수 없는 이유를 이야기하는 (나) 문단과 이와 달리 아예 다른 방식으로 해석하는 (가) 문단 순서로 나열하는 것이 적절하다.

24

세 번째 문단에 따르면 스마트글라스 내부 센서를 통해 충격과 기울기를 감지할 수 있어 위험한 상황이 발생할 경우 통보 시스템을 통해 바로 파악할 수 있게 되었음을 알 수 있다.

오답분석
① 첫 번째 문단에 따르면 스마트글라스의 도입 이후에도 사람의 작업이 필요함을 알 수 있다.
② 첫 번째 문단을 통해 스마트글라스를 통한 작업자의 음성인식만으로 철도시설물 점검이 가능해졌음을 알 수 있지만, 마지막 문단에 따르면 아직 철도시설물 보수 작업은 가능하지 않음을 알 수 있다.
③ 두 번째 문단에 따르면, 여러 단계를 거치던 기존 작업방식에서 스마트글라스의 도입으로 작업을 한 번에 처리할 수 있게 된 것을 통해 작업 시간이 단축되었음을 알 수 있지만 필요한 작업 인력의 감소 여부는 알 수 없다.
⑤ 세 번째 문단에 따르면 스마트글라스의 도입으로 추락 사고나 그 밖의 위험한 상황을 미리 예측할 수 있어 이를 방지할 수 있게 되었음을 알 수 있지만, 실제로 안전사고 발생 횟수가 감소하였는지는 알 수 없다.

25

연금술사들은 유럽에 창궐한 매독을 치료하기 위해 연금술에서 가장 강력한 금속으로 간주된 수은을 바탕으로 한 치료법을 개발했다. 하지만 모든 치료행위에 수은을 사용하였는지는 알 수 없다.

오답분석
② 연금술사들은 그때까지의 의약품이 대체로 약초에 의존한 것에서 벗어나 거리낌 없이 의학에 금속을 도입했다고 하였다.
③ 연금술사들은 모든 금속들은 수은과 황이 합성되어 자라난다고 하였다.
④ 연금술사들은 연금술을 의학에도 도입하여 자연만이 아니라 인간에게도 적용했다.
⑤ 연금술사들은 우주 안의 모든 물체들이 수은과 황으로 만들어졌다고 하였다.

26

제국이 시장경제의 출현과 함께 생산자와 소비자 사이의 교환을 촉진했다고 하였으므로 경제의 독점과는 거리가 멀다.

오답분석
①·③ 제국이 발전함에 따라 낡은 자급자족 경제 대신 시장경제가 출현하여 독립된 생산자와 소비자 사이의 교환을 촉진했다고 하였다.
② 지배 엘리트가 사용하는 언어가 사회의 보편적인 언어가 되었으며, 각 지방의 토속신은 왕과 제국이 섬겨왔던 범접하기 어려운 강력한 신들, 즉 일종의 만신전에 모신 우주의 신들에게 자리를 양보했다고 하였다.
⑤ 제국은 개인이 씨족이나 종교 조직 또는 유력 집단에 흡수되는 것을 막는 언어적·종교적·법적 여건을 마련함으로써 개인이 좀 더 개방된 사회에서 활동할 수 있게 해주었다고 하였다.

27

제시문은 기술이 내부적인 발전 경로를 가지고 있다는 통념을 비판하기 위해 다양한 사례 연구를 논거로 인용하고 있다. 따라서 인용하고 있는 연구 결과를 반박할 수 있는 자료가 있다면 글쓴이의 주장은 설득력을 잃게 된다.

28

제시문의 핵심 논지는 4차 산업혁명의 신기술로 인해 금융의 종말이 올 것임을 예상하는 것이다. 따라서 기술 발전은 금융업의 본질을 바꾸지 못할 것임을 나타내는 ⑤가 반론으로 가장 적절하다.

29

정답 ⑤

여씨춘추에서는 도덕적 기능이 있는 선왕들의 음악을 중시하였고, 장자 역시 선왕들이 백성들을 위해 제대로 된 음악을 만들었다고 보았다. 따라서 장자는 여씨춘추와 같이 선왕의 음악에 대한 가치를 긍정적으로 평가하였음을 알 수 있다.

오답분석

① 여씨춘추에서는 음악을 즐거움을 주는 욕구의 대상으로 보고 인간의 자연적 욕구를 긍정적으로 평가하였으나, 장자는 욕구가 일어나지 않는 마음 상태를 이상적으로 보았다.
② 여씨춘추에서는 음악이 우주 자연의 근원에서 비롯되었다고 주장하였으며, 장자 역시 음악이 우주 자연의 근원에서 비롯되었다고 보았다.
③ 여씨춘추에서 조화로운 소리는 적절함을 위해 인위적 과정을 거쳐야 한다고 주장하였고, 장자는 의미 있는 음악은 사람의 감정에 근본을 두면서도 형식화되어야 한다고 주장하였다. 따라서 장자와 여씨춘추 모두 인위적으로 창작된 음악에 대해 긍정적임을 알 수 있다.
④ 음악에 담겨야 하는 인간의 감정 수준에 대한 장자의 입장은 알 수 없으며, 여씨춘추에서는 개인적인 욕구에 따른 일차적인 자연적 음악보다 인간의 감정과 욕구를 절도 있게 표현한 선왕들의 음악을 더 중시하였으므로 정제된 인간의 감정이 담겨야 한다고 주장할 수 있다.

30

정답 ②

보기에 따르면 국민의 기본적 권리인 언론 출판의 자유는 국가를 비롯하여 다른 누구의 권능에도 지배받지 않으며, 타인에게 양도될 수 없다. 즉, 국가는 국민에게 언론 출판의 자유를 제한할 권능을 가지고 있지 않으므로 언론 출판의 자유는 상대방이 법률관계를 형성, 변경, 소멸시킬 수 있는 권능을 가지고 있지 않다는 의미의 면제권으로 설명할 수 있다.

오답분석

① 보기의 언론 출판의 자유는 청구권, 자유권, 권능으로서의 권리로 설명할 수 없으며, 면제권으로만 설명할 수 있다.
③ 보기의 언론 출판의 자유는 국가의 의무와 관련이 없으므로 Y가 X에게 A라는 행위를 할 법적 의무가 있다면 X는 상대방 Y에 대하여 A라는 행위를 할 것을 법적으로 청구할 수 있다는 의미의 청구권으로 설명하기 어렵다.
④ 보기에 따르면 언론 출판의 자유를 헌법으로 보장하는 이유는 이를 국민에게 부여함으로써 국민이 얻는 이익이 중요하기 때문일 뿐이며, 국가가 국민에게 이익을 초래할 수 있는 법적 권능을 가진다는 것은 아니다.
⑤ 자유권은 X가 상대방 Y에 대하여 A라는 행위를 하거나 하지 않아야 할 법적 의무가 없다면 X는 Y에 대하여 A를 행하지 않거나 행할 법적 자유가 있다는 의미이므로 권리를 타인에게 양도할 수 없다고 해서 권리를 가진다고 설명할 수 없다.

01   수리

01	02	03	04	05	06	07	08	09	10	11	12	13	14	15	16	17	18	19	20
①	③	②	②	③	④	①	④	④	④	③	②	④	④	③	③	②	③	⑤	③

01
정답 ①

남자 5명 중에서 2명을 택하고 이들을 대표와 부대표로 정하는 것은 순서를 고려해야 한다. 즉, 5명 중에서 2명을 택하는 순열이므로 $_5\mathrm{P}_2=5\times4=20$가지이고, 여자의 경우도 마찬가지로 $_4\mathrm{P}_2=4\times3=12$가지이다.

따라서 선출할 수 있는 경우의 수는 $_5\mathrm{P}_2\times_4\mathrm{P}_2=20\times12=240$가지이다.

02
정답 ③

두 수의 곱이 짝수인 경우는 (짝수, 홀수), (홀수, 짝수), (짝수, 짝수)이고, 두 수의 곱이 홀수인 경우는 (홀수, 홀수)이므로 a, b의 곱이 짝수일 확률은 $1-(a,\ b$의 곱이 홀수일 확률$)$이다.

따라서 a와 b의 곱이 짝수일 확률은 $1-\left(\dfrac{1}{3}\times\dfrac{2}{5}\right)=\dfrac{13}{15}$이다.

03
정답 ②

ㄱ. 연간소비전력량이 가장 적은 제습기는 A(790kWh)이다.
ㄷ. 제습기 E의 연간소비전력량(660kWh)은 습도가 50%일 때 제습기 B의 연간소비전력량(640kWh)보다 많다.

[오답분석]

ㄴ. 습도 60%일 때의 연간소비전력량이 가장 많은 제습기는 D지만 습도 70%일 때에는 E이므로 순서는 동일하지 않다.
ㄹ. E의 경우 습도가 40%일 때 연간소비전력량의 1.5배는 $660\times1.5=990$kWh이고, 습도가 80%일 때는 970kWh이므로 1.5배 미만이다.

04
정답 ②

2023년에 서울과 경남의 등락률이 상승했고, 2022년에 제주의 등락률이 상승했다.

[오답분석]

① 제시된 기간 동안 부산의 등락률은 2.4% → 1.5% → 1.3% → 0.8로 하락하고 있다.
③ 2021년에 경남은 제주의 1.2%에 이어 1.9%로 등락률이 두 번째로 낮다.
④ 2023년에 등락률이 가장 높은 곳은 등락률이 1.6%인 서울이다.
⑤ 2024년에 충북은 등락률이 −0.1로 가장 낮다.

05

총 감염자 수 대비 사망자 수 비율이 50% 미만인 도시는 서울, 대구, 대전, 제주 4곳이다.

오답분석

① 자료의 사망 합계를 보면 전체 기간 동안 사망자가 발생하지 않은 도시는 대구와 제주로 2곳이다.
② 매년 서울, 경기, 부산 감염자 수의 합과 전체 감염자 수는 다음과 같다.

구분	서울, 경기, 부산 감염자 수	전체 감염자 수
2020년	6+12+5=23	51
2021년	12+10+6=28	61
2022년	10+9+4=23	56
2023년	1+8+10=19	64
2024년	6+6+4=16	37

따라서 서울, 경기, 부산 감염자 수의 합은 매년 전체 감염자 수의 50% 미만이다.

④ 2022년 서울, 경기, 부산 사망자 수의 합은 3+7+3=13명이고 전체 사망자 수는 31명이므로 $\frac{13}{31}\times100≒42\%$이다.

따라서 2022년 서울, 경기, 부산의 사망자 수의 합은 2022년 전체 사망자 수의 30% 이상이다.
⑤ 2024년을 제외하고 2020~2023년의 총 감염자 수 대비 사망자 수의 비율은 50%를 넘는다.

06

독일과 일본의 국방예산 차액은 447−411=36억 원이고, 영국과 일본의 국방예산 차액은 487−447=40억 원이다.

따라서 영국과 일본의 국방예산 차액은 독일과 일본의 국방예산 차액의 $\frac{36}{40}\times100=90\%$로 92% 미만이다.

오답분석

① 국방예산이 가장 많은 국가는 러시아(692억 원)이며, 가장 적은 국가는 한국(369억 원)으로 두 국가의 예산 차액은 692−369=323억 원이다.

② 사우디아라비아 국방예산은 프랑스 국방예산의 $\frac{635}{500}\times100=127\%$이다.

③ 인도보다 국방예산이 적은 국가는 영국, 일본, 독일, 한국, 프랑스이다.

⑤ 8개 국가 국방예산 총액은 692+635+487+447+411+369+559+500=4,100억 원이며, 한국이 차지하는 비중은 $\frac{369}{4,100}\times100=9\%$이다.

07

ㄱ. 같은 해 각국의 도시폐기물량지수는 그해 한국의 도시폐기물량을 기준으로 하여 도출된다. 즉, 같은 해 여러 국가의 도시폐기물량을 비교할 때 도시폐기물량지수로도 비교가 가능하다. 2024년 미국과 일본의 도시폐기물량지수는 각각 12.73, 2.53이고, 2.53×4=10.12<12.73이므로 옳은 설명이다.

ㄷ. 2021년 한국의 도시폐기물량은 1,901만 톤이므로 2021년 스페인의 도시폐기물량은 1,901×1.33=2,528.33만 톤이다. 도시폐기물량 상위 10개국의 도시폐기물량지수을 보면 2024년 스페인의 도시폐기물량지수는 상위 10개국에 포함되지 않았음을 확인할 수 있다. 즉, 스페인의 도시폐기물량은 도시폐기물량지수 10위인 이탈리아의 도시폐기물량보다 적다.
2024년 한국의 도시폐기물량은 1,788만 톤이므로 이탈리아의 도시폐기물량은 1,788×1.40≒2,503.2만 톤이다. 즉, 2024년 이탈리아의 도시폐기물량은 2021년 스페인의 도시폐기물량인 2,528.33만 톤보다 적다. 따라서 2024년 스페인의 도시폐기물량은 2021년에 비해 감소했다.

오답분석

ㄴ. 2023년 한국의 도시폐기물량은 1,786만 톤이고, 2023년 러시아의 도시폐기물량은 1,786×3.87=6,911.82만 톤이므로 8,000만 톤 미만이다.

ㄹ. 2024년의 경우 터키의 도시폐기물량지수는 영국보다 높다. 따라서 2024년 영국의 도시폐기물량은 터키의 도시폐기물량보다 적다.

08

유효슈팅 대비 골의 비율은 울산이 $\frac{18}{60} \times 100 = 30\%$, 상주가 $\frac{12}{30} \times 100 = 40\%$로 상주가 울산보다 높다.

오답분석
① 슈팅 개수의 상위 3개 구단은 '전북, 울산, 대구'이나 유효슈팅 개수의 상위 3개 구단은 '전북, 울산, 포항'이다.
② 경기당 평균 슈팅 개수가 가장 많은 구단은 18개로 전북이고, 가장 적은 구단은 7개로 서울이므로 그 차이는 $18-7=11$개이다.
   한편, 경기당 평균 유효슈팅 개수가 가장 많은 구단은 12개로 전북이고, 가장 적은 구단은 3개로 서울이므로 그 차이는 $12-3=9$개이다. 따라서 경기당 평균 슈팅 개수의 차이가 더 크다.
③ 골의 개수가 적은 하위 두 팀은 9개인 포항과 10개인 서울로 골 개수의 합은 $9+10=19$개이다. 이는 전체 골 개수인 $18+27+12+9+12+10+12=100$개의 $\frac{19}{100} \times 100 = 19\%$이므로 15% 이상이다.
⑤ 슈팅 대비 골의 비율은 전북이 $\frac{27}{108} \times 100 = 25\%$, 성남이 $\frac{12}{60} \times 100 = 20\%$이고, 그 차이는 $25-20=5\%$p로 10%p 이하이다.

09

E과제에 대한 전문가 3의 점수는 $70 \times 5 - (100+40+70+80) = 60$점이고, A~E과제의 평균점수와 최종점수를 구하면 다음과 같다.

구분	평균점수	최종점수
A과제	$\frac{100+70+60+50+80}{5} = 72$점	$\frac{70+60+80}{3} = 70$점
B과제	$\frac{80+60+40+60+60}{5} = 60$점	$\frac{60+60+60}{3} = 60$점
C과제	$\frac{60+50+100+90+60}{5} = 72$점	$\frac{60+90+60}{3} = 70$점
D과제	$\frac{80+100+90+70+40}{5} = 76$점	$\frac{80+90+70}{3} = 80$점
E과제	70점	$\frac{60+70+80}{3} = 70$점

따라서 평균점수와 최종점수가 같은 과제는 B, E이다.

10

ㄴ. 2023년 11월 운수업과 숙박 및 음식점업의 국내카드 승인액의 합은 $159+1,031=1,190$억 원으로, 도매 및 소매업의 국내카드 승인액의 40%인 $3,261 \times 0.4 = 1,304.4$억 원보다 작다.
ㄹ. 2023년 9월 협회 및 단체, 수리 및 기타 개인 서비스업의 국내카드 승인액은 보건 및 사회복지 서비스업 국내카드 승인액의 $\frac{155}{337} \times 100 = 46.0\%$이다.

오답분석
ㄱ. 교육 서비스업의 2024년 1월 국내카드 승인액의 전월 대비 감소율은 $\frac{145-122}{145} \times 100 = 15.9\%$이다.
ㄷ. 2023년 10월부터 2024년 1월까지 사업시설관리 및 사업지원 서비스업의 국내카드 승인액의 전월 대비 증감 추이는 감소 – 증가 – 증가이지만, 예술, 스포츠 및 여가관련 서비스업은 감소 – 감소 – 감소이다.
   따라서 두 산업의 전월 대비 증감 추이는 동일하지 않다.

11

정답 ③

1년 중 발생한 화재 건수가 두 번째로 많은 달은 4월(6.3만 건)이고, 열 번째로 많은 달은 8월(4.5만 건)이다.
따라서 두 달의 화재 건수 차이는 6.3−4.5=1.8만 건이다.

12

정답 ②

각 층에 설치한 소화기 수 차이의 합이 동 전체에 설치한 소화기 수의 차이이다. A동, C동의 옥상 ~ 1층에 설치한 소화기 수의 차이는
각각 0, 5, 5, 5, 5, 10, 10, 10, 10, 10, 10대이다.
따라서 A동 전체와 C동 전체에 설치한 소화기 수의 차이는0+ 5+5+5+5+10+10+10+10+10+10=80대이다.

13

정답 ④

• A동의 제조연월이 10년 이상인 소화기의 수
  : (10+10+10+20+20+30+30+30+40+50+50)×0.3=300×0.3=90대
• B동의 제조연월이 10년 이상인 소화기의 수
  : (10+10+10+10+25+30+30+35+35+40+40)×0.4=275×0.4=110대
• C동의 제조연월이 10년 이상인 소화기의 수
  : 10+5+5+15+15+20+20+20+30+40+40)×0.1=220×0.1=22대
따라서 S사 사옥에서 교체가 필요한 소화기 수는 90+110+22=222대이다.

14

정답 ④

2019년부터 2023년 동안 전년도에 비해 감귤 생산량의 감소량이 가장 많은 연도는 2019년으로 전년 대비 0.4천 톤 감소하였다.
따라서 2019년의 수확 면적은 '48.1만 ha'이다.

15

정답 ③

제품별 밀 소비량 그래프에서 라면류와 빵류의 밀 사용량의 10%는 각각 6.6톤, 6.4톤이다.
따라서 과자류에 사용될 밀 소비량은 총 42+6.6+6.4=55톤이다.

16

정답 ③

A ~ D과자 중 밀을 가장 많이 사용하는 과자는 45%를 사용하는 D과자이고, 가장 적게 사용하는 과자는 15%인 C과자이다.
따라서 두 과자의 밀 사용량 차이는 42×(0.45−0.15)=42×0.3=12.6톤이다.

17

정답 ②

오답분석
① 자료보다 2010년 원/달러 절상률 수치가 낮다.
③ 자료보다 2018년 엔/달러 절상률 수치는 낮고, 원/100엔 절상률 수치는 높다.
④・⑤ 자료에서 2005년은 원/100엔 절상률>원/달러 절상률>엔/달러 절상률 순으로 수치가 높다.

PART 3

18

정답 ③

걸러지는 미세먼지의 양은 320g, 160g, 80g, …씩 증가한다. n회 통과 시 걸러지는 미세먼지의 양을 a_n이라 할 때, a_n은 첫째

항이 320이고 공비가 $\frac{1}{2}$인 등비수열의 합이므로 $\dfrac{320\left[1-\left(\frac{1}{2}\right)^n\right]}{1-\frac{1}{2}}=640-640\left(\frac{1}{2}\right)^n$이다.

따라서 6번 통과시킬 때 걸러지는 미세먼지의 양은 $a_6=640-640\times\left(\dfrac{1}{2}\right)^6=640-10=630$g이다.

19

정답 ⑤

1일 차에 약물 50mg 섭취 후 잔류 약품의 양은 20mg이므로 약물 섭취 후 $\frac{2}{5}$만큼 체내에 잔류한다.

2일 차에 약물 50mg 섭취 후 $\frac{2}{5}$만큼 체내에 잔류하므로 $(20+50)\times\dfrac{2}{5}=28$mg만큼 잔류한다.

3일 차에 약물 50mg 섭취 후 $(28+50)\times\dfrac{2}{5}=\dfrac{156}{5}$mg만큼 잔류한다.

4일 차에 약물 50mg 섭취 후 $\left(\dfrac{156}{5}+50\right)\times\dfrac{2}{5}=\dfrac{812}{25}$mg만큼 잔류한다.

따라서 5일 차에는 50mg 섭취 후 $\left(\dfrac{812}{25}+50\right)\times\dfrac{2}{5}=\dfrac{4,124}{125}$mg만큼 잔류한다.

20

정답 ③

산악지대의 높이가 500m 상승할 때마다 기온은 3℃ 하락한다.
높이에 따른 기온을 계산하면 다음과 같다.
- 2,500m : 13−3=10℃
- 3,000m : 10−3=7℃
- 3,500m : 7−3=4℃
- 4,000m : 4−3=1℃
- 4,500m : 1−3=−2℃

따라서 기온이 처음으로 0℃ 이하가 되는 곳의 높이는 4,500m이다.

01	02	03	04	05	06	07	08	09	10	11	12	13	14	15	16	17	18	19	20
②	②	②	①	③	③	②	②	②	④	④	③	③	④	⑤	④	②	②	①	①
21	22	23	24	25	26	27	28	29	30										
③	⑤	⑤	①	④	②	④	③	①	③										

01

정답 ②

고등학생 중에는 축구를 좋아하는 사람도 있고, 축구를 좋아하는 사람 중에는 기자도 있다. 그러므로 고등학생 중에는 기자도 있다. 이때, '중에는'은 '전부'가 될 수도 있으므로, 빈칸에는 '모든 고등학생은 기자일 수도 있다.'가 적절하다.

02

정답 ②

'무거운 물건을 들 수 있다.'를 A, '근력이 좋다.'를 B, '근육을 키운다.'를 C라고 하면, 전제1은 A → B, 결론은 ~C → ~A이다. 결론의 대우가 A → C이므로 A → B → C가 성립하기 위해서 필요한 전제2는 B → C이다. 따라서 빈칸에는 '근력이 좋으려면 근육을 키워야 한다.'가 적절하다.

03

정답 ②

'환율이 오른다.'를 A, 'X주식을 매도하는 사람'을 B, 'Y주식을 매수하는 사람'을 C라고 하면, 전제1과 전제2를 다음과 같은 벤 다이어그램으로 나타낼 수 있다.

1) 전제1

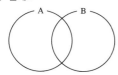

2) 전제2

이를 정리하면 다음과 같은 벤 다이어그램이 성립한다.

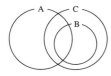

따라서 '환율이 오르면 어떤 사람은 Y주식을 매수한다.'라는 결론이 도출된다.

04

정답 ①

제시된 조건을 정리하면 다음과 같다.
효주>지영, 효주>채원
따라서 지영이와 채원이의 나이는 알 수 없지만 효주의 나이가 가장 많다는 것을 알 수 있다.

05

다음의 논리 순서를 따라 주어진 조건을 정리하면 쉽게 접근할 수 있다.
- 첫 번째 조건 : 0, 1, 2, 3, 4, 5, 6, 7, 8, 9 중 소수인 2, 3, 5, 7을 제외하면 0, 1, 4, 6, 8, 9가 남는다.
- 두 번째, 세 번째, 네 번째 조건 : 9를 제외하여 0, 1, 4, 6, 8이 남고 6과 8중에 하나만 사용된다.
이 사실을 종합하여 가능한 경우의 수를 정리하면 다음과 같다.

구분	첫 번째	두 번째	세 번째	네 번째
경우 1	8	4	1	0
경우 2	6	4	1	0

따라서 주어진 정보를 모두 만족하는 비밀번호는 8410과 6410으로 두 개다.

오답분석
① 두 비밀번호 모두 0으로 끝나므로 짝수이다.
② 두 비밀번호의 앞에서 두 번째 숫자는 4이다.
④ 두 비밀번호 모두 1을 포함하지만 9는 포함하지 않는다.
⑤ 두 비밀번호 중에서 작은 수는 6410이다.

06

제시된 조건을 정리하면 A대리>B사원>C과장>D사원, G사원>F대리>B사원, G사원>F대리>E부장, E부장은 가장 낮은 점수를 받지 않았다는 것이다. B사원보다 높은 사람은 A대리, G사원, F대리 3명, B사원보다 낮은 사람은 C과장, D사원 2명이므로, B사원을 4등과 5등에 두고 생각해 보면 다음과 같은 가능한 경우가 나온다.
ⅰ) B사원이 4등일 경우 : 6가지

1등	2등	3등	4등	5등	6등	7등
G사원	F대리	A대리	B사원	C과장	E부장	D사원
G사원	F대리	A대리	B사원	E부장	C과장	D사원
G사원	A대리	F대리	B사원	E부장	C과장	D사원
G사원	A대리	F대리	B사원	C과장	E부장	D사원
A대리	G사원	F대리	B사원	E부장	C과장	D사원
A대리	G사원	F대리	B사원	C과장	E부장	D사원

ⅱ) B사원이 5등일 경우 : 4가지

1등	2등	3등	4등	5등	6등	7등
G사원	F대리	E부장	A대리	B사원	C과장	D사원
G사원	F대리	A대리	E부장	B사원	C과장	D사원
G사원	A대리	F대리	E부장	B사원	C과장	D사원
A대리	G사원	F대리	E부장	B사원	C과장	D사원

따라서 'C과장이 5등이라면 B사원이 4등이다.'는 반드시 참이다.

오답분석
① B사원이 4등일 때, E사원은 5등이 될 수도 있다.
② F대리가 3등일 때, A대리는 1등 또는 2등이 될 수 있다.
④ B사원이 4등일 때, G사원은 1등 또는 2등이 될 수 있다.
⑤ 자신의 등수를 확실히 알 수 있는 사람은 D사원(7등) 1명이다.

07

A와 C가 공통적으로 'D가 훔쳤다.'라고 하고 있다. 'D가 훔쳤다.'가 참일 경우 D의 '나는 훔치지 않았다.'와 'A가 내가 훔쳤다고 말한 것은 거짓말이다.'가 모두 거짓이 되므로, 한 가지 진술만 거짓이라는 문제의 조건에 어긋난다. 그러므로 'D가 훔쳤다.'는 거짓이고, A의 진술에 따라 A와 C는 훔치지 않았으며, D의 발언에서 'E가 훔쳤다.'가 거짓이므로 E도 훔치지 않았다. 따라서 지갑을 훔친 사람은 B이다.

08

제시된 조건만으로는 진실 여부를 판별할 수 없다.

[오답분석]

① 첫 번째와 두 번째 명제에 의해 참이다.
③ 두 번째 명제로부터 참이라는 것을 알 수 있다.
④ 두 번째와 세 번째 명제를 통해 참이라는 것을 알 수 있다.
⑤ 모든 사람이 자신을 비방하지 않는 사람에게 호의적이라고 했을 때, 세 번째 명제에 의해 참이다.

09

네 번째 조건에서 갑의 점수가 될 수 있는 경우는 빨강 2회, 노랑 2회, 검정 1회이거나 빨강 1회, 노랑 2회, 파랑 2회로 2가지이다. 다음으로 병의 점수가 될 수 있는 경우를 정리하면 다음과 같다.

구분	빨강	노랑	파랑	검정
경우 1	–	–	1	4
경우 2	–	1	–	4
경우 3	1	–	–	4
경우 4	–	–	2	3

또한 을의 점수는 갑의 점수보다 높아야 하므로 빨강, 노랑에 각각 2회, 파랑에 1회로 41점인 경우가 된다. 나머지 경우는 빨강 또는 노랑에 3회를 맞춰야 하므로 다섯 번째 조건에 부합하지 않는다.
따라서 갑, 을, 병의 점수로 가능한 경우의 수는 총 $2 \times 4 \times 1 = 8$가지이다.

10

첫 번째, 두 번째 조건에 의해 A·B·C·D가 각각 입지 않는 색상도 서로 겹치지 않음을 알 수 있다. A가 빨간색을 입지 않고 C가 초록색을 입지 않으므로 B와 D는 노란색이나 파란색을 입지 않아야 하는데, D가 노란색 티셔츠를 입으므로 D는 파란색을 입지 않고, B는 노란색을 입지 않았다. 그러면 티셔츠 중 초록색, 빨간색, 파란색이 남는데, C는 초록색은 입지 않고 빨간색 바지를 입었으므로 파란색 티셔츠를 입고, A는 빨간색을 입지 않으므로 초록색 티셔츠를 입으며, B는 빨간색 티셔츠를 입는다. 또한, C는 초록색을 입지 않으므로 노란색 모자를 쓴다. 그러면 노란색 중 남은 것은 바지인데, B는 노란색을 입지 않으므로 A가 노란색 바지를 입고, 파란색 모자를 쓴다. 다음으로 모자 중에는 빨간색과 초록색, 바지 중에는 파란색과 초록색이 남는데, B가 이미 빨간색 티셔츠를 입고 있으므로 D가 빨간색 모자를 쓰고 B가 초록색 모자를 쓰며, D는 파란색을 입지 않으므로 초록색 바지를, B는 파란색 바지를 입는다. 이를 표로 정리하면 다음과 같다.

구분	A	B	C	D
모자	파란색	초록색	노란색	빨간색
티셔츠	초록색	빨간색	파란색	노란색
바지	노란색	파란색	빨간색	초록색

따라서 B의 모자와 D의 바지는 초록색으로 색상이 서로 같다.

11

- 첫 번째 조건 : A가 받는 상여금은 75만 원이다.
- 두 번째, 네 번째 조건 : B의 상여금<C의 상여금, B의 상여금<D의 상여금<E의 상여금이므로 B가 받는 상여금은 25만 원이다.
- 세 번째 조건 : C가 받는 상여금은 50만 원 또는 100만 원이다.

이를 정리하여 가능한 경우를 표로 나타내면 다음과 같다.

구분	A	B	C	D	E
경우 1	75만 원	25만 원	50만 원	100만 원	125만 원
경우 2	75만 원	25만 원	100만 원	50만 원	125만 원

따라서 C의 상여금이 A보다 많은 경우는 경우 2로 이때, B의 상여금(25만 원)은 C의 상여금(100만 원)의 25%이다.

오답분석

① 어떠한 경우에서도 A와 B의 상여금은 각각 75만 원, 25만 원이므로 A의 상여금이 반드시 B보다 많다.
② C의 상여금은 경우 1에서 50만 원으로 두 번째로 적고, 경우 2에서 100만 원으로 두 번째로 많다.

③ 모든 경우에서 A를 제외한 나머지 네 명의 상여금 평균은 $\dfrac{25만+50만+100만+125만}{4}=75$만 원이므로 A의 상여금과 같다.

⑤ C의 상여금이 D보다 적은 경우는 경우 1로 이때, D의 상여금(100만 원)은 E의 상여금(125만 원)의 80%이다.

12

- 두 번째, 세 번째, 여섯 번째 조건 : A는 주황색, B는 초록색(C와 보색), C는 빨간색 구두를 샀다.
- 일곱 번째 조건 : B와 D는 각각 노란색과 남색 또는 남색과 노란색(∵ B와 D는 보색) 구두를 샀다.
- 다섯 번째 조건 : 남은 구두는 파란색과 보라색 구두인데 A가 두 켤레를 구매하였으므로, C와 D는 각각 한 켤레씩 샀다.
- 네 번째 조건 : A는 파란색, B는 보라색 구두를 샀다.

이 사실을 종합하여 주어진 조건을 표로 정리하면 다음과 같다.

A	B	C	D
주황색	초록색	빨간색	남색 / 노란색
파란색	노란색 / 남색		
	보라색		

따라서 A는 주황색과 파란색 구두를 구매하였다.

13

다음의 논리 순서를 따라 제시된 조건을 정리하면 쉽게 접근할 수 있다.

- 두 번째 조건 : 홍보팀은 5실에 위치한다.
- 첫 번째 조건 : 홍보팀이 5실에 위치하므로, 마주보는 홀수실인 3실 또는 7실에 기획조정 1팀과 미래전략 2팀 각각 위치한다.
- 네 번째 조건 : 보안팀은 남은 홀수실인 1실에 위치하고, 이에 따라 인사팀은 8실에 위치한다.
- 세 번째 조건 : 7실에 미래전략 2팀, 3실에 기획조정 1팀이 위치한다.
- 다섯 번째 조건 : 2실에 기획조정 3팀, 4실에 기획조정 2팀이 위치하고, 남은 6실에는 자연스럽게 미래전략 1팀이 위치함을 알 수 있다.

이 사실을 종합하여 사무실을 배치하면 다음과 같다.

1실 보안팀	2실 기획조정 3팀	3실 기획조정 1팀	4실 기획조정 2팀
복도			
5실 홍보팀	6실 미래전략 1팀	7실 미래전략 2팀	8실 인사팀

따라서 기획조정 1팀(3실)은 기획조정 2팀(4실)과 3팀(2실) 사이에 위치한다.

100 · 삼성 온라인 GSAT

① 인사팀은 8실에 위치한다.
② 미래전략 2팀과 기획조정 3팀은 복도를 사이에 두고 위치한다.
④ 미래전략 1팀은 6실에 위치한다.
⑤ 홍보팀이 있는 라인에서 가장 높은 번호의 사무실은 8실로 인사팀이 위치한다.

14

정답 ④

한 분야의 모든 인원이 한 팀에 들어갈 수 없으므로 가와 나는 한 팀이 될 수 없다.

① 한 분야의 모든 사람이 한 팀에 들어갈 수 없기 때문에 갑과 을이 한 팀이 되는 것과 상관없이 가와 나는 반드시 다른 팀이어야 한다.
② 두 팀에 남녀가 각각 2명씩 들어갈 수도 있지만, (남자 3명, 여자 1명), (여자 3명, 남자 1명)인 경우도 있다.
　　예 (a, c, 나, 을), (b, 가, 갑, 병)인 경우 각 팀에는 남녀가 각각 2명씩 포함되지 않는다.
③ a와 c는 성별이 다르기 때문에 같은 팀으로 구성될 수 있다.
⑤ c와 갑이 한 팀이 되면, 그 팀의 인원은 5명이 된다.

15

정답 ⑤

규칙은 가로로 적용된다.
첫 번째 도형을 상하로 대칭시킨 도형이 두 번째 도형이고, 두 번째 도형을 시계 방향으로 90° 회전시킨 도형이 세 번째 도형이다.

16

정답 ④

규칙은 가로로 적용된다.
첫 번째 도형을 시계 방향으로 90° 회전시킨 도형이 두 번째 도형이고, 두 번째 도형을 x축 대칭시킨 도형이 세 번째 도형이다.

17

정답 ②

규칙은 가로로 적용된다.
첫 번째 도형을 색 반전시킨 도형이 두 번째 도형이고, 두 번째 도형을 y축 대칭시킨 도형이 세 번째 도형이다.

[18 ~ 21]

• ◎ : 맨 뒤의 문자를 맨 앞으로 보낸다.
• ♬ : 맨 앞의 문자를 맨 앞에 하나 더 만든다.
• 우 : 맨 뒤의 문자를 맨 앞에 하나 더 만든다.
• ※ : 뒤에서 첫 번째 문자와 뒤에서 두 번째 문자의 순서를 바꾼다.

18

정답 ②

VSXA　→　AVSXA
　　　　우

19

V6D → VV6D → VVD6
      ♫   ※

20

UYO → OUY → YOUY
      ◎   우

21

JLP → JJLP → JJPL → LJJP
      ♫   ※   ◎

22

먼저 정신과 물질의 관계에 대한 이원론과 동일론을 언급하며 동일론의 문제점을 이야기하는 (다) 문단이 오는 것이 적절하다. 다음으로는 그러한 동일론의 문제점을 해결할 수 있는 기능론에 대해 설명하는 (나) 문단이 오는 것이 적절하고, 그 뒤를 이어 기능론을 비판하는 이원론의 입장에서 감각질과 관련한 사고 실험에 대해 설명하는 (라) 문단이 오는 것이 적절하다. 마지막으로는 그러한 사고 실험에서 감각질이 뒤집혀도 겉으로 드러난 행동과 말이 똑같은 이유를 설명하는 (가) 문단 순서로 나열하는 것이 적절하다.

23

먼저 1965년 노벨상 수상자인 게리 베커에 대한 내용으로 이야기를 도입하며 베커가 주장한 '시간의 비용' 개념을 소개하는 (라) 문단이 위치하고, (라) 문단을 보충하는 내용으로 베커의 '시간의 비용이 가변적'이라는 개념을 언급한 (가) 문단, 베커와 같이 시간의 비용이 가변적이라고 주장한 경제학자 린더의 주장을 소개한 (다) 문단, 마지막으로 베커와 린더의 공통적 전제인 사람들에게 주어진 시간이 고정된 양이라는 사실과, 기대수명이 늘어남으로써 시간의 가치가 달라질 것이라는 내용의 (나) 문단 순서로 나열하는 것이 적절하다.

24

두 번째 문단에서 '강한 핵력의 강도가 겨우 0.5% 다르거나 전기력의 강도가 4% 다를 경우에도 탄소나 산소는 우주에서 합성되지 않는다. 따라서 생명 탄생의 가능성도 사라진다.'라고 했으므로 탄소가 없어도 생명은 자연적으로 진화할 수 있다고 한 ①은 거짓이다.

25

세 번째 문단에 따르면 피타고라스주의자들은 수를 실재라고 여겼고, 여기서 수는 실재와 무관한 수가 아니라 실재를 구성하는 수를 가리켰다는 점에서 거짓이다.

[오답분석]
① 제시문에서 피타고라스가 음정 간격과 수치 비율이 대응하는 원리를 발견하였다는 부분을 통해 알 수 있는 내용이다.
② 마지막 문단의 피타고라스주의자들이 자연을 이해하는 데 수학이 중요하다는 점을 알아차린 최초의 사상가들이라고 한 부분을 통해 알 수 있는 내용이다.
③ 피타고라스주의자들은 '기회', '정의', '결혼'과 같은 추상적인 개념을 특정한 수와 연결시켰다는 점에서 참이다.
⑤ 피타고라스주의자들은 수와 기하학의 규칙이 자연에 질서를 부여하고 변화를 조화로운 규칙으로 환원할 수 있다고 생각하였으므로 참이다.

26

제시문의 핵심 주장은 첫 번째 문단의 끝에서 '제로섬(Zero-sum)적인 요소를 지니는 경제 문제'와 두 번째 문단의 끝에서 '우리 자신의 수입을 보호하기 위해 경제적 변화가 일어나는 것을 막거나 혹은 사회가 우리에게 손해를 입히는 공공정책이 강제로 시행되는 것을 막기 위해 싸울 것'에 대한 것이다. 따라서 사회경제적인 총합이 많아지는 정책, 즉 '사회의 총생산량이 많아지게 하는 정책이 좋은 정책'이라고 반론할 수 있다.

27

제시문에서는 인간에게 사회성과 반사회성이 공존하고 있다고 설명하고 있으며, 이 중 반사회성이 없다면 재능을 꽃피울 수 없다고 하였다. 따라서 사회성만으로도 자신의 재능을 키울 수 있다는 주장인 ④가 반론이 될 수 있다.

[오답분석]

② 반사회성이 재능을 계발한다는 주장을 포함하는 동시에 반사회성을 포함한 다른 어떤 요소가 있어야 한다는 것은 제시문에 대한 직접적인 반론은 될 수 없다.

28

마지막 문단에 따르면, 모든 동물이나 식물종을 보존할 수 없는 것과 같이 언어 소멸 역시 막기 어려운 측면이 있으며, 그럼에도 불구하고 이를 그저 바라만 볼 수는 없다고 하였다. 즉, 언어 소멸 방지의 어려움을 동물이나 식물종을 완전히 보존하기 어려운 것에 비유한 것이지, 언어 소멸 자체가 자연스럽고 필연적인 현상인 것은 아니다.

[오답분석]

① 첫 번째 문단에 따르면 전 세계적으로 3,000개의 언어가 소멸해 가고 있으며, 이 중에서 약 600개의 언어는 사용자 수가 10만 명을 넘으므로 비교적 안전한 상태이다. 따라서 나머지 약 2,400개의 언어는 사용자 수가 10만 명이 넘지 않는다고 추론할 수 있다.

② 마지막 문단 두 번째 줄의 '가령, 어떤 ~ 초래할 수도 있다.'를 통해 알 수 있다.

④ 두 번째 문단에서 '토착 언어 사용자들의 거주지가 파괴되고 종족 말살과 동화(同化)교육이 이루어지며, 사용 인구가 급격히 감소하는 것' 이외에도 전자 매체의 확산이 언어 소멸의 원인이 된다고 하였다. 따라서 타의적·물리적 압력에 의해서만 언어 소멸이 이루어지는 것은 아님을 알 수 있다.

⑤ 두 번째 문단의 마지막 문장에 의해 히브리어는 지속적으로 공식어로 사용할 의지에 따라 부활한 언어임을 알 수 있다.

29

보기의 김교사는 교내 정보 알림판이 제 기능을 하지 못하는 문제를 해결하기 위해 알림판을 인포그래픽으로 만들 것을 건의하였다. 설문 조사 결과에 따르면 알림판에 대한 학생들의 무관심이 문제 상황에 대한 가장 큰 원인이 되므로 김교사는 학생들의 관심을 끌기 위한 방안을 제시한 것이다. 따라서 김교사는 인포그래픽의 관심 유발 효과를 고려한 것임을 알 수 있다.

30

수요 탄력성이 완전 비탄력적인 상품은 가격을 내리면 지출액이 감소하며, 수요 탄력성이 완전 탄력적인 상품은 가격을 내리면 지출액이 많이 늘어난다고 설명하고 있다. 따라서 소비자의 지출액을 줄이려면 수요 탄력성이 낮은 생필품의 가격은 낮추고, 수요 탄력성이 높은 사치품은 가격을 높여야 한다고 추론할 수 있다.

제4회 최종점검 모의고사 • 103

"오늘 당신의 노력은 아름다운 꽃의 물이 될 것입니다."

그러나, 이 꽃을 볼 때 사람들은 이 꽃의 아름다움과 향기만을 사랑하고 칭찬하였지, 이 꽃을 그렇게 아름답게 어여쁘게 만들어 주는 병 속의 물은 조금도 생각지 않는 것이 보통입니다.

만일 이 꽃병 속에 들어 있는 물을 죄다 쏟아 버리고 빈 병에다 이 꽃을 꽂아 보십시오.

아무리 아름답고 어여쁜 꽃이기로서니 단 한 송이의 꽃을 피울 수 있으며, 단 한 번이라도 꽃 향기를 날릴 수 있겠습니까?

우리는 여기서 아무리 본바탕이 좋고 아름다운 꽃이라도 보이지 않는 물의 숨은 힘이 없으면 도저히 그 빛과 향기를 자랑할 수 없는 것을 알았습니다.

– 방정환의 「우리 뒤에 숨은 힘」 중 –

성공한 사람은 대개 지난번 성취한 것보다 다소 높게,
그러나 과하지 않게 다음 목표를 세운다.
이렇게 꾸준히 자신의 포부를 키워간다.

– 커트 르윈 –

2025 최신판 시대에듀 All-New 삼성 온라인 GSAT 3개년 기출 + 모의고사 6회 + 무료삼성특강

개정34판1쇄 발행	2025년 03월 20일 (인쇄 2025년 01월 21일)
초 판 발 행	2005년 04월 10일 (인쇄 2005년 03월 11일)
발 행 인	박영일
책 임 편 집	이해욱
편 저	SDC(Sidae Data Center)
편 집 진 행	안희선 · 신주희
표지디자인	박수영
편집디자인	김경원 · 장성복
발 행 처	(주)시대고시기획
출 판 등 록	제10-1521호
주 소	서울시 마포구 큰우물로 75 [도화동 538 성지 B/D] 9F
전 화	1600-3600
팩 스	02-701-8823
홈 페 이 지	www.sdedu.co.kr
I S B N	979-11-383-8675-3 (13320)
정 가	24,000원

온라인 GSAT
문제풀이 용지

삼성 온라인 GSAT		
영역	문항 수	제한시간
수리	20문항	30분
추리	30문항	30분

※ 본 문제풀이 용지는 도서에서 제공되는 최종점검 모의고사와 함께 사용할 수 있도록 총 4회분을 제공하였습니다.

※ 여분의 문제풀이 용지는 시대에듀 홈페이지에서 다운받을 수 있습니다.

〈문제풀이 용지 다운받는 방법〉

▶ 시대에듀 도서 홈페이지 접속(www.sdedu.co.kr/book)

▶ 상단 카테고리 「도서업데이트」 클릭

▶ 「삼성 문제풀이 용지」 검색 후 PDF 다운로드

삼성 온라인 GSAT 수리 문제풀이 용지

성명 :   수험번호 :

①

②

③

④

수리

⑤

삼성 온라인 GSAT 수리 문제풀이 용지

성명 :   수험번호 :

⑥

⑦

⑧

⑨

수리

⑩

삼성 온라인 GSAT 수리 문제풀이 용지

성명 :   수험번호 :

⑪

⑫

⑬

⑭

⑮

삼성 온라인 GSAT 수리 문제풀이 용지

성명 :   수험번호 :

⑯

⑰

⑱

⑲

⑳

※ 본 문제풀이 용지는 온라인 GSAT 수검용으로 온라인 모의고사 응시 시 활용하기 바랍니다.

삼성 온라인 GSAT 추리 문제풀이 용지

성명 :   수험번호 :

①

②

③

④

추리

⑤

⑥

※ 본 문제풀이 용지는 온라인 GSAT 수검용으로 온라인 모의고사 응시 시 활용하기 바랍니다.

삼성 온라인 GSAT 추리 문제풀이 용지

성명 :   수험번호 :

⑦

⑧

⑨

⑩

⑪

⑫

삼성 온라인 GSAT 추리 문제풀이 용지

⑬

⑭

⑮

⑯

⑰

⑱

추리

삼성 온라인 GSAT 추리 문제풀이 용지

성명 :   수험번호 :

⑲

⑳

㉑

㉒

㉓

㉔

※ 본 문제풀이 용지는 온라인 GSAT 수검용으로 온라인 모의고사 응시 시 활용하기 바랍니다.

삼성 온라인 GSAT 추리 문제풀이 용지

성명 :   수험번호 :

㉕

㉖

㉗

㉘

㉙

㉚

AI분석 맞춤형 온라인 모의고사

합격시대

www.sdedu.co.kr/pass_sidae_new

삼성 온라인 GSAT 수리 문제풀이 용지

성명 :   수험번호 :

①

②

③

④

수리

⑤

삼성 온라인 GSAT 수리 문제풀이 용지

성명 :

수험번호 :

⑥

⑦

⑧

⑨

⑩

삼성 온라인 GSAT 수리 문제풀이 용지

성명 :   수험번호 :

⑪

⑫

⑬

⑭

수리

⑮

삼성 온라인 GSAT 수리 문제풀이 용지

성명 :   수험번호 :

⑯

⑰

⑱

⑲

⑳

삼성 온라인 GSAT 추리 문제풀이 용지

성명 :   수험번호 :

①

②

③

④

추리

⑤

⑥

※ 본 문제풀이 용지는 온라인 GSAT 수검용으로 온라인 모의고사 응시 시 활용하기 바랍니다.

삼성 온라인 GSAT 추리 문제풀이 용지

성명 :   수험번호 :

⑦

⑧

⑨

⑩

추리

⑪

⑫

삼성 온라인 GSAT 추리 문제풀이 용지

성명 :   수험번호 :

⑬

⑭

⑮

⑯

⑰

⑱

※ 본 문제풀이 용지는 온라인 GSAT 수검용으로 온라인 모의고사 응시 시 활용하기 바랍니다.

삼성 온라인 GSAT 추리 문제풀이 용지

성명 :   수험번호 :

⑲

⑳

㉑

㉒

㉓

㉔

삼성 온라인 GSAT 추리 문제풀이 용지

성명 :   수험번호 :

㉕

㉖

㉗

㉘

추리

㉙

㉚

삼성 온라인 GSAT 수리 문제풀이 용지

성명 :   수험번호 :

①

②

③

④

⑤

수리

삼성 온라인 GSAT 수리 문제풀이 용지

성명 :   수험번호 :

⑥

⑦

⑧

⑨

⑩

삼성 온라인 GSAT 수리 문제풀이 용지

성명 :   수험번호 :

⑪

⑫

⑬

⑭

⑮

※ 본 문제풀이 용지는 온라인 GSAT 수검용으로 온라인 모의고사 응시 시 활용하기 바랍니다.

삼성 온라인 GSAT 수리 문제풀이 용지

성명 :   수험번호 :

⑯

⑰

⑱

⑲

⑳

삼성 온라인 GSAT 추리 문제풀이 용지

성명 :   수험번호 :

①

②

③

④

추리

⑤

⑥

삼성 온라인 GSAT 추리 문제풀이 용지

성명 :　　　　　　　　　　　　수험번호 :

⑦

⑧

⑨

⑩

⑪

⑫

※ 본 문제풀이 용지는 온라인 GSAT 수검용으로 온라인 모의고사 응시 시 활용하기 바랍니다.

삼성 온라인 GSAT 추리 문제풀이 용지

성명 :   수험번호 :

⑬

⑭

⑮

⑯

추리

⑰

⑱

※ 본 문제풀이 용지는 온라인 GSAT 수검용으로 온라인 모의고사 응시 시 활용하기 바랍니다.

삼성 온라인 GSAT 추리 문제풀이 용지

성명 :　　　　　　　　　　　수험번호 :

⑲

⑳

㉑

㉒

추리

㉓

㉔

※ 본 문제풀이 용지는 온라인 GSAT 수검용으로 온라인 모의고사 응시 시 활용하기 바랍니다.

삼성 온라인 GSAT 추리 문제풀이 용지

성명 :   수험번호 :

㉕

㉖

㉗

㉘

추리

㉙

㉚

삼성 온라인 GSAT 수리 문제풀이 용지

성명 :

수험번호 :

①

②

③

④

수리

⑤

삼성 온라인 GSAT 수리 문제풀이 용지

성명 :   수험번호 :

⑥

⑦

⑧

⑨

⑩

※ 본 문제풀이 용지는 온라인 GSAT 수검용으로 온라인 모의고사 응시 시 활용하기 바랍니다.

삼성 온라인 GSAT 수리 문제풀이 용지

성명 :   수험번호 :

⑪

⑫

⑬

⑭

⑮

※ 본 문제풀이 용지는 온라인 GSAT 수검용으로 온라인 모의고사 응시 시 활용하기 바랍니다.

삼성 온라인 GSAT 수리 문제풀이 용지

성명 :

수험번호 :

⑯

⑰

⑱

⑲

수리

⑳

삼성 온라인 GSAT 추리 문제풀이 용지

성명 :   수험번호 :

①

②

③

④

추리

⑤

⑥

삼성 온라인 GSAT 추리 문제풀이 용지

성명 :　　　　　　　　　　수험번호 :

⑦

⑧

⑨

⑩

추리

⑪

⑫

※ 본 문제풀이 용지는 온라인 GSAT 수검용으로 온라인 모의고사 응시 시 활용하기 바랍니다.

삼성 온라인 GSAT 추리 문제풀이 용지

성명 :

수험번호 :

⑬

⑭

⑮

⑯

추리

⑰

⑱

※ 본 문제풀이 용지는 온라인 GSAT 수검용으로 온라인 모의고사 응시 시 활용하기 바랍니다.

삼성 온라인 GSAT 추리 문제풀이 용지

성명 :   수험번호 :

⑲

⑳

㉑

㉒

㉓

㉔

삼성 온라인 GSAT 추리 문제풀이 용지

성명 :   수험번호 :

㉕

㉖

㉗

㉘

추리

㉙

㉚

※ 본 문제풀이 용지는 온라인 GSAT 수검용으로 온라인 모의고사 응시 시 활용하기 바랍니다.

AI분석 맞춤형 온라인 모의고사

합격시대

www.sdedu.co.kr/pass_sidae_new

AI분석 맞춤형 온라인 모의고사

합격시대

www.sdedu.co.kr/pass_sidae_new